English and Development
Policy, Pedagogy and Globalization

英語と開発
グローバル化時代の言語政策と教育

エリザベス・J・アーリング
フィリップ・サージェント
編

松原好次
監訳

春風社

English and Development: Policy, Pedagogy and Globalization
edited by Elizabeth J. Erling and Philip Seargeant
@2013 Elizabeth J. Erling, Philip Seargeant and the authors of individual chapters.
Japanese translation rights arranged with Elizabeth J. Erling & Philip Seargeant
c/o Multilingual Matters Ltd., Bristol, UK through Tuttle-Mori Agency, Inc., Tokyo

英語と開発
―― グローバル化時代の言語政策と教育 ――

シリーズ編者による序文

　大事な問いかけでありながら、これぞという良い答えが見つからないままでいる問いがある。それは、世界中至るところで行われている英語教育が、本当に役に立つものなのか、あるいは害を及ぼすものなのかという問いである。15年ほど前に、Tollefson (2000) は以下のような警告を発している。「英語は国家の経済的繁栄と個々人の経済的成功にとって不可欠であると広く考えられている。一方で、この言語の普及によって、重大な社会的・政治的・経済的不平等が生じていることも明らかである」。

　英語の位置づけについてのこの問いかけには、いくつかの異なった側面がある。例えば、他の言語との関連から見る英語の位置づけ、経済発展やその他の形態における開発との絡みで考える英語の役割、広義の教育との関連で問い直す英語の影響力などである。世界中に普及した英語教育は、グローバルな経済秩序への参入と結び付けることができるかもしれない。しかし、問題も引き起こしてしまう。例えば、第二言語の学習にあたって1つの言語のみを優遇するという問題が生じる。英語を教育言語として使用することによって、教科の中身を理解できず、発達が阻害されてしまう子どもたちが出てくることもある。また、英語以外の言語や他の教科がカリキュラムから締め出されてしまったり、なかには学ぶ価値が次第に減ぜられる言語も出てきたりする。さらに、どのような英語の技能を伸ばすべきかという政策立案上の問題も生じてくる。かつてのエリート教育が目標としていた、英文学と切り離すことのできない文学的な修辞の言語能力を身につけても、ある業種の職探しでは効力を発揮しないのが現状である。逆に、英語の基礎的な言語能力だけでは、深く根づいた社会的不平等の除去には役立たないであろう（おそらく意図的にそうさせているのだろうが）。

　応用言語学者の間では、教育で使用される言語についての論点のうち、ほぼ合意に達している点がいくつかあるように思われる。例えば東南アジアの文脈における合意点を取り上げてみよう。Kirkpatrick (2012) は、ASEAN（東南アジア条約機構）のような組織が英語を最優先し、公用語にしている危険性について以下の論旨で警告を発している。「加盟国の多くが経済発展の道をたどり、グローバル経済に占める役割も増大した結果、言語的多様性に富む地域で、英語教育の開始時期を早めようと始終プレッ

シャーがかかる。そのため、現在の言語教育政策に対して懸念が表明されるのも無理のないことである。なぜならば、この政策が国語と英語のみを優遇する結果、アジア各国における多言語状況が崩れ、国語と英語のみの二言語状況が幅を利かせることになるからだ」。

カークパトリックが考える最善の解決策は、「初等教育には地域語、中等教育には英語」と簡潔にまとめられる言語政策を採用することであろう。このような政策を採ることによって、「教育のなかで使われる結果、少なくともいくつかの地域語は保持されたり強化されたりするだろうと考えられる。子どもたちも各自の民族言語を学ぶことができるうえ、アジアの言語（地域語）を身につけてバイリンガルになれる。さらに、母語で学校教育を受ける子どもの数が増えてくれば、母語保持率は高まるだろう」というのだ。このことは、「英語を第3の言語とするトリリンガル〔trilingual：3言語話者〕の子どもが増えてくる」ことにも繋がるであろう。

しかし、ここには緊張関係がある。教育は、とりわけ初等段階の場合、子どもたちの第一言語で行うのが最善であると考える応用言語学者が多い。それにもかかわらず、英語こそが成功への鍵と考え、子どもに学ばせたいと躍起になっている人々の多いことを政策担当者は十分承知している。さらに、民間の英語教育産業が成長するにつれ、余裕のある人々は政府の決定を無視して、英語で教育する学校に流れる傾向がある。この問題を考える際、応用言語学者として私たちは、言語政策あるいは母語教育の論議だけで行き詰まってしまわないよう警戒しなければならない。Mufwene（2010:914）が注意喚起しているように、「生態的、文化的、言語的多様性に富んではいるが経済的に貧しい国々が、金融的解決策の限られているなかで、どのようにしたら国民の人権を守りながら貧困脱出の道を探れるか、また、どのようにしたら言語権を守りながら教育や他の文化的領域で自らの言語を使用する道を探れるか」ということについて、言語学者は十分認識できていない場合が多い。

私たちは言語を個性のないモノと矮小化してみたり、必要以上に美化したりすることのないよう気をつけなくてはならない。例えば、第一言語（母語）を保持しさえすれば、自尊心、揺らぎのない物の見方、役に立つ教育、経済的な発展が保証されるという考えを捨てる必要がある。Mufwene（2010）が明快に述べているように、上記のことはすべて、国・地域の生態的特性や経済的機会の特徴、各々の地域語が備えもつ価値、生計を立てていこうと努力する住民の活動にかかっているのだ。Mufwene（2010:927）の言葉を

借りるならば、「言語学という学問は、社会経済的に不平等な現実の世界が生みだす様々な問題について、もっとグローバルな視点から取り組むべきであって、ただ単に言語を異なった世界観のカタログ、あるいは精神的・認知的変異の具現例とみなしたりしてはならない。言語というものを人類の役に立てるための道具と見なす捉え方があっても不自然ではなかろう。言語と不平等の関係に切り込むこの視点は、言語を個人・国民にとって資産あるいは負債とみなす見方と同様、理にかなったものだからである」。

　開発における英語の役割を理解しようとする際、経済に関わる基本的な問題点を考慮に入れる必要がある。もちろん、英語の学習が個々人に益をもたらすという指摘はなされている。例えば、世界中どこであろうと、高等教育の門を叩くために欠かせないものになっている。しかし、世界中に英語を拡散させることが社会的・経済的発展にどのような影響を及ぼすかについて、もう少し広い観点から眺め、問うてみる必要がある。英語を世界各地の初等教育に導入することによって、貧困の削減ができるのではないかという問題提起もすでになされている（Pennycook 2007 参照）。英語と開発の関連性を広い角度から注意深く検討した末に提起された論点（実は本書がいくつかの章で投げかけている論点）からすると、以下のことが言えるのではないだろうか。すなわち、個々人にとっての利益増進に焦点を当てると、階級・ジェンダー・人種とグローバル経済の間に横たわる様々な関係を見逃してしまうことになるという点である。

　そこで、英語と開発にまつわる問題は、新自由主義〔neoliberalism〕のグローバルかつローカルな枠組みのなかで考える必要がある（Block *et al.* 2012; Chun 2009; Kubota 2011）。「新自由主義の掲げる自由市場ドクトリンが世界中に広まったために、グローバル競争を勝ち抜くためには英語の使用が当然視されている」と Piller and Cho（2013:24）は述べている。さらに論を進め、韓国の高等教育における教育言語としての英語使用に焦点を当てて、次のように述べている。「競争を至上命題とする新自由主義は言語政策の一形態であり、この言語政策によると、明示的ではないものの、学問的優秀さを表す中立的な尺度は英語能力である」。

　以上の論点を総合的に考えるとき、次の 2 点から目をそらすことができない。1 つは、貧富の格差が世界規模で拡大している点。もう 1 つは、韓国の例を挙げるとすると、英語を身につければバラ色の将来が待ち構えていると夢見るホワイトカラーも、英語を身につければ得することが多いと思いこむ低い階層の人々も、社会的・経済的に不平等な関係を無意識のう

ちに再生産しているという点 (Park 2011)。これは韓国だけで起きている現象ではない。世界の他の地域、例えば、インドネシアの農村部あるいは南スーダンの都市部ジュバの学校における英語教育によって、どのような効果がもたらされるかは、その地域の特殊性からだけでなく、世界的規模の経済や不公平といった更に広い文脈に置いて考えなくてはいけないことになる。

　英語と開発が絡み合う国際的な状況は、異なってはいるが重なり合うことの多い2つの形で現れてくる。本書が焦点を置く国際的な状況の1つは、社会的・経済的発展との関係における英語教育の分析である。具体的には、バングラデシュ、シンガポール、ウガンダ、ザンジバルといった様々な国や地域における英語教育の実態が対象となる。もう1つの焦点は、国際的な開発プロジェクトそのものの分析に置かれている。国や機関が総合的に援助の手を差し伸べるものの、教育面や経済面において様々な批判を受けることがあるため、そのようなプロジェクトが実際どのように実施されていて、どのような効果をあげているかを詳細に調査する。

　Widin (2010:146) の指摘によると、このようなプロジェクトに地元の関係者が参画したとしても、意見が取りあげられることはほとんどなく、「乗り越えられない壁が立ちはだかっていて、支援受け入れ国のメンバーがプロジェクトの意思決定プロセスに十分かつ対等な参加を果たせることはない」。本シリーズの初期に刊行された Appleby (2010) は、国際的な開発プロジェクトについてすでに詳細な報告を行っている。その報告を読むと、ガラスの割れた窓から畑の煙が流れ込み、ニワトリのけたたましい鳴き声が聞こえてくるオンボロ校舎で教えるということがどのようなものか想像できる。村人たちの貧しい暮らしと、開発という「もうけ話」に乗ってやってきた外国人の快適な生活の間に横たわる落差をまざまざと見せつけられる。そして、村の生徒たちが直面する想像を絶する逆境の数々を知らされるとともに、その逆境を乗り越えて学ぼうとする生徒たちの勇気と努力の大きさに気づかされる。

　さらにアップルビは、国際的な開発プロジェクトが実施される様々な過程で不平等が固定化され、そのような過程で英語が重要な役割を果たしている点について、説得力ある批判的分析を行っている。著者はまた、言語教育、ジェンダー、開発に関して各地で実際に起きたことを基礎資料として、言語教育産業・開発産業における女性の不安定な地位を考察している。そして、グローバル化した世界における英語およびジェンダーの位置関係

に新鮮な視角から迫り、この問題を社会的、政治的、歴史的に理解しようとしている。著者の説得力ある表現を借りると、「英語教育に対する一方的な力の入れようは、どこまでも進歩が続くという思い込みのもと、正統派の ELT〔English Language Teaching：英語教育〕と主流派の国際開発理念を合体させてきた。それと同時に、さまざまな要素が雑多に共存している多文化状況を良しとする各々の国・地域に根差した政治風土との関わりあいを過小評価する傾向があった」。

そこで、開発プロジェクトに出資する母体側と、出資を受ける側の間に生じる多種多様な利害関係や不測の事態、さらにそこから生じる難題に私たちは注目せざるをえない。ここで、おそらく最も重要なことは、「開発」という語を伴う教育に関する支援（例えば、町にできた工場の労働者を対象にした就労訓練）は、さまざまな具体的"成果"（社会的、環境的、文化的）をもたらすことになるかもしれないということである。その"成果"は、援助を受けた側にとって「開発・発展」という名に値する魅力を持つとは限らない。

Bruthiaux（2002:292-3）は、説得力をもって以下のように論じている。「世界中至るところで貧困に喘ぐ人たちにとって、英語教育などというものは『遠い余所の国の無関係なこと』であることが多く、『貧困撲滅のために、あるいは、その名目で公共資源の大量投入をスムーズに行うために、英語教育が貢献できるかどうか』という議論は、心得違いであり無益であることが、いずれ判明するであろう」。そこで、どのようにしたら個々人が貧困から脱出できるのかという議論と、どのようにしたら社会全体が貧困を撲滅できるのかという論議を明確に分けておく必要がある。その際、目指すべきは、教育を受ける機会の有無についてあれこれ論議することではなく、教育環境の整備によって何が得られるかについて、広い視野から検討していくことである。例えば、Tupas（2006:101）がフィリピンからの労働力輸出という観点から指摘しているとおり、「労働力の売買を左右する『技量（ここには英語の技能も含まれている）のヒエラルキー』が、フィリピンの社会構造（この構造そのものがヒエラルキーを再生産している）の是正につながらないだけでなく、実際問題として、労働力の輸出国・フィリピンと労働力を輸入する国や企業との間のグローバル化した不平等な関係の固定化にも手を貸しているのだ」。

Piller（2013）は、*Language on the Move*（「動き続ける言語」）に掲載された最近のブログで、インドネシアの農村部における英語教育について10年ほど前に行われた研究（Passasung 2000）を取りあげている。それによると、

ブリティッシュ・カウンシルは世界銀行の助成を得て、インドネシアの学校における必修の英語教育が順調にいっていない原因を調査した。その結果、農村部の学校などに散見されるのだが、教授法に問題のあることが分かった。そこで、インドネシアの貧しい農村部にある学校向けに、コミュニカティブ・アプローチ〔コミュニケーションを重視した英語教授法〕の要素を加味した教授法が処方されることになった。このような処方箋は、教科書編集者や英語教育行政担当者の思惑を隠蔽するだけでなく（Phillipson 2009）、英語教育の促進要因となる社会的・文化的・経済的な諸条件に目隠しをすることになる。Gray（2012:98）が述べているように、「英語こそが経済的繁栄と個人の富増進のための言語であるとするイデオロギーは、英語教育（ELT）産業そのもののイデオロギーなのだ」。

　一方、調査したパサスング自身は、英語に付随するこのような問題点は全体像の一部に過ぎないとして以下のように述べている（Pasassung 2000）。スラウェシ〔インドネシア東部の山の多い島〕にあるこの村の住民にとって英語は全く無縁な言語であるため（現に、この村では全然使われていない）、教科書の内容が不適切であることは問題視すべきほどである（例えば、村人が誰一人として宿泊したことのないホテルを題材にしたレッスンは、教材としての妥当性が疑われる）。さらに Gray（2012）は、英語の教科書が扱う欧米文化と新自由主義との関係を批判的に分析している。グレイによると、教科書というものは「想像としての文化」を押しつけ過ぎるきらいがあり、その文化はまさしく新自由主義経済システムを具現化したものであり、その経済システムこそがこのような村人たちを収奪し続けていくのだ。Piller（2013）によれば、このような条件が重なり合って、「調査対象の中学校における必修の英語授業は、時間の浪費とも言うべきほど無意味なものになっている」。こうした条件の下で行われる英語の必修授業は、何らの成果を収めることができないというだけでなく、損失を与えることになる。つまり、無駄な英語の授業に注ぎ込んだ貴重な時間を、もっと生産的な方法で活用できるチャンスが奪われてしまうのである。

　以上のことからして、私たちが銘記すべきことは、「開発」を経済的な改善に関わる諸問題だけに押し込めておいてはいけないということである。開発のための方策は、平均余命、〔ジェンダーが絡んだ〕就学率、識字率、児童の栄養不足、死亡率等々といった問題と関連づける必要がある。そこで、根源的な難題の解決を検討しなくてはならない。その難題とは、英語教育を上記の問題とどのように結びつけられるかというものだ。それも、

経済的な豊かさを入手する機会が与えられるかもしれないといった個人の問題にとどまらず、社会全体の経済的発展に寄与できるかどうか、女子の識字率を向上させるのか低下させるのか（男子には英語、女子には英語以外の地域言語でよいのかどうか）、アフリカ各地における HIV／エイズの情報提供に貢献できるのか妨害してしまうのか（Higgins & Norton 2010）、あるいは、アマルティア・セン〔Amartya Sen：インドの経済学者。アジア初のノーベル経済学賞受賞者〕が貧困についての論議という大きな枠組みで扱った「どのような形態の自由（社会的、文化的、政治的、経済的といった一連の領域における自由）」を具現化できるかといった問題に関わってくるのである（Sen 2001）。

　教育や識字へのアクセスが閉ざされていることは国や自治体の社会基盤の問題であるが、そうしたアクセスが性の違いによって不平等になされていることも権利・差別に関する基本的な問題であると言えよう。つまり、女子教育の改善は基本的人権の問題なのである。しかし、単なる抽象的な人権問題ではなく、目に見える実質的な結果をもたらすよう取り組むべき課題なのだ。例えば、家族の健康や栄養状態の向上、死亡率の低下、家庭収入の増加、子どもの学業成績の向上などが挙げられる。女子教育に関して以上のことが分かっているとしたら、英語教育の導入あるいは排除がどのような意味を持つかについて熟考しなくてはいけない。

　そこで本書は、上記の問題に光を当てて、「英語が世界中に広まることで誰が利益を得るのか」という難題に対する糸口を探ろうとする。教育に携わる者として私たちは、このような問題に対する回答を用意する必要がある。少なくとも、どのように考えるのが適切であるかについて準備しておく必要がある。もし私たちが英語（あるいは他の言語）を教えることによって、言語的、社会的、文化的、経済的利益を学習者に与えることができると自信をもって言えるのならば、現行のプログラムを安心して続行できるであろう。反対に、英語を教えること自体が、さまざまな面で教え子たちを苦境に追いやるのであれば（すなわち、学ぶことによって教え子たちが言語的、社会的、文化的あるいは経済的に悪い状態に追い込まれるのであれば）、すぐにでも教えることを止めたほうがよいだろう。もちろん問題はそれほど単純ではなく、はるかに複雑であって、良い点もあれば悪い点もある。しかし、難しすぎて解決できないと言ったり、どのようなことにも良い点・悪い点があるものだと悟った態度をとったりすることは、この問題に対する適切な対応の仕方ではない。私たちは真正面に向き合う必要がある。その際、本書が私たちを正しい方向に導き、階段を着実に昇るうえでの支えになって

くれるであろう。

アラステア・ペニクック〔Alastair Pennycook〕
リュウコ・クボタ〔Ryuko Kubota〕
ブライアン・モーガン〔Brian Morgan〕
（松原好次／訳）

引用文献

Appleby, R. (2010) *ELT, Gender and International Development: Myths of Progress in a Neocolonial World*. Bristol: Multilingual Matters.
Block, D., Gray, J. and Holborow, M. (2012) *Neoliberalism and Applied Linguistics*. London: Routledge.
Bruthiaux, P. (2002) Hold your courses: Language education, language choice, and economic development. *TESOL Quarterly* 36 (3), 275-296.
Chun, C. (2009) Contesting neoliberal discourses in EAP: Critical praxis in an IEP classroom. *Journal of English for Academic Purposes* 8, 112-120.
Gray, J. (2012) Neoliberalism, celebrity and 'aspirational content' in English language teaching textbooks for the global market. In D. Block, J. Gray and M. Holborow *Neoliberalism and Applied Linguistics* (pp. 86-113). London: Routledge.
Higgins, C. and Norton, B. (eds) (2010) *Language and HIV/AIDS*. Bristol: Multilingual Matters.
Kirkpatrick, A. (2012) English in ASEAN: Implications for regional multilingualism. *Journal of Multilingual and Multicultural Development* 33 (4), 331-344.
Kubota, R. (2011) Questioning linguistic instrumentalism: English, neoliberalism, and language tests in Japan. *Linguistics and Education* 22, 248-260.
Mufwene, S. (2010) The role of mother-tongue schooling in eradicating poverty: A response to language and poverty. *Language* 86 (4), 910-932.
Park, J.S-Y. (2011) The promise of English: Linguistic capital and the neoliberal worker in the South Korean job market. *International Journal of Bilingual Education and Bilingualism* 14 (4), 443-455.
Pasassung, N. (2000) Teaching English in an 'Acquisition-Poor Environment': An Ethno-graphic Example of a Remote Indonesian EFL Classroom. Unpublished PhD Dissertation, University of Sydney.
Pennycook, A. (2007) The myth of English as an International Language. In S. Makoni and A. Pennycook (eds) *Disinventing and Reconstituting Languages* (pp. 90-115). Clevedon: Multilingual Matters.
Phillipson, R. (2009) *Linguistic Imperialism Continued*. London: Routledge.
Piller, I. (2013) Is English improving lives in a remote Indonesian village? *Language on the Move* Research Blog: February 1, 2013. http://www.languageonthemove.com/language-globalization/is-english-improving-lives-in-a-remote-indonesian-village
Piller, I. and Cho, J. (2013) Neoliberalism as language policy. *Language in Society* 42, 23-44.
Sen, A. (2001) *Development as Freedom*. Oxford: Oxford University Press.
Tollefson, J. (2000) Policy and ideology in the spread of English. In J.K. Hall and W. Eggington (eds) *The Sociopolitics of English Language Teaching* (pp. 7-21). Clevedon: Multilingual Matters.
Tupas, R. (2006) Anatomies of linguistic commodification: The case of English in the Philippines vis-à-vis other languages in the linguistic marketplace. In P. Tan and R. Rubdy (eds) *Language as Commodity: Global Structures, Local Marketplaces* (pp. 90-105). London: Continuum.
Widin, J. (2010) *Illegitimate Practices: Global English Language Education*. Bristol: Multilingual Matters.

目次

シリーズ編者による序文（松原好次／訳） iii
目次 xi
略語一覧 xvii
図表一覧 xx
凡例 xxii

序章　英語と開発（松原好次／訳） 1
0.1　はじめに 1
0.2　グローバル言語としての英語 2
0.3　「言語と開発」についての研究
　　　――近年、脚光を浴びるようになった研究分野 4
　0.3.1　「英語と開発」の関係を探究する量的分析研究 5
　0.3.2　「言語、教育、開発」についての質的分析研究 7
　0.3.3　開発に関わる英語教育プログラムに対する批判的研究 9
0.4　概念とテーマ 10
　0.4.1　「開発」の意味 10
　0.4.2　教育と開発 12
　0.4.3　リテラシーと開発 14
0.5　本書の内容 16

第1章　英語・開発・教育
　　　――3者の緊張関係を特定する（松原好次／訳） 25
1.1　はじめに 25
1.2　教育と開発――枠組みを拡大して 27
1.3　教育の質と教育言語 30
1.4　政策転換を阻む要因
　　　――政治的・経済的観点という広い枠組みからの考察 33
1.5　英語の居座りと民衆の思い入れ 35

1.6　個人にもたらされる社会的・経済的利益	37
1.7　社会にもたらされる利益	39
1.8　結論——言語教育政策との兼ね合いで	44

第2章　英語と開発の政治経済学
——開発途上国における英語対国家語／ローカル言語

（柿原武史／訳）	55
2.1　はじめに	55
2.2　英語と学術的議論の枠組み	57
2.2.1　隣接した知識分野	57
2.2.2　学際的な枠組み	58
2.3　「開発」とは何か、それは今日の世界において、言語、特に英語とどのように関係しているのか	60
2.4　旧植民地社会における英語と開発	62
2.4.1　このことは社会的発展にとって何を意味するのか	67
2.5　グローバル化と開発における英語の役割	68
2.6　旧植民地諸国の経済的発展における英語の言語市場的価値	71
2.7　結論	74

第3章　アフリカにおける言語政策と開発の政治的展望

（福島知枝子／訳）	79
3.1　はじめに	79
3.2　教育が国家の発展に果たす役割	80
3.3　背景	81
3.3.1　マラウイ、ザンビア、ルワンダの教育言語政策	81
3.3.2　授業の進め方における「セーフトーク」	82
3.4　言語熟達度検査	85
3.5　調査結果と政治的展望	88
3.5.1　先行研究と勧告	88
3.5.2　英語と統一	89
3.5.3　英語と開発	91
3.6　社会関係資本	93
3.7　結び	95

第4章　バングラデシュにおける「国際開発のための言語」としての英語に対する草の根レベルの市民意識
（野沢恵美子・田中富士美／訳）　99

- 4.1　はじめに　99
- 4.2　EIA プロジェクトと経済発展　100
- 4.3　方法と方法論　103
  - 4.3.1　量的研究　104
  - 4.3.2　質的研究　106
- 4.4　量的調査の結果　107
  - 4.4.1　調査の結果　107
  - 4.4.2　英語への願望　108
  - 4.4.3　英語とキャリア形成　109
  - 4.4.4　仕事での英語の使用　110
  - 4.4.5　英語と国家の発展　110
  - 4.4.6　英語と「成功」の概念　111
- 4.5　質的調査の結果　112
  - 4.5.1　調査参加者の社会・経済的背景　112
  - 4.5.2　英語と職業上の目標　114
  - 4.5.3　仕事での英語使用　116
  - 4.5.4　英語が持つ仕事での有益性　117
  - 4.5.5　名声　118
- 4.6　考察と結論　119

第5章　社会・経済的開発と英語による教育・試験制度との関係
―― サハラ以南アフリカにおけるケース・スタディ
（山本忠行／訳）　125

- 5.1　はじめに　125
- 5.2　背景と事情　127
- 5.3　本研究について　129
  - 5.3.1　第1課題　129
  - 5.3.2　第2課題　133
- 5.4　考察　142
  - 5.4.1　英語による教育への備え　142

5.4.2　すべての子どもたちのための正義　　　　　　　　　　143
　　5.4.3　社会的・経済的な包摂　　　　　　　　　　　　　　145
　5.5　結論　　　　　　　　　　　　　　　　　　　　　　　　147

第6章　英語の能力は発展の鍵なのか？
——コミュニケーション能力獲得を手助けする教師への支援の在り方（中川洋子・伊東弥香／訳）　153
　6.1　はじめに　　　　　　　　　　　　　　　　　　　　　　153
　6.2　学習者の英語コミュニケーション能力を育成すること
　　　——英語教師にとっての挑戦と改革　　　　　　　　　　156
　6.3　教育改革の推進実施を支援する構成要素　　　　　　　　158
　6.4　事例研究1——中国　　　　　　　　　　　　　　　　　164
　6.5　考察　　　　　　　　　　　　　　　　　　　　　　　　167
　　6.5.1　システム内の構成要素からの支援　　　　　　　　　167
　　6.5.2　システム内の関係者からの支援　　　　　　　　　　168
　6.6　事例研究2——オマーン　　　　　　　　　　　　　　　168
　6.7　考察　　　　　　　　　　　　　　　　　　　　　　　　170
　　6.7.1　システム内の構成要素からの支援　　　　　　　　　170
　　6.7.2　システム内の関係者からの支援　　　　　　　　　　171
　6.8　結論　　　　　　　　　　　　　　　　　　　　　　　　172

第7章　リンガフランカとしての英語使用による地域の「声」構築
——異文化間の開発に関する談話の研究（原隆幸・杉野俊子／訳）　177
　7.1　はじめに　　　　　　　　　　　　　　　　　　　　　　177
　7.2　グローバリゼーション、言語、開発　　　　　　　　　　178
　7.3　国際開発における「参加」の概念の変化　　　　　　　　181
　7.4　社会言語学の観点からの「声」　　　　　　　　　　　　187
　7.5　南米ガイアナの北ルプヌニ・サバンナにおける支配的な「声」の
　　　再調整　　　　　　　　　　　　　　　　　　　　　　　　190
　7.6　結論　　　　　　　　　　　　　　　　　　　　　　　　198

第8章　ウガンダにおけるデジタル・リテラシー、HIV／エイズ情報と英語学習者（井上恵子・カレイラ松崎順子／訳）　203
　8.1　はじめに　　　　　　　　　　　　　　　　　　　　　　204

8.2　本研究の背景 205
8.3　先行研究の検討 206
　　8.3.1　新しい形態のリテラシー 206
　　8.3.2　応用言語学と HIV／エイズ 207
8.4　本研究に至る経緯 208
8.5　現地調査 209
8.6　研究の成果 210
　　8.6.1　アンケート 1 の調査結果 210
　　8.6.2　デジタル・リテラシーコース 212
　　8.6.3　アンケート 2 の調査結果 214
8.7　考察 217
　　8.7.1　投資とデジタル・リテラシー 217
　　8.7.2　想像の共同体とデジタル・リテラシー 220
　　8.7.3　想像のアイデンティティとデジタル・リテラシー 222
8.8　結論 223

第 9 章　シンガポールにおける言語政策
──シングリッシュ、国家開発、グローバリゼーション
（江田優子／訳） 229

9.1　はじめに 229
9.2　シンガポールにおける言語政策 230
9.3　「良い」英語とシングリッシュ排斥の姿勢 233
9.4　シングリッシュとシンガポール人のディアスポラ 235
9.5　才能ある外国人の誘致 236
9.6　文化産業におけるシングリッシュ──映画と観光 239
9.7　アイデンティティ・エコノミー 242
9.8　シンガポールの言語政策が示唆するもの 244

第 10 章　英語、科学論文の出版、そしてグローバル知識経済への
　　　　　　参入（中尾正史／訳） 249

10.1　はじめに 249
10.2　知識経済と開発 251
10.3　科学知識の生産と英語の絶対的優位性 255
　　10.3.1　経済的インプットと科学的アウトプット 255

目次　xv

  10.3.2　世界的規模の科学知識生産における英語の絶対的優位性　　259
 10.4　知識生産者としての研究者——障害、利権、不平等　　263
  10.4.1　学術研究の物的条件　　263
  10.4.2　「ネットワーク資源としての英語」へのアクセス　　266
  10.4.3　論文発表および査読に潜む英語イデオロギー　　267
  10.4.4　周縁からの論文寄稿　　269
  10.4.5　中心から外れた／地域の研究の伝統を維持していく　　270
 10.5　結論　　271

第11章　経済開発における言語
——英語は特別なのか、そして言語分裂は悪いことなのか
（樋口謙一郎／訳）　　277

11.1　はじめに　　277
11.2　「開発」の意味　　280
11.3　言語と開発の結合　　281
11.4　「英語」という変数で世界の縮図を描く　　284
11.5　実証研究の方法　　285
11.6　実証的データに基づく結果——第1の関門　　288
11.7　言語の分裂を外生的と見なしてよいか——第2の関門　　291
11.8　AJRで使用された標本の再検討　　293
11.9　経済成長への鍵としての言語多様性　　296
11.10　結びにかえて　　297

監訳者あとがき　　303
索引　　311
著者略歴　　325
原書裏表紙の書評　　331
訳者紹介　　332

略語一覧

ARV	=	antiretroviral drug 抗レトロウィルス薬
BCS	=	Bangladesh Civil Service バングラデシュ国家公務員
BCTEAL	=	British Columbia Teachers of English as an Additional Language ブリティッシュコロンビア「付加的な言語としての英語」教師連合
BPO	=	Business Process Outsourcing ビジネス・プロセス・アウトソーシング
BPSC	=	Bangladesh Public Service Commission バングラデシュ公共雇用委員会
BRDB	=	Bangladesh Rural Development Board バングラデシュ地域開発委員会
CLIL	=	Content and Language Integrated Learning 内容言語統合型学習／クリル
CS	=	code-switching コードスイッチング
DFID	=	〔UK〕Department for International Development 〔英国〕国際開発省
EAP	=	English for Academic Purposes 学術（目的）英語
EFA	=	Education for All 万人のための教育
EFL	=	English as a lingua franca リンガフランカとしての英語
EIA	=	English in Action イングリッシュ・イン・アクション
ELF	=	English as a lingua franca リンガフランカとしての英語
ELF	=	ethnolinguistic fragmentation 民族言語の分裂
ELT	=	English Language Teaching 英語教育
ELTIP	=	English Language Teaching Improvement Project 英語教育改善プロジェクト
ESL	=	English as a second language 第二言語としての英語
FDI	=	foreign direct investment 海外直接投資
GDP	=	Gross Domestic Product per capita 1人当たりGDP／1人当たりの国内総生産
GERD	=	General Expenditure on Research and Development 研究開発一般歳出

HDI	=	Human Development Index 人間開発指数
HIV / AIDS	=	HIV ／エイズ
ICT	=	Information and Communication Technology 通信・コミュニケーション技術
IMF	=	International Monetary Fund 国際通貨基金
ISI	=	Institute for Scientific Information 科学情報研究所
IT	=	information technology 情報技術
L2	=	second language 第二言語
LHS	=	left-hand-side variable 従属変数
MDGs	=	Millennium Development Goals〔国連〕ミレニアム開発目標
MNCs	=	multi-national companies 多国籍企業
MOI	=	medium of instruction 教育言語／教育媒介言語
NASSCOM	=	National Association of Software and Services Companies 全国ソフトウェア・サービス産業協会
NBTL	=	New Breakthrough to Literacy 識字のための新たな打開策
NES	=	Native English Speaking 英語を母語とする
NRDDB	=	North Rupununi District Development Board 北ルプヌニ地区開発委員会
NSF	=	National Science Foundation 全米科学財団
ODA	=	Overseas Development Administration〔英国〕海外開発庁
OECD	=	Organization for Economic Co-operation and Development 経済協力開発機構
OLS	=	ordinary least squares regression 最小二乗法
RHS	=	right-hand-side variable 独立変数
SACMEQ	=	Southern Africa Consortium for Monitoring Educational Quality 教育の質調査のための南アフリカ諸国連合
SADC	=	Southern Africa Development Community アフリカ南部開発連合
SCI	=	Science Citation Index サイエンス・サイテーション・インデックス
SEC	=	Socio-economic classification 社会経済的分類
SFL	=	Systemic Functional Linguistics 選択体系機能言語学
SGEM	=	Speak Good English Movement 良い英語を話す運動
SPINE	=	Student Performance in National Examinations 全国学力調査に

		における学業成績
SSCI	=	Social Science Citation Index（トムソン・ロイター）社会科学引用データベース
STB	=	Singapore Tourism Board シンガポール観光局
SUA	=	Sustainable Utilization Area 持続可能な活用区域
TALIS	=	Teaching and Learning International Survey 教育と学習の国際的な調査
TOEFL	=	Test of English as a Foreign Language トーフル／外国語としての英語能力判定テスト
UDHR	=	Universal Declaration of Human Rights 世界人権宣言
UNCRC	=	United Nations Conventions on the Rights of the Child（国連）児童の権利に関する条約／子どもの権利条約
UNESCO	=	United Nations Educational, Scientific and Cultural Organization ユネスコ／国連教育科学文化機関
UNICEF	=	United Nations International Children's Emergency Fund 国連児童（緊急）基金

United Nations Department of Economic and Social Affairs＝国連経済社会問題局
United Nations Development Programme ＝国連開発計画

UPE	=	Universal Primary Education 普遍的初等教育

図表一覧

図

図 5.1	元の設問	131
図 5.2	元の設問と修正した設問による数学の成績	131
図 5.3	英語に触れる機会の乏しい学校（A-F）：生物の得点	135

表

表 3.1	英語とチェワ語／ニャンジャ語の読解力検査結果	86
表 3.2	4 年生児童に対する英語、フランス語、ルワンダ語の検査結果	87
表 3.3	英語、フランス語、ルワンダ語の検査結果による 4 年生児童の分類	87
表 3.4	マラウイ、ザンビア、ルワンダの開発指標（UNICEF 2010）	92
表 4.1	英語学習（EIA 2009:23）	108
表 4.2	英語とキャリア形成	110
表 4.3	質的調査参加者	113
表 5.1	元の設問と修正した設問による数学の成績	131
表 5.2	調査数（8 校における大規模調査）	133
表 5.3	8 校における 3 教科、3 言語版の成績比較（ANOVA）	134
表 5.4	英語に触れる機会の乏しい生徒の成績比較（A-F）：3 教科、3 言語版（ANOVA）	135
表 5.5	英語に触れる機会の乏しい学校（A-F）：生物の得点	135
表 5.6	英語に触れる機会の多い学校（G-H）の成績比較：3 教科、3 言語版（ANOVA）	136
表 5.7	英語に触れる機会の多い学校（G-H）：生物の得点	137
表 5.8	英語に触れる機会の多い学校（G-H）：化学の得点	137
表 5.9	英語に触れる機会の多い学校（G-H）：数学の成績	138
表 5.10	英語に触れる機会の乏しい学校（A-F）：生物の成績	138
表 5.11	成績上位者の答案例：英語版	140
表 5.12	成績上位者の答案例：スワヒリ語版	141
表 5.13	不慣れな言語による試験：そのインパクトと結果	146
表 6.1	伝達者から支援者へ	158
表 6.2	英語教育システムにおける重要な構成要素	160

表 6.3	教育改革過程における主な関係者	161
表 10.1	研究開発一般歳出（GERD）：科学雑誌掲載論文数、および研究者数（人口 100 万人当たり）の地域／国／所得別比率	257
表 10.2	社会科学論文発表の地域別比率	259
表 10.3	社会科学雑誌で最も使用されている 10 の言語	260
表 10.4	ISI およびアルリッチのグローバル雑誌ディレクトリ所収学術雑誌の地理的分布	260
表 11.1	54 カ国の標本による記述統計	287
表 11.2	計量経済学に基づく結果	288
表 11.3	計量経済学に基づく結果	294

凡例

(1) 引用文献は各章末に配した。本文中では(著者名 刊行年:頁)と表記した。
(2) 〔 〕内に示されているのは、訳者・編者による補足である。
(3) 原文の強調部分（イタリック体）は、太字で示した。

序章
英語と開発

フィリップ・サージェント、エリザベス・J・アーリング
（松原好次／訳）

0.1 はじめに

　英語と開発の関係はどのような特徴と意味合いを持っているのか——。本書はその解明に取り組んでいる。様々な国々の社会的・経済的発展において、英語の果たしている役割を確認するとともに、開発というものを広い枠組みから眺めた場合、その中で英語がどのように位置づけられているかを検討していく。過去数十年の間、開発を目的とした多くの計画や事業が、国際的な開発にとって重要な資源であるとして英語の学習を推奨し続けている。しかしながら、開発との絡みで英語を推奨することが、国連ミレニアム開発目標〔Millennium Development Goals：MDGs〕などの提案している開発目標の達成と、どのように関連づけられるかをまず問うてみたい（MDGs 2000）。MDGs の中には、普通教育の実施、貧困と飢餓の撲滅、母子の健康の保障といった目標が入っている。

　このような目標を達成するための期限である 2015 年が間近に迫っているなか、大きな進展がみられた一方で、克服すべき課題がいくつか残っていることも明らかになっている。特にこのことは、アフリカ大陸の広範囲な地域と、開発の進展が最も遅れている多くの国々に当てはまる（Ban Ki Moon in the Millennium Development Goals Report 2008）。世界の貧困層の非常に多くが、いまだに水をはじめとした必需品も手に入らず、医療や基礎教育も満足に受けられないまま日々の生活を送っている。こうした現状において、なぜ、多くの開発計画が言語教育の改善、とりわけ英語の推進に力を入れているのかを問うてみたい。英語をほんの少し知ることが、なぜ、開発途上国の苦境脱出に貢献できると考えられているのだろうか。

　この問いかけを出発点として、本書は「英語力」と「個人レベル・国家レベルの発展」との関係を追究する。両者は様々な場面で（とりわけ言語政策をとおして）積極的に推奨されているだけでなく、現に、いくつかの開発

途上国で推奨の効果が現れている。さらに本書は、英語教育の推進・英語使用の拡充が、地域の言語エコロジーや文化的アイデンティティに、どのような影響力を持っているかだけでなく、広い意味での教育の問題に、どのような影響を及ぼしているかについても触れる。また、上記の問題を、近年盛んになってきている「言語と開発」の研究分野で活躍する一連の研究者による独創的な調査および事例研究で追究する。

各章は、世界各地の様々な状況（例えば、サハラ以南のアフリカ、南アメリカ、南アジア、東南アジア、東ヨーロッパなど）に力点を置く。もちろん、こうした個々の状況は、経済的・社会的発展の連続体における各々異なった一点のみを反映するものであるため、21世紀の開発との絡みで、「触媒としての働きをする英語」の位置づけと影響力について、すべてに共通する点とそれぞれの状況に特有な点を本書が俯瞰して確認することになる。この「序章」の部分においては、開発事業における英語の役割との絡みで浮上してきている研究の背景や現況を把握するとともに、本書で扱われる重要なテーマや概念を確認しておきたい。

0.2 グローバル言語としての英語

開発計画において英語の役割が重視されるようになったのは、「グローバルな」言語としての英語〔English as a 'global' language〕の台頭が要因の1つである。現在、英語が地球語と言われているのは、この言語が世界中の国々に広範囲な影響を及ぼし続けてきた社会的、政治的、歴史的な要因の絡み合った結果である（Crystal 2003）。英語がグローバルに普及した結果、現出したことのうち主要なものを1つ挙げるとすると、この言語が現代社会における国際コミュニケーションの卓越した手段になっている点である。英語は国家を超えた政治的・経済的つながりのリンガフランカ〔共通語〕として使用されている一方で、科学・技術・ビジネス・学術などの領域でもグローバル・コミュニケーションの道具として使用されている。そのため、英語能力は国家・個人双方のレベルにおいて、21世紀の社会を生き抜いていくうえで必要となる技量のなかでも基本的な要素であるとみなされている。この能力は、多種多様な状況における個人的、社会的、経済的発展に貢献できる資源とみなされることがよくある。つまり、教育および就職へのアクセスを保証し、グローバルな経済・政治動向にみずから関わることのできる能力を提供するものとみなされている。もっとも、そのよ

うな潮流は、世界中の個人やグループに対して、様々な社会的不平等や不公正を惹き起こす原動力となってきたのであるが。

このように緊密な結び付きがあるために、英語学習は様々な場面において、みずからの社会的・文化的資本を増大するための手段とみなされている。この状況は、Kachur（1985）の言う「外円諸国」と「拡張円諸国」の双方に当てはまる。前者の場合、植民地主義の遺産の 1 つとして、教育、司法、公共サービスのような重要な領域において英語を最優先する社会基盤がいまだに生き残っている。英語という言語と、政治的・経済的に強い力を持つ「英語圏の大国」との結びつきが英語の権威を押し上げているのだ（Seargeant 2012）。

グローバル言語としての地位と、人々の意識のなかにある連想が相まって、英語教育政策は長い間、各国の開発計画において重要な役割を果たしてきた。その詳細は論文等で微に入り細に入り報告されている（例えば、タイについて Segovia & Hardison 2009、インドネシアについて Lamb & Coleman 2008、韓国について Li 1998、中国について Hu 2005 を参照）。このように英語は世界中至るところで、経済や社会のグローバル化に寄与する資源として習得を推奨されている。Lillis and Curry（本書第 10 章）が述べているとおり、英語へのアクセスは、グローバルな知識経済に参入し、利益を享受できる保証にもなっている。このようなわけで、英語は学校のカリキュラムにおいて、ますます異彩を放つ言語となっている。Wedell（本書第 6 章）の調査によれば、英語は公教育のかなり早い段階からカリキュラムの一部に導入されるようになっている。例えば、中国、チリ、韓国、日本、トルコ、オマーン、そしてインドの各地などである。

開発計画において英語が重要度を増している更なる証拠として、英語を教育言語とする国の数が増加している点を挙げることができる。例えば、パキスタン、南スーダン、そしてルワンダのうち従来フランス語圏だった地域にまで教育言語としての英語が浸透している（本書第 3 章参照）。一連の領域で英語使用が加速している実態と、英語こそが自分の未来を切り拓いてくれると願う人々の思い込みが相乗効果を発揮していると考えるならば（Erling *et al.* 2012; Tembe & Norton 2011; Vavrus 2002）、近年、英語教育が国際的な開発プロジェクトの中心に据えられるようになっている事実も、驚くに値しないことなのかもしれない。グローバル経済に参入する手段として、外国資本を誘致し、英語教育の積極的推進を目指す国々が世界中至るところで増えているのであれば、開発途上国はこの流れに乗らざるを得

ない。そして、まさにこのような背景の下、1990年代の初め頃から、開発計画が進行している世界中の国々で、英語教育および英語教員養成プロジェクトが際立って注目されるようになっている（例えば、Bruthiaux 2002、Kenny & Savage 1997、Lo Bianco 2002、Pincas 1995、Widin 2010などを参照）。実際、Bruthiaux（2002:289）によると、今日の開発事業は英語教育だけでなく、政府機関や各種学会などとも切り離しがたいほど密接に絡み合っている。

0.3 「言語と開発」についての研究
——近年、脚光を浴びるようになった研究分野

　開発に関わる事業において英語教育が脚光を浴びているとともに、言語関連の諸問題が開発との関連で次第に重要視されるようになっているため、1990年代後半から、「言語と開発」分野の研究論文が数を増している。この分野における初期の研究（例えば、Pincas 1995やKenny & Savage 1997）は、主として国際的な開発プロジェクトの成果について報告し、その成果を讃えるものであって、プロジェクトの一環として行われる言語教育の果たす役割や、さまざまな事業のもつ政治的意味合いや、支援国の役割については、ほとんど批判的な考察を行っていなかった（Appleby 2010:31参照）。しかし、こうした初期の研究から「言語と開発」に関する研究の3つの大きな枠組みが生まれ出てきている。

(1) 量的分析研究：言語運用能力と収入の関係を測定する。
(2) 質的分析研究：いくつかの学問分野を横断する多様な理論的アプローチに立脚し、言語・教育・開発3者間の複雑な絡み合いを追究する。
(3) 批判的研究：開発に関わる英語教育プログラムが所期の目的を成功裡に達成しているかどうか、そして、そのようなプログラムが政治的、文化的問題とどのように結びついているかを探究する。

　もちろん、この3つは全く別個のカテゴリーではなく、他の枠組みの視点を採り入れて行われることが多い。しかし、ここでは本書の概観を示すことが目的であるため、以下3つの見出しで各々の研究領域を簡潔に紹介しておきたい。

0.3.1 「英語と開発」の関係を探究する量的分析研究

　開発（とりわけ経済発展における開発）において英語が重要な役割を果たすという認識が深まるにつれて、英語学習の費用対効果や投資利益を数値化する必要性が生じてきている（例えば、Martin & Lomperis 2002）。こうした効果・利益の特性は様々な形をとって現れてくる。Coleman(2010)は、「英語」と「開発の様々な指標」の関係について行われてきた量的分析研究を概括している。それによると、就職、研究成果・情報の入手、国家間の移動、国際的協同・協力などが容易にできるかどうかについての指標が含まれている。この関係は、すでに様々な状況下において綿密な調査・研究がなされていて（例えば、スイスについてはGrin 2001、西ベンガルについてはChakraborty & Kapur 2008）、複雑な様相を呈しているという研究結果が出されている。例えば、英語を第一言語としない100カ国を対象に行なわれた最近の研究（Ku and Zussman 2010）によると、英語の技能修得は外国との貿易促進につながるということである。クーとズスマンは、30年間にわたるTOEFLの国別平均点からデータベースを構築し、英語と開発の関係を実証的に研究した。貿易に影響を与える他の要因を対照群と位置づけ、英語の熟達度が2国間の貿易量に統計学上有意で、大きな効果をもたらしていると論じている。

　この結果は、本書第11章の研究成果と対照的である。アルカンとグランによると、ポストコロニアル〔post-colonial：植民地支配から独立したのちの〕状況下のサハラ以南のアフリカやアジア諸国において、国民の大多数が英語に熟達したとしても、それだけでは各々の国家の経済発展がレベルアップすることには結びつかないものの、現地の言語が広く使用されている場合は、経済発展と結びつく傾向にある。その調査結果をうけて両著者は、少なくとも一般論として、英語を経済の発展や成長にとって「特別な」言語であるとみなすべきでないとしている。開発過程に及ぼす言語の影響に関する先行研究が長い間、重大な誤解をもって解釈されたきらいがあることを新しい統計学的分析で解明したうえ、見直しの必要があることを指摘している。

　経済発展を遂げている国に関する最近の研究（Euromonitor 2010, 2012）もまた、英語の推奨がどの程度まで成長の要因になっているかを実証的に報告している。この2つの研究では、それぞれの国の経済と教育制度を点数化するシステムが導入され、両者間に見られる関係の特徴を見極めようとしている。2010年の研究は、ポストコロニアル状況下の調査対象国における英語教育の需要が依然大きいと結論づけている。そして、「低迷する経

済の下で厳しい雇用環境を勝ち抜くためには英語力が有利に働く」と思われている点を理由として挙げている。一方、2012年の研究が明らかにしている点は、中東やアフリカの諸国が、経済の発展、生活水準の向上、社会環境の改良をめざす際、国民の英語力改善に（全くとは言わないまでも）依存している姿である。ユーロモニター〔Euromonitor International Ltd.：消費財業界およびサービス業界に特化した国際的な市場調査会社〕は以下のように報告を締めくくっている。「研究対象の各国政府は、成長達成のためには英語の技量が不可欠であるとみなしている。英語力が向上すれば外国からの投資を呼び込むことができるだけでなく、国内企業に対してもグローバル経済に立ち向かう競争力をつけることができるであろう」。

上記の研究が明らかにしていることは、英語と経済的利益との結びつきが強いという想定のもと、英語教育に投資し続ける国が多いという点である。しかし、このような結びつきを、もっと深く、批判的に調査する研究も出てきている。そのような研究によると、英語力と経済発展には往々にして何らかの因果関係がある（もっとも、アルカンとグランの研究が明らかにしているように、因果関係があることを自明だと想定すべきではないであろう）。しかし、それぞれの社会に元々ある諸条件が、その関係を複雑なものにすることは必至であるという事実からみても、関係そのものの見直しが必要になっている。例えば、Levinsohn (2007) によると、南アフリカで英語が話せることから生じる経済的有利性は、1993年から2000年にかけて実施された国際経済への門戸開放とともに増大したが、黒人よりも白人にとって有利な点の多いことが判明した。この研究は、英語能力というものが、どの民族集団に対しても同等の価値を持っているとは限らない点、そして、他の社会的変数に対して複雑な関係を有している点も明らかにしている。

Azam and Prakash (2010) にも、これと似通った複雑な構図が報告されている。この研究は、『2005年度人間開発調査（インド）』〔*India Human Development Survey of 2005*〕を基にして、英語のスピーキング能力が給与に及ぼす影響を数値化している。数値化で判明したことは、流暢に英語を話せることが（全く話せない場合と比較して）男性の時給を34％も押し上げていて、高校卒業と同程度あるいは大学卒業の半分程度ほどの効果を有し、給与に影響を与えているという点である。さらに、ほんの少し英語がしゃべれるというだけでも、男性の時給を13％押し上げている。しかし、英語への投資利益が、女性の場合、特に農村部で、男性より小さいことも判明した。また、インド社会で昔から不利な立場に立たされてきた指定カーストの人々に

とっても、極めて小さいものであった。そこで以下のような結論が導かれているのだ。「インドにおいて昇給や昇進は、必ずしも英語の技量と連動しているわけではない。低いカーストに対する旧来の差別や、その他の因襲によって、たとえその人たちが現代の労働市場で価値のある技能を持っていたとしても、希望が叶えられることはない」(Azam & Prakash 2010:18)。

そのため、言語使用と開発の相関関係を調査しようとする場合はいつも、その関係の原因となる一連の状況因子を幅広く考察しなくてはならない。状況因子を考慮に入れて、本書のいくつかの章（特に第2章と第11章）は、英語と経済発展を直結させる考え方に対して、修正の必要ありとする証拠を次々と提示している。そのうえで、著者たちは以下の捉え方を読者に投げかけている。英語と経済発展を直結させるこの考えは、多くの言語政策立案者が抱く野心の裏に潜む一番大きい動機であるが、この2者は決して単純に連動するような関係ではない、という捉え方である。それゆえ、この種の研究によると、政策の提言や計画への介入は、成功裡に目標を達成しようとするならば、社会的変数の全体を見渡して行うよう注意しなければならないことになる。

0.3.2 「言語、教育、開発」についての質的分析研究

量的分析研究に加えて、一連の質的分析研究も行われるようになっている。この動向は、各々の状況や関係の複雑さを考慮する必要が出てきている証拠である。質的分析研究は、言語・教育・開発が、変動するグローバルな労働市場とどのように結びついているかを分析したうえで、3者の関係が社会的・政治的にどのような結果を生み出すかを論じている。この分野における研究としてはHarbert et al. (2009) がある。ここに収められた10数本の論文は、様々な学問領域の切り口から「言語と貧困」の関係をあぶり出し、人々の話す言語（あるいは逆に、話さない言語）が、いかに、その人たちの経済的地位を左右しているかに具体例で迫っている。Rassool (2007) も、英語と開発の関係を調査するにあたって、独立後における英語の普及が、今なお続く社会的・経済的不平等という植民地の遺産を存続させることと、どのような形で関わってきたかに着目している。

19世紀のアフリカやインド亜大陸における言語教育政策が、現代の教育関係者や政策立案者に今なお問題を突きつけているだけでなく、その地域に樹立された国々の発展を阻害し、当地の言語を未発達のままにとどめていると著者は論じている。Djité (2008) は社会言語学的アプローチを用

いて、アフリカにおける言語使用と開発の関係を調査している。Rassool (2007) と同様に著者は、旧宗主国の言語への依存が、発展をめざすアフリカ諸国の潜在力をどのように削いできたかを概説したのち、この推論に基づいて、現地で使用されているアフリカ諸語が、今後おおきな役割を果たすことこそ、アフリカの発展につながる道だと主張している。本書で第1章と第3章が指摘しているように、上記の研究者およびその他の応用言語学者（例えば、Mazruni 2004 や Kamwangamalu 2010）は、アフリカの数カ国において、英語が教育言語に採用されていることに繰り返し反対の意思を表明している。なぜならば、英語の教育言語化こそ長期間にわたる教育の失敗の主因であるとみなす証拠が次々と現れているからだ。しかし、ここで名前を挙げた研究者たちが以下の点も指摘している点に注目したい。すなわち、英語という言語は経済的・社会的資本との強いつながりがあるため、自分たちの研究によって、英語学習や教育言語としての英語使用に対する人気が低下したことはないという指摘である。そこで、本書の著者のうち数人は、英語を求める強い声を無視することなく、識字率向上や教育における地域言語の重要性を認めていく新たな解決策を模索している。

　本書第2章が触れているように、開発についての言語関連問題を取り扱う際、研究者たちの多くは伝統的に社会言語学の理論を拠りどころとしてきた（例えば、言語シフトや少数言語話者の言語権など）。そして、本書第11章の指摘にあるとおり、言語経済学の研究者が開発という事象を除外することの多い一方、開発経済学の研究者は言語の問題を除外することが多かった。ラスールおよびアルカンとグランも、さらに他の研究者も（例えば、Appleby 2010 や Coleman 2011）、開発における英語の役割に対する態度や思い込みについて理解を深めるためには、社会言語学以外の学問によるアプローチ（研究方法）や視点を活用すべきだと強調している。そして、上述の例のように、最近の研究は、この研究分野の方法論的・理論的枠組みを広げ始めている。本書は、この学際的な動向を踏まえ、さまざまなアプローチ（例えば、経済学、社会学の各分野、開発学など）に依拠して、言語と開発の関係を分析している。その結果、研究課題を多極的に分析することが可能になっている。研究論文のなかには、言語使用と開発の関係を細部まで理解しようとして、量的分析データと質的分析データ双方を組み合わせる手法を採っているものもある（例えば、本書第4章や第10章）。

0.3.3 開発に関わる英語教育プログラムに対する批判的研究

「言語と開発」をテーマにして近年盛んになってきた一連の研究成果がある。前述の量的・質的分析研究とは異なった方向性をもち、英語教育プロジェクトが開発事業に投入・実施されている実態を調査したうえで、そのようなプロジェクト自体を批判するものである。例えばNunan (2003) は、アジア・太平洋地域の数カ国における英語教育プログラムの調査報告をしている。それによると、相当量の人的・物的資源が投入されたにもかかわらず、こうしたプログラムは、不十分な教員研修と教員への全般的な支援不足が災いして、所期の目標を達成できていないということだ。著者はさらに、多くの国々が英語教育にかなりの人的・物的資源を投入するため、他の教科・科目等を犠牲にしている点、また、このような資源が投入されても、所期の学習到達目標を達成することは滅多にない点を挙げて、英語教育事業の在り方に警告を発している。

Brock-Utue (2000) も、開発プログラムの一環として行われる英語教育プロジェクトは、西欧の言語や慣行を特別扱いするものであると批判している。「支援供与機関が国際語を重要視するあまり、教育の発展を阻害し、現地語の教科書出版を封じ込め、地元の文化を弱体化させてきた」(Crossley & Watson 2003:87) と著者は論じている。これと同様の論調で、Phillipson (1992) は、英語教育事業を言語帝国主義の一形態であると非難している。そのようなプロジェクトは、支援受け入れ国の言語や文化に価値を見出そうとしないというのである (Phillipson 2012)。さらに、Appleby (2010) のような研究者は、このようなプロジェクトが、実際には、西欧の覇権を以下の2点で下支えしていると指摘し続けている。1つは、単一言語主義への偏向などにうかがえるように、西欧文化にとっての理想像を追いかけている点、もう1つは、ヨーロッパの大言語（特に英語）を教育言語として使用することである。アップルビは、東ティモールにおける現地調査に基づき、国際的な開発活動の進展や英語に対する過大な期待をとおして、社会的・経済的不平等が軽減されるどころか、実際には固定化されてしまう経緯を分析している。

同様の批判的アプローチを基に実施された研究がもう1つある。ある開発プログラムの目標と実施状況を考察した研究 (Widin 2010) である。取りあげられたプログラムは、ラオスにおける英語教育の質向上をねらいとしたオーストラリアの支援プロジェクトで、「現地の社会的・経済的成長に資するため英語教育を強化する」と謳う理念に著者は疑問を投げかけてい

る。本書の多くの章で言及されているように、ウィディンの研究は、「英語能力の向上が個人あるいは国家にとって間違いなく機会保証につながる」という常識化している思い込みを問題視し、「国際的な開発のための言語としての英語」というイデオロギーが、なぜ、そしてどのように形成され、維持され、固定化されていくのかを追究している。

0.4 概念とテーマ

ここまで最新の研究動向に触れてきたわけであるが、本書の構成を概観する前に、各章が取り組もうとしている重要な概念やテーマのいくつかについて輪郭を記し、この分野で現に行われていることや争点になっていることの主要因子を考察しておく価値もあるだろう。このなかには、開発そのものの意味も含まれていようし、開発がどのように教育、識字率向上、言語学習と関連づけられるかといった課題も含まれている。

0.4.1 「開発」の意味

「開発」という概念には様々な捉え方があり、この語の定義は時の経過とともに変化してきている（Hettne 2009:1、本書第1章、第2章、第7章）。基本的な意味での「開発」は、「計画的に変化を惹き起こすプロセス」であると理解されていて、貧困状態で生活する人々の経済的・社会的条件を改善することにつながるものである。第二次世界大戦後の1940年代後半、脱植民地化のプロセスの一環として、現代的な意味における開発事業が始められたとき、その事業はほとんどすべて経済成長に焦点を定め、生産能力の増大と労働生産性の向上をねらいとしていた（Thomas 2000:33）。このように、かなり狭い枠組みで捉えた場合、「開発」は、ある国家の国内総生産（GDP）という観点から測定できるものであった。しかしながら、このようなプログラムは効果がないという非難を受けると同時に、支援対象の国々に対する金持ち国家側からの紋切り型押しつけであるという批判もあって（Hettne 2009:12）、「開発」に付与される目標は幅広く捉えられるようになった。

経済成長は開発のプロセスのなかでいまだに基本的な要素として残っているものの、それだけではもはや十分でないと考えられるようになってきた。そのようなわけで、新世代の開発事業は、人々の暮らしぶりの改良をもっと広く解釈して、その目標を設定するようになってきたのだ。「開発」の概念は次第に拡張していき、健康の増進、環境劣化の軽減、不平等の撤廃、

民主化の促進といった社会的要因を含むようになった（国際開発の進化に関する通史および「開発」という用語の多義性に関する議論については、Appleby 2010、Crossley & Watson 2003、Escobar 1995、Hettne 2009、Rassool 2007、Thomas 2000 を参照）。開発に関する研究の焦点が推移するにあたって重要な影響を与えたのが、アマルティア・センの研究（Sen 2001）である。センは開発を「自由」という枠組みで捉え直し、「自由とは、人々の選択の幅を広げるプロセスであり、さらには、それが他人の自由を強化することにもつながり、結果として変化と成長を永続的に促すものである」と定義した。部分的にはセンの影響の結果として、開発研究に関する最近の動向は、包摂を促進し、支援対象となる人々の声や意見を取り込むものになっている。

こうしたアプローチのねらいは、参加を重視したプロジェクトの受け入れである。「草の根」型とも言うべきこのプロジェクトとは、旧来からその土地に住んでいる人々の知恵と共同体独自の物の見方・考え方を取り入れ、事業対象の共同体が自由裁量権を獲得し、自立できるよう促すことを目的としている（詳細については、本書第7章を参照）。近年の開発事業はまた、グローバルな対話を促進したり、開発途上国がグローバルな経済システムに参入し、その一員になることを援助したりすることによって、貧困の解消を模索してきた。そして、このように開発論議の焦点が選択、気づき、参加などに移行したことによって、言語の役割、とりわけグローバルな共通語の必要性が俄かに脚光を浴びるようになっている。

経済発展を達成し維持していくことは、どの国家にとっても主要な目標であり、国の経済政策や社会政策には、その目標が明示的に述べられていることがよくある。一部の国にとっては、他国の経済的・社会的発展を援助することも、外交政策の1つの目標である。とりわけ、植民地を所有していた旧宗主国の列強と比較的裕福な「西洋の」国々が、これに属し、まとめて第一世界の国々と呼ばれることが多い。さらに、開発の促進は、世界銀行やユネスコなど、いくつかの国際機関にとっても、その職務の中核になっている。計画、資金供給、実施が国際的に行われるそのようなプロジェクトは、通常、国際開発と呼ばれる。

しかしながら、現代のようなグローバル化した時代においては、国内の開発事業にも国際的な要素が混入しているため、「国内の開発」と「国際的な開発」との区別は必ずしも明瞭ではなく、境界があいまいである。実際、Hettne（2009:7）が指摘しているとおり、近年この分野の研究で、「開発」の前に「国際的な」や「グローバルな」という修飾語を付けるのは、

序章　英語と開発　11

新しいトレンドが現れてきた証拠である。そのトレンドとは前述したように、参加、対話、パートナーシップ構築といった課題に取り組もうとする姿勢であり、地元の関心事とグローバル化しつつある世界との関係をまとめあげようとする動きである。この課題は、本書掲載のすべての章にとって中核となる関心事であり、サハラ以南のアフリカからシンガポールに至る様々な状況で、この課題がどのような形で具体的に現れているかを各章は探ることになる。

0.4.2 教育と開発

このセクターの事業が、開発の意図を実現しようとして通常用いる方法には核となる要素がいくつかあるが、そのなかで本書の目的に照らし最も重要なものは教育である。1945年のユネスコ創設以来、教育の整備は様々な開発計画を実施する際の中心的な要素であると考えられてきた（Crossley & Watson 2003:85）。脱植民地化の過程で旧宗主国は、元植民地であった国々の教育制度を「確立」する支援にあたることがよくあった（Rassool 2007）。この期間には、二国間協定に基づく支援機関がいくつかヨーロッパや北米に創設されたが、教育に関する優先事項や協議事項については、例外なく旧宗主国の制度に基づく方式が採られた。1971年、世界銀行は最初の教育分科会報告書を出版した。この報告書は開発における教育の役割を強調し、開発分野の中心的機関として世界銀行を位置づけた（Crossley & Watson 2003:86）。

開発における教育の役割は、主として経済成長を保障する手段であると伝統的に考えられていた。「教育と開発」に関する理論は、セオドア・シュルツ〔Theodore Schultz：アメリカの農業経済学者〕の考案による人的資本仮説から派生した想定に基づくものが主流であった。この仮説によると、教育は開発途上国の人的資本に対する投資であると見なされている。Schultz（1963:10）が述べているように、「教育に経済的価値があるという考えは、人々が自分自身に投資することによって、生産者および消費者としての可能性を広げることができるという仮説、および、学校こそが人的資本に対する投資のうち最大のものであるという仮説に基づいている」。この理論によると、教育の奨励は労働者の技能や知識の向上を目的としていて、「経済的・社会的流動性を促すだけでなく、結果として生産力や収入の向上意欲を刺激する」（Rassool 2007:91）。

開発に対する近年の捉え方は今もなお、経済発展で中心的な役割を果た

すのが教育であるとしているが、他の関連領域にも目を向けようとする動きがある。例えば Williams and Cooke（2002）は、開発によってもたらされる利点のうち、教育に関連のあるものをいくつか列挙している。そこには、健康志向の高まり、出産児童数の減少、環境に対する意識の向上などが含まれている。そして Sen（2001）は、人間の可能性を大きくする役割にこそ、教育の意義を見いだそうとしている。さらに、現在では工業生産物ではなく、「情報と知識」が経済成長にとって中核となる資源であると考えられている（本書第10章参照）。

このように、開発と教育の関係については精緻な捉え方がいくつかあり、GDPへの影響力といった単一の指標をはるかに超えているため、測定は困難である。そこで、教育と経済の関係を専門とする研究者たちは、教育への投資に対する損益を把握し数値化するため、さらに精緻な方法を考案しようとしてきた。このような枠組みのなかで行われた研究（Little and Green 2009:166）は、発展途上の数カ国を「グローバル経済へ参入させる」にあたって、教育の役割が顕著であったと報告している。一方、Hanushek and Woessmann（2008）の研究によると、国民が教育を受けると、その国家の経済は健全な方向に大きく成長する可能性があるということである。そこで両研究は、単に「教育と開発」の間というのではなく、「質の高い教育と開発」との間に大きな相関関係があると結論づけている。

しかし、教育への投資が必ず経済発展につながるという考えに対して、この分野の研究者のなかでも意見は一致していない。このことは、社会的・経済的要因が災いして社会全体に教育の機会均等が行きわたっていない場合によく見られる。例えば、教育を受ける機会が農村部と都市部で均等かどうかとか、質の高い教員の確保が可能かどうかという要因が考えられる。さらに、ある種の教育は、社会的不平等を解消するというより、再生産するような働きをすると指摘する学者もいる。とりわけ、支援国の教育モデルが開発途上国にそのまま移入される際、このような事態が生じる（例えば Appleby 2010:26、Djité 2008、Rassool 2007 を参照）。そして、極めて重要なことであるが、教育における言語上の障害が経済発展における障害物になるケースも出てくる（Mohanty 2009:12）。このケースは、教育言語としての使用を推奨されている言語が、当該地域の大多数の人たちにとって第一言語ではない場合、特に起こり得る。Pinnock and Vijayakumar（2009）は、開発事業を推進していく過程で、この問題が今まで十分認識されてこなかった点を指摘したうえ、教育言語へのアクセスが、実際問題として、質の高

い教育を受けるための前提条件であり、さらに広い意味で開発のための前提条件でもあると論じている。

　そのようなわけで、上記の研究者たちが総じて指摘していることは、効果的な学習をめざす際、最も重要な要素の1つとして教育言語の問題を取りあげるべきだという点である。実際、いくつかの国々で、この問題が検討されているところである。例えばナミビアの場合、1993年以来、英語が公式な教育言語として使われているが、教員の英語力不足が長年にわたる生徒の成績不良を惹き起こし、ひいては国家発展の遅れの原因となっていると断定する研究も最近では散見される。そのような流れのなかで、少なくとも小学校レベルでは、母語による教育に戻すべきだという要求も出てきている（Harris 2011）。教育言語に関する政策の重要性、および、そうした言語政策が教育システムの他の面に及ぼし得る影響についての問題の数々は、本書の数章で論じられることになる（例えば、第1章、第5章、第3章）。

0.4.3　リテラシーと開発

　開発のための教育推進と密接に絡み合っているのがリテラシー〔識字能力〕向上である。これはまた、言語学習・言語使用の問題とも分かちがたく結びついている。1957年に発表されたユネスコの報告書によると、世界地図上で、貧困地域と非識字率の高い地域が大部分重なり合っているということである。そこで、報告書作成者たちは、「ある国の識字率が高ければ高いほど、経済発展のレベルは高くなる傾向にある」と結論づけている（Crossley & Watson 2003:86）。これを論拠として、基礎教育へのアクセスを保障したり、実生活で役立つ読み書きの力を養成したり、初等教育の義務化を推進したりするキャンペーンがいくつか繰り広げられた。こうした考え方は、「万人のための教育」とか、「ミレニアム開発目標」といったキャンペーンに今でもなお色濃く残されている。

　識字率の向上は、今も貧困撲滅を目標としたプログラムの最重要課題であるが、現在推奨されている識字についてのコンセプトは、この分野の理論的研究に照らして修正の手を加えられてきたものである。当初、識字というコンセプトは、純粋に機能主義的アプローチ〔実用的な読み書き能力そのものの養成〕という観点で捉えられていたため、実生活で人々が読み書きという行為をする際に現れてくる社会的要因を考慮していないと批判されることが多かった。それに対し近年のアプローチは、識字というものを各々の社会に根づいている一連の慣行と見なすようになっている。この新しい

定義からすると、識字は「人々を地域的、国家的、グローバルな経済、文化、政治に参加できるようにするための必須条件」(Kellner 2000:249) であると見なされている。

　焦点が変化したことによって、どの言語が最もよく地域的、国家的、グローバルな活動への参加を保障できるか、また、英語のような「グローバルな」言語と国や地域の「ローカルな」言語を比べた場合、どちらが有利なのか、といった問題が生じてきている。最近の研究はまた、読み書きに関する慣行が、どの程度まで当該地域固有の状況によって左右されているかを強調するようになっている。言語や教育の資源入手が平等にできないため、「草の根型リテラシー運動」〔行政の組織的な関与が伴わない、市民の運営による識字率向上運動〕が第三世界の国々に広まる結果となり、人々が境界へ押しやられ、社会の主流に十分参加できないようになっていくプロセスを追跡する研究も出ている (Blommaert 2008 や本書第 2 章 Rassool を参照)。

　リテラシー向上キャンペーンや基礎教育の推進運動は急速に勢いを増し、1990 年、ジョムティエン〔タイの観光地〕で「万人のための教育」というスローガンを掲げた世界会議が開催されて以来、ますます国際的な注目を浴びるようになっている。この会議の成果の 1 つは、貧困撲滅のための重要な手段として、全ての子どもに初等教育を授けるという目標を設定したことだ。「普遍的初等教育」と「万人のための教育」というキャンペーンの正当性は、ほんの少しの教育でさえ、貧しい人々の生活を顕著に改善できるという数々の証拠によって裏付けられた (Buchmann 1999)。実際、小学校を卒業した子どもたちは、

　　　読み書きのできない同世代の子どもたちと比べて、将来、給与が高くなり、世の中の動きに敏感になり、ゆったりした居住スペースに恵まれるようになる。この子どもたちの場合、収入から貯蓄へ回す額が増え、新しい技術を抵抗なく取り入れることができ、地域の問題に積極的に関与して、政治家の説明責任を追及するようになる (Moon & O'Malley 2008:4、Palmer *et al.* 2007、本書第 1 章を参照。ただし、パーマーとファーガソンは、この主張に反対の立場)。

　さらに、通信技術の分野で起きている急速な変化に対応して、リテラシーの概念は現在、読み書き能力のみに限定されず、デジタル通信技術を使いこなせるかどうかも含めるようになっている。実際、Castells (1999:3)

は以下のように論じている。現在、情報通信技術〔ICT〕の利用可能な環境と活用能力は、経済や社会の発展にとって必要不可欠であり、「ICT のネットワークに入り込めないことは、私たちの経済活動や社会活動において、大きなダメージを与える『排除』の一形態になる」。

英語はまた、新しい技術を手に入れるための手段として、開発の話が持ち上がるたびに注目される。そして、現在、開発計画において提供される英語と ICT は、「国連ミレニアム開発目標」達成の手段として密接に結びつけられることが多い。Graddol（2006:72; 2010）の言葉を借りるならば、IT と英語は基礎的教養あるいは実用的技能の一部になっている。それほどまでに両者は今日、グローバル経済のなかで生き抜いていくためだけでなく、知的生産物を入手していくためにも必要とされているのだ（Norton *et al.* 本書第 8 章）。

0.5 本書の内容

本書に掲載されている 11 の章は、上記の論点や研究領域の多くについて、幅広く深い考察を行っている。各章に共通する出発点は、以下の問題意識である。「グローバル時代の現在、英語は開発のための重要な資源であるとして絶えず学習を推奨されてはいるが、『言語と開発』との間の関係は複雑であるため、支援受け入れ国・地域に固有の要因（変数）に留意する必要があるのではないか。なぜならば、それぞれの地域に根差した特殊性によって、開発計画の成否が左右されるからである」。そのようなわけで、英語という言語および英語教育事業が、受け入れ側コミュニティの言語エコロジーや言語イデオロギーに、どのような影響を及ぼすかについての実証的研究は、政策の立案において重要な役割を果たし、開発事業の成功と持続性に貢献できるであろう。このような問題に取り組むにあたって、各章の著者がそれぞれの事業に深く係り合っている様子がうかがえる。その事業は、現地の実情（人々のニーズや社会の慣行）に対する理解のうえに成り立っているとともに、住民がグローバルな視点をもって参加できるよう支援するものだからである。

本書の各章は上記の問題点に様々な学問分野の切り口から接近し、英語と開発の間に横たわる共時的・通時的関係を客観的・批判的に精査している。各章が取り扱ったトピックのなかで特に興味深いのは、グローバルな言語としての英語に対して人々がどのような態度をとり、どのような思

い込みをしているかという点、そして「世界語としての英語」というコンセプトが言語教育政策にどのような影響を与え、どのような具体的施策に導いているかという点である。本書の数章はまた、教育言語としての英語〔English as a medium of instruction〕の使用に関わる問題点を取りあげ、英語を主たる言語として使用しない国・地域において、この方針が開発との絡みでどのような影響を及ぼすかについて論じている。さらに、ローカル言語〔国・地域で使用されている言語〕とグローバル言語〔国際的に地球規模で使用されている言語〕のバランスを各章が共通のテーマとして取り上げている。グローバル言語が次々と新しい領域で使用されるようになっている状況下、各々の国や地域が独自の発展を遂げるため、どのようにしたらローカル言語とグローバル言語の間に微妙なバランスを保てるのかについて論じている。各章が取り扱っている主なテーマについて骨子を以下に記しておきたい。

　第1章は、「教育と開発」の絡み合いに関わる最新の理論と実践を網羅的に紹介したのち、学校における教育言語の選択から生じる教育の質低下などの問題点を明らかにする。英語を教育言語にすることによって教育の質が落ちることについて、十分な証拠があるにもかかわらず、なぜ、英語による教育を求める声が依然として大きいのか、そして、開発計画に対してどのような影響を及ぼしているかについて論じる。

　第2章は、「世界語」としての英語〔English as a 'world language'〕の覇権を、ポストコロニアル状況下の社会における「言語と開発」という更に広い問題設定の中で検証する。その検証を通して著者は、「現代社会の発展プロセスに言語がどのような形で関与しているか」を分析するにあたって従来よく使われてきた枠組みのいくつかに疑問を投げかける。そして、広い範囲をカバーする方法論の必要性を主張して、ブルデュー〔Pierre Bourdieu：フランスの社会学者〕の枠組みを採用している。その枠組みによると、開発に関わる英語の役割と地位は、ある特定の国や地域の場合であっても、グローバル経済の内部で生じる地殻変動とともに変化するということになる。

　第3章は第1章に引き続き、教育言語選択に関わる言語政策の策定が及ぼす社会的・教育的影響を検討する。著者は、マラウイ、ザンビア、ルワンダの学校で得たデータを基に、教育言語として英語を使用することが大多数の国民の教育に対して肯定的に働いていない実態、および、この原則から生みだされた諸々の教育政策が、国家の統一あるいは発展に寄与していない証拠を提示する。このような研究成果を拠りどころとして、従来の

政策とは異なる新たなアプローチを著者は探っている。そのアプローチとは、ある1つの国の社会的・文化的基層部（とりわけ言語文化に関わるもの）を保持しつつ、今まで以上に対等な形でグローバル経済に参入する道を模索するものである。

　第4章は、政府機関、開発支援機構、教育関係団体などの綱領に言明されている「公用語としての英語」を当然視する姿勢が、どの程度まで、開発計画受け入れ側の人々の抱く、英語に対する見方と重なり合うものなのかを考察している。バングラデシュで行われた大規模な国際開発プロジェクトから得られたデータの一部を拠りどころに、本章は、英語使用および英語教育に対して、プロジェクト受け入れ側の住民がどのような言語イデオロギーを抱いているかに迫る。そして、英語を求める住民の思いだけでなく、英語教育事業に投資した業者の生きざまにも調査の対象を広げて、英語という言語がどのような影響力を持っているかを検証する。

　第5章は、個々人の成功と国家の発展の間に、いかなる関連があるかを見極め、ポストコロニアル状況下の多くの国々で英語という言語が、いかに選別の道具〔進学・就職等の成否を左右するもの〕としての地位を確保しているかを探る。その際、サハラ以南のアフリカ諸国に住む子どもたちの例を挙げている。この子どもたちにとっては、第二言語（第三言語の場合もある）で行われる公的試験〔全国学力調査〕によって自らの学業成績を試されることがごく普通のことである。本章は、不慣れな言語で試験を受けることが、生徒たちの学習能力、そして、その結果としての学業成績に、どのような影響を及ぼしているかについて考察する。著者たちの指摘どおり、この問題は単に学校での成績の良し悪しにとどまらず、個々人の社会的・経済的生活、ひいては福利全般にまで広く影響を及ぼすことになる。

　第6章は、英語使用レベルと国家の発展度との間に確たる相関の証拠がないにもかかわらず、なぜ多くの国々における教育政策文書が英語重視の姿勢を示しているかに着目している。そして、グローバル化に適応し国家が発展していくためには国民の英語力引き上げが大前提であると謳う理由を検証する。しかし、英語への一極集中がますます深まっていく現況を踏まえ、著者は各国の政策立案者たちが、教育に絡むシステムの改善を怠ってきた点に気づいていないようだと指摘したうえ、もし効果的な改革を望むのならば、抜本的な教育制度の見直しが必要であると提言している。つまり、英語教育のカリキュラム改革を実行に移すとするならば、その改変によって直接的・間接的に影響を受ける可能性のある、すべての生徒たち

のニーズ分析が不可欠だと著者は主張しているのだ。

　第7章は、新しい文脈と地域に研究の焦点を移している。先行の章が、政策策定の意図と現状の間の、ややもするとマイナスになることの多い関係を問いただすのに対し、本章の著者は、地域に根ざした英語の使用が、どのようにしたら支援受け入れ側の国・地域と支援供与側の国際開発機関双方にプラスとなる論議を巻き起こすことができるかに着目する。社会言語学の概念である「声」〔voice：元来は文化人類学の用語。「声を挙げる」という意味での「声」。転じて、「非標準的な言語で発せられてはいるが、経験に裏打ちされた自らの主張」の意〕を援用し、ガイアナ共和国の北ルプヌニ・サバンナにおける現地調査の結果を選択体系機能言語学〔Systemic Functional Linguistics：言語が使用される場面・社会などの文脈情報との関係で、言語が人間社会でどのような役割を果たしているかを解明しようとする言語学〕の枠組みで分析している。そのうえで著者は、英語と現地語の入り混じった談話パターンに着目している。その談話パターンでは、地元の参加者と外部から来た開発関係者それぞれが持つ様々な形の言語的特徴を混ぜ合わせて、開発への協働作業が構築できるようになっている。本章は特に、いくつかの地域共同体で自前の英語が生みだされる経緯、および、このプロセスが開発で果たす重要な役割に焦点を当てる。

　第8章は、ITと英語を使いこなせるようになれば、健康に対する意識が向上するのではないかという点に着目する。そして、ウガンダの農村で行われたアクション・リサーチ〔（完全にコントロールされた実験に対して）実際の活動に関わりながらその結果を調査・研究する方法〕に関する報告をしている。その農村に暮らす若い女性たちのグループが、どのようにして、健康に関する英文のウェブサイトに辿り着き、HIV／エイズの情報にアクセスできるようになったかを考察している。本章は、英語の識字能力とIT使用能力の獲得が、どのように女性たちをグローバルな知の宝庫に導いたかという点と、このような能力がどのように開発プログラムによってもたらされ、促進されたかという点を明らかにしている。

　第9章は少し焦点をずらし、ある1つの事例について考察している。過去数十年以上にわたる開発は非常に成功しているものの、英語の位置づけについての賛否両論がいまだに言語政策上の論点になっているシンガポールのケースである。本章で著者は、この国の言語政策において英語が最重要視されてきた理由として、個々人にとって社会経済的な階段を昇るための必須な手段である点と、国家として科学技術の発展を推進し続けていく

うえで不可欠な言語である点を挙げている。しかしながら、正統派の英語を重視する政府は、シングリッシュ〔シンガポールで使われているくだけた英語〕が社会に悪影響を与えているため、国家の更なる発展に対しても否定的な影響を及ぼす可能性があると警戒するようになっている。それに対して著者は、政府の反シングリッシュ的姿勢が、英語のもつグローバルな価値をあまりにも狭く解釈し過ぎていると批判している。そして、シンガポールに根づいたこの変種こそが、シンガポール人のアイデンティティ形成に欠かせないものであり、さらなる「グローバルな」発展を目指す政府の方針にとって強みになると論じている。

第10章は、以下の2点に焦点を当てている。1つは、知的資源へのアクセスにおいて英語という言語が果たす役割（物議を醸すことが多いのだが）、もう1つは、英語が開発に及ぼす影響である。両著者は、英語がグローバルな学術出版や研究評価システムと、いかに密接に結びついているかを考察している。研究評価システムについては、年々、英語をベースとした評価の枠組みが他のシステムを圧倒し、超国家的に広まりつつある。そこで本章は、学術的発表・評価の領域に量的かつ質的研究方法を適用して、国際的な開発との関連を論じている。英語による学術論文発表や学術書籍出版、そして英語に基づく査読・評価が世界標準化しているため、研究発表や出版機会の階層化、および、その必然的結果として、学術情報の遍在化が惹き起こされている実態を明らかにする。

本書の最終章・第11章は、計量経済学の手法を援用して、英語と開発との間に実証可能な関係を構築しようとしている。前述のとおり、ポストコロニアル状況下で、多くの人々が英語能力を持っていたとしても、それが必ずしも高度な経済的発展（GDP換算）と結びつくわけではないと著者は指摘している。実は、地域の言語を併用する多言語社会のほうが、このような状況において、一人当たりの所得を伸ばしていると著者は分析している。質的分析研究の補完として本章に載せてある統計学上の詳細な数値によって、英語（そして英語教育）と開発の間に潜む可能性のある複雑かつ多面的な関係が、さらに明瞭になってくる。著者はまた、「言語的多様性が経済発展に貢献する」と考えることには確固たる根拠があると述べている。また、成長が緩やかになる理由については、将来の研究に委ねたいとしている。

さて、以上の各章が扱っているテーマや状況の幅広さは、ただ単に「英語と開発」の関係が複雑であることを示すだけでなく、このような背景

のなかで働く言語教育の専門家にとって、挑戦に値するものが数多いということも示している。英語の歴史をひもとけば、この言語が版図を広げてきたことに起因する様々な政治的かつ実際上の問題が、今になって、世界中の多種多様な状況に置かれた人々や社会に影響を与えていることが分かる。さらに、開発との絡みにおける英語の使用が増えていることは、「国際開発の言語としての英語」〔English as a language for international development〕（Seargeant & Erling 2011）という言説に部分的には後押しされているものの、世界各地における英語学習のこの側面が、開発研究と英語教育研究双方にまたがる広い学問分野で重要な関心事になりつつあることを示している。本書に寄稿されている各章は、それぞれ政治学、教育学、経済学、社会学に座標を据えつつ、開発との絡みで英語を教えることによって、どのような影響が出てくるかに焦点を当てている。この重要な研究領域の発展に各章が貢献できることを望みたい。さらに、各章の研究が出発点となって、確固たる学問的基礎が築かれ、現代世界における実践的な開発研究に結びつくことも望みたい。

引用文献

Appleby, R. (2010) *ELT, Gender and International Development*. Bristol: Multilingual Matters.
Azam, M.C.A and Prakash, N. (2010) The returns to English-language skills in India. Bonn: Institute for the Study of Labor. Discussion Paper No. 4802. http://ideas.repec.org/p/iza/izadps/dp4802.html
Blommaert, J. (2008) *Grassroot Literacy: Writing, Identity and Voice in Central Africa*. Abingdon: Routledge.
Brock-Utne, B. (2000) *Whose Education for All? The Recolonization of the African Mind*. New York: Falmer Press.
Bruthiaux, P. (2002) Hold your courses: Language education, language choice, and economic development. *TESOL Quarterly* 36 (3), 275-296.
Buchmann, C. (1999) Poverty and educational inequality in Sub-Saharan Africa. *Prospects* 24 (4), 503-515.
Castells, M. (1999) Information technology, globalization and social development. United Nations Research Institute for Social Development (UNRISD). Discussion Paper no. 14. www.unrisd.org/unrisd/website/document.nsf/(httpPublications)/F270E0C066F3DE7780256B67005B728C
Chakraborty, T and Kapur, S. (2008) English language premium: Evidence from a policy experiment in India. Washington University St. Louis. www.isid.ac.in/~pu/conference/dec_08_conf/Papers/ShilpiKapur.pdf
Coleman, H. (2010) *The English language in development*. British Council: Teaching English. http://www.teachingenglish.org.uk/transform/books/english-language-development
Coleman, H. (ed.) (2011) *Dreams and Realities: Developing Countries and the English Language*. London: British Council.
Crossley, M and Watson, K. (2003) *Comparative and International Research in Education: Globalisation, Context and Difference*. London: Routledge.
Crystal, D. (2003) *English as a Global Language*. Cambridge: Cambridge University Press.

Djité, P. (2008) *The Sociolinguistics of Development in Africa*. Clevedon: Multilingual Matters.

Erling, E.J., Seargeant, P., Solly, M., Chowdhury, Q.H and Rahman, S. (2012) *Attitudes to English as a language for international development in rural Bangladesh*. London: British Council http://w␣w.teachingenglish.org.uk/publications/attitudes-english-a-language-international-development-rural-bangladesh

Escobar, A. (1995) *Encountering Development: The Making and Unmaking of the Third World*. Princeton, NJ: Princeton University Press.

Euromonitor (2010) *The Benefits of the English Language for Individuals and Societies; Quantitative Indicators from Cameroon, Nigeria, Rwanda, Bangladesh and Pakistan*. London: Euromonitor International.

Euromonitor (2012) *The Benefits of the English Language for Individuals and Societies; Quantitative Indicators from Algeria, Egypt, Iraq, Jordan, Lebanon, Morocco, Tunisia and Yemen*. London: Euromonitor International.

Graddol, D. (2006) *English Next*. London: British Council.

Graddol, D. (2010) *English Next India*. London: British Council.

Grin, F. (2001) English as economic value: Facts and fallacies. *World Englishes* 20 (1), 65-78.

Hanushek, E.A and Woessmann, L. (2008) The role of cognitive skills in economic development. *Journal of Economic Literature* 46 (3), 607-668.

Harbert, W., McConnell-Ginet, S., Miller A and Whitman, J. (eds) (2009) *Language and Poverty*. Bristol: Multilingual Matters.

Harris, P.G. (2011) *Language in schools in Namibia: The missing link in educational achievement?* Windhoek: The Urban Trust of Namibia http://www.osisa.org/sites/default/files/language_in_␣schools_in_namibia_-_the_missing_link_in_educational_achievement.pdf

Hettne, B. (2009) *Thinking about Development*. London: Zed Books.

Kamwangamalu, N.M. (2010) Vernacularization, globalization, and language economics in non-English-speaking countries in Africa. *Language Problems and Language Planning* 34 (1), 1-23.

Kellner, D. (2000) New technologies/new literacies: Restructuring education for a new millennium. *Teaching Education* 11 (3), 245-265.

Kenny, B and Savage, W. (eds) (1997) *Language and Development: Teachers in a Changing World*. London: Longman.

Ku, H and Zussman, A. (2010) Lingua franca: The role of English in international trade. *Journal of Economic Behavior and Organization* 75, 250-260.

Lamb, M and Coleman, H. (2008) Literacy in English and the transformation of self and society in post-Soeharto Indonesia. *The International Journal of Bilingual Education and Bilingualism* 11 (2), 189-205.

Levinsohn, J. (2007) Globalization and the returns to speaking English in South Africa. In A. Harrison (ed.) *Globalization and Poverty* (pp. 629-646). Chicago, IL: University of Chicago Press.

Little, A and Green, A. (2009) Successful globalisation, education and sustainable development. *International Journal of Educational Development* 29, 166-174.

Lo Bianco, J. (2002) *Voices from Phnom Penh, Development and Language: Global Influences and Local Efects*. Melbourne: Language Australia.

Martin, W.M and Lomperis, A.E. (2002) Determining the cost benefit, the return on investment, and the intangible impacts of language programs for development. *TESOL Quarterly* 36 (3), 399-429.

Mazrui, A. (2004) *English in Africa:After the Cold War*. Clevedon: Multilingual Matters.

Mohanty, A. (2009) Perpetuating inequality: Language disadvantage and capability deprivation of tribal mother tongue speakers in India. In W. Harbert, S. McConnell-Ginet, A. Miller and J. Whitman (eds) *Language and Poverty* (pp. 104-124). Bristol: Multilingual Matters.

Moon, B and O'Malley, B. (2008) *Every Child Needs a Teacher: The Primary Teacher Supply*

and Training Crisis in Sub-Saharan Africa. London: Commission for UNESCO.
Nunan, D. (2003) The impact of English as a global language on educational policies and practices in the Asia-Pacific region. *TESOL Quarterly* 37 (4), 589-613.
Palmer, R., Wedgwood, R., Hayman, R., King, K and Thin, N. (2007) *Educating Out of Poverty?A Synthesis Report on Ghana, India, Kenya, Rwanda, Tanzania and South Africa*. London: Department for International Development (DFID).
Pincas, A. (ed.) (1995) *Spreading English: ELT Projects in International Development*. Hertfordshire: Prentice Hall.
Pinnock, H and Vijayakumar, G. (2009) *Language and Education: The Missing Link*. London: Save the Children and CfBT Education Trust http://www.unesco.org/education/EFAWG2009/LanguageEducation.pdf
Rassool, N. (2007) *Global Issues in Language, Education and Development: Perspectives from Postcolonial Societies*. Clevedon: Multilingual Matters.
Schultz, T.W. (1963) *The Economic Value of Education*. New York: Columbia University Press.
Seargeant, P. (2012) *Exploring World Englishes: Language in a Global Context*. Abington: Routledge.
Seargeant, P and Erling, E.J. (2011) The discourse of 'English as a language for international development': Policy assumptions and practical challenges. In H. Coleman (ed.) *Dreams and Realities: Developing Countries and the English Language* (pp. 248-267). London: British Council.
Sen, A. (2001) *Development as Freedom*. Oxford: Oxford University Press.
Street, B. (ed.) (2001) *Literacy and Development: Ethnographic Perspectives*. London: Routledge.
Tembe, J and Norton, B. (2011) English education, local languages and community perspectives in Uganda. In H. Coleman (ed.) *Dreams and Realities: Developing Countries and the English Language* (pp. 114-136). London: British Council.
Thomas, A. (2000) Meanings and views of development. In T. Allen and A. Thomas (eds) *Poverty and Development into the 21st Century* (pp. 23-48). Oxford: Oxford University Press.
United Nations (UN) (2008) *Millennium Development Goals Report*. New York: United Nations http://www.un.org/millenniumgoals/2008highlevel/pdf/newsroom/mdg%20reports/MDG_Report_2008_ENGLISH.pdf
United Nations (UN) (2000) United Nations Millennium Development Goals (UNMD). www.un.org/millenniumgoals/
Vavrus, F. (2002) Postcoloniality and English: Exploring language policy and the politics of development in Tanzania. *TESOL Quarterly* 36 (3), 373-397.
Widin, J. (2010) *Illegitimate Practices: Global English Language Education*. Bristol: Multilingual Matters.
Williams, E and Cooke, J. (2002) Pathways and labyrinths: Language and education in development. *TESOL Quarterly* 36 (3), 297-322.

第1章
英語・開発・教育
——3者の緊張関係を特定する

ギブソン・ファーガソン（松原好次／訳）

1.1 はじめに

　英語の世界的な拡散に対する異論（例えば、Phillipson 1992 や Pennycook 2000 を参照）を読めば予測できるように、英語と開発の関係にも賛否両論が渦巻いている。サハラ以南のアフリカ（さらに、世界中のあらゆる地域）における小学校で英語を教育言語として使用し続けることは、教育の質低下を招き、開発を遅らせる元凶であるという見方が応用言語学者の間では一般的になっている。それに対し政府の公式文書や答弁には、英語力を経済競争力の獲得、知識産業への参入、外国の資本や技術の導入にとって不可欠であると称揚する意見が溢れている。当然のことながら後者の考え方は、英語力向上の利点を説く開発の専門家たちによって擁護されている。一例として Green *et al.*（2007:218）を挙げることができよう。この報告書のなかで著者たちは、英国国際開発省（DFID）への報告を以下のように締めくくっている。

　　特定の技能（英語）を推奨し教育することから得られる利点について、単刀直入に言えることはどのようなことであろうか。我々の分析によると、以下の2点が明らかになっているものと思われる。
　　まず、多くの開発途上国において、英語力の浸透は重要な資産になっていることが判明している。特に、現在インドに見られるように、サービス産業の成長にとって英語の熟達は不可欠である。次に、英語を主たる教育言語とすることによる利点が明らかになっている。シンガポールや香港のような発展を遂げた国や地域は、植民統治初期からの遺産として、そして、その後の政策策定を通して、教育言語としての英語を教育制度のなかに組み込んでいる。

一方、民衆レベル〔生徒の親〕についていうと、「英語による教育」および「教科としての英語教育」の双方あるいは一方の早期導入を飽くまでも求めているようである（例えば、カメルーン、ケニア、南アフリカ、インド、東アジアそれぞれに関して、Trudell 2007、Muthwii 2004、Probyn 2001, 2005、Annamalai 2004、Nunan 2003 を参照）。そして、親からのこの強い要望は政策に反映されることになる。例えば、南アフリカの学校において、表向きには多言語主義を掲げていながら、英語を媒介とした教育に流されていたり（Kamwangamalu 2004）、東アジアの国々において、科目としての英語導入が早期化されたり、インド、タンザニア、その他の国々において、英語を教育言語とする私立学校の数が急速に増えたりしている（Graddol 2010 や Lassibille et al. 1999 を参照）。
　英語と開発の関係が議論を呼ぶものである以上、その絡み合いは複雑なものであり、確実に突きとめることが難しい関係でもある。その原因の1つは、教育（この場合は英語教育）と開発の関係が、極めて変化に富んでいる点である。経済体制や労働市場、教育制度、社会言語学的生態は、それぞれの社会に特有なものであり、英語と開発の関係も、それに応じて異なってくるからだ。開発に対する新自由主義的なアプローチ（ワシントン・コンセンサス）〔開発にあたって米国主導の資本主義を広めようとする対外経済戦略。IMF、世界銀行、米国財務省の間で合意〕*1 は、経済成長に関する（ほとんど）普遍的な処方箋を米国主導で決めるものであったが、とうの昔に新しいアプローチに道を譲っている。そのアプローチによると、開発に対する理解が緻密になっていて、当該地域に固有な要因（例えば、統治の実態、社会の結束度と社会関係資本、文化、平等など）を開発のための潜在能力と見なすだけでなく、開発に向けての誘導路として役立てようとしている（Robertson et al. 2007）。つまり、普遍的適応性を有する処方箋などというものは政策的に無理であるといってよく、どの社会にも当てはまるような「定数」を英語と開発の関係に見いだすことはできないのだ。
　事態を複雑にしているもう1つの原因は、開発の定義そのものにある。経済的な概念に基づく従来の狭い解釈は、もっと広い解釈に取って代わられている。新しい解釈によると、改良されたガバナンス〔統治〕、安全・安心、健康の増進、社会の絆、持続可能な環境などが、「開発」の定義に含まれることになる*2。同様に、「貧困」も様々な角度からの定義が可能になる。狭義の貧困は収入の欠如であり、もう少し広げたとしても、さまざまな欠乏状態の複合体であると考えられていた。しかし、近年、不安定な生活、隔離された地域、飢餓・病気による肉体的苦痛、身体的安全にかか

わる保障の無さ、権力を握っている者からの迫害、差別的な社会関係、個人の権利を奪う諸制度などが「貧困」の定義に追加されるようになっている（Narayan et al. 2000:2 を参照）。しかし本章の目的は、このような定義を精査することではなく、（ページ数が制限されているため）まず各種の定義を提示したうえで、多面性をもつ開発の様々な側面と、英語という言語がどのように関係づけられているのかを追究することである。おそらく、ある面では開発の推進力となるものの、別の面では阻止要因になっているものと予測できる。

すでに明らかなように、英語と開発の関係を論じようとすると、様々な緊張（あるいは矛盾と呼んでも差し支えないかもしれない）を抱えた領域に踏み込むことになる。例えば、〔英語教育への〕アクセスの機会と〔教育そのものの〕質、公平さと効率性、教育分野の学問的研究と世論による圧力、願望と経済的現実との間の葛藤などである。本章では、このような緊張関係のうち、いくつかについて論じていきたい。主としてサハラ以南のアフリカに焦点を当てることになるが、英語の技能は一般的に学校教育を通して獲得されるものであるから、教育と開発の関係で一般的に知られている点について簡潔にまとめておきたい。

1.2 教育と開発――枠組みを拡大して

長い間、主として人的資本理論〔human capital theory〕*3の影響を受け、教育は開発にとって役立つものであると肯定的に捉えられてきた。教育の経済的効果を測定するための方法として収益率分析が従来から影響力を持っている〔rate of return：元来は株式の購入価格に対する年間配当金の割合を指し、利益率ともいう〕。これは、生涯所得と教育経費の間の関係を分析する手法である。大雑把に言って、この分析によると、教育のあらゆるレベル（とりわけ小学校）で、投資に対する収益率が社会的にも個人的にもプラス（肯定的）であることが分かっている（Psacharopoulos & Patrinos 2002）*4。この分析結果は、貧困削減の声が高まり（Robertson et al. 2007）、ミレニアム開発目標（MDGs）が国連で採択されるのと相まって、基礎教育部門に集中して投資を呼び込むきっかけとなった。基礎教育が貧困削減の中心的な役割を果たす部門であると考えられているからである。経済的利益だけでなく、副次的な利益も生み出しているという主張が出てきている。実際、農業の生産性向上、母体の健康増進、幼児死亡率の低減などと教育の普及の間には

関係があると考えられている（World Bank 2005a や King & Palmer 2006b を参照）。

　ところが、教育と開発の間には正の相関関係があると一般的に認められているとはいえ、この関係を厳密に調べてみると不確定要素がいくつかある。そこで、そのうちの3点に絞って、コメントを付けてみたい。第1点目は方法論に関するもので、収益率分析の拠って立つデータ（とりわけ、サハラ以南のアフリカ）の信頼性についてである（Bennell 1996 を参照）。採取されたサンプルが必ずしも調査対象の人々の実態を反映していないのではないかという点と、研究方法が教育に関わる経済的な利益・不利益以外の要素を考慮しないという方針に偏っている点である。つまり、収益率分析は投資先決定のための有効なツールであると言えようが、全体像を明らかにするためには、その他の研究手法も補足的に使用する必要があろう。

　不確かな点の2点目は、教育によって培われるどのような能力・技能が貧困削減と開発に対して最も貢献するかどうかに関わるものである。それには、識字能力[*5]、一般的な分析能力、あるいは特殊な専門的技能（言語能力も含む）などが考えられている。しかし、決定的な答えは見つかっていない。単に方法論的な難しさがあるというのではなく、適切な貢献というものが国や地域によって異なるからである。そのうえ、よくあることだが、時間的要因も絡んでくる。例えば Palmer et al.（2007）の指摘によると、グローバリゼーション、知識をベースにした産業の成長、そして急激な技術革新によって、ITや科学的リテラシーは経済との関連を年々深めている。また推測の域を出ないのだが、経済に関わる上記の変化は英語技能の経済的有用性を押し上げている可能性がある。この視点は Green et al.（2007）が章冒頭の引用で是認しているものである。いずれにしても、実証研究や英語教育に関わる収益率分析が欠如しているため、英語という言語が、個々人の成功・不成功や社会全体の利益・不利益に対してどのように絡み合っているかを証明する詳細なデータが不足している点は否めない。

　3点目として、教育のどのレベルが開発に寄与しているかという問いかけも考慮しなくてはいけない。前述したとおり、各国政府も援助機関も従来から初等教育を優先視する傾向があった。さらに言うならば、基礎教育重視はミレニアム開発目標のなかに明文化されている路線なのだ。しかし、特定のレベルを優先することによって他のレベルが犠牲になる結果、不均衡な拡張に突き進むという危険が潜んでいることから、近年、批判的見解がいくつか出されるようになっている（例えば、King & Palmer 2006a や Palmer et al. 2007）。そのうえ、世界銀行自身も教育における様々なレベルの連携

に注目して、開発に対する中等・高等教育の貢献度が極めて高い点を指摘している（World Bank 2005b）。まず、上級レベルの教育につながるという展望が動機となって、少なくとも小学校は卒業しておこうという気運の高まりが挙げられる（World Bank 2005b）。次に、中等・高等レベルの側からすると、医療看護やITの専門教育を授けた有資格者、ビジネスリーダー、科学者などは言うまでもなく、資格をもった教師を初等学校に送り込むことができる。一連の間接的な利点（外的影響）が生じていると報告する研究もある。例えば、中等教育を受けた女性の場合、結婚年齢が高くなり、出産する子どもの数が少なくなるため、幼児死亡率が低下する（Benefo & Schulz 1996）。中等教育を受けた場合、新しい農業技術の利用率が高まるため、収益率の高い作物栽培を始める割合が大きくなるという研究もある（Palmer et al. 2007）。

　こうした研究とは正反対の結果、つまり、初等レベル止まりの教育による否定面が明らかになってきている。特定の国に照準を定めた研究（Fryer & Vencatachellum 2002 や World Bank 2004b ＊6）によると、初等教育の収益率が低下傾向にあるのに対し、中等・高等教育の場合は上昇傾向にある。その要因として、初等教育の多くは極めて質が劣っている点、および小学校止まりの生徒数がはなはだしく多い点を挙げることができるとしている。同時に、経済や技術分野に生じている変化が特定の技能に対する需要を押し上げていて、基礎教育だけでは良い賃金を得られる仕事に就けない場合が多くなっているのである。

　このように中等教育の重要性がますます認識されるようになり（King & Palmer 2006a; Palmer et al. 2007）、さらなる学習にとって不可欠な準備期間として初等教育の役割が重視されるようになっていることは、英語教育と無関係なことではない。何と言ってもアフリカにおける中等教育は、英語による教育が幅を利かせている領域であり、授業の質や教育の成果は、生徒と教師がどの程度、教育言語としての英語を使用できるかどうかに（部分的ではあるが）かかっているからである。

　目下の問題「教育と開発の関係」のうち3つ目の、そして恐らく最も重大な点は、環境の重要性である。現在では比較的よく理解されるようになっているが、教育によって開発は円滑に進むものの、それを可能にする環境があればこそである（例えば、King & Palmer 2006b や Palmer et al. 2007）。換言するならば、質のよい教育は技術や知識の獲得を後押しできるかもしれないが、その技術や知識が実際に開発の場で活用できるかどうかまでは保証し

ない。教育が直接、開発に結びつくという因果関係は明らかでないのだ。ケニアの事例から分かるように、過去20年か30年以上、学校教育に対して相当な投資をしてきたにもかかわらず、個人的な所得についても社会的な利益についても、ほとんど効果がなかったという見解が示されている（例えば、Oketch 2007:137）。

　教育が開発に対して持っている潜在力を阻害する要因は多様であり、貧弱なガバナンス〔統治〕、組織力の欠如、雇用機会を創出できない停滞したマクロ経済環境（例えば、恣意的な意思決定、揺れ動く政策、未成熟な市民社会）などが含まれている。その要因をさらに詳しく分析してみると、実現が妨げられてしまうかもしれない具体的な事例が浮かび上がってくる。例えば、識字能力を授ける環境がなければ（つまり、入手可能な新聞、書籍、印刷教材が少なかったり全くなかったりしたならば、あるいは電灯がなかったならば）、現地語であれ英語であれ、リテラシー（識字能力）を育む機会は低減されるであろう。もし銀行の融資、肥料、出張サービス、農産物マーケットなどが利用できないとしたら、農業生産性向上の機会も同様に奪われてしまうかもしれない。

　上記の要因が、人々から機会を奪う、あるいは人々に機会を与える外的な環境の一部であるとするならば、質のすぐれている教育というものが、教育と開発の関係を左右する決定的な内的要因の1つになるはずである。そして、サハラ以南のアフリカのみならず世界各地における「英語による教育」が役立つのか役立たないのかに関する応用言語学者の研究の意義が問われるのは、まさにこの領域においてである。そこで次節では、教育の質と教育言語の問題を論じてみたい。

1.3　教育の質と教育言語

　小学校低学年において（さらに小学校修了に至るまでと言ってもよいかもしれないが）、子どもたちの生まれついた地域で使われている（あるいは、よく馴染んだ）言語で教育することが最も効率的であるということは、現在広く受け容れられている。実は半世紀以上も前から定説になっているのだ（UNESCO 1953）。核となる論点を簡潔にいうと、「子どもの知的発達は、馴染みの言語のもとで最もよく促される」ということである。子どもがよく知っている言語を使って指導すると、生徒と教師の間の意思疎通がうまくできるようになり、家庭と学校の間の溝が狭まり、学校と地域の連携が深

まり、家庭で使われる言語や生徒を取り巻く文化に対して尊敬の念が示されるようになる（例えば、Benson 2000 を参照）。さらに、Cummins（1979）が提唱した言語能力の相互依存仮説を裏付ける指摘も見受けられるようになっている。つまり、第一言語によって読み書き能力の基礎が固まっていると、引き続き第二言語や第三言語で同等の技能を獲得することが容易になるというのだ。

　このような考え方は実証的な研究によって、ますます補強されるようになっている。例えば Williams（1996）によると、小1から小4までチェワ語を教育言語にしているマラウイの小5の生徒は、小1から英語を正式な教育言語としているザンビアの小5の生徒と比べて、英語の読解力において劣ることはなく、チェワ語／ニャンジャ語のリーディングについては優っている。ナイジェリア、モザンビーク、ブルキナファソの3国で、教育言語を現地語（あるいは現地語と第二言語）にして実験したところ、おおむね好ましい結果が出ている（Fafunwa et al. 1989; Benson 2000, 2002; Alidou & Brock-Utne 2006）。ボツワナの研究において Prophet & Dow（1994）は、一連の科学的な概念をツワナ語および英語双方で教えたケースを報告している。その結果、ツワナ語で教わった中1のクラスのほうが、英語で教わったクラスより成績が上であることが判明した。さらに英語で教わったクラスの生徒より、授業中、自分の意見をうまく表明することができたのである。

　逆に多くのアフリカ諸国において、英語で授業を受けている生徒たちの成績が芳しくないことを示す一連の研究もある。とりわけ、小学校教育を通じてしっかりした英語の運用能力が身に付いていなかったり、学校から一歩外へ出ると授業で使っている言語をほとんど使わない生徒たちについて、このことはよく当てはまる。上記の実情をよく示す先行研究で、たびたび引用される Criper and Dodd（1984:1）はタンザニアの状況を次のように報告している。

　　大部分の生徒は、簡単な英語を話すことも理解することもできない状態で小学校を終える。中学校に進むのは少数のエリートだけである。その生徒たちですら英語が上達していないため、英語で行われる授業内容を理解することもできないし、英語で書かれた教科書を満足に読むこともできない。（表向きの教育言語は英語であるが）教師はスワヒリ語に切り替えて説明することが多く、板書だけは英語でおこなう*7。

小学校の全課程でスワヒリ語を教育言語とするタンザニアは極端な例であるとしても、同様の問題はアフリカの至るところで起きているという報告がある。例えば Williams and Cooke（2002:307）は、ザンビア、ジンバウエ、ザンジバル、モーリシャス、ナミビアでも教育に障害が出ている例を挙げている。

　その他にも、教室における様々なやりとりのなかで第二言語としての英語力がないため、学習そのものに結びつかないという状況を示す研究報告がある。最近の例としては、ナイジェリアの小学校の授業を扱った Hardman et al. (2008) を挙げることができる。その論文に記録されている教室内のやりとりは、先行研究（例えば、Brock-Utne & Alidou 2006）の報告と大差がない。つまり、教師が一方的に講義調で話し、生徒たちは教師の質問に対し従順にクラス全体で（あるいは一人で）ごく短く答えるだけなのだ。一方、Rea-Dickins et al. (2009) は、ザンジバルの生徒たちが算数や理科の試験で不利な立場に置かれている点を指摘している。生徒たちは、英語のみの質問に英語で答えなくてはならないため、試験そのものの妥当性・信頼性が疑われるというのである。

　そのようなわけで、（世界中至る所でとは言わないまでも[*8]）アフリカにおいては、次の 2 点を明らかにする一連の研究成果が出ている。すなわち、英語を教育言語にすることによって教育の質が落ちてしまう点、および、（常識的に分かることだが）馴染みのある言語による教育のほうが効率的である点の 2 つだ。この成果に沿った形で、「早期切り替え」から「後期切り替え」への方向転換を呼びかける論議（例えば、Rubagumya 1990、Arthur 1994、Trappes-Lomax 1990、Heugh 2006）が頻繁になされてきたものの、今のところ決着がついたとは言えない。「早期切り替え」の方針によると、生徒たちは小学校の 3 年ないしは 4 年の間、現地語で教育を受けてから、英語による教育に移行する。それに対し、「後期切り替え」の場合、小学校修了まで、あるいは中等学校の途中まで英語への切り替えが引き延ばされることになる。

　しかしながら、教育という観点からすると、こうした議論、および、そこを起点とする応用言語学の研究論文には説得力があるものの、限界もある。なぜならば、この議論は言語教育政策上の大きな変更を阻もうとする政治的・経済的・状況的要因と絡み合うところがあり、教育という観点だけでは論じ切れないからである。そのうち中心的なものは、英語による教育を熱望する民衆の声であり、おそらく容易に切り崩すことのできない手

強い要因である。次節では、こうした要因を掘り下げてみたい。

1.4 政策転換を阻む要因
——政治的・経済的観点という広い枠組みからの考察

　現地語を教育言語として使用する期間の延長に賛成する（すべてのとは言わないものの）多くの研究者たちは、発展途上国における教育の質が劣っている要因は多岐にわたっていると考えている。この要因については、応用言語学の文献で通常言及されている以上に詳細な論じ方をしておく価値がありそうである。なぜならば、教育言語を切り替えるというだけの方針転換でさえ、もっと広い改革の枠組みに置いて考えない限り効力を持ち得ないという点が十分認識されていないからである。

　皮肉なことに＊9、「普遍的初等教育〔UPE〕」というスローガン、そして、その運動の無計画さによってもたらされた在籍生徒数の急増が、多岐にわたる要因の1つなのだ（例えば、ODI 2006 によると、1996 年から 2003 年の間におけるウガンダの増加率は 143％であった）＊10。生徒数の急増の結果、教員不足や教材・教具不足といった深刻な問題が一層悪化してしまった。その帰結として、1クラスの生徒数が 50 人を超えたり、生徒用の椅子が不足したりするという事態が頻発している（World Bank 2004a によると、比較的裕福なガーナの場合でさえ、雨天時に使用可能な教室はわずか 66％であった）。そのうえ、教科書不足が生徒の成績低下を引き起こす大きな要因となっている（Fuller 1987; Fuller & Heyneman 1989）。教員の質にも影響が及んだ。多くの国々において、無資格の小学校教員が高い割合を占めている＊11。中学校卒業以降の教育を受けていない教員が多いため、名目上は英語による教育を実施しているという学校においても、当然のことではあるが、教員の英語熟達度は低い。HIV による死亡率が高いため、有資格の教員の慢性的不足という状況を更に悪化させている国もある（例えばマラウイとザンビアについて Bennell *et al.* 2002 と Williams 2006 を参照）。同時に、農村部における教員の転出率が高い点も、この問題の難しさを一層深刻にしている（Bennell *et al.* 2002）。

　問題は教員や教室・教材の不足にとどまらず、学校の文化度や指導態勢にまで及んでいる。タンザニアのように現地語を教育言語にしている国にさえ「風土病」とも呼ぶべき悪弊がはびこっているのだ。この病は様々な症状として現れてくる。まず、教師の長期にわたる欠勤＊12（World Bank

2004a によると、教室・教材等の外的条件が改善されてきたガーナでさえ増え続けている)、次に、教員の士気の低さ、および献身的な取り組みの無さ、さらに、道徳的堕落ともいうべき学校運営のレベルの低さである。一方、現地語の使用によって生徒の発言は質量ともに向上するという証拠があるものの(EdQual 2010)、無資格教員の多い点を勘案すると、(たとえ現地語を使って教える場合でも) わずかな種類の教授法しか知らない教員が、ややもすると自身が生徒のときに受けた非効率的な教え方を繰り返してしまったとしても驚くに値しない。

　教育言語として現地語を使用するシステムも上記の問題と無縁でないという事実は、タンザニアの実情報告に垣間見ることができる。この国については、生徒たちが算数もよく理解できず、英語の技能も身につかないまま小学校を終えていくという報告が各種出されているのだ。例えば Lassibille *et al.* (1999:26) は、「公立・私立を問わず、すべての学校が直面している大きな問題は、中学校に入ってくる生徒の大部分が学習を進めていくための基礎力に欠けている点である」と述べている。さらに Rubagumya (2003) は、英語を教育言語とする私立小学校が増えている原因として、英語に魅力があるというより、公立小学校の教育荒廃に対して親がうんざりしている点を挙げられるのではないかと考えている。公立小学校ではスワヒリ語が教育言語として使われているのだが、教育の質は向上していない。

　いくぶん冗長と言えるほど問題の根深さを説明してきたが、これはゆえあってのことであって、以下の2点を理解しやすくするための伏線である。第1点目は、教育言語と教育の質に関わる件である。教育成果が上がらないのは、さまざまな要因が複雑に絡み合っているからであって、小学校高学年あるいは中学校の教育言語を切り替えれば、それだけで質の劣悪さが解消するということはあり得ない。解消するためには、相互依存の関係にある教育上の様々な慣行と資金繰りの両者が同時に変化しなければならない。そして Ferguson (2006) と絡めてすでに論じたように、たとえ必要であるとしても、ある1つの方針に基づく介入にのみ多大な期待を寄せることは、落胆につながってしまう恐れがある。

　第2点目は、教育言語の切り替えと、そのために必要な経費との兼ね合いに関する件である。取り組むべき課題が多岐にわたっていること、基本的な資材不足を解消するための経費が膨大であること、そして給与や教科書代などに充当される経常経費の支出全体のなかに占める割合が大きいことを考慮に入れると、教育言語を英語から現地語に切り替えるという比較

的込み入った介入には、外国からの支援が必要になるであろう。同時に、さまざまな課題を抱える教育担当官庁に対して、その情報分析能力や政策遂行能力を限界点に達するまで発揮させる重い負担となろう。それはそうとして、もし経費のみが方針変更の障害であるとするならば、この問題は恐らく今日までに解決が可能であったろうし、解決されていたであろう。そこで次節では、その他の厄介な制約に目を向けることにしたい。

1.5 英語の居座りと民衆の思い入れ

　教育言語に関わる政策は教育学の研究成果と同様、あるいはそれ以上に、社会的・政治的要因の影響を受けていると考えるのが一般的であり、そのように考えるのは間違ったことではない（例えば、Tollefson & Tsui 2004 を参照）。そして、まさにこうした社会的・政治的要因を援用して、応用言語学者は自分にとって困惑のもとになる（あるいは、期待どおりにならないことすらあり得る）「教育言語としての英語」の居座りを解釈しようとするのだ。その際、最もよく言及されるのは、既得の利権（いわゆるエリート・クロージャー〔一部のエリートによる独占状態〕Clayton 1998; Myers-Scotton 1990）、および教育言語としての英語に対する民衆の思い入れ（情報不足ゆえ間違った方向に誘導されてしまった態度）である。

　まず既得権益のほうから考察してみたい。この議論によると、英語による教育を継続していくとエリートが自らの特権的地位を維持しやすくなり、排除された大多数の人々は英語へのアクセスが容易でなくなるため、付随する機会にも恵まれなくなる。そのためエリートは、次の世代（自分の子どもたち）に自らの特権を引き継ぐことが容易にできるようになるというのだ。

　この議論は一見もっともらしく聞こえ、「政治的意思」が関わっていないことの説明として利用できそうである。政治的意思がないために言語教育政策が惰性に陥ってしまうのだと、一部の研究者たち（例えば、Brock-Utone 2010）は非難することがある。しかし、事はそれほど簡単ではない。まず、隠された動機がどこに潜んでいるかは、まさにその性格上、ピンポイントに言い当てることができないからだ。次に、こちらのほうが重要だが、アフリカにおける中等学校の普及は、たとえ緩慢で部分的なものであったとしても、英語へのアクセスを容易にし始めているため、次の段階として、「エリート・クロージャー」を支える英語の特権的な力を弱めること

になる。そこで、他にも強力な制約要因があると想定せざるを得ない。そのなかでも特に、英語を求める民衆の渇望に触れておく必要があろう。

　英語教育にアフリカの人々（いや全世界の人々）が取り憑かれていることを示す証拠には事欠かない。例えばタンザニアでは、英語で教える私立の学校が増え続けていて、主に政財界のエリートの子弟が通っている。同じことがインドについても当てはまる。Graddol（2010:84）によると、インドでは私立学校（ほとんどが英語を教育言語とする学校）に通学する生徒の割合が、大雑把に言って2005年に16％だったものが2008年には26％に増大している。南アフリカでも、可能な限り早い時期から教育言語を英語に切り替えさせようとする圧力が絶えず学校に対してかけられているとBroom（2004）は報告している。中国の事情に関する報告（Hu and Alsagoff 2010）でも、教育言語を英語にしようとする学校ぐるみの取り組みが民衆の要求に応える形で行われていると伝えられている。そしてアジアの他の国々においても、教科としての英語導入の時期を早めようとする動きがある（Nunan 2003）。一方、ヨーロッパではすでに英語がほとんど全ての国々でカリキュラム内の一教科として教えられているが、さらにCLIL〔英語で様々な科目を教えるプログラム〕*13 が急速に広まっている。また、ヨーロッパの高等教育において、英語で教えるプログラムの数が5年間で3倍に増え、2007年には2400件を記録している（Wächter & Maiworm 2008）。

　しかしながら、英語を求める声が大きくなっているからと言って、その声が必ずしも根拠のあるものとは限らない。現に、英語による教育を要望する親たちの考え方は情報不足が引きおこしたものであり、間違っていると論じる研究者が多い（例えば、Wolff 2006やBrock-Utne 2010）。この議論は大いに参考になる。少なくとも学習効果に関する調査結果は説得力がある。ところが、正式な教育を十分受けていない親にとっては複雑かつ反直感的に映るため、受け容れられないことがよくある。そこで、親に対する情報提供を一層おこなっていく必要があろう。その際、Linehan（2004）がザンビアの小学校のリーディングに関する研究でとった戦術を参考にすることができる。リネハンは、まずザンビアの現地語を使用して識字能力をつけるほうが効果的だと言って親の説得に成功したのだ。

　そのような成功例があるものの、英語を教育言語にすることが必要だと主張する人は多い。もっとも、その人たちも英語による教育が引き起こす教育上の問題点には気づいているのだ。それにもかかわらず、長い目で見れば英語による教育のほうが経済的・社会的利益をもたらしてくれそうだ

と考えるため、教育言語としての英語使用に固執するのである（例えば個人にとっての利益については、Brock-Utne 2005:174 を参照）。次節で検討すべき問題は以下の2点である。(1) 英語の運用能力を獲得することによって、どの程度の経済的・社会的利益が個人にもたらされるであろうか。(2) 英語を教えること、そして英語で教えることにかかる相当額の経費は、それに見合った利益を社会全体にもたらすであろうか。

1.6　個人にもたらされる社会的・経済的利益

　サハラ以南のアフリカにおいては、民間の経済が新規就職口のおおむね93％を占めていると推定されている（Palmer et al. 2007:5）。〔英語〕教育の観点からすると、この数値は実態と一致している。なぜならば、民間セクターの就職では、ほとんどの場合、高いレベルの英語は要求されないし、英語技能が高いからといって給与が良くなることもないからである。そのため、結局のところ、大多数の人々は英語を身につけても、直接的な経済上の利益にほとんど預かれないということになるようだ。これを検証するためには、個々人の（そして社会全体の）収益率に関する研究を基にした実証的裏づけが必要になるのだろうが、アフリカをフィールドにした研究で、教育一般ではなく英語という言語に焦点を当てたものは、私の知る限りいまだに発表されていない*14。同様に、このテーマに関する先導的研究もほとんどおこなわれていない。

　しかし、いずれにしても、英語のもつ誘引力を理解するためには、実際にもたらされる利益から視点を移し、英語を追い求める気持ちがいかに強いものか、また、英語を身につけることができなかった場合、どのような機会を失うことになるかについて考察する必要がある。多くの国々で英語が就職の際の足きり役を果たしているのは事実である。公共セクターだけでなく、サービス業（例えば観光業、コールセンター、銀行など）への就職に英語は不可欠である。また、これが最も重要なのだが、後期中等教育・高等教育への入学に際しても英語は重要な役割を果たし、一般的に最大の収益率を保証する。農村部に住む親にとって、息子か娘（あるいは親戚の誰か）が定収入のある公務員になることは非常に誘惑的なのだ。ここで Oketch (2007:152) の指摘を思い起こしておきたい。農村部では、農業以外からの副次的収入を必要とする世帯が多く、たいていの場合、固定給が得られる者からの仕送りという形態をとるということだ。

そこで、英語による授業を求める各地の親の声を「無分別だ」と切り捨てるわけにはいかない。なぜならば、英語力が多少あっても良い仕事に結びつくわけではないということを親たちは十分認識している一方で、英語を身につけていなければ多くの機会から完全に閉め出されてしまうということも知っているからである。さらに、子どもを私立の英語学校（国外の場合もある）に送るエリートたちの姿は、英語のもつ潜在的な力をあらためて庶民に誇示することになる*15。もちろん、問題は生じてくる。個人のレベルでは理性に基づくものであっても、英語に対する親の渇望が集合体になると、大多数の庶民を二重の意味で不利にしてしまう教育システムの維持につながってしまう恐れがあるのだ。1つは、大衆教育の質を低下させてしまう恐れがあるという点で、もう1つは、英語による授業がエリートにとって有利になる傾向をもっている点である。エリートは農村部の貧しい人たちと比べ、あらゆる面で英語へのアクセスが容易だからだ。

　英語には単なる損得以上の魅力が備わっているとも言えよう。多くの若者にとって英語を話すことは、（それがどんな変種でも）「社会的に高い」というイメージと結びついている。つまり、社会的威信、洗練された都会、国家の枠を超えたクールさ、社会的階段の上昇、そして英語を話す教師の姿に反映されているミドルクラスのアイデンティティなどである。それとは逆に、学校で教えられている標準化された現地語は、都市部の日常生活で実際に使われている多種の「ごちゃまぜの言語」（例えば、ストリート・スワヒリ、シェン、タウン・ベンバ、ツォツィタール、イシャムト、ストリート・セツワナなどについて Makoni *et al.* 2007 や Cook 2009 を参照）と異なっているというだけでなく、「優れた中心」を映し出す象徴性に欠けていて、似通った人間だけの寄り合う、空気の淀んだ「望ましくない田舎」というイメージで捉えられている。さらに深刻なことに、親たちのなかには、明らかに幼い頃からの劣等感を引きずっているため、現地語を教育・経済の双方における行き詰まりの元凶であると固く信じている者が多い。そのような親からすれば現地語は、高給の仕事に子どもを就かせるうえで、それほど役立つ言語ではないのだ。

　英語に対する親のこうした意識、そして教育で使う現地語に対する否定的な見方をかえるためには、今まで延び延びになっていたアフリカの言語の復権という動きがまさに必要となる。しかし、これはトップダウンの言語計画だけではなし得ないだろうし、乗り気でない大衆に教育言語としての現地語を押しつけて解決するものでもない。むしろ、まず、言語と経済

の関係に対する見方をかえる必要があるかもしれない。つまり、現地語の経済的地位・市場価値を変化させ、そうした言語を学習しようという動機づけを図ることが先決である。それと同時に、よく知られている公共の領域で実際に使うことによって威信度を上げたり、娯楽や読み物を通して魅力を訴えたりして、現地語に触れる機会を増やしていくことが望ましい。

しかし Alexander（2008, 2009 * 16）が指摘しているように、このような目論見はどれをとっても、際立った政治的・経済的変化が起こらなくては実現できない。そのような変化が起こることは、控えめに言っても「不確か」なことである。そうであるならば、現地語の復権は、長い年月のかかる不確かなプロジェクトであって、政治の流れに左右される偶発性の高いものになるであろう。もっとも、そうだからと言って、当然のことながら、Alexander（2008）が提唱しているような予防的措置（例えば、翻訳、新語創出などといった言語に関わる基盤整備プロジェクト）を中止すべきだと主張しているわけではない。むしろ、英語によって個々人にもたらされる実質的な利益が小さいにもかかわらず、社会全体から見ると英語の誘引力が引き続き大きいということを確認すべきなのだ。

1.7 社会にもたらされる利益

社会のレベルに目を転じてみると、公的な言説が溢れるほど政府によって押し出されていることに気づく。その言説とは、英語能力が広く普及することから生じる社会的利益を激賞するものである。例えばタンザニア政府のホームページは、「英語は不可欠である。なぜならば、わが国と世界の国々を技術、商業、そして行政の面で結びつけてくれる言語だからだ」と公言している * 17。さらに、2000 年に発表された中等教育に関するマスタープラン 2001-2005 は以下のように断言している。

> タンザニアは英語なしでは生きていけない。周囲を見渡すと、どの国も英語を流暢に操り、英語を公用語とする重要かつ戦略的な経済圏〔アフリカ南部開発連合（SADC）やイギリス連邦〕に有力なメンバーとして積極的に留まることを希望している * 18。

この種の政府文書がもつ独特な表現やレトリックの裏に隠された真意については興味深い点がいくつもあるが、ここではそれに触れず、政府文書

の主張がどの程度、実質的なものであるかを検討したい。とはいえ、見極めは様々な理由で極めて困難である。例えば、英語が経済実績にどの程度貢献しているかについてのデータ不足、英語の影響力を測定する際、経済の指標が妥当性を持つかについての賛否両論、各国の経済と発展レベルの間にある関係の多様性などである。このような点はすべて、開発に対して英語がどの程度貢献できるかに影響を与えているのだ。

それにもかかわらず、一般論として次のように論じることが可能ではないだろうか。まず、英語の技能は経済上の実績を高めることができるということ。さらに、グローバリゼーションの進展とともに、英語の重要性はこれまで以上に大きくなっているということ。簡潔に言えば、グローバリゼーションが国家の経済とグローバル市場の関係を変えている結果、外国との貿易、外資による直接投資、輸出による収入の相対的重要性が増大し、国際的に通用する言語への依存度も大きくなっているということである。

また、知識を基にした経済の色合いが急速に濃くなっているなかで、国際語によるコミュニケーション・スキルが必要とされる専門的技能・知識の転移は、開発を推し進めていくうえでますます重要になってきている（例えば、World Bank 2002 や Palmer *et al.* 2007 を参照）。一方、高等教育や後期中等教育では英語が今後とも重要な教育言語であり続けると予測されているが、このレベルの教育機関は開発にとって今まで以上に重要な貢献をするものとみなされている（例えば、World Bank 2002 を参照）。一例として、教育・研修を受けた専門家（教師、医師、技師、ビジネスマネージャーなど）をそれぞれのセクターに送り出すことが考えられる。あるいは、グローバルな知識を獲得し、ローカルな用途に改変するのに役立つ分析能力育成によっても開発に貢献できよう。その結果、英語の技能は、上述したそれぞれの分野で、たとえ間接的であったとしても、開発を進めるうえでの潤滑油となるであろう。

以上の論の進め方が一般的過ぎて説得力のないものであるとするならば、何か具体例を引き合いに出す必要があろう。最適な例としてインドを挙げることができる。この国では過去20年にわたって、アウトソーシング〔外部発注〕を拠りどころにしたサービス産業（例えば、コールセンターや非営業の事務部門）に目覚ましい発展があった。さらに、バンガロールを中心としたソフトウェア産業も発展を遂げた結果、比較的裕福な「都市部のミドルクラス」が急増した。もちろん、そのような成功は専門的な高等教育への先行投資に大いに負うところがあるが、英語使用者数が比較的多く

いたことも恐らく役立ったのであろう。このことについてNASSCOM[*19]の社長ソム・ミッタル〔Som Mittal〕は、以下のように述べている。

　インドは経済成長率を8〜9％に引き上げ、グローバル経済の流れに乗っていこうと必死になっているので、今後はサービス産業が成長していくだろう。サービス産業と言えば人と人との交流であり、コミュニケーションには言語が大事になる。この産業には……旅行業に携わる人たち、タクシー運転士、ガイド、ホテルで働く人たちが入っているだろう。……しかしもし、その人たちのなかに英語でコミュニケーションをとったり、英語を理解したりする人がそれほどいないとしたら、大変な痛手になるだろう。（Graddol 2010:115 より引用）

　しかし上記の議論が分かりやすいからといって、現地語の否定につながるものであってはならない。つまり、現地語は開発やエンパワーメント〔社会的弱者に権限を付与し、自立促進・地位向上のための条件を整備すること〕を円滑に進めるための貴重な手段にはなり得ないという考えに傾くべきでないということである。実際問題としてStroud（2002）やBruthiaux（2002）が説得力をもって論じているように、現地語は非公式な経済分野で重要な役割を果たしているのだ。貧しい境界集落に住む人々は現地語を使うことによって開発のプロセスに関わりやすくなる結果、今まで以上に持続可能でそれぞれの土地に根ざした発展を遂げることができるようになる。そのように考えると、開発という視点から眺めた場合、取り立てて現地語と国際語を対比する必要はなくなる。双方とも様々な文脈において、それぞれの機能を発揮できるのである。
　それはさておき、英語には開発を円滑に進める力があると主張できたとしても、英語教育が常に多大の経費を要するもので、無駄なときもよくあるという事実に目をつむる必要もないし、すべきでもない。初等教育の多くの部分が質の劣ったものであること、小学校の教師の英語能力が低いこと、そして、言語習得の度合いが芳しくないこと——こうした実態を目の当たりにした者が誰でも以下のように結論づけたくなったとしても仕方がない。すなわち、教育言語として使うことは言うまでもなく、小学校で教科の1つとして英語を教えることは、乏しい資源の無駄使いであって、当然のことながら中止すべきだ。まさにこうした勧告が外部からの助言者たちによって実際に検討されたことがある。その人たちは言語教育政

策についての助言を委嘱されたネパールのDavies（2009）やタンザニアのCriper and Dodd（1984）である。しかしながら、どちらのケースでも、採否を求めてなされる提案にまで至ることはなかった。実際、タンザニアの場合、専門家であろうと素人であろうとインタビューに応じてくれた人たちは一人残らず、そのような勧告に反対の立場をとったのだ（Criper & Dodd 1984:22）。

　一方、十分認識されていることだが、教科としての英語教育あるいは英語を媒介言語とする教育は人々を引き裂き、社会に負担を強いるものである。言い換えると、英語は民族による差別のない言語であるという利点を確かに持っているものの、社会的・経済的に中立であるとは言いがたい。〔農村部に住む人々より〕都会暮らしのエリートのほうが、英語によってもたらされる資本を蓄積しやすいのである。英語と身近に触れあう環境が、エリートの生活様式そのものの中に組み込まれているからだ。あるいは、さらに重要な理由として、教育を受ける機会について言及しておく必要があろう。つまり、中等教育が無償でもなく、広く行われているわけでもない社会においては、エリートのほうが質のよい中等教育機関に入学しやすいのだ。そのような学校では英語の読み書き能力を高めることが最優先されているのである。

　小学校英語教育の質が悪いこと、中等教育全体にわたって英語へのアクセスが一様でなく不均衡であること、ハイレベルな英語のスキルを必要とする仕事が限られていること——このような要因はBruthiaux（2002:293）の提唱に従えば、何らかの形でカリキュラムから英語を劇的に減らしたほうがよいのではないかという主張につながるであろう。その主張によると、貧困軽減のためには現地語で基本的識字を身につけさせることが優先されるべきで、英語教育は「将来、国際的に活躍する可能性の高い」少数の生徒たちに絞って行うべきだということになる。

　しかし、効率が良いように聞こえるかもしれないが、この提案には弱点がいくつかある。まず、公正に対する配慮が欠けているとともに、貧困層の人々の渇望を汲み取れていない。貧しい人たちは英語を身につけることによって、少しでも良い生活を手に入れられると思っているのだ。たとえ、その英語が欠陥のある頼りないものであったとしてもである。もし英語教育が一部の限られた人たちだけに向けられているとしたら、排除された貧困層の人々は、渇望の捌け口をどこに求めたらよいのだろうか。

　次に、中等教育が私立学校と公立学校双方のせめぎ合うシステムになっ

ている状況において――これは公的助成が制約されている現在のアフリカでは普通のことであるが――英語に対して何らかの制限（授業時数の削減など）をかけることは、「英語による教育」を行っている私立学校に向かう流れを助長することになろう。少なくとも、私立学校に子どもを送り込む余裕のある階層の人々には当てはまるはずだ。この流れは当然のことながら、Ramanathan（2007）がインドを引き合いに出して名付けた英語・現地語ディバイド〔English-Vernacular Divide〕といった現象を生み出すことになろう。つまり、ミドルクラスの子どもたちには英語による教育を、それに対し、残る大勢の子どもたちには現地語による教育を与えるということである。

最後に、不平等の根源は英語へのアクセスに対する格差というより、（もちろん、この格差は結果の1つなのだが）、むしろ、アフリカの農村部に暮らす貧しい人々が中等教育や高等教育へのアクセスという面で極端に制限されている実態であると言えよう[*20]。この状況を打開するための最適な方法は門戸を広げることであり、そのうえで英語へのアクセスをエリート層以外にも可能にすることだ。

以上、教科としての英語教育にとどまらず、英語による教育を一般大衆が望んでいることは十分裏付けがあるものだと論じてきた。その要望の根源にあるのは親たちの願いであり、目下のグローバル市場を考慮に入れれば首肯せざるを得ない（Mufwene 2008 参照）。英語を身につけなければ、就くことのできる仕事の幅が狭まり、就職先が限定され、展望がなくなってしまうと親たちは考えるのである。他方、異なった規模のレベル（Blommaert 2010 参照）、すなわち社会全体としては、英語の識字能力が備わった一定程度の人口を擁していれば、開発上の利益がもたらされるのではないかと述べてきた。もっとも、英語熟達者の割合は、中等教育を受けている生徒全体の割合に比べ、かなり小さいのが実態であろう。

別の側面から眺めると、英語教育（とりわけ小学校で英語を教育言語として使用すること）は、相当な犠牲を強いることになる。例えば、（1）現状でさえ低い初等教育の質を更に低くしてしまう点、（2）農村部の貧しい家庭の子どもたちに比べ、都市部のエリート層の子弟を優位に立たせてしまいがちである点、（3）アフリカ各地に根ざした諸言語の発達・論理的緻密化に制約をかけてしまう可能性がある点、（4）人的・物的資源の乏しい地域を更に貧しくさせてしまう点などである。

そこで、教育言語の違いによるテスト成績の結果や授業の効率性を考慮すると、英語のもつ教育上の役割に何らかの制限をかける必要が出てくる。

ところが公平性を考慮に入れると、支配的な市場環境から生み出された一般大衆の要望と、上級学校での「英語による授業」に生徒たちを備えさせる必要性に直面するため、英語を制限するのとは全く反対の方向——すなわち、もっと多くの生徒たちが平等に英語を（あるいは英語で）学べる方向——に向かうことになる。このような緊張関係を、どのようにして、そしてどの程度、言語教育政策が解消していけるのかというテーマに結論部分で触れることになる。

1.8 結論——言語教育政策との兼ね合いで

ここまでの議論のなかで何度となく触れてきたのだが、英語と現地語は双方ともそれぞれ異なる目的において有用である。英語が有用なのは、この言語を身につけておけば社会的・経済的境遇に縛られる必要がなく、いざという時、知識重視に傾いていく経済へ乗り移れるからである。また現地語はどうかと言うと、低学年における学習の効率化に寄与したり、持続可能な開発に対する各地域の参加を促進したりできるからである。この捉え方が正しいとするならば、「英語と現地語の間に対立が生じるのは、やむを得ない」という前提のうえに成り立つ諸々の政策が疑わしいということになる。

議論をもっと生産的にするためには、政策立案の基本理念として〔英語と現地語の間の〕相補関係を重視する必要があろう。そのうえで、どの言語を媒介語にするのが最もよいかという観点でなく、どのようにしたら初等・中等教育の課程を通じてバイリンガル技能養成が最もよく行えるかという観点に焦点を移すべきである。教育の領域で言えば、これはバイリンガル教育の必要性を指している。先行研究によると、バイリンガル養成は加算的バイリンガリズムという枠組みで行われる場合、効率がよくなる。その枠組みの場合、英語導入以前に、子どもにとって馴染みのある言語で読み書きの力が定着しているからである。具体的には、現地語が小学校 1 年から 6 年にかけて主たる教育言語となり、英語は恐らく 4 年生までに科目の 1 つとして導入されることになろう（例えば、Clegg 2007 や Heugh 2006 を参照）。小学校 6 年生以降は、徐々に英語を教育言語として導入することができよう。その場合、初めは限られた科目のみを英語で教え、中学校に入ってから次第に科目の数を増やしていくことになろう。

もちろん、そのような提案を具体化するのには、実際上の困難がつきま

とうはずである。本節でそのすべてを取り上げることはできないが、比較的深刻な問題の1つである「親による抵抗」について考えてみたい。この問題に対する最善の対応策は、前述したとおり、教育言語としての英語導入時期を遅らせ、徐々に科目数を増やしていくことが教育的に有利である点を伝え、精力的に親を説得していくことである。その努力が報われるかどうかは定かではないが、少なくとも一歩を踏み出すべきである。一方、多くの研究者たちが指摘しているように、現地語使用の枠拡大による代償は明らかに生じるが、理解不能な教育言語を小学校低学年の子どもたちに押しつけ、現状維持の方式に固執することのほうが、さらに大きな代償を背負うことになる。

　さてここで、アフリカの学校教育で行われているバイリンガル教育に関する以下の点を確認しておきたい。それは非公式でありながら事実上、長い間実際の授業で使用されているコードスイッチング〔CS：話し手や書き手が使用言語を別の言語あるいは言語変種に切り替えること〕という形態の授業方法である。公式の教育言語（英語）による内容教科〔content subject：習字・タイピングなどの実用科目に対して、歴史・地理・自然科学など系統的知識自体の把握を目的とする教科〕の学習が理解不十分ななかで、CSが生徒の手助けになることに教師たちは直感的に気づいているのだ。CSに対する公式の見解が否定的であるにもかかわらず、研究成果（Ferguson 2003）によると、教師たちの捉え方は正しいということになる。つまり、注意深く使えばCSは、外国語を通した内容理解の学習に伴う困難な点の軽減に役立つ方法となる。そのようなわけで、当局者の姿勢に変化も起き始めている。CSに対する敵意が和らぎ、使用実態が認知され、CSが「資源」であることの気づきを教職課程のカリキュラムに入れようとするまでに至っているのだ。言語の切り替え（混交）は学校の外の社会では普通に行われているのだから、教師・生徒双方の言語資産を最大限に活用して学習効果を高めようとすることは理にかなっている。

　応用言語学者のなかで、概略した政策の動向におおむね賛意を表する者は多いであろうが、いくつかの問題で意見の不一致があることは疑いない。そのうち1つだけをここで言及しておきたい。それは一部の人たちが唱えている説であるが、英語を教育言語として使用するのではなく、中等教育において科目の1つとして効果的に教えるならば、大学で英語による教育を受けるのに必要な熟達度に達することができるという考え方である[*21]。ところが、経験上、この説は楽観的過ぎるように思われる。現に、名目は

英語で教えている中等学校を卒業してくる生徒でも、大学の講義や演習についていくだけの英語力は不足しているのだ。そのため、ケニアや南アフリカの大学では、コミュニケーション・スキル養成を目的とした部門の設立が焦眉の急になっている。初年度教育の一環として、英語力とアカデミック・リテラシー・スキル双方に焦点を当てた教育が必要となっているのである。一方、ヨーロッパでCLILの評判が急に良くなっている背景の1つは、言語を科目として教えるだけではバイリンガル技能養成の盤石な土台になりえないという、根拠のないわけではない認識が広まっている点である。

さて、学者たちの捉え方がどうであろうと、英語は今まで述べてきた理由で、アフリカの多くの中等学校における教育言語として使われ続けるであろう。そうであるとするならば、第二言語で学ぶ困難点を少しでも軽減する方向にこそ応用言語学の研究は向かっていかなくてはならないことになる。親や行政担当者に対してバイリンガル教育の利点を今まで以上に訴えていくべきことは言うまでもないが、その他にも以下のような方策が考えられよう。(1)教授法の1つとしてCSを今まで以上に認めていくこと。(2) 試験・評価において今までより柔軟に多言語使用の利点を認めること（例えば、Rea-Dickins *et al.* 2009を参照）。(3) 英語による授業をゆっくり段階的に導入すること。(4) 第二言語で学ぶ生徒向けに言語学的な工夫が施された教科書を使用すること（例えば、Chimombo 1989を参照）。(5) 教師主体というより、学習者主体になるよう配慮した教員養成の仕組みを構築すること。(6) 第二言語による学習で直面する語彙習得の困難に生徒たちが立ち向かえるよう今まで以上に配慮すること。

さて最後に、開発の問題にもどることにしよう。今までの議論のなかで触れてきたように、「英語と開発」の関係は複雑であり、十分に理解されておらず、捉え方が多岐にわたっている。つまり、絶対に良いわけでも悪いわけでもなく、極めて状況次第の関係なのだ。この関係は、少なくとも3つの異なったレベルで検討すると有意義な論議になろう。すなわち、個人・地域社会・国家のレベルである。

まず個人についていうと、英語は一人ひとりが置かれている社会のなかの位置に応じて、異なった働きをしていると言って間違いではないだろう。ある人に対しては力を与えるが、別の人に対しては与えないのだ。そのメカニズムの主要部は、英語が様々な社会で発揮する選別の道具としての役割で、高度な教育および高収入の仕事へのアクセスを容易にしたり厳しくしたりすることである。しかし、その結果生じてくる不平等に対して、英

語を除去したり規制したりすることが最適の解決法になるわけではない。なぜかというと、突き詰めて考えてみると、不平等は必ずしも言語だけに根ざしているものではないからだ。中等・高等教育への間口を広げることによって、多くの人々が英語技能を獲得できるよう援助するほうが有効な手立てになるであろう。

　次に地域社会のレベルにおいては、英語より現地語のほうが開発に寄与するところ大の可能性ありと信じてもよさそうな理由がある（例えば、Bruthiaux 2002 を参照）。しかし、たとえそうだとしても、英語を悪者扱いして、現地語と英語が修復しがたいほどの対立関係にあるように描くことは生産的ではない。繰り返しになるが、現地語と英語の存在価値は異なるところにあり、相補的な役割を果たすと言えよう。すなわち、バイリンガルを目指したアプローチが望ましいということになる。また、英語を「他者のことば」、つまり旧宗主国あるいはヨーロッパの言語と見なすことも生産的ではない。はるか以前に英語はヨーロッパの発祥地から飛び出し、言語多様性に富んだ土壌に適応する形で根ざし、多くのアフリカの人たちによっても使われている（Blommaert 2010）。

　最後に国家のレベルを考えてみたい。国家の多くは、とりわけ外国との取り引き量が大きい場合、高い英語力を持った人々が国民のなかにいると経済的利益を享受できる。もっとも、一体、国民の何パーセントがこのような技能を持っていたら、経済的な利益拡大の恩恵にあずかれるのか推測の域を出ないのが現状である。おそらく、公式見解に述べられているパーセントより、かなり小さいかもしれない。

　上記の考察のなかに推測の域に留まるものがあるということは、それ自体で私たちの理解の仕方に隔たりがある証左になる。アフリカの社会や教育制度において英語が重要な役割を果たしている現状を考えると、その隔たりは是非とも埋めるに値するものだ。その際、特に役立つのは、英語がどのような利益を個々人にもたらしているか、そしてどのような貢献を国家経済にもたらしているかについての、調査に基づいた詳細な証拠であろう。上記の問いかけに答えるには、応用言語学の通常の研究領域を超えた、野心的な学際研究が不可欠である。一方、さまざまな社会・経済的な力の影響を強く受けて、英語という言語は少なくとも中等教育における媒介語として存続していくであろう。その力というのが、労働市場の流動性と現地語に対する英語の優位性を年々大きくさせている原動力であるため、社会・経済的な変化と切り離された形で行われる言語政策では、教育言語に

関するこの状況をかえることができないと思われる。そして、短期間での解決が難しいため、応用言語学者は言語教育政策の転換を呼びかけ続けると同時に、現在おこなわれている言語教育の改善に向けても努力していくべきである。

注

* 1 開発に対する新自由主義的なアプローチ（「ワシントン・コンセンサス」）は、市場原理を信じ経済に対する政府の介入を認めない。それとは裏腹に、資本市場の規制緩和、貿易の自由化、財政支出の緊縮を推進する。
* 2 開発をどう捉えるかに関する比較的最近出された影響力の強い考え方は、セン〔Amartya Sen〕の潜在能力というアプローチである。このアプローチによると、貧困は「潜在能力を奪われた状態」〔capability deprivation〕と見なされている（Sen 1999 を参照）。
* 3 人的資本理論とは、端折っていうと、教育によって技能や能力が高まり、それが生産性向上につながり、その結果、収入が上がるという理論である〔human capital：人間が持つ能力（知識や技能）を資本として捉える経済学（特に教育経済学）の概念で、具体的には資格・学歴を指す〕。
* 4 過去からの経緯を踏まえると、そのとおりである。後段で論じる予定だが、初等教育への収益率が減少していて、中等・高等教育の場合は増加しているという証拠が少しではあるが出されるようになっている。
* 5 収益率分析は教育全般への収益率を分析するのが一般的であって、学校で身につけることのできる個々の技能（例えば、英語の技能）に関わる収益率を分析することは稀である。
* 6 この調査は、それぞれガーナおよび南アフリカで実施された。
* 7 ここで確認すべきは、中学校の正式な教育言語が英語であるとはいえ、事実上の教育言語はスワヒリ語と英語の混ざり合った言語であるという点である。スワヒリ語は聞く・話す、英語は読む・書くに使用されていて、言語の相互乗り入れ〔translanguaging〕ともいうべき現象である。そして、このような現象はタンザニアに限られてはいないのだ。Brock-Utne（2010）は Criper and Dodd（1984）を引き合いに出して、中学校で教育言語をスワヒリ語に切り替えるより、英語による授業を推進すべきだと主張している。しかし彼女は、そのような提唱をすることによって、当時（1982 年～1984 年）広く行き渡っていた政策の真髄を見逃している。なぜならば、当時の政策はスワヒリ語には一顧だにせず、中学校における教育言語としての英語を存続させようと再確認しただけのものだったのである。
* 8 もちろん、第二言語による教育は世界各地（例えば、シンガポール、カナダのイマージョン・プログラム、ヨーロッパの CLIL プログラム、アフリカの私立学校など）で行われていて、かなりの成功を収めている。そのことから、教育上の質に否定的な影響を与えるのは、第二言語による指導そのものなのではなく、その指導が行われる条件であると言えよう。
* 9 「皮肉」というのは、基礎教育へのアクセスが容易になることを望ましいと考えるのが一般的だからである。それゆえ、アクセスと（教育の）質の間に緊張関係が生じるのだ。
* 10 一方、マラウイおよびレソトでは無償の初等教育が導入されたため、初年度の入学者は各々68％、75％の急増を記録した。
* 11 例えばウガンダ（2003 年）の場合、小学校教員の37％が依然として無資格状態であった（ODI 2006）。
* 12 教師の長期欠勤には、士気の低さ以外にも一連の要因がある。例えば、病気、給与支払いの遅延、低い給与を埋め合わせるための副業従事などである。
* 13 CLIL〔クリル〕とは Content and Language Integrated Learning〔教科学習と言語学習

を統合した学習法：内容言語統合型学習〕の略称で、バイリンガル教育法の一形態。カリキュラムの50％まで（時にはそれ以上）が第二言語で教えられる。CLILは、言語を1つの科目として教える従来の指導法より効率的に第二言語を教えることができると言われている。

* 14 その他の文脈でも研究が行われている。例えばGrin（2001）によると、スイスの労働市場において英語力は高収入と結びつけて考えられるが、学校教育と直結しているとは見なされていない。
* 15 「現地語の指導を延長し英語を制限すべきだ」と主張する大学教授たちの作成する要望書は、まさに完璧な標準英語で書かれている。そのような教授たちは居心地の悪さを感じるかもしれない。なぜならば、本人たち自身は英語による教育を長期間受けてきたため、自分たちのことを「優位性や特権に恵まれた生き証人だ」と批判する者が出てきても可笑しくないからだ。
* 16 Alexander（2009:52）は更に以下のように述べている。「アフリカの言語に市場価値が与えられないならば、学校レベルにおける方針転換がどの程度あっても、さらに高いレベルの場（行政・立法・司法など）で使用されるという保証にはならない。その結果、英語の支配や覇権から脱することもできない。
* 17 2010年11月31日、www.tanzania.go.tz/educationf.tml にアクセスした。
* 18 2010年11月31日、http://moe.go.tz/pdf/SEMP%202001%202005%20verII.pdf にアクセスした。
* 19 NASSCOMはNational Association of Software and Services Companies〔全国ソフトウェア・サービス産業協会〕の略称で、インドの主要IT-BPO〔情報テクノロジーとビジネス・プロセス・アウトソーシング〕関連産業に加盟している団体。
* 20 例えばPalmer et al.（2007:61-62）の報告によると、ガーナ国民の最貧困層45％には高等教育の門が完全に閉ざされている。そして公立5大学へ入学する者の60％は、わずか18校たらずの寄宿制エリート高校出身者である。
* 21 この意見に対し、大学教育は本来、土着の民族語でなされるべきだという反論が当然出てくるであろう。しかし、今まで述べてきたとおり、しばらくの間、その反論は全く非現実的である。

引用文献

Alexander, N. (2008) Creating the conditions for a counter-hegemonic strategy: African languages in the twenty-first century. In C. Vigouroux and S. Mufwene (eds) *Globalisation and Language Vitality: Perspectives from Africa* (pp. 255-272). London: Continuum.

Alexander, N. (2009) The impact of the hegemony of English on access to and quality of education with special reference to South Africa. In W. Harbert, S. McConnell-Ginet, A. Miller and J. Whitman (eds) *Language and Poverty* (pp. 53-66). Bristol: Multilingual Matters.

Alidou, H and Brock-Utne, B. (2006) Experience I – teaching practices – teaching in a familiar language. In H. Alidou, A. Boly, B. Brock-Utne, Y. Dialo, K. Heugh and H. Wolff (eds) *Optimising Learning and Education in Africa – the Language Factor* (pp. 85-100). Paris: Association for the Development of Education in Africa (ADEA).

Annamalai, E. (2004) Medium of power: The question of English in education in India. In J. Tollefson and A. Tsui (eds) *Medium of Instruction Policies* (pp. 177-194). Mahwah, NJ: Lawrence Erlbaum.

Arthur, J. (1994) English in Botswana primary classrooms: Functions and constraints. In C. Rubagumya (ed.) *Teaching and Researching Language in African Classrooms* (pp. 63-78). Clevedon: Multilingual Matters.

Avenstrup, R., Liang, X and Nellemann, S. (2004) *Free Primary Education and Poverty Reduction: The Case of Kenya, Lesotho, Malawi and Uganda*. Washington, DC: World Bank.

Benefo, K and Schultz, T. (1996) Fertility and child mortality in Cote d'Ivoire and Ghana. *World*

Bank Economic Review 10 (1), 123-158.
Bennell, P. (1996) Rates of return to education: Does the conventional pattern prevail in Sub-Saharan Africa? *World Development* 24 (1), 183-199.
Bennell, P., Hyde, K and Swainson, N. (2002) The impact of the HIV/AIDS epidemic on the education sector in Sub-Saharan Africa: A synthesis of the findings and recommendations of three country studies. Centre for International Education, University of Sussex Institute of Education http://www.harare.unesco.org/hivaids/webfiles
Benson, C. (2000) The primary bilingual education experiment in Mozambique, 1993-1997. *International Journal of Bilingual Education and Bilingualism* 3 (3), 149-166.
Benson, C. (2002) Real and potential benefits of bilingual programmes in developing countries. *International Journal of Bilingual Education and Bilingualism* 5 (6), 303-317.
Blommaert, J. (2010) *The Sociolinguistics of Globalization.* Cambridge: Cambridge University Press.
Brock-Utne, B. (2005) Language-in-education policies and practices with a special focus on Tanzania and South Africa – Insights from research in progress. In A. Lin and P. Martin (eds) *Decolonisation, Globalisation: Language-in-Education Policy and Practice* (pp. 173-193). Clevedon: Multilingual Matters.
Brock-Utne, B. (2010) Research and policy on the language of instruction issue in Africa. *International Journal of Educational Development* 30 (6), 636-645.
Brock-Utne, B and Alidou, H. (2006) Experience II –active students – learning through a language they master. In H. Alidou, A. Boly, B. Brock-Utne, Y. Dialo, K. Heugh, and H Wolff (eds) *Optimising Learning and Education in Africa – the Language Factor* (pp. 101-117). Paris: Association for the Development of Education in Africa (ADEA).
Broom, Y. (2004) Reading English in multilingual South African primary schools. *International Journal of Bilingual Education and Bilingualism* 7 (6), 506-528.
Bruthiaux, P. (2002) Hold your courses: Language education, language choice, and economic development. *TESOL Quarterly* 36 (3), 275-296.
Chimombo, M. (1989) Readability of subject texts: Implications for ESL teaching in Africa. *English for Specific Purposes* 8 (3), 255-264.
Clayton, T. (1998) Explanations for the use of languages of wider communication in education in developing countries. *International Journal of Educational Development* 18 (2), 145-157.
Clegg, J. (2007) Moving toward bilingual education in Africa. In H. Coleman (ed.) *Language and Development: Africa and Beyond. Edited Proceedings of 7th International Language and Development Conference* (pp. 1-11). Addis Ababa: British Council.
Cook, S. (2009) Street Setswana vs. School Setswana: Language policies and the forging of identities in South African classrooms. In J. Kleifgen and G. Bond (eds) *The Languages of Africa and the Diaspora: Educating for Language Awareness* (pp. 96-116). Bristol: Multilingual Matters.
Criper, C and Dodd, W. (1984) *Report on the Teaching of the English Language and its Use as a Medium in Education in Tanzania.* London: ODA/British Council.
Cummins, J. (1979) Linguistic interdependence and the educational development of bilingual children. *Review of Educational Research* 49 (2), 222-251. Reprinted in Baker, C and Hornberger, N. (eds) *An Introductory Reader to the Writings of Jim Cummins* (pp. 63-95). Clevedon: Multilingual Matters.
Davies, A. (2009) Professional advice vs Political imperatives. In J. Alderson (ed.) *The Politics of Language Education: Individuals and Institutions* (pp. 45-63). Bristol: Multilingual Matters.
EdQual (2010) *The Impact of Language of Instruction, Teacher Training, and Textbooks on Quality of Learning in Africa.* EdQual Policy Brief 2, University of Bristol, School of Education http://www.edqual.org/publications/policy-briefs/pb2.pdf
Fafunwa, B., Iyabode Macauley, J and Sokoya, J. (eds) (1989) *Education in the Mother Tongue: The Primary Education Research Project (1970-78).* Ibadan, Nigeria: University Press

Ltd.
Ferguson, G. (2003) Classroom codeswitching in post-colonial contexts: Functions, attitudes and policies. In S. Makoni and U. Meinhof (eds) *Africa and Applied Linguistics, AILA Review* 16 (1), 38-51. Amsterdam: John Benjamins.
Ferguson, G. (2006) *Language Planning and Education.* Edinburgh: Edinburgh University Press.
Fryer, D and Vencatachellum, D. (2002) Returns to education in South Africa: Evidence from the Machibisa Township http://www.commerce.uct.ac.za/Research_Units/dpru/WorkingPapers/PDF_Files/wp76.pdf
Fuller, B. (1987) What school factors raise achievement in the Third World? *Review of Educational Research* 57 (3), 255-292.
Fuller, B and Heyneman, S. (1989) Third World school quality: Current collapse, future potential. *Educational Researcher* 18 (2), 12-19.
Graddol, D. (2010) *English Next –India.* London: British Council.
Green, A., Little, A., Kamat, S., Oketch, M and Vickers, E. (eds) (2007) *Education and Development in a 'Global Era: Strategies for 'Successful Globalisation'.* London: Department for International Development (DfID).
Grin, F. (2001) English as economic value: Facts and fallacies. *World Englishes* 20 (1), 65-78.
Hardman, F., Abd-Kadir, J and Smith, F. (2008) Pedagogical renewal: Improving the quality of classroom interaction in Nigerian primary Schools. *International Journal of Educational Development* 28 (1), 55-69.
Heugh, K. (2006) Theory and practice – language education models in Africa: Research, design, decision-making, and outcomes. In H. Alidou, A. Boly, B. Brock-Utne, Y. Dialo, K. Heugh and H. Wolff (eds) *Optimising Learning and Education in Africa – the Language Factor* (pp. 56-84). Paris: Association for the Development of Education in Africa (ADEA).
Hu, G.W and Alsagoff, L. (2010) A public policy perspective on English medium instruction in China. *Journal of Multilingual and Multicultural Development* 31, 365-382.
Kamwangamalu, N. (2004) The language policy/language economics interface and mother tongue education in post-apartheid South Africa. *Language Problems and Language Planning* 28 (2), 131-146.
King, K and Palmer, R. (2006a) *Education, Training and their Enabling Environments: A Review of Research and Policy.* Post-Basic Education and Training Working Paper Series –No. 8. Centre of African Studies, University of Edinburgh. www.dfid.gov.uk/r4d/PDF/Outputs/PolicyStrategy/King_Palmer.pdf
King, K and Palmer, R. (2006b) *Skills Development and Poverty Reduction: The State of the Art.* Post-Basic Education and Training Working Paper Series – No. 9. Centre of African Studies, University of Edinburgh. www.cas.ed.ac.uk/__data/assets/pdf_file
Lassibille, G., Tan, J and Sumra, S. (1999) Expansion of private secondary education: Experience and prospects in Tanzania http://siteresources.worldbank.org/EDUCATION/Resources1 135281552767
Linehan, S. (2004) *Language of Instruction and the Quality of Basic Education in Zambia.* Paris: UNESCO.
Makoni, S., Brutt-Griffler, J and Mashiri, P. (2007) The use of 'indigenous' and urban vernaculars in Zimbabwe. *Language in Society* 36 (1), 25-49.
Mufwene, S. (2008) *Language Evolution: Contact Competition and Change.* London: Continuum.
Muthwii, M. (2004) Language planning and literacy in Kenya: Living with unresolved paradoxes. *Current Issues in Language Planning* 5 (1), 34-50.
Myers-Scotton, C. (1990) Elite closure as boundary maintenance: The case of Africa. In B. Weinstein (ed.) *Language Policy and Political Development* (pp. 25-32). Norwood, NJ: Ablex.
Narayan, D., Chambers, R., Shah, M and Petesch, P. (2000) *Voices of the Poor: Crying Out for Change.* New York: Oxford University Press for the World Bank.

Nunan, D. (2003) The impact of English as a global language on educational policies and practices in the Asia-Pacific region. *TESOL Quarterly* 37 (4), 589-613.

Oketch, M. (2007) Promise unfulfilled: Educational improvement and economic decline in Kenya. In A. Green, A.W. Little, S.G. Kamat, M. Oketch and E. Vickers (eds) *Education and Development in the Global Era: Strategies for 'Successful Globalisation'* (pp. 131-162). London: Department for International Development (DFID).

Overseas Development Institute (ODI) (2006) *Policy Brief 10– Universal Primary Education: Uganda.* London: Overseas Development Institute.

Palmer, R., Wedgwood, R., Hayman, R., King, K and Thin, N. (2007) *Educating Out of Poverty? A Synthesis Report on Ghana, India, Kenya, Rwanda, Tanzania and South Africa.* London: Department for International Development (DFID).

Pennycook, A. (2000) English, politics, ideology: From colonial celebration to postcolonial peformativity. In T. Ricento (ed.) *Ideology, Politics and Language Policies: Focus on English* (pp. 107-119). Amsterdam: John Benjamins.

Phillipson, R. (1992) *Linguistic Imperialism.* Oxford: Oxford University Press.

Probyn, M. (2001) Teachers' voices: Teachers' reflections on learning and teaching through the medium of English as a second language. *International Journal of Bilingual Education and Bilingualism* 4 (4), 249-266.

Probyn, M. (2005) Language and the struggle to learn: The intersection of classroom realities, language policy, and neo-colonial and globalisation discourses in South African schools. In A. Lin and P. Martin (eds) *Decolonisation, Globalisation: Language-in- Education Policy and Practice* (pp. 153-172). Clevedon: Multilingual Matters.

Prophet, R and Dow, J. (1994) Mother tongue language and concept development in science: A Botswana case study. *Language, Culture and Curriculum* 7 (3), 205-217.

Psacharopoulos, G and Patrinos, H. (2002) Returns to investment in education: A further update. *World Bank Policy Research Working Paper* 2881. Washington, DC: World Bank.

Ramanathan, V. (2007) A critical discussion of the English-vernacular divide in India. In J. Cummins and C. Davison (eds) *International Handbook of English Language Teaching* (pp. 51-61). New York: Springer.

Rea-Dickins, P., Yu, G and Afitska, O. (2009) The consequences of examining through an unfamiliar language of instruction and its impact for school-age learners in Sub-Saharan African school systems. In L. Taylor and C. Weir (eds) *Language Testing Matters: The Social and Educational Impact of Language Assessment* (pp. 190-214). Cambridge: Cambridge University Press.

Robertson, S., Novell, M., Dale, R., Tikly, L., Dachi, H and Alphonce, N. (2007) *Globalisation, Education and Development: Ideas, Actors and Dynamics.* London: Department for International Development (DFID).

Rubagumya, C. (ed.) (1990) *Language in Education in Africa: A Tanzanian Perspective.* Clevedon: Multilingual Matters.

Rubagumya, C. (2003) English medium primary schools in Tanzania: A new 'linguistic market' in education? In B. Brock-Utne, Z. Desai and M. Qorro (eds) *Language of Instruction in Tanzania and South Africa* (LOITASA). Dar es Salaam: E&D.

Sen, A. (1999) *Development as Freedom.* Oxford: Oxford University Press.

Stroud, C. (2002) *Toward a Policy for Bilingual Education in Developing Countries.* New Education Division Documents Number 10. Stockholm: Swedish International Development Agency.

Tollefson, J and Tsui, A. (eds) (2004) *Medium of Instruction Policies: Which Agenda, Whose Agenda?* Mahwah, NJ: Lawrence Erlbaum.

Trappes-Lomax, H. (1990) Can a foreign language be a national medium? In C. Rubagumya (ed.) *Language in Education in Africa: A Tanzanian Perspective* (pp. 94-104). Clevedon: Multilingual Matters.

Trudell, B. (2007) Local community perspectives and language of education in Sub-Saharan African communities. *International Journal of Educational Development* 27 (5), 552-

563.
United Nations Educational, Scientific and Cultural Organization (UNESCO) (1953) *The Use of Vernacular Languages in Education.* Paris: UNESCO.
Vavrus, F. (2002) Postcoloniality and English: Exploring language policy and the politics of development in Tanzania. *TESOL Quarterly* 26 (3), 373-397.
Wächter, B and Maiworm, F. (2008) *English Taught Programmes in European Higher Education: The Picture in 2007.* Bonn: Lemmens.
Williams, E. (1996) Reading in two languages at year five in African primary schools. *Applied Linguistics* 17(2), 182-209.
Williams, E. (2006) *Bridges and Barriers: Language in African Education and Development.* Manchester: St Jerome Press.
Williams, E and Cooke, J. (2002) Pathways and labyrinths: Language and education in development. *TESOL Quarterly* 36 (3), 297-322.
Wolff, H. (2006) Background and history – Language politics and planning in Africa. In H. Alidou, A. Boly, B. Brock-Utne, Y. Dialo, K. Heugh and H. Wolff (eds) *Optimising Learning and Education in Africa – the Language Factor* (pp. 26-55). Paris: Association for the Development of Education in Africa (ADEA).
World Bank (2002) *Constructing Knowledge Societies: New Challenges for Tertiary Education.* Washington, DC: World Bank.
World Bank (2004a) *Books, Buildings, and Learning Outcomes: An Impact Evaluation of World Bank Support to Basic Education in Ghana.* Washington, DC: World Bank.
World Bank (2004b) *Skills Development in Sub-Saharan Africa.* Washington, DC: World Bank.
World Bank (2005a) *Education Sector Strategy Update:Achieving Education for All: Broadening Our Perspective.* Washington, DC: World Bank.
World Bank (2005b) *Expanding Opportunities and Building Competencies for Young People: A New Agenda for Secondary Education.* Washington, DC: World Bank.

第2章
英語と開発の政治経済学
―― 開発途上国における英語対国家語／ローカル言語

ナズ・ラスール（柿原武史／訳）

2.1 はじめに

　少なくとも過去20年の間、リンガフランカ（共通語）としての英語は国際会議やビジネス、貿易の場でその存在感を増し続けてきた。このように、英語が流暢に話せると経済的利益を最大化できるという考え方から、世界中で、個人にとっても各国政府にとっても英語の投資収益力は高まってきた。個人は、英語が話せると、地元や国内、あるいは国際的な労働市場での就職にとって有利になり、それに伴って、賃金が増加する可能性があるという利点があると考えている。また各国政府、特にパキスタン、南スーダン、ルワンダといった非英語圏の開発途上国や、中国、台湾、韓国、湾岸諸国、東欧の新興経済諸国といった新興国の政府は、英語を「経済資本」と「社会関係資本」の両方を最大化する手段と見なすようになってきた。そして学校などの教育機関において英語を教育の媒介言語として採用しつつある。

　国民国家にとって、「経済資本」的利益は、国際ビジネスや貿易の機会を拡大する能力と結びついていて、その能力とは英語のできる国々に保証されているものなのである。また、英語ができることで、高度な科学技術や、マネジメント技能の向上にアクセスできるため、競争が激しいグローバルな労働市場に、より効果的に参加できる能力とも結びついている。

　このように、英語が話せることは、ますます人材の質を向上させる代表的要素と見なされるようになってきている（Chiswick 2008）。更に、リンガフランカとしての英語は、諸国家が自国の企業と貿易に利益をもたらす国際的なネットワークを通して、自国の「社会関係資本」を発展させる能力と、これを通して、外国からの直接投資（海外直接投資）を呼び込むことに寄与するものとしても見られている。

海外直接投資は、技術と知識の移転を通して——したがって技術能力を向上させ、国家の能力形成を支援することになり——経済的発展において中心的な役割を果たし、生産性を向上させていると広く見なされている（Coe 2008; Singh 2005; Sun 2002; UNCTAD 2008）。そのため英語が話せることは、知識に基づいたグローバル経済の中で国家が発展するための中心的なものと見られるようになってきた。韓国や台湾、中国といった国々では、競争が激しいグローバルな市場における経済的成功と社会的流動性のための前提条件として英語を話せることの重要性は認識されており、家族は子どもたちを、英国やアメリカ合衆国、オーストラリアやカナダ、ニュージーランド、あるいはインドや南アフリカといった英語圏の国々に送り出すという選択をするようになった（Moon 2010）。韓国では、この「英語熱」に伴い、いくつもの地方自治体が、英語イマージョンにより英語習得を可能にする「英語村」を創設した（Moon 2010; Shim & Park 2008）。

　非英語圏諸国あるいは多言語国家において、発展にとって英語を話せることが持ちうる重要性について推定することはどれほど有効なのだろうか。これらの国々において、英語を教育（媒介）言語とし、教育のあらゆる部門のカリキュラムにおいて採用すること、そして、英語を(a)教育的達成のために、(b)社会・文化的関係のために、(c)社会・経済的発展のために、日常生活に組み入れることは長期的に何を意味するのだろうか。

　これらの疑問に答えるために、本章では、「世界言語」としての英語のヘゲモニーについて、ポスト植民地時代の社会における言語と開発という、より幅広い議論において検討する。そして、これがグローバル経済の中で起こっている変化とどのように関連しているのかについて検討する。この章で使用する用語を定義するために、次節では、学術的議論の中における、いくつかの主要な分析枠組みについて簡単に検討する。その検討は、従来の学問分野が多次元の事象を分析する際に使用した枠組みに基づいて行うことになる。なぜならば、その事象の中、とりわけ変化し続けるグローバル経済において社会が発展する過程の中にこそ、言語が巻き込まれているからだ。全体的な意図は、より広い社会科学の中での概念と理論を参考にすることによって、言語と社会の発展が議論されるところの分析枠組みを拡大することにある。

2.2 英語と学術的議論の枠組み

2.2.1 隣接した知識分野

　学術的な議論において、英語の国際的な地位の向上は、伝統的に個別の理論的枠組み内で分析されてきており、人文学と社会科学の内部の学問分野に限られた視点を提供してきた。その学問分野には、社会言語学（Canagarajah 1999; Rajagopalan 2004）、言語と文化（Edwards 2009; Gradol 1997; Pennycook 1994）、二言語、多言語主義（García 2008; García & Baker 2007）、移民における世代間の言語取り替えと言語維持（Fishman 1972, 1991, 1999; Li Wei 1994; Rassool 2000, 2004）、少数派の言語権と教育（May 2008; Skutnabb-Kangas 2000, 2010; Skutnabb-Kangas *et al.* 2009）が含まれている。言語社会学における分析は主にマクロレベルでの言語計画と政策に焦点を当ててきた（Kaplan & Baldauf 1999; Tollefson 1991）。

　ここでの成長分野は、「言語経済学（economics of language）」あるいは「言語の経済学（language economics）」と呼ばれるものである（本書の Arcand & Grin 論文参照）。言語経済学の研究は、大部分は概念解析（Coulmas 1992; Grin 2006; Ozolins 2003）か、少数派集団の言語使用と労働市場とのつながり、または移民集団内の言語の流暢さと収入とのつながりについての調査に基づく研究であった（Casey & Dustmann 2007; Chiswick 2008; Chiswick & Miller 2003）。

　Vaillancourt（1980）や Grin and Vaillancourt（1997）などの研究は、言語を人的資本に内在する要素として考察し、一方で、この分野の他の研究は、他の言語を教えることと学ぶことの経済的なコスト（費用）や利益に集中している（Church & King 1993; Selten & Pool 1991）。言語経済学的アプローチの限界は、計量経済学モデルにある。このモデルは労働市場に現れた〔数値に換算できる〕結果と成果に焦点を当てる分析に基づいているのだ。「言語経済学」の枠組みは、労働市場に関して鍵となる争点を強調するのには疑いなく便利であるが、その量的な研究方法はこれら（英語の国際的地位向上など）の出来事を説明するものではないし、説明できるものでもない。このアプローチは、実際、英語圏の国における移民にできるだけ早く英語を話せるように仕向ける議論になってしまっている（Grin 2006）。そのため言語経済学における研究は、支配的な受け入れ側の文化への同化の重要性を強調しているようだ。その反面、二言語併用が、学習を支援したり、文化を豊かにするといった利点を有することや、二言語話者である労働者が、相互に作用・依存しあっているグローバル経済の中で労働力の供給に与え

うる〔肯定的な〕影響といったものを考慮に入れていない。

　上記の枠組みは集合的には、社会と文化における言語に当てた焦点を広げるのには役立ってきたし、社会、経済、文化における言語の役割についてのさまざまな見方を提供してきたが、問題は、これらの見方のいずれもが、独自の知識区分、レジスター（言語使用域）、独特の方法論と認識論に満ちた特定の学問分野によって組み立てられているということである。さまざまな学問分野は、それぞれ、その特有の用語と参照のための枠組み、そして独自の世界観で満たされていて、閉じられた言説を提示しているにすぎない。Foucault (1970: 59)〔フーコー：フランスの哲学者・思想史家 (1926-1984)。各時代のものの見方、文化や社会によって人間が強く規定されているという見解を示す〕は、それぞれの学問分野が「対象の領域、一連の方法論、真実と考えられている説の集合体、規則、定義、技術、道具の一式」を組み立てていると主張している。そのため、いずれの学問分野も、その研究構成要素について特有の見方をするため、さまざまな変数の組み合わせが、結論に達するためのそれぞれの参照枠組み内で作用しあう。それらの結論は、統合されていないことが一般的であって、現代の社会と文化に言語が多元的に関与している実態を反映できていない（Rasool 1999）。例えば、どのように言語が、特に今日の世界における英語が、社会的な「発展」と結びついているのだろうか。この疑問に答えるには、社会経済的な発展に含まれた多次元的な要因を考慮に入れた、より広い、統合された分析的枠組みが必要とされる。

2.2.2　学際的な枠組み

　Bourdieu (1991)〔ブルデュー：フランスの社会学者 (1930-2002)。社会的に獲得された性向の総体であるハビトゥスという用語を用いて人間が社会化される過程を説明。社会階層間で文化資本に格差が見られることや、再生産されるメカニズムを指摘〕の言語的交換〔linguistic exchanges〕の社会学と経済学についての影響力のある研究は、社会と文化における言語についての言説に社会科学的概念を挿入することで、これらの問題に取り組んでいる。Bourdieu (1986) は、あらゆる形態の資本の蓄積という概念は――経済的なものだけでなく――社会と文化を組織する鍵となる原理を表していると主張している。彼は言語の物質性（すなわち、言語の流通性／あるいは交換価値）およびその象徴的（覇権的）力の両方に焦点を当てている。言語は文化資本という側面を表していると見なされる。そのため、蓄積された技能、知識、理解、労働市場の中で交

換されうる資格を含んでいると見なされるのだ。文化資本ゆえ言語資本は、長年にわたって蓄積されており、費用がかかり、個人によっても、そして教育の過程を通して国家によっても投資されるのである。そのため経済的価値を持つのである。彼は言語的市場の需要との関係で言語資本の蓄積を位置づけており、そして言語的交換は特定の言語市場における言語資本の価格設定と関連して価値を得、これに関連して象徴的な利益を獲得すると主張している。後に見るように、この概念は現代の世界における英語の価値の分析にとって中心的なものである。

　さまざまな言語市場が日常生活に広く行き渡っており、そのため、それぞれの市場は、私的、公的両方の領域での相互に結びついた特定の社会的役割を持っているのだ (Bourdieu 1986, 1991)。これら2つの領域は、毎日の社会生活において階層的に組織化されている。そして、書きことばであろうと話しことばであろうと、伝統的に、公的領域の方が権力と結びついている。例えば、国家語や公用語には国家の権力が植え付けられている (Billing 1995; Bourdieu 1991) のに対し、地方の言語変種はそれらが話されているコミュニティ内のみで価値を得ているにすぎない。国家の公用語を話せる人々は、国家内の「正式な」言語市場において必要な「言語資源」を保有していることになる。政府や司法といった国家の正式な機関やメディア、教育、ビジネス、産業で使用されることで、政治的に有効とされた諸言語は、「より好ましい」言語資源であることを意味する。それらは、私的な領域内での日常の話し方や少数言語に対峙するものである。社会の中のさまざまな言語共同体の他のすべての言語と変種は、標準化された公用語によって打ち立てられた規範に反するものとして評価される。そのため言語的交換は、社会における話者の社会的地位との関連で話者の権力と権威を反映し、具現化する。言い換えると、言語は社会の中の「権力関係を反映している」のである。つまり、すべての内生的な言語〔国家内で流通している諸言語、言語変種〕は平等ではないのだ。いくつかの言語は、特定の社会的な交換という文脈において他の言語よりもより多く流通するのである。この議論が国民国家内で持続し続けている一方で、言語間の関係はグローバルな領域において複雑さを増してきており、現時点では英語が支配的になっている。

　国際的なリンガフランカとして英語の価値が設定されることは、多くの社会において外生的な言語〔国家の枠組みを越えて存在する言語〕である英語が、今、グローバルな言語市場の中で言語資本として影響力があることを意味

している。そして、標準英語が話せることは、高い価値の言語資本となっているのである。後に議論するように、このことは、英語が公用語として残った旧英領植民地の社会と、英語を事実上の公用語として採用した国々だけではなく、グローバルな経済市場の中で強力な競争力を持とうとする非英語圏の国々にも適用されるのである。

　このような変化し続ける文脈の中で、学際的な枠組みが、言語の社会学、政治学、経済学、歴史学と社会の発展とを統合しながら、1990年代から出現してきたのである (Djité 1993; Heugh 1999, 2003; Rassool 1999, 2007; Romaine 2008)。これを踏まえ、本章では、グローバル社会において、より大きな変化が起こりつつある中で、英語が開発途上国と関係していることから、発展・開発における英語の政治経済学について議論していく。ここでの政治経済学は、政治的、経済的な力が言語政策の選択にどのような影響を与えているのか、そして、これらの力が社会と文化の中で発展に与えるインパクトがどのようなものかについて言及するものである。よって、言語、個人、共同体、社会のそれぞれの間の相互関係、そして、ローカル、リージョナル、ナショナル、インターナショナルな社会、経済と言語市場との間の相互関係に焦点が当てられる。次節では、社会の「開発」という概念と国民国家という文脈におけるその言語との関係について議論する。そして、その概念がグローバル化という枠組みの中でどのように発展してきたかを議論する。

2.3 「開発」とは何か、それは今日の世界において、言語、特に英語とどのように関係しているのか

　開発は社会科学の中で激しい議論となる概念であり、イデオロギーの枠組みとそれが論じられる文脈に依存している。歴史的に開発という概念の根源は、19世紀に発展した近代国民国家の中にあり、「ethnie（民族−国家・集団）——つまり独自の歴史、文化、忠誠といった観念を主張する人々」(Billig 1995:26; Smith 1994) を持つという原則によって支持されている。その人々が境界の定められた領土に、国際的に認知された地理的・政治的合法性を確立させて暮らしている。この枠組み内での開発は、少なくとも19世紀から、「主に工業化を通して国民国家の物質的または経済的基盤を強化することと、これを通して社会全体に利益をもたらすこと」と関連づけて定義されている。

Todaro（1999:87）〔トダロ：アメリカの経済学者。開発経済学の先駆的研究者の1人〕は、開発についてより批判的な観点を提示している。彼は、「成長する経済という文脈の中で、貧困、不平等、失業」の程度を低下させる必要性を強調した。トダロは、「生活維持」（必需品を提供できること）、「自尊心」（人間であること）、「隷属からの自由」（選択できること）を含む、絶対貧困と収入分配の不平等を軽減することをめざした開発の3つの核となる価値観を確認した。

　国民国家内における開発という考え方の中心には、主権国家全体の利益のために役立つ共通の法的、政治的、経済的制度とともに、異なる言語集団が共通の文化に統合されうるための共通言語の必要性がある（Anderson 1983; Billing 1995）。国民国家が社会的結束を維持する必要性は、社会の均衡を確保し、これにより、発展が起こるために必要な社会的、政治的安定を確立するために重要である。

　共通言語を有することは、特に、「国家としての地位」を形成する役割から、このプロセスにとって中心的なものであると見なされてきた。特定の言語を、共通言語、つまり公用語・国家語の双方あるいは一方として国民国家が選択することは、教育における媒介言語を決定することになる。教育過程における言語は、市民を共通の価値観と信念体系の中に社会的に適応させるのに役立つ。そして、異なる民族言語的、宗教的集団をひとまとめで社会に統合し、それを通して、社会的結束を確立し、開発のために必要な条件を形成するのに重要な役割を果たす。

　国民国家という文脈の中で、コミュニケーションの媒介としての言語は権力を包含してもいる。それは、政治権力が行使されるための手段を提供する。例えば、法律や規則を公布することを通して権力が行使される。つまり、人々が社会の公的な構造に関与し、その中でどの程度行動できるかは、彼らの識字の程度と、彼らが国家により選択された「公用語」によって効果的に意思疎通できる能力にかかっていることを意味する。これは市民が民主主義のプロセスに効果的に参加し、生産的な労働者となることができるための基本的な必須条件である。これにより、市民は社会の中の権力と資源にアクセスすることができるのである。言い換えれば、言語的そして文化的資源の社会における分配は、一方では、強力な市民社会を作るために、他方では、「労働市場内で交換される知識と技能の蓄積」にとって中心的なものなのである。そのため、社会と個人の開発において鍵となる要素は、公用語の選択と関係しており、社会のすべての集団にとってそ

れがどの程度利用できるのか、そして識字の達成がどの程度なのかといったことに関係しているのである。大多数の人々の間に言語資源（言語を話せること、コミュニケーション能力、識字の程度）の不平等な分配があると、異なる社会集団の間に正規の労働市場へのアクセスの程度に関して不均衡が生じることになるのだ。

　以下に見るように、このことは、英語が公用語として採用されたが、社会のすべての集団に教育を通して平等に分配されてこなかった多くの開発途上国において明らかである。このことは、同様に、労働力の低開発の一因になっており、その結果、人的資源の低利用につながっている。これらの要因は、英語以外の言語を基層に持っていながら英語が公用語となっている開発途上国において、社会的、経済的発展にとって大きな問題をもたらしている。サハラ以南のアフリカや南アジアの多くの開発途上国は、旧英領植民地であり、英語が公用語となった。このことは、英語が、裁判所や政府、市民サービスといったすべての公的な国家機関において使われ、ビジネスでも主要言語であったことを意味する。英語は、より高い地位への熱望や社会的な上昇という流動性の象徴であったため、影響力のある言語的、象徴的資源となっており、植民地の人々の教育（媒介）言語となったのである（Rassool 2007 参照）。しかしながら、エリート集団以外は、教育へのアクセスは初等教育までに限られている。

　これらすべての要因と、教育的、文化的、社会的インフラが限られていることが、植民地社会の中での大規模な人的資源の低開発の原因となっている。こうして受け継がれたものが、旧植民地諸国の社会的、経済的発展の出発点となったのである。

2.4　旧植民地社会における英語と開発

　ポストコロニアル社会は、その植民地時代の歴史のため、少なくとも部分的には植民地的な覇権主義的意識を自らの中に吸収していた。それらの社会は、支配下にある人々の側が期待と熱望を抱くことも含め、支配的な植民地文化の諸側面を吸収していた。つまり、「植民地的な行動様式」が形成されているのである。このことは、多くの場合、サハラ以南のアフリカ諸国において、引き続き英語に高い価値が付随しており、地元の言語の調和と発展に全般的に無関心であるということについて言えることである。植民地支配を脱した直後の余波の中での言語と独立国家性を取り巻く

状況について作られたレトリックにもかかわらず、サハラ以南のアフリカとアジアの多くの（旧英領の）ポストコロニアル社会は、植民地言語（英語）を少なくとも公用語の1つとして残すことを選んだ。そして多くの場合はそれが唯一の公用語となった。

いくつかの社会にとって、独立後に英語を公用語として選択したことは、植民地時代の統治機関によって作られたいくつかの部門においては理論的根拠を有していた。サハラ以南のアフリカでは、1885年のベルリン会議で生じた恣意的な国境線により、紛争や分裂の原因となる複数の少数派の民族的、言語的、部族的派閥を含む国家を作ることになった。このことが、独立後の新興国家を不安定にしたのである（Rassool 2007）。このような状況下で、多くのポストコロニアル諸国の政府が、旧宗主国の言語を採用したのは、それが「中立的な」コミュニケーション手段であり（de Varennes 1996）、民族間の分裂を乗り越え、国家の統一を確かなものにし、国際社会との絆を維持できるものと考えたからである。多くの独立後の国家の指導者たちは、「迅速な発展への最善の方法は、いわゆる『すでに発達した』宗主国言語を教育のための唯一の媒体として、採用、あるいは維持することである」という広く抱かれていた信念の影響も受けていた（Mateene 1999: 176）。

近代化の理論（Schultz 1963）は、その当時普及したものだが、開発途上諸国は、先進経済諸国に「追いつく」ための主要な手段として、教育と技術への投資に焦点を当てた。近代化という概念は、（田舎と都会という）地政学的な再編成、技術的再構築、効率的なインフラの整備、より複雑な科学社会の多様な必要性に適合するための文化的関係の再建の必要性を中心に展開していた（Todaro 1999）。よって、近代化理論の鍵となる原則は、伝統的な思考形式と組織に取って代わる論理的な情報に基づいた経済計画のための基礎となる合理性を発展させる必要性であった（Todaro 1999）。言語と識字は、社会の近代化を達成するために中心的な役割を果たすと見られていた。

実際、急速な経済成長と社会の近代化の原動力は、教育において、土着のアフリカ諸言語を発展させ主流にすることよりも、英語を保持することに論理的根拠を提供していた。家族やコミュニティで話す人がほとんどいない言語で知識を獲得しなければいけないことは、学習者が実質的には外国語で学習過程を乗り越えてきたということを意味する。そのため、これらの国々の多くが高い非識字率を保持しているのは驚きではない。

識字は技能を修得するための主要な要素なので「文字が読めないことで、非正規経済の中にいる多くの人々にとって、正式な訓練が手の届かないものになっている」(ILO 2008: 35)のだ。例えば、パキスタンでは、国家が教育における媒介言語として英語に焦点を当てていることは、高い非識字率——2005年時点で53％、2009年で57％（パキスタン経済調査2009-10）——の一因となっており、非正規部門（インフォーマル・セクター）で非常に高い失業率を記録している（正規部門の26.7％に対し非正規部門は73.3％）（パキスタン経済調査2008）。これは、言語使用に関し、都市と地方の格差を反映している。英語とウルドゥー語が都市のエリートの選択する言語であり、特に英語の方が、進歩主義と現代性に結びついているため、選択されることが多い (Mansoor 2005: Rahman 2000)。パキスタンでは、英語を教育（媒介）言語とする学校は、中上流階級や軍人、政府エリートの家族出身の子どもたちであふれている。さらに、鉄道、税関、電気通信、警察署を含む地方政府組織のエリートたちは、英語を媒介言語とする独自の学校を運営している (Rahman 2002)。都市の貧困層と地方の人々は、主に地域言語で識字能力を獲得する傾向がある。それは、部分的には、これらの地域には、資格を有さない、あるいは能力が不十分で、英語を話せない教員が数多く、教授法と学習資源が不足していることによる (Mansoor 2005)。これらのコミュニティの問題は、英語が高等教育において教育（媒介）言語であるという事実によって悪化している。その結果、教育機会が抑制されている人々がいるのである。このことは労働市場における雇用機会に影響をもたらしうるだろう。そのため同国において非正規部門における就業率が高いのである。

　同様のことが、独立後のザンビアについてもいえる。ユネスコにより資金補助を受けたオーストラリアの研究者たちによる研究 (UNESCO 1964) によると、ザンビアでは、英語が国家語として採用され、教育の媒介言語となった。それ以来、同国における識字率の低さが問題となってきた。教育に関する多くの懸念は歴史的に、非識字率の高さと、子どもたちがまず英語を通して読み書き能力を習得することとの間に関係があるかもしれないということにあった。実際、英語は彼らにとってなじみのない言語である。しかしながら、ザンビア政府は1977年に、これらの懸念を意識していたにもかかわらず、『教育改革：提案と勧告』という報告書を作成した。同報告書は「学習は母語で行うのが最善であるということが教育学者たちによって全般的に受け入れられていることは認めるが……この状況はザンビア社会のような多言語社会では実現不可能であることがわかった」(MOE

Linehan 2004: 2 より引用) と始めている。

　その後 10 年間、ザンビアでは非識字率が高いままスキル開発が続けられた。その後、世界銀行の資金補助によって行われた研究によって、「教育(媒介)言語として英語を使用することは、生徒の読解と算数の力に否定的な影響を与え、特に重要な教育初期段階において良好な学習をサポートすることはなさそうである……それは、学校の教育プロセス全体をごく少数の生徒だけしかついていけない方向に向けることになる。そして文化的には、生徒たちの言語と彼らが持っている価値観を傷つけることになる」ことが判明した (Kelly 1991; Djité 2008: 61 より引用)。その当時から、地元の諸言語を教育(媒介)言語として少なくとも第 1 学年(小学校 1 年)で使用することに焦点を当てた、いくつかの NGO が資金援助したプログラムがある。特に影響力のあるものとして、少なくとも第 1 学年(小 1)では識字のための手段として現地の言語を使用することに焦点を当てたモルテノ・プロジェクト〔Molteno Project〕が挙げられる。これに応じて「我々の未来への教育〔Educating Our Future〕」という政策イニシアティブ(1996 年)は、入学当初の識字能力と算数の基礎学力が、学習者にとってなじみのある言語を通して育成されることの必要性を強調している。そして、そのすぐ後に、7 つの公用語による小 1 向け早期識字コース(1 年間)に焦点を当てた「識字のための新たな打開策〔New Breakthrough to Literacy: NBTL〕」プログラム(1999 年)が実施された。これは識字能力育成の改善を求める親たちと「英語への一直線」アプローチを求める親たちの間にある障壁を打ち破ることに大きな効果があった (Linehan 2004)。

　今や人々は教育における現地語使用を以前より受け入れるようになったが、一方で高等教育と経済的成功への手段としての英語の優位性は、「前進したければ、英語を頭に叩き込め」というスローガンとともにザンビア社会におけるほとんどの人々の意識に充満し続けている (Djité 2008: 62 に引用されている Williams 1986)。主として、「普遍的初等教育(UPE)」の導入(これは「ミレニアム開発目標」の 2 つ目の目標であった)によって、小学校修了者の割合は 2000 年の 63.6% から 2004 年には 72% に向上したが、識字能力を有しているのは成人の 53.3% だけというように、同国は主要な技能の欠損にあえいでいる (IMF 2007)。このことは正規労働市場における技能の取り込みに反映されている。パキスタンの場合と同様に、ザンビアでは「労働市場の 70 〜 80% は非正規の労働者で占められており、多くは自営の農業従事者と無給で働く家族労働者である (Burger *et al.* 2005: 5)。そのため、

明らかにザンビアの教育媒介言語としての英語への依存はグローバル労働市場に参加できる高度な技能を持った労働者の輩出が少ないこととの関連で問われるだろう。このことは後に詳しく論じる。

ナイジェリアでは、連邦政府レベルの 1999 年憲法 97 節に合わせるべく、議会での議論にヨルバ語を使うようにするというラゴス国家議会〔the Lagos State House of Assembly〕による諸提案が、「ラゴスは国際的な都市なので、ヨルバ語は議会の業務をおこなうのにはふさわしくない。**そのうえ、その使用は立法者の知的能力を傷つけ、減じうる**」という理由で否決された（Djité 2008: 63 に引用された 1999 年 12 月 10 日付 The Guardian 紙、強調は筆者）。このことの言外には、英語には社会経済的発展のためだけでなく、個々人の認知能力のための価値が本来的に備わっているという考えが含まれている。このことは、英語が本来的に優位であるという社会的構造が、ナイジェリア社会の支配的なエリート層の間の覇権的な意識の一部になっていて、事実上、現地の諸言語を周縁化していることを反映している。

建前上は教育における多言語政策を採用している開発途上国でも状況は同じようなものである。南アフリカは、11 の公用語を指定し名目上は多言語教育政策を採用しているが、公的領域の主要言語は依然として英語のままである。アパルトヘイト時代の社会において現地の諸言語が周縁化されたことと、アパルトヘイトの覇権に抵抗する言語として英語に付与された高い価値と、現在の「グローバル言語」としての英語の高い地位の結果、大多数の親がいまだに子どもたちに英語による教育を受けさせたいと考えるのである（Busch 2010）。前述のパキスタンの場合と同様に、国立の学校教員の英語力の欠如は大きな問題となっている。Heugh の研究（2003: 197）によると、地方の教育実習生の 5 ％のみが、要求される英語識字能力を有しているにすぎず、1990 年に教員養成専修学校に志願した第 12 学年修了者の 51 ％ が適切な ESL 識字レベル（第 8 学年以上）を有しているにすぎないことが判明した。アフリカーンス語による少数の大学を除き、高等教育は英語で実施されている。このことは、「（現時点で高等教育と正規経済と公務員への唯一のアクセス言語である）英語の識字とその能力が非常に低いことと、教育によって変貌を遂げることが幻想にすぎないことを意味している」（Heugh 2003: 213）。こうした状況下、英語はしばしば現地言語を媒介とした教育や（Harbert *et al.* 2009）、「創意に富んだ学習や課題解決に取って代わった思慮のない反復学習」（Linehan 2004 と本書の Williams の注釈参照）による暗記学習を通して教えられている。

2.4.1 このことは社会的発展にとって何を意味するのか

　このように英語教育の提供に不均衡があることは、既存の階級格差を広げ、間接的に労働市場へのアクセスを管理することにつながっている。最近の研究（Casale & Posel 2010）によると、英語能力に対する需要は、南アフリカの労働市場において事実上、労働者を選別する引き金となっている。この研究は、アパルトヘイトの歴史を有する南アフリカにおいて、「英語力は、雇用主に対して労働者が受けた教育の質を示すものとして機能しており、それは、ある個人がかつての恵まれた学校や白人のための大学、あるいは私立学校で教育を受けたのか、それとも不利な学校や大学で教育を受けたのかを反映しうるからである」と指摘している（Casale & Posel 2010: 18）。英語力は、この場合、教育の質を強力に示すだけでなく、労働市場において、技能が必要な部門に入るために労働者に求められる能力を示すものとしても役立っている。この方法によって労働市場から除外された人の多くは、歴史的に社会、経済、政治的に不利な立場にあった集団であろう。この場合、英語は強力で象徴的な社会的目印になり、排除、あるいは取り込みのための機構として働くようになったのである。それは、社会を分裂させるものであり、実際、多数派の黒人住民にとっては労働市場へのアクセスは不平等なままなのである。

　表面的なレベルでは、多くの旧英領植民地諸国は、公用語としての英語により支配されている言語市場によって運命づけられているようである。これは、「それを背景にすべての言語実践が客観的に測られるような理論的な規範になった」（Bourdieu 1991: 45）ことを意味する。更に、先の議論で明らかなように、教育の言語、つまり標準英語と、労働市場と政治的制度の言語との間には当然視された相互関係がある。このことは「特定の言語（例えば英語）の法的、公的、標準的言語としての地位を補強し、一方で他の言語の価値を引き下げるのにも決定的」（Park & Wee 2008: 246）なものである。ゆえに明らかに、英語は象徴的な資本として強力な言語形式を構成する。それは、社会のすべてのフォーマルな部門内において疑う余地のない言語的な「規範」を意味する。しかしながら実際には、英語はこれらの国々で熟練労働者の供給の増加を妨げるものとなっており、それゆえ、労働市場が多様化する可能性を妨げている。この点については後述する。

　さらに、英語が「中立」であり社会の中でさまざまな民族集団を統合するのに大きな役割を果たしているという主張があるが、それは実際には裏付けがないものである。これらの諸国において、超民族的で「中立的な」

言語として英語が採用されたにもかかわらず、民族間の分裂は残っているのである。この20年、(ケニアやウガンダなど)いくつかの旧植民地諸国では、民族間の対立が政治的不安定を生じさせており、社会経済的な発展の土台を破壊してきた。つまり、非識字率は高く、正規の労働市場で入手可能な技能レベルは低いままなのである。また、このことは、先住民の間に多言語的な基盤がある旧植民地社会における独占的な公用語あるいは主要言語である英語の有効性に対する疑問を生じさせている。

旧植民地諸国において、言語政策と教育施策におけるこれらの問題が解決されずに残っている一方で、グローバルな変化が起きている。その変動は資本の蓄積プロセスと「開発」という概念を根本的に覆してしまっている。こうした変化の脈絡の中で、英語をグローバルな言語市場における好ましい言語資本とすることにより、英語の価値は強化されてきた。以下に見るように、今日の世界において、このように英語が支配的な地位にあることは、一般的に、そして特に異なる言語・社会・文化的な基盤を有する国々の社会経済的な発展に関連して、さまざまなことを意味しているのである。

2.5 グローバル化と開発における英語の役割

国民国家という概念は、まだ広く行き渡っているが、現在のグローバル化の段階は、国民国家の間の相互依存と協力を作り出すことで、国境を越えて社会的な関係を拡大させた。Castells(1995: 5)は以下のように述べている。

> グローバル化は新たな歴史的現実である。それは、単に新自由主義的な(ネオリベラル)イデオロギーによって市民を市場主義に服従させるために考案されたものではなく、資本主義的な再構築、革新、競争のプロセスに刻み込まれたものであり、情報通信技術という強力な手段を通して成立したものなのである。

しかしながら、情報技術と新自由主義の間には相乗効果(作用)がある。世界銀行やIMFのような国際機関によって、自由な企業活動、自由貿易、通貨市場の規制撤廃という原則に基づいた新自由主義的な通貨政策が国家の経済運営手法に対して普及されていることは、今や、情報技術に主導された経済の近代化のためのイデオロギー的な基盤となっている。これを支えているのは、市場が重要な調整機構であるという市場至上主義の新自由

主義的な考え方である。つまり、資本を自由に供給し、その過程で情報技術によってもたらされた新しい柔軟な資本蓄積戦略の展開を刺激するという考え方である（Morley & Rassool 1999）。1980年代の情報技術の出現により、開発という概念は、ダイナミックで相互に作用し合うグローバル環境における迅速な情報、知識、資金の流れを巻き込みながら、新たな資本蓄積体制へと拡大した。以下に見るように、コミュニケーションの手段としての言語は、ビジネス、交易、製造、文化産業、サービス部門を含むグローバル化した経済の様々な部門のなかで、中心的な変数として機能する。

　情報技術は仕事の本質と仕事のやり方を根本的に変えた。例えば、製造業においては、専門知識は作業グループ内で水平的に広められるものであり、それはさまざまな技能や専門知識を統合するのである。このことは、例えば、デザイナーたちがさまざまな専門家との間でコミュニケーションをとり、生産やマネジメント、マーケティングのさまざまな段階に関与する人々ともコミュニケーションをとらなければいけないということを意味する。こうした専門知識のいくつかは、専門家たちが国際的なプロジェクトで一緒に働く際に、地域、国、大陸を越えて地理的に広められる。このように生産プロセスにおいてコミュニケーションが中心にあることは、個人とグループがこうした文脈でおこなっている言語のやり取りが、専門家の知識や、技能、意識とともに、労働市場内で交換されている文化的な資本の価値ある形態であることを意味している。それゆえ、この枠組み内における言語障壁は、経済的発展に対する障壁を意味するのである。

　幅広い分野の高品質な製品を生産するマイクロエレクトロニクス技術は、グローバルな市場に常により安い商品が流入してくることの結果として、洞察力のある消費者と競争力のある日用品市場を生み出してきた。それに続いて、広告、製品の提示方法、マネジメントとマーケティングが、再定義された労働市場において、新たな核となる領域になったのである。仕事の本質と仕事のプロセスにおけるこれらの変化は、労働市場において新たな技術とビジネスに関する知識、問題解決能力、「マルチリテラシー」（Gee 1996）、転換可能な技能とコミュニケーション能力、労働者の労働市場と仕事のプロセスに関する意識などを求めるニーズを生み出した（Rassool 1999）。このことはつまり、人材の自己啓発が強調されることになったということであり、絶えず変化する労働市場において労働者は自分の雇用を維持するためには、自分自身で技能を更新していく責任を負うことになったのである。技術を必要とする職場で働くためには、洗練されたリテラシー

の技能や情報処理能力、さまざまな分野に関する知識、専門的な知識、異文化コミュニケーション能力、労働市場についての意識、データ処理、決断力、問題処理能力、リサーチ能力、分析能力、意図を解釈し口頭で表現（聞き話し）できる能力といった言語能力とコミュニケーション能力が必要とされるのである（Rassool 1999）。より高い思考能力、言語的柔軟性を持ち、言語能力とコミュニケーション能力を持ち合わせていることは、この文脈では、労働者個人の能力という概念において重要なものと見なされうる。

これが本当なら、ある社会が、競争の激しいグローバル化した経済にどの程度参加できるかは、その生産能力に加えて、個人的にも、集団的にも、その「言語的能力」に大いにかかっているということになる。ある社会の言語的能力は、グローバルな労働市場のさまざまなセクターとの間でやり取りをするための言語とコミュニケーション能力の蓄積——つまり文化資本——を含んでいる。これには、例えば、金融やビジネス部門において生じる交渉、あるいは、個人間、あるいは異文化間のコミュニケーション能力やサービス部門において必要とされる知識が含まれる。そのため、ある国の集合的な文化資本の一部として言語的能力を養成することは、その国の生産能力に貢献するのである。このように、相互に作用しあうグローバルな労働環境で働くことは、コミュニケーションとリテラシーの言語の選択とに関連があるのである。

この再定義された相互に作用しあうグローバルな領域のなかで、ビジネスや交易、産業、あるいは国家間の政治的な会議の場において、好まれるリンガフランカとして、あるいはより幅広いコミュニケーションの言語として、英語はより大きな交換的な価値を持つと考えられる。結果として、英語は、ますます多くの国家によって、第一外国語あるいは追加の言語として公式に採用されてきた。よって、「グローバル言語」（Crystal 1997; Graddol 1997）として、英語は、相互につながっていて、同時に、非常に競争の激しい経済市場において、高い地位を持っており、より好まれる言語となっているのである。この文脈において、英語の言語能力は、強力な言語資本を意味すると見なされうるのである。

このことは、旧植民地の開発途上国に対して、何を意味するのだろうか。すなわち、それらの諸国は、グローバルな文脈において、競争が激しく、非常にダイナミックな経済市場に効果的に参加する能力を活かせるのだろうか。それらの諸国は、自国の経済成長と社会の発展を支えるために人的資本を最大化することに関して、どれほどの能力があるのだろうか。次節

で見るように、活用されるべき新たな機会と克服されるべき制限があるのである。

2.6 旧植民地諸国の経済的発展における英語の言語市場的価値

　情報とコミュニケーション分野における発達と革新、そして、国家内・国家間におけるそれらの普及は、貿易の自由化と相まって先進諸国のビジネスに貢献してきた。なぜなら、こうした先進諸国はインドや中国、マレーシア、フィリピンといった比較的安い労働力を輸出している諸国に、情報技術サービス需要の大部分をアウトソーシングすることができたからである（Chadee & Raman 2007）。企業がアウトソーシングを選択するのは、競争が激しい市場において、操業コストを下げるとともに、生産性と収益性を向上させることで、それら企業の地位を維持しようとする圧力からである。これはビジネス・プロセス・アウトソーシング（BPO）と呼ばれている。特にインドは、膨大な人口を抱えていることもあり、英語を話す高い技能を有した労働者を大量に供給でき、よく発達したIT部門があり、高品質で、低コストの労働者がいることで定評がある。そのため、ITのBPOサービス市場において競争力を有している（Chadee & Raman 2007）。英語を話せる労働者を大量に提供できるということからインドは、英語能力が労働者の間にそれほど広く普及していない中国などの国に対して優位にある。Coe (2007: 16) によると、「英語が国際ビジネスにおける唯一のリンガフランカであるという事実は、英語を話す多くの人口を有さない他の開発途上国が、英語圏の先進国からサービスを受注するというインドの成功を真似るのを困難なものにしている」。そうであるなら、インドは、英語を公用語の1つとする旧植民地国家が、その経済戦略と経済構造を再定義するために、教育に投資するとともに、いかにして英語を利用してきたか、そして、それを通して、新たなニッチ市場を作りつつグローバルな経済市場にも対等に参加するためにいかに国家の能力を発展させてきたかの例を提示していることになる。そこでは、国家も民間企業が発展するための戦略的な支援を提供してきた。これは1990年代のドット・コム・ブームと、より安いインターネット通信料金によりもたらされたのである（Farrell et al. 2005）。それにより、国家は非正規部門からの収入への依存を減じることになった。これは上で論じた、非正規部門が優勢であり続けているザンビア、南アフ

リカ、パキスタンにおける人材の未開発さとは非常に対照的である。

インドは、旧植民地宗主国の言語であった英語が、新しい開発のパラダイムに、いかに割り当てられ、再定義され、統合されたかの例を提供している。このように、言語市場は他の市場の場合と同様に、相互に作用し合い、競争が激しいグローバルな舞台において、ダイナミックなものであり、世界の物質的な状況のシフトに合わせて変化しうるものなのである。このことはまた、英語が、現代世界における他のあらゆるコモディティ（汎用品）のようになり、その道具としての価値に関連して資金を集め、それによりその植民地的なヘゲモニーが取り去られたかどうかという疑問も提起する。

このことは国家の言語政策にとって何を意味するのだろうか。インドでは、ほとんどの州立の学校は、連邦政府により推奨されている「3言語方式〔Three Language Formula〕」（①家庭／地域言語、②英語、③非ヒンディー語州におけるヒンディー語およびヒンディー語州におけるその他の現代言語）に従っている。——それは高等中等教育における媒介言語としての英語へのシフトをもたらしている（Azam et al. 2010）。このアプローチは、加算的な二言語・多言語主義を支持するものであり、言語は人材開発に欠くことのできない要素と見なされている。BPOにおける高い技能を有した労働者に対する需要は、質の高い教育と、IT、科学、ビジネス、経営（マネジメント）学といったニッチの分野を作り出すことの重要性を強調している。実際、「人材は、ソフトウェアとサービス産業における競争力をもたらす最も重要な供給源として考えられてきた。労働力の質は、特に、知識に基づいた産業において重要である」（Chadee & Raman 2007）。

国家全体にとっての利益はより大きくなる。このことは、NASSCOMの2011年の報告書において次のように描写されている。

> IT-BPO部門は、インドの経済成長を促すのに最も重要な要素の1つとなった。この産業は、インド経済に燃料を供給していることに加え、雇用、生活水準、多様性など、さまざまな社会経済的側面に、活発で、直接的あるいは間接的な貢献をしており、それにより人々の生活に肯定的な影響を及ぼしている。この産業は、動きが遅く官僚主義的な経済というインドの印象を、(1) 革新的な企業家を擁し、(2) 世界一流の技術的解決策を有し、(3) ビジネスサービスを提供するグローバルプレーヤーであるという印象へと変えるのに重要な役割を果たしてきた。その産業は、インドが田舎の農業に基づいた経済から知識に

基づいた経済へと変貌するのを手助けした。

だが、それと同時に、英語の能力が高いと賃金収入が高くなるというつながりに対して警戒する必要性もある。インドにおける英語能力がもたらす利益についての最近の研究の報告書は、次のように記している。

> 　我々は、インドにおいて英語能力が収入を上昇させていることを発見したが、より最近に労働市場に参入した者の利益が非常に低いことも発見した。職を得ようとしている人たちが英語能力に投資するかどうかを決めるのには、新参者の最低賃金を考慮することになろう。そのため、成人に英語の教育を行うことは、必ずしも収入を上げることにはならないということを意味している。最近の参入者にとって、英語能力は、高い教育を伴っている場合にのみ、収入を上昇させるのに役立つものなのである。中等教育を修了していない人たちは、英語能力を習得したからといって収入を上昇させられないだろう。為政者たちは政策を作成する際にこうした言語技能の補足性を意識すべきである。(Azam *et al.* 2010: 21)

同報告書は、さらに、「(インドで最も差別されている) 指定カースト」は他の社会集団と比べて収入が低く、地方の女性は、都市部に比べて収入が少ない」(Azam *et al.* 2010: 22) と述べている。そのため、社会の公正さに関して明らかにより幅広い未検討の諸問題があり、それは、英語がもたらす利益について発せられる本音の主張と関連づけて考える必要がある。

シンガポールとマレーシアは、英語を話せる高い技能を有する労働力と強力な産業インフラ、そして政府の支援を利用したBPO産業を通して、それぞれの経済的発展の可能性を最大化してきた2つの旧植民地国家である (本書のWee論文参照)。これと並行して、コミュニケーションの媒介言語である地元と地域の言語に依存した地域内で設立されたビジネスと交易のネットワークもあるのだ。さまざまな国において、その土地の市場に進出するためには、その土地のことをよく知っておくことが重要な要素である。このことは、グローバル金融サービス企業であるモルガン・スタンレーの元アジア会長であるスティーブン・ローチ氏〔Stephen Roach〕が国際銀行業部門に対して行った助言の中にも見られる。「現地についての知識、現地の人材、現地拠点、現地の言語能力、そして習慣と規則についてよく知っ

ていることに取って代わるものはない」(Wilson 2010 による引用)。言い換えれば、現代の世界において、英語は支配的言語ではあるが、さまざまな言語の知識を有していることは、経済において重要な役割を果たすのである。前述のように、英語以外の諸言語は、交易やビジネスのための地域的なネットワークを確立するためには特に便利である。そのため、諸国にとって社会関係資本を作るために重要なものである。このことは、旧植民地の開発途上諸国は、英語の内在的な価値と「優越性」に対する自らの立場を見直す必要性があり、その代わりに、グローバル経済の中における新興市場の出現に合わせて（英語を含む）多言語主義と高い技能を持った労働基盤を発展させることに焦点を当てる必要性があることを示している。

そして同様に重要なのは、社会の発展に対し、知識に基づいたビジョンを有する指導者による統治が行われ、人材の育成に焦点を当てた戦略的な教育政策が実施されることである。この点に関して、サハラ以南のアフリカ地域全体の旧植民地諸国が、グローバル経済と労働市場の外部に存在し続けるのでなければ、それらの諸国において教育的、社会的、経済的、政治的インフラを整備することは、差し迫ったものである。このことに起因する深刻さは、今日の世界を支配している IT により動かされる発展パラダイムが、「支配的な価値観と関心に従って、価値があるすべてのものを統合する全般的な体系を許容する一方で、価値がない（と考えられる）すべてのものを断絶する」ものであるという事実にある。これは、さまざまな国家・地域に当てはまる (Castells 1999: 5)。グローバル化は国民国家の役割に根本的な見直しを迫り、国民国家の活動の仕方に影響を及ぼしている。そして開発という概念を再定義したのである。

2.7 結論

変化するグローバル経済のなかで言語と開発の政治経済学について検討したことで、より広い社会科学のなかでの概念と理論を利用する学際的な分析的枠組みの有用性が明らかになった。そのような意味で、本章の議論は、社会学、言語文化学、言語社会学、開発学、経済学（労働市場理論を含む）、政治学、歴史学、教育学の概念と理論と観点とを結びつけた。これは、社会学における発展途上の分野であり、本論考が分析の枠組みを拡大することによって、議論に貢献できることを期待している。この議論は、「グローバル言語としての英語」の確立と旧植民地における英語のヘゲモニーとを

結びつけ、いくつかの旧植民地諸国の経済計画の枠組みの中で、英語がどのように再定義されてきたのかについての証拠を提供した。それは、それらの諸国が、自国の労働力を最大化し、新興市場への参入機会を利用し、その過程で、社会的発展に資するために自国の経済を再構築することを可能にしたものである。研究によると、変化し続け、競争が非常に激しいグローバル経済において、英語の価値が高められてきた一方で、地域のビジネスと交易ネットワークを形作るのに地元の言語が果たす重要な機能があるのである。社会の発展は、かなりの程度で社会の言語能力と新興労働市場の動向に合わせた技能的側面に依存しているということが示された。

　パキスタンやサハラ以南のアフリカにおける旧植民地諸国の政府にとって、教育、言語、開発に関する政策でどのような選択をするかは重要なことである。その選択によって、これらの諸国が、インドやシンガポール、マレーシアなどの労働市場の中で新たに生じている機会からどの程度利益を得られるか、そして、ITに主導される開発のパラダイムに食い込んで新たなニッチ市場を作っていけるかにかかっているからだ。相互に作用し、依存しあっているグローバル経済において、国民国家と近代性に根付いた古いヘゲモニーは、明らかにその根源から試練にさらされている。よって、この変化しつつある領域において、開発は、新たに出現するさまざまな現実のタペストリーを考慮に入れた学際的な枠組みの中で分析され、解釈されることになる。

引用文献
Anderson, B. (1983) *Imagined Communities: Reflections on the Origin and Spread of Nationalism*. London: Verso.
Azam, M., Chin, A and Prakash, N. (2010) *The Returns to English-Language Skills in India*. Discussion Paper Series CDP No 02/10. London: Centre for Research and Analysis of Migration, Department of Economics, University of London.
Billig, M. (1995) *Banal Nationalism*. London: Sage Publications.
Bourdieu, P. (1986) The economics of linguistic exchanges. *Social Sciences Information* 16 (6), 645-668.
Bourdieu, P. (1991) *Language and Symbolic Power* (G. Raymond and M. Adamson, trans.). Oxford, Cambridge: Polity Press.
Burger, R., Burger, R and Van den Berg, S. (2005) *A Note on Trends in the Zambian Labour Market between 1991 and 1998* (DFID-WB Collaboration on Knowledge and Skills in the New Economy). Stellenbosch: University of Stellenbosch, Department of Economics.
Busch, B. (2010) School language profiles: Valorizing linguistic resources in heteroglossic situations in South Africa. *Language and Education* 24 (4), 284-294.
Canagarajah, S. (1999) *Resisting Linguistic Imperialism in English Teaching*. Oxford: Oxford University Press.
Casale, D and Posel, D. (2010) *English Language Proficiency and Earnings in a Developing Country: The Case of South Africa*. Paper presented at the 5th IZA/World Bank

Conference: Employment and Development, Bonn.

Casey, T and Dustmann, C. (2007) *Intergenerational Transmission of Language Capital and Economic Outcomes*. Discussion paper IZADP No. 3074. Bonn: Institute for the Study of Labour.

Castells, M. (1999) *Information Technology, Globalization and Social Development*. UNRISD Discussion Paper No. 114. Geneva: United Nations Research Institute.

Chadee, D and Raman, R. (2007) *Can IT Service Providers in India and China Co-operate to Compete?* Paper presented at the ANZAM Annual Conference, Sydney, Australia, December 2007.

Chiswick, B.R. (2008) *The Economics of Language*. Discussion Paper IZA DP No. 3568. Bonn: Institute for the Study of Labour: An Introduction and Overview.

Chiswick, B and Miller, P. (2003) The complementarity of language and other human capital: Immigrant earnings in Canada. *Economics of Education Review* 22, 469-480.

Church, J and King, I. (1993) Bilingualism and network externalities. *Canadian Journal of Economics of Education Review* 2 (6), 337-345.

Coe, D. (2007) *Globalisation and Labour Markets: Policy Issues Arising from the Emergence of China and India*. OECD Social, Employment and Migration Working Papers No. 63. Paris: OECD 12-Nov-2007.

Coulmas, F. (1992) *Language and Economy*. Oxford: Blackwell Publishers.

Crystal, D. (1997) *English as a Global Language*. Cambridge: Cambridge University Press.

Djité, P. (1993) Language and development in Africa. *International Journal of the Sociology of Language* 100 (101), 16-32.

Djité, P. (2008) *The Sociolinguistics of Development in Africa*. Clevedon: Multilingual Matters.

Edwards, V. (2009) *Learning to be Literate*. Bristol: Multilingual Matters.

Farrell, D., Kaka, N and Stürze, S. (2005) *Extending India's Leadership of the Global IT and BPO Industries*. The McKinsey Quarterly. Mumbai: McKinsey Global Institute.

Fishman, J. (1972) *The Sociology of Language: An Interdisciplinary Social Approach to Language in Society*. Rowley, MA: Newbury House.

Fishman, J. (1991) *Reversing Language Shift*. Clevedon: Multilingual Matters.

Fishman, J. (1999) The new linguistic world order. *Foreign Policy* 1, 26-40.

Foucault, M. (1970) *The Order of Things. An Archaeology of the Human Sciences*. London: Tavistock Publications.

García, O. (2008) Multilingual language awareness and teacher education. In J. Cenoz and N. Hornberger (eds) *Encyclopedia of Language and Education* (2nd edn, Vol. 6, pp. 385-400), Knowledge about Language. Berlin: Springer.

García, O. and Baker, C. (eds) (2007) *Policy and Practice in Bilingual Education: Extending the Foundations*. Clevedon: Multilingual Matters.

Gee, J.P. (1996) *Social Linguistics and Literacies: Ideology in Discourses* (2nd edn). London: Taylor & Francis.

Government of Pakistan (GOP) (2008) *Pakistan Labour Force Survey (2005-2007)*. Islamabad: Federal Bureau of Statistics.

Government of Pakistan (GOP) (2010) *Economic Survey 2009-2010*. Islamabad: Federal Bureau of Statistics.

Graddol, D. (1997) *The Future of English? A Guide to Forecasting the Popularity of the English Language in the 21st Century*. London: British Council.

Grin, F. (2006) Economic considerations in language policy. In T. Ricento (ed.) *An Introduction to Language Policy* (pp. 77-94). Oxford: Blackwell.

Grin, F and Vaillancourt, F. (1997) The economics of multilingualism: Overview and analytical framework. *Annual Review of Applied Linguistics Annual Review of Applied Linguistics* 17, 43-65.

Harbert, W., McConnell-Ginet, S., Miller, A and Whitman, J. (eds) (2009) *Language and Poverty*. Bristol: Multilingual Matters.

Heugh, K. (1999) Languages, development and reconstructing education in South Africa.

International Journal of Educational Development 19, 301-313.

Heugh, K. (2003) *Language Policy and Democracy in South Africa: The Prospects of Equality within Rights-based Policy and Planning*. Stockholm: Centre for Research on Bilingualism, Stockholm University.

International Labour Organization (ILO) (2008) *Skills for Improved Productivity, Employment Growth and Development*. Report V presented at the International Labour Conference 97th Session, 2008, Geneva.

International Monetary Fund (IMF) (2007) *Zambia: Poverty Reduction Strategy Paper*. IMF Country Report No. 07/276. Washington, DC: The International Monetary Fund.

Kaplan, R and Baldauf, R. (eds) (1999) *Language Planning in Malawi, Mozambique and the Philippines*. Clevedon: Multilingual Matters.

Kelly, M. (1991) *Education in Declining Economy: The Case of Zambia 1975-1985*. Washington, DC: The International Bank for Reconstruction and Development and the World Bank.

Li Wei (1994) *Three Generations Two Language One Family: Language Choice and Language Shift in a Chinese Community in Britain*. Clevedon: Multilingual Matters.

Linehan, S. (2004) *Language of Instruction and the Quality of Education in Zambia*. Paper commissioned for the *EFA Global Monitoring Report 2005, The Quality Imperative* 2005/ED/EFA/MRT/PI/29. Paris.

Mansoor, S. (2005) *Language Planning in Higher Education: A Case Study of Pakistan*. Oxford: Oxford University Press.

Mateene, K. (1999) OAU's strategy for linguistic unity and multilingual education. *Social Dynamics* 25 (1), 164-178.

May, S. (2008) *Language and Minority Rights*. New York: Routledge.

Moon, S. (2010) Education, language, identity and culture: An ethnographic case study of Korean Sojourner families in the UK. Unpublished PhD thesis, University of Reading.

Morley, L and Rassool, N. (1999) *School Effectiveness: Fracturing the Discourse*. New York: Routledge.

The National Association of Software and Services Companies (NASSCOMM) (2011) *The IT-BPO Sector in India – Strategic Review*. New Delhi: NASSCOMM.

Ozolins, U. (2003) Language and economics: Mutual incompatibilities, or a necessary partnership? *Current Issues in Language Planning* 4 (1), 67-83.

Park, J.S and Wee, L. (2008) Appropriating the language of the other: Performativity in autonomous and unified markets. *Language & Communication* 28, 248-257.

Pennycook, A. (1994) *The Cultural Politics of English as an International Language*. Harlow: Longman Group Limited.

Rahman, T. (2000) *Language and Politics in Pakistan*. Oxford: Oxford University Press.

Rahman, T. (2002) *Language Teaching and Power in Pakistan*. Paper presented at the World Congress on Language Policies, Barcelona, Spain.

Rajagopalan, K. (2004) The concept of World English and its implications for ELT. *ELT Journal* 58 (2), 111-117.

Rassool, N. (1999) *Literacy for Sustainable Development in the Age of Information*. Clevedon: Multilingual Matters.

Rassool, N. (2000) Contested and contesting identities: Minority languages vs the teaching of 'world' languages within the global cultural economy. *Journal of Multilingualism and Multicultural Education* 21 (6), 386-398.

Rassool, N. (2004) Sustaining linguistic diversity within the global cultural economy: Issues of language rights and linguistic possibilities. *Comparative Education, Special Issue: Postcolonialism and Comparative Education* 40 (2), 199-214.

Rassool, N. (2007) *Global Issues in Language, Education and Development: Perspectives from Postcolonial Societies*. Clevedon: Multilingual Matters.

Romaine, S. (2008) Biodiversity, linguistic diversity and poverty: Some global patterns and missing links. In W. Harbert, S. McConnell-Ginet, A. Miller and J. Whitman (eds) *Language and Poverty* (pp. 127-146). Bristol: Multilingual Matters.

Schultz, T. (1963) *The Economic Value of Education*. New York: Columbia University Press.

Selten, R and Pool, J. (1991) The distribution of foreign language skills as a game equilibrium. In R. Selten (ed.) *Game Equilibrium Models* (Vol. 4, pp. 64-84). Berlin: Springer.

Shim, D and Park, J.S. (2008) The language politics of 'English fever' in South Korea. *Korea Journal* Summer, 136-159.

Singh, A. (2005) *FDI, Globalisation and Economic Development and International Rules of the Game*. March 2005, Working Paper No. 304. Cambridge: University of Cambridge.

Skutnabb-Kangas, T. (2000) *Linguistic Genocide in Education – Or Worldwide Diversity and Human Rights?* Mahwah, NJ: Lawrence Erlbaum.

Skutnabb-Kangas, T. (2010) Education of indigenous and minority children. In J.A.G. Fishman and O. García (eds) *Handbook of Language and Ethnic Identity. Disciplinary and Regional Perspectives* (2nd edn, Vol. 1, pp. 186-204). Oxford: Oxford University Press.

Skutnabb-Kangas, T., Phillipson, R., Panda, M and Mohanty, A. (eds) (2009) *Social Justice through Multilingual Education*. Bristol: Multilingual Matters.

Smith, A.D. (1994) *Nations and Nationalism in a Global Era*. Oxford: Polity Press.

Sun, X. (2002) Foreign direct investment and economic development: What do the states need to do? *Capacity Development Workshops and Global Forum on Reinventing Government on Globalization, Role of the State and Enabling Environment Sponsored by the United Nations*. December 10-13, 2002. Marrakech, Morocco: Foreign Investment Advisory Service, United Nations.

Todaro, M.P. (1999) *Economic Development in the Third World*. Harlow: Longman.

Tollefson, J.W. (1991) *Planning Language, Planning Inequality: Language Policy in the Community*. London: Longman.

United Nations Conference on Trade and Development (UNCTAD) (2008) *Development and Globalisation: Facts and Figures*. UNCTAD/GDS/CSIR/2007/1. New York and Geneva: United Nations.

United Nations Educational, Scientific and Cultural Organization (UNESCO) (1964) *Report of the UNESCO Planning Mission: Education in Northern Rhodesia*. Lusaka: Government Printer.

Vaillancourt, F. (1980) *Difference in Earnings by Language Groups in Quebec, 1970. An Economic Analysis*. Quebec: Centre international de recherche sur le bilinguisme.

Varennes, F de (1996) *Language, Minorities and Human Rights*. The Hague: Kluwer Law International.

Williams, G. (1986) Language planning or language appropriation? *Journal of Multilingual and Multicultural Development* 7 (6), 509-518.

Wilson, E. (2010) *Global Banks: Risky business emerging markets: News, analysis and opinion online* . http:///www.emergingmarkets .org

第 3 章
アフリカにおける言語政策と開発の政治的展望

エディ・ウィリアムズ（福島知枝子／訳）

3.1 はじめに

　欧州諸国による 19 世紀の植民地化は、アフリカに根深く、広範囲に及ぶ影響をもたらしたのか。あるいは、黎明期より人類が暮らしてきた大陸にとっては表面的で一時的な出来事にすぎなかったのか。アフリカを巡って今も続く論争の 1 つである。しかし、現地で暮らす観察者の目にはアフリカ植民地化の結果、2 つの現象が生まれたのは明らかだ。まず、現代のアフリカ諸国の国境は多かれ少なかれ、1885 年のベルリン会議一般議定書に基づく欧州列強の合意から生まれたものであり、〔ベルリン会議に〕アフリカ人は出席していなかったことである。第二に旧宗主国の言語、主として英語、フランス語、ポルトガル語が旧植民地の公的機関で高い地位を獲得し、広く使用されてきたことである（ドイツは第一次世界大戦後にアフリカの植民地を失った）。欧州によるアフリカの植民地支配は 1960 年代に終焉を迎えたが、欧州の言語は支配的な地位を保った。とりわけ英国の旧植民地では、英語がグローバル化時代の言語となって英語圏諸国の枠を超えて広がり、英語の覇権が強まったのである。

　本章ではマラウイ、ザンビア、ルワンダについて、英語が使用される教育現場の実態を考察する。3 カ国は異なった教育言語政策〔教育における言語政策〕を採っている中央・東部アフリカ国家の代表例だ。いずれの国でも英語が支配的な役割を果たしているが、それが国民教育の向上にとって逆効果になっている。本章は、背景に横たわる問題を指摘したうえで、授業観察と読解力検査を通じて得られた調査結果から、教育言語としての英語の使用が教育と開発への橋渡しではなく、むしろ、障壁となっている実態を浮き彫りにする。

　続いて、〔英語使用の〕悪影響を指し示す調査結果があり、アフリカ人教育者から批判されているにも関わらず、なぜアフリカ諸国政府が教育言語として英語（あるいは別の旧植民地言語）の使用にこだわるのかという問題を

扱う。アフリカの出来事を普遍化するのは慎重を期する必要があるが、政治家が国家の統合に腐心し、開発のための言語について固定観念を持っていることにその答えを見いだすことができるだろう。しかし、アフリカの開発が難題を抱えている理由を教育現場における言語使用や政策目標に矮小化することはできない。現実はもっと複雑である。このため、本章は締めくくりとして、開発専門家が重視する社会関係資本とそれが国家の発展に果たす役割を取り上げる。

3.2 教育が国家の発展に果たす役割

ここ数10年間、「開発」という用語は2つの視点からとらえられるようになってきている。第一の見方では、開発はより豊かになることとみなされ、その国の経済成長によって計量される（Arndt 1987）。新保守主義的な市場原理にまかせた成長であれ、公正を期するために国家が介入する抑制された発展であれ、最貧国が〔富裕国から〕豊かさの「おこぼれ」にあずかることを期待している。Tomas and Potter（1992）に代表される2つ目の見方では、開発を人々の需要が満たされる状態とみなし、物的な貧困や富の不均衡な配分が少なくなることだけでなく、国民の民主的な〔政治〕参加〔機会〕が増え、教育・保健の水準、死亡率、女性の地位、環境面での持続可能性が改善することと考えている。需要の視点から開発をとらえる見方には、人々の脆弱性、無力さ、孤立が「持たざること」の重要な側面であるという観点が含まれている。しかし、2つの見方は相容れないわけではなく、開発関係の〔国際〕機関は2つの見方を統合した取り組みをしている。例えば国連は国情の説明に人的、経済的な基準を含めている（UNICEF 2010とUNDP 2010を参照）。また、Rosling（2009）は説得力のある統計によって、2つの見方が関連していることを示している[*1]。

少数の反対意見はあるものの、教育は開発に寄与することができる。教育の効果がどのように開発に波及しているかという点で異論はあるが、教育が役割を果たしていることは衆目の一致するところである。「成人の識字率が約40%に達していることは……経済開発の分岐点である」とのAnderson（1966:347）の主張は、Rogers（1990:3）によって「魔法の40%」と揶揄された。だが、アンダーソンは「他の支援がない場合、教育水準（成人識字率40%）は〔開発に〕十分な条件ではない」と説明しているのだ。その後の研究（例えばKnight & Sabot 1990、Lockheed *et al.* 1989、Moock & Addou 1994）

はアンダーソンの見方を支持し、人間開発、そして国家経済の発展にとって、適切な教育は必要条件であるが、十分条件ではないということを示している。教育と経済開発は単に相互に関係があるだけだという見方（Hicks 1980; Wheeler 1980）に対して、これまでの研究を通じて、教育によって経済開発がもたらされ得るということが明示されている。Azariadis and Drazen（1990）は1940年から1980年にかけて32カ国の開発史を調べ、幅広く考察した結果、労働力人口の教育の質などの要因が一定の水準に達していることは、高度経済成長のための必要条件であるが、十分条件ではないと結論付けている。教育の質が一定水準に達していない国で高度成長を果たした国はないという点が特筆されている。しかし、教育が開発に寄与するためには、効果的でなければならないという点を肝に銘じなければならない。本章は、アフリカの教育が多くの場合、効果的でなく、言語教育政策がその理由の1つであることを論じる。

3.3 背景

3.3.1 マラウイ、ザンビア、ルワンダの教育言語政策

　本研究を理解する一助として、研究を実施した3カ国の言語状況と言語政策の背景を説明したい。大半のアフリカ諸国と同様、マラウイとザンビアには多数の土着語がある。エスノローグ〔Ethnologue：世界的な少数言語のデータベース〕（Lewis 2009）はマラウイの土着語として16言語、ザンビアの場合には43言語を挙げている。「言語」の定義次第で、より多くの言語を挙げている機関もある。両国において教育で主に使用される言語はチェワ語〔Chichewa〕である。ニャンジャ語〔Chinyanja〕*2とも呼ばれる。つづりにわずかな違いはあるものの、チェワ語／ニャンジャ語は名前が違っても同じ言語である（Crystal 1989:452 ではチェワ語の見出し語には「ニャンジャ語を参照」とある）。チェワ語／ニャンジャ語はマラウイとザンビアの国境にまたがる地帯で話されている（植民地の境界線によって分割された民族言語集団の一例である）。

　マラウイでは小学校8年間のうち1年生から4年生までチェワ語を教育言語とし、英語は教科として教えるという言語政策を採っている。5年生〜8年生では英語が教育言語となり、チェワ語は教科として教えられる。一方、ザンビアでは英語が1年生から7年生（小学校修了時）まで教育言語であり、ザンビアの7つの言語（チェワ語を含む）は教科として教えられる

ことになっているが、これら地元言語〔の能力〕は中学校への進学に際して考慮されないため、実際には教えられていないケースが多い。

　ルワンダでは事情が違う。他の大半のアフリカ諸国とは異なり、住民の大多数が同じルワンダ語〔Kinyarwanda〕を話し、ほとんどが事実上、ルワンダ語の単一言語話者であるという点で特異である。Samuelson and Freedman（2010）によると「人口の99.4%がルワンダ語を話すことができ（Rosendal 2009）、約90％のルワンダ人がルワンダ語しか話せない（LeClerc 2008; Munyankesha 2004）」という。1994年の大虐殺の直前まで小学校では教育言語としてルワンダ語のみが使われ、中学校からはフランス語が使用されていた。英語を流暢に話すことのできるルワンダ人の育成を目指して、2009年1月、英語が小学校の初年度からの教育言語となったが、実施には課題が山積している。とりわけ、フランス語やルワンダ語のみを教育言語に使用してきた多くの教師たちに対して、英語を教え込むという問題がある。にもかかわらず、隣国ウガンダで英語による教育を受けた「英語話者」の多いツチ族主流の現政権は、英語優遇政策を推進してきた。だが、2011年1月、初等・中等教育相が「今後、小学校の最初の3年間はルワンダ語を教育言語とし、英語とフランス語は教科として教える」と発表し、さらなる政策変更があった（*The New Times* 16 February, 2011）。英語は小学校4年目以降の教育言語になった。

3.3.2　授業の進め方における「セーフトーク」

　授業の進め方という点で、マラウイ、ザンビア、ルワンダの小学校の英語教育は酷似している（1992年から2004年の各国での100コマ以上の授業観察に基づく）。次の抜粋に見られるように、授業は極めて文章重視である。この方法だと、教師、児童ともに英語力をあまり要せず、児童の熟達不足が覆い隠される。授業は概して以下の3段階をたどる。

（1）教師は様々な単語を黒板に書く。教師によって単語が読み上げられ、児童全員または様々な組み合わせ（男子児童、女子児童、前列、後列など）や個人が後に続く。教師が絵を見せながら単語を読み上げることもある。

（2）教師（あるいは優秀な児童）が教科書や黒板から一文ずつ文章を読み上げ、教室全体または各児童がおうむ返しに繰り返す。次に教師が最初から最後まで文章全体を読み上げ、児童たちは段落ごとに

復唱する。この段階に授業時間の大半が費やされることが多い。
（3）教師が口頭で質問をする。普通は文章の内容に直接関係のある質問で、児童は文章の中の一文を読み上げることで質問に答えることができる（第4段階として児童がその答えを練習帳に記入するよう指示される場合もある）。

一例として、ザンビアにある小学3年生のクラス（児童45人）の授業内容を抜粋する（第2階にあたる）。授業の文章は黒板に書かれている。

教師：OK. Paragraph four. The first sentence.〔よろしい。それでは第4段落。1行目。〕
児童：Chuma and his father walked away from the river.〔チュマと父親は川から立ち去った。〕
教師：Again.〔もう1度。〕
児童：Chuma and his father walked away from the river.〔チュマと父親は川から立ち去った。〕
教師：Yes, that is the sentence. Chuma and his father walked away from the river.〔そうですね。チュマと父親は川から立ち去った。〕
クラス全員：Chuma and his father walked away from the river.〔チュマと父親は川から立ち去った。〕
教師：Walked.〔歩いた。〕
クラス全員：Walked.〔歩いた。〕
教師：Walked.〔歩いた。〕
クラス全員：Walked.〔歩いた。〕
教師：Read the sentence.〔文を読みなさい。〕
クラス全員：Chuma and his father walked away from the river.〔チュマと父親は川から立ち去った。〕
教師：Next sentence? Then...〔次の文はどうでしょう。それでは……〕
児童：They... They walked away from the crocodiles.〔彼らは……彼らはワニから逃げた。〕
教師：Yes. They walked away from the crocodiles. Read.〔よろしい。彼らはワニから逃げた。読みなさい。〕
クラス全員：They walked away from the crocodiles.〔彼らはワニから逃げた。〕
教師：Read this word as "walked." Say "walked."〔「歩いた」はこう発音しなさい。「歩いた。」〕

クラス全員：Walked.〔歩いた。〕

教師：Now read the sentence.〔では、文を読みなさい。〕

クラス全員：They walked away from the crocodiles.〔彼らはワニから逃げた。〕

教師：Now this.〔次はこれです。〕

児童：They walked away from the hippos.〔彼らはカバから逃げた。〕

教師：Again.〔もう1度。〕

児童：They walked away from the hippos.〔彼らはカバから逃げた。〕

教師：They walked away from the hippos. Read.〔彼らはカバから逃げた。読みなさい。〕

クラス全員：They walked away from the hippos.〔彼らはカバから逃げた。〕

教師：Next sentence.〔次の文に行きます。〕

（Williams 1998:79, Appendix B の抜粋）

　特筆すべきなのは、表現方法や意味の確認には注意が払われず、児童が黒板を見ながら教師の言ったことを繰り返す「おうむ返し」が授業の大半を占めているという点である。こうした行動主義的な「見て、言いなさい」型の練習は要求水準が高いとはいえず、Chick（1996:238）は「セーフトーク」〔Safetalk：出来合いの会話練習〕と表現している。南アフリカの学校における同様の状況を指してチックは「クラス全員が手本を見て言う授業の進め方によって、教師と児童の貧弱な英語能力が覆い隠され、共に教科の履修内容を十分に理解していないという実態があいまいになっている。その結果、あたかも効果的な学習が行われているかのように表面上、取りつくろわれる」と指摘している。この教授法は文章の意味を考えさせるのではなく、正確に繰り返すことだけを求めており、言語能力の向上をもたらすものではない。教室でのこうしたやり取りは、英語の授業だけでなく、全教科に及んでいる。Williams（2006:41）はマラウイの社会科の授業における同様の教え方を記している。こうした教え方で学習者のやる気を引き出すのは難しく、学校で長らく「セーフトーク」の授業に出席したとしても、効果的な教育を受けたことにならないのは間違いない。Hornberger and Chick（1998）がペルーと南アフリカでの授業観察から結論づけているように、「セーフトーク」では「教師と学習者が教室内で何が起き、どう対応すればよいかをほぼ分かっており、教室全体での文章の読み上げ、繰り返し読み、書写にとどまり、学び（になっていない）という点で多くの犠牲が払われている」。「セーフトーク」によって教師や児童の「貧弱な英語力が覆い隠される」

というチックの指摘は重要である。英語を教育言語として使用する政策は「セーフトーク」、つまり文章主体で参加者の言語能力をほとんど要求しない教え方をよしとしてきた。(こうした教え方にも、これらの国々の置かれた状況下では一定の利点があり、それなりの理由がある点は留意すべきである。詳細は Williams 2006:39-43 を参照のこと。しかし、長年、学校に通いながら、大半の児童にとって学習内容がほとんど身に付いていないのは衆目の一致するところだ。)

3.4 言語熟達度検査

　非現地語を教育言語として使う場合の「セーフトーク」の効果を明らかにするため、本節ではマラウイ、ザンビア、ルワンダにおける読解習熟度調査について報告する。本調査では、簡略化のため、読解力検査に限定して論考を進める（授業観察や、一対一での「読み」の分析に関しては、Williams 2006 の 5 ～ 7 章を参照のこと）。マラウイとザンビアの調査は 1992 年～ 1996 年、ルワンダは 2003 年～ 2004 年に実施した。その後、これらの 3 カ国と他のアフリカ 5 カ国を直近では 2010 年に訪れ、ほとんど全ての国の公立初等教育機関で「セーフトーク」の手法が続いているのを確認した。

　マラウイとザンビアでは、英語とチェワ語[*3]による穴埋め式の読解力検査（1 テストにつき 30 項目）を作り、両国のチェワ語圏で実施した。マラウイの学校で英語が〔教育〕手段として導入される〔小学校〕5 年生を対象にした。〔マラウイとザンビアの両国間で〕児童がそれまで英語に触れてきた時間の差がこの時点で最も大きくなるためだ。両国で都市部の 2 校と農村部の 4 校を選び、マラウイでは計 290 人、ザンビアでは計 227 人の児童が検査を受けた。加えて、両国で各 24 人の児童による英語とチェワ語／ニャンジャ語の「読み」を観察した。マラウイとザンビアの全児童はチェワ語／ニャンジャ語を話すと自己申告しており、教師たちもそれを認め、授業観察でも確認された。

　表 3.1 では検査の結果、マラウイの児童の方がザンビアの児童よりわずかに平均点が高いことを示しているが、統計として見た場合に意味があるとは言えない（p〔p 値＝偶然である確率〕>0.3337）。結果は、ザンビアとマラウイの 5 年生児童の間に英語の読解力に違いがないことを示唆している。予想に反して、小学校の最初の 4 年間、英語によって教育を受けてきたザンビアの 5 年生の児童は、チェワ語で教育を受けてきたマラウイの児童より優秀なわけではない。しかし、どちらの国でも、児童の英語水準はすべ

て〔の教科〕を英語によって学ぶには十分ではない。検査の点数が 30 点中 15 点以上（正答が半数以上）なら児童は自力で読むことができるという「甘い」解釈を受け入れたとしても、マラウイの児童の 70％、ザンビアの児童の 66％は自力では読めないということが分かる。

表 3.1　英語とチェワ語／ニャンジャ語の読解力検査結果

国	生徒数	英語平均値 （30 点中）	チェワ語／ニャンジャ語平均値 （30 点中）
マラウイ	290	12.8	19.9
ザンビア	227	11.7	4.4

　しかし、チェワ語〔＝ニャンジャ語〕の結果には重大な違いがある。ザンビアの児童の得点はとても低く、まぐれ当たりでも取れる 4 点に近い。理由は (1) 教師がニャンジャ語を軽視しているため、児童がニャンジャ語の印刷物に触れる機会がめったにない（中学校進学試験にも含まれていない）こと、(2) 教科書で使われているニャンジャ語（読解力検査も教科書に準拠した）は古風な言語変種であるのに対して、ザンビアの児童は英語や他のザンビア諸言語からの借用語を含む「接触変種」を話す者が多いこと、であろう。一方、マラウイの児童は高得点（平均約 66％）を挙げている。マラウイの結果をさらに分析すると、農村部の児童にとって、チェワ語の方が英語よりも不利でないということが分かる。都市部の児童は農村部の児童よりも日常生活で英語に接する機会が多いからであろう。児童の学習にとって、なじみのある地域言語を教育言語として使用する方が英語を教育言語として使うよりもはるかに効果的であることを示している。

　ルワンダでは、ルワンダ語が教育言語であった 2003 年に小学校 6 校で児童の英語、フランス語、ルワンダ語の熟達度を調査した。うち 4 校は農村部、2 校は都市部の学校に分類される。穴埋め式の検査を 4 年生児童に行い、項目は 1 年生から 3 年生の教材に準拠した。計 262 人の児童が全 3 言語で検査を受け、総合的な結果は表 3.2 の通りである。

　各読解力検査〔の内容や難易度〕が同じだとはいえないが、専門家は、検査で必要になる言語熟達度に関して、語彙と文法の点で児童にとって英語が最もなじみがあり、要求度が低い一方、ルワンダ語の検査が最も要求度が高いと判断している。にもかかわらず、表 3.2 によると、英語の熟達度が極めて低く、ルワンダ語が圧倒的に高い。

検査の得点に応じて児童を 3 つのレベルに分類した。

・0-49%　読解力が乏しい者：対象学年の教科書を最低限の理解水準でさえも読むことができない。
・50-65%　限定的な読解力のある者：対象学年の教科書を適切な理解水準では自力で読むことができない。
・66-100%　自力読解力のある者：対象学年の教科書を適切な理解水準で自力で読むことができる。

表 3.2　4 年生児童に対する英語、フランス語、ルワンダ語の検査結果

	英語	フランス語	ルワンダ語
平均点	18.62	25.90	74.43
最低点	0.00	3.33	13.33
最高点	53.33	63.33	100.00

各レベルの児童の得点と割合は表 3.3 の通りである。

表 3.3　英語、フランス語、ルワンダ語の検査結果による 4 年生児童の分類

	読解力が乏しい （49% 以下）	限定的読解力 （50-65%）	自力読解力 （66-100%）	合計
英語	259 (99.23%)	2 (0.77%)	0 (0%)	261 (100%)
フランス語	252 (96.55%)	9 (3.45%)	0 (0%)	261 (100%)
ルワンダ語	32 (12.26%)	41 (15.71%)	188 (72.03%)	261 (100%)

　ルワンダ語では自力読解力のある児童が多いが、フランス語と英語ではこのレベルに達している児童はいない。小学校の最初の 3 年間、ルワンダ語が教育言語とされたため、ルワンダ語での読み書き能力が高まった模様だ。だが、英語への切り替え時期が早いことから、ルワンダ語を教育言語とする政策は暫定的で、二言語話者を増やそうとする真摯な試みではなく、学校教育の主目的は英語技能を教え込むことにあるとみられる。とはいえ、都市部のエリート校以外では（マラウイでも同様だが）この目的を達成できそうもない。

3.5 調査結果と政治的展望

3.5.1 先行研究と勧告

　マラウイ、ザンビア、ルワンダの 3 カ国での調査結果から、小学校児童の英語熟達度が極めて低いという結論を容易に導き出すことができよう。大半の児童が英語や他の教科の教科書を十分に読むことができないのは間違いない。他の調査でも同様の結果が出ている。例えば「教育の質調査のための南アフリカ諸国連合」（SACMEQ）の調査*4 はザンビアの 6 年生児童の 74.2%、マラウイの 78.4% が英語読解力で最低限の「熟達水準」に達していないと結論付けている（それぞれについては Nkamba & Kanyika 1998 と Milner et al. 2001 を参照）。

　他のアフリカ南部諸国でも同様の読解力の低さが SACMEQ によって報告されている。「英語一直線」政策が取られているザンビアの児童が、小学校の最初の 4 年間に英語を教科としてのみ勉強してきたマラウイの児童よりも英語ができるようになっているわけではないのは明白である。さらに、ルワンダでは、英語の流暢な小学校教師がごくわずかしかいないため、大半の児童が英語を使って勉強できるようになる可能性は極めて低い。

　こうした芳しくない調査結果は、アフリカ諸国における言語熟達度の研究で一貫して得られている。「教育の場でアフリカ諸言語に中心的な役割を与えるべきだ」との宣言が 20 世紀、以下に挙げるような会議等において相次いで出されてきた理由のひとつであるに違いない。

- 1909 年：連合宣教会議（ケニア）
- 1922 年：西アフリカに関するフェルプス・ストークス委員会〔報告書〕
- 1924 年：東アフリカに関するフェルプス・ストークス委員会〔報告書〕
- 1953 年：教育における現地語使用に関するユネスコ報告書
- 1976 年：〔ユネスコの〕アフリカ加盟国の教育大臣によるラゴス会議
- 1982 年：〔ユネスコの〕アフリカ加盟国の教育大臣によるハラレ宣言
- 1986 年：アフリカ統一機構（OAU）のアフリカのための言語行動計画
- 1994 年：独立後のアフリカにおける教育刷新に関するパン・アフリカ学術会議
- 1997 年：アフリカの言語政策に関する政府間会議
- 2010 年：アフリカ言語・文化の教育への統合に関するアフリカ会議（ブ

　　　　ルキナファソ）

　だが、国際組織や地域機構からの一連の宣言はアフリカ各国政府によって、ほぼ完全に無視されている。言語の熟達には、アフリカ諸国の学校より恵まれた教育機関においても5年～7年はかかるという事実に各国政府は気づいていないようである。第一言語から第二言語に学習技能を切り替えることができるのは、第一言語が十分、身に付いた場合だけである*5。英語を小学校低学年から教育言語として推奨したいアフリカ人はカナダのイマージョン教育に言及することがある。しかし、カナダとアフリカの状況は、入手可能な教材、教師の経験、親の支援という点でまったく異なっている。さらに、カナダでも、イマージョン教育による勉強についていけない児童にはイマージョン教育が停止され、第一言語による教育に戻されるかもしれない（実際にそうなっている）。

　一連の研究が一貫して問題点を示してきたにもかかわらず、今後、数十年は状況が改善されない公算が大きい。おのずから、アフリカ各国政府がなぜ、成果の出ない教育言語政策に固執するのかという疑問が浮上する。まず考えられる答えは、アフリカ各国政府の言語政策の2大動機が統一と開発*6だったということである。以下、それらについて論じる。

3.5.2　英語と統一

　分離を望む複数の民族言語集団を抱えるアフリカ諸国にとって、独立直後の数年間、主要な関心事は国家の統一だった（例えばナイジェリアのビアフラ族、ザンビアのロジ族はいずれも分離に成功しなかったが、スーダンの南スーダン住民は内戦30年後の2011年1月の住民投票で分離に賛成票を投じ、その年の後半〔7月〕に分離が履行された）。

　ザンビアの場合、人口の点でどの集団も絶対多数を形成しておらず、統一の保持はケネス・カウンダ〔Kenneth Kaunda：1964年独立当時の大統領〕の主要な関心事であった。政治スローガンは「ひとつのザンビア、ひとつの国家」であった。英語が国家統一に重要な役割を果たすことは、当時の教育大臣であったジョン・ムワナカトゥエ〔John Mwanakatwe〕によって明言されていた。「当時の熱心な民族主義者でさえ、外国語であり、植民地支配者の言語でもある英語がザンビア統一の役割を果たすという避けがたい現実を受け入れていた（Mwanakatwe 1968）」。教育省は小学校が言語統一のための主要な舞台になると明らかにした。「母語が異なる国民の間の意思疎通と、

国家統一促進のため、ザンビアの全ての子ども達が国語をできるだけ初期から学び、自信を持って使用できるようになる必要がある（MOE [Zambia] 1976 第 47 段落を参照）」。ここで言及されている「国語」とは実際には英語のことである。

　だが、マラウイでは、英語が統一のための唯一の言語とはみなされなかった。バンダ大統領によって 1969 年から小学校低学年 4 年間の教育言語として義務付けられたのは現地のチェワ語であった。「国家統一のため」（Kayambazinthu 1999:49）であった。しかし、英語が国家機関の「上層」における意思疎通統一の役割を果たすと想定されていたのは明白であった。バンダ大統領によって設立されたエリート中学校のカムズ・アカデミー〔Kamuzu Academy〕の教育言語は英語であり、議会でも英語の使用が義務付けられ、全議員は議会において「厳しい試験に通るように要求」された（Schmied 1991:24）。1995 年に試験は廃止されたが、国会の運営は今も英語で行われている。

　ルワンダでは、ほぼ全国民がルワンダ語を流暢に話せるため、非現地語が国家統一の役割を果たす必要はなかった。英語重視はむしろ〔米国、英国との〕政治的同盟のためであった。米英両国が支持する現ルワンダ政権は 1994 年以来、フランスとフランス語から距離を置くようになった。一度も英国の植民地ではなかったにも関わらず、ルワンダは 2009 年に英連邦に加盟した。英国はルワンダの最大支援国であり、1994 年〜 2010 年に約 3 億 8 千万ポンドを供与している（Macintyre 2010）。

　しかし、教育言語（そして公用語）として英語を使用した 3 カ国では国民を統合するどころか、2 つの国民を作り出すという結果を招いてしまった。英語の上達が見込める私立学校に子どもを通わせることのできる富裕層と、通わせられない多数の貧困層とである。英語は国家統一の点では結局、逆効果となったのである。マラウイに関して、Kayambazinthu（1999:52）は次のように述べている。

　　　英語が支配的でありながら、英語に触れる機会が限られているため、（……）母語話者のように英語に堪能な〔少数の〕エリート集団が生まれた。（……）これらのエリートは職場で英語の知識を駆使し、政治、行政、学術の各分野の機関で中堅となっている。

3.5.3 英語と開発

　「ルワンダでは小学 1 年生から英語だけを教育言語として使用する」との 2009 年の決定について当時、教育省政策局長だったイイサ・クラヴェール〔Yisa Claver〕は、政策決定を正当化する理由として開発を挙げているようだ。2009 年初頭の記者会見で次のように説明している。

　　とりわけ貿易と商業において英語は今や世界言語であります。ルワンダは外国人投資家を誘致しようとしていますが、投資家の大半は英語を話す人々です。(……) 英語を教育言語とすることが今日の、そして明日のルワンダ人のためなのです。私たちに利益をもたらすなら、スペイン語や他の言語でも構いません。もしルワンダ語がそうなら素晴らしいことです。英語のための英語導入なのではありません。

（McGreal 2009 より引用）

　しかし、教育言語としての英語使用を経験してきたアフリカ他国のケースは、ルワンダにほとんど影響を与えていない。〔英語中心の〕言語政策がすべてのルワンダ人に繁栄をもたらし、人間開発を増進するというルワンダ政府の主張は、Samuelson and Freedman（2010:192）が指摘するように、「いくつかの点で誤解を与える」。英語主体の教育がマラウイやザンビアよりもルワンダでうまくいくと信じる理由はない。英語を媒介とした教育はアフリカにおいて、とりわけ、女性の人間開発に寄与していない場合が多い。Fotso（2006:10）の調査結果によると、マラウイで 8 年間の小学校教育を受けた女性が産んだ子どもの 1 歳未満の乳児死亡率は出生 1000 件あたり 104.0 件で、教育を受けていない女性の場合は 98.6 件であったという。フォトソは「小学校教育を受けた母親の子どもの方が、公的教育を受けていない母親の子どもよりも死亡率が高い統計結果となったのは、少なくとも部分的には、〔母親の〕教育水準が異なれば乳児死亡を報告しない件数にも違いが出ることの反映である」（原文のまま）と推論する。しかし、英語という教育言語に女性〔母親〕が熟達していなかったため、受けた教育が効果的ではなく、8 年間の学校教育が非生産的であったからであるという説明の方がふさわしい。さらに過去 10 年間の研究によって、アフリカでは母親教育が役に立たないことが明らかになっている。Hobcraft（1993）は主な研究を検討し、アフリカ諸国では母親の受けた教育の期間が子どもの生存に及ぼす影響が他国よりも少ないと指摘した。ホブクラフトの手法

は「初等教育の違い」が及ぼす影響をオッズ〔確率を示す数値〕として計算することであった（オッズが 0.5 であるということは、全く教育を受けていない母親の子どもに比べ、7 年以上の教育を受けた母親の子どもが 2 歳になる前に死亡する確率が 50％であることを意味する）。全ラテンアメリカの 9 カ国ではオッズが 0.5 以下であった。一方、マリ、ジンバブエ、ボツワナ、ウガンダは 0.75 〜 0.8 であり、ガーナでは 0.95 であった。つまり、ガーナで母親が受けた 7 年間の教育は子どもの生存率にほとんど違いをもたらしていないのである。

表 3.4 に抜粋したユニセフの最新統計によると、マラウイ、ザンビア、ルワンダは人間開発と経済発展の点で過去 10 年間で改善は見られたものの、依然、苦慮している。国内総生産（GDP）が 1960 年代にザンビアとほぼ同じ規模だったマレーシアは比較のために挿入されている。

表 3.4　マラウイ、ザンビア、ルワンダの開発指標（UNICEF 2010）

	マラウイ	ザンビア	ルワンダ	マレーシア
1000 出生当たりの 5 歳未満の死亡率（2008 年）	100	148	112	11（2007 年）
1 日 1.25 ドル未満で暮らす貧困層の割合（%）（1992-2007 年）	74	64	77	2
1 人当たり GDP の年間成長率（%）（1990-2008 年）	0.6	0	1.5	2.4
出生時における寿命年数（2008 年）	53	45	50	74
15-49 歳人口における HIV／エイズ患者・感染者の割合（%）（2007 年）	11.9	15.2	2.8	0.5

アフリカで教育が成果を出せない理由についてホブクラフトは納得できるような説明を見つけられなかった。Cochrane and Farid（1989）の研究もサハラ砂漠以南のアフリカでは農村部の無教育層と、都市部の教育を受けている者の出生率の差が他地域（特にラテンアメリカ）に比べて少ないと結論づけている。アフリカ女性の受ける教育が効果的でなく、教育言語としての英語使用がその主な理由であるという事実によって、こうした状況を部分的にせよ説明できることを改めて指摘したい。表 3.4 から分かるように 1960 年代にザンビアとおよそ同程度の GDP しかなかったマレーシアは〔経済成長を成し遂げ〕アジア経済の「虎」（Edwards 1999:49-50）になっている。

これは、マレーシアの小学校児童が大半の第一言語であるマレーシア語〔Bahasa Malaysia〕によって教育を受けていることと無関係ではない。

要するに、過去数十年の研究結果によって明らかになったのは、サハラ砂漠以南のアフリカ諸国では教育言語としての英語使用が国家の統一にも発展にも寄与していないということである。大半の児童が教育によってほとんど能力を身に付けていないという単純な理由からだ。こうした国々の児童に対する教育は効果的ではなく、非効果的な教育は開発に貢献できないのである。しかし、アフリカの政治家は、熟達していない言語による学習を強いられている児童が直面する問題を完全には認識していないようである。

3.6 社会関係資本

効果的な教育が教育言語の選択だけに左右されるのではないのは明白である。また、効果的な教育が実施されているからといって、国家の開発が保証されているわけでもない。効果的な教育は国家の人的資本の形成に寄与できるが、人的資本は開発に必要な唯一の資本ではないからである。経済資本が重要なのは明らかであるが、債務返済を条件にした国際的な貿易取り決めは、アフリカ諸国にとって不利に働くことが多かった。中国による最近の大規模な対アフリカ投資と中国人移民の流入（Addis Fortune 2010; Foster et al. 2008 参照）はまだ日が浅く、経済資本にどのような長期的な影響を及ぼすかが明らかになるには時間がかかる。本章の最終節では国家の繁栄に欠かせない3つ目の資本、すなわち社会関係資本に焦点を当てたい。

社会関係資本とは、国家を構成する国民の間に形作られる信頼と義務の総和と定義され、各国政府は市民の福利を満たす責務を負っている。個人は共有された道徳感に「信頼を置き」、それが国民の団結を促し、鼓舞する。Hanifan（1920）が使用して以来、社会関係資本という用語は教育分野で用いられ（例えば Coleman 1998）、特にパットナム〔Robert David Putnam：アメリカの政治学者〕（例えば Putnam 1995）によって社会学で深められてきた。ここ数十年間、社会関係資本という用語を多用してきた開発専門家の間では、アフリカの多くの国々と東アジア諸国の歩みの違いは社会関係資本の〔蓄積の〕差であると主張する者が多い(例えば Edwards 1999)。大規模な腐敗に加え、民主化プロセスの悪用（ジンバブエ、ケニア）、慢性的な暴動や反乱（ブルンジ、ナイジェリア、ソマリア）、内戦（ルワンダ、コンゴ民主共和国、リベリア）は全て

社会関係資本が欠乏していることを示している。

アフリカにおける社会関係資本の欠乏はバイヤール〔Jean-François Bayart：フランスの政治学者〕によって（特にBayart 1993）脚光を浴びた。アフリカでは為政者（the 'big man'〔お偉方〕）が権力を乱用し、意のままに行使することによって富を蓄積し、富は家族や支持者にある程度は再分配されるが、保持されるという主張である。バイヤールはこの体制を「胃袋の政治」〔the politics of the belly〕と命名している。こうした振る舞いはアフリカで散見され、マラウイのカムズ・バンダ〔Hastings Kamuzu Banda〕、ウガンダのイディ・アミン〔Idi Amin〕、中央アフリカ共和国のボカサ〔Jean-Bédel Bokassa〕、コンゴ民主共和国（旧ザイール）のモブツ〔Mobutu Sese Seko〕らはそうした例と言える。腐敗撲滅を掲げて権力の座に就きながら、こうした体制を延命させてきた為政者も多い。Finlayson (2005:48) は、マラウイ大統領としてカムズ・バンダから民主的に政権を奪取したバキリ・ムルジ〔Bakili Muluzi〕が改革家を自称したものの、次第に「カムズ・バンダの独裁下ではびこっていた悪弊がぶり返し、……専制政治と腐敗に陥るのは不可避となった」と指摘している。

しかし、バイヤールはそうした振る舞いを単なる「腐敗」とみなさないよう注意喚起している。「この政治形態を腐敗症状に過ぎないとみなす者は重大な過ちを犯している。こうした現象は制度的なものである可能性がある（Bayart 1993:xvii）」と強調している。「胃袋の政治」の制度化と常態化は1976年のナイジェリアの憲法草案で明白である。憲法草案起草者は政治権力を「富と名声を得て、親族や政治的同胞に職業、契約、金銭の贈与などの形で利益を施す地位に就くための機会（Bayart 1993:xvii）」と定義している。こうした記述を国家憲法に記そうとしたことからも、ナイジェリア人の憲法草案起草者が、この定義をごく普通のことであり、そのような行動を標準的だとみなしていたことが分かる。そのような態度を取っていれば、公的教育制度の失敗や、国民福祉への悪影響を気にかけはしないであろう。Djité (2008:165) はこれを「一部のエリートによる権力の独占状態」〔élite closure〕（Myers-Scotton 1990）と関連付け、アフリカのエリートは「社会における権力の地位を維持するために言語政策を操っており、国民の大半が知識や専門技術を得られず、権力行使に完全かつ積極的に参画できないようにしている。結果として国民から利益を奪っている」と主張し、陰謀的な側面があると考えている。

3.7 結び

　貧しいアフリカ諸国は、就学児童の大半に自宅と学校での言語の切り替えを強いるという費用がかさみ、複雑な言語政策を実行している。一方で、裕福な国家は切り替えを要さない安上がりで単純な言語政策を取っている。これは教育における構造的矛盾と言える。上述したように、授業観察と読解力検査結果のデータから、現地語以外の言語を教育言語に使用する政策によってアフリカの児童が不利益をこうむっているのは疑いない。本来、知的開花や成長を経験するべき小学校の教室が混乱の場となっているためである。この政策を後押ししているのは、国家統一や開発といった政治的言説である。社会関係資本が欠如しているのは、強大な権力を持つ政治家や財界が政策の悪影響を軽く見るか、黙認していることを意味している。

　アフリカの将来展望について「コップに水が半分も入っている」と見るか、「半分しかない」と見るか次第で結論は異なる。英語が教育言語として使われ続ければ公立学校は混乱の場にとどまり、〔教育〕効果を上げることはできないままであるというのが悲観的な結論である。学校はせいぜいふるい分けの役割を果たすだけである。学校で最もできる児童は権力者によって登用され、個人的に大いに利益を得るであろう（そのような児童の数はわずかであるが、エリートを形成する私立学校の児童集団に加わる）。諸研究によれば、教育言語としての英語使用は大半のアフリカの児童にとって人間開発の架け橋ではなく、むしろ障壁になっている。にもかかわらず、英語使用は児童を選抜する簡便な手段を提供しており、皮肉なことだが、制度の犠牲者（児童）と、その両親にはおおむね支持されている（例えば Djité 2008、Heugh 1999、Webb 1999、Williams 2006 を参照）。

　「英語を重視するがゆえにアフリカの学校教育が弱いのは、国家を統一し、現代化を進めようという、野心的すぎるが、良かれと思って実施された政策の意図せぬ結果だ」とみなすのが楽観的な視点である。楽観的な見方に立てば、教育の脆弱さは時間が経てば修正され得るものだ。こうした楽観的な考えに基づき、教育現場に多くの支援が注ぎ込まれ、教材の提供や教師の訓練などによって教育を向上させる国際援助計画が実施されている。

　どちらの見方を取るにしても、今後の針路は、漸進的により効果的な教育をアフリカで実践する取り組みにあると考える。2つの点での変化が

必要となる。まず、特に小学校の識字教育においてアフリカの言語が果たす役割を増やすこと、次に小学校以降で、より効果的な方法で英語を教科として教えることである。アフリカの言語を識字教育または教育言語に使用して成功した例としてはナイジェリアにおけるヨルバ・プロジェクト（Afolayan 1999）やザンビアにおけるモルテノ・プロジェクト（Tambulukani et al. 1999）など多くあるが、地元に根付いてはおらず、国中に広がっているわけではないようだ。各国政府にやる気がなく、多くのアフリカ人がアフリカの言語は教育言語に適さないと決めてかかっていることが主な理由である。サハラ砂漠以南のアフリカ諸国政府が自分たちの言語への否定的な態度を改める兆候はなく、多くの児童にとって学校が戸惑いの場になっている〔現在の〕言語教育政策に市民も目をつぶっている。人間開発と経済発展を実現する上で、より良い教育を受けたアフリカの大衆が今よりも大きな役割を果たすようになるには、もう少し時間がかかるのかもしれない。

注

*1 ロスリングは「安定した政府が人間開発に寄与する」と主張する。だが、「民主主義は、それ自体には価値があろうとも、人間開発には貢献しない」と指摘している。
*2 接頭辞 Chi- は「〜の言語」を意味する。従って「チチェワ〔Chichewa＝チェワ語〕」は「チェワ族の言語」のことである。ただし、ザンビア人は「Chi-」を省略する場合が多いが、マラウイ人は残す傾向があり、英語の呼び方は定まっていない。他のバントゥー語系では Si-, Ici-, Ki- などとなり、大文字表記と小文字表記の場合がある。
*3 マラウイ、ザンビア両国では表記のわずかな違いは別にして、チェワ語とニャンジャ語の同一の読解力検査が実施された。
*4 「教育の質調査のための南アフリカ諸国連合」（SACMEQ）によって国連教育科学文化機関（ユネスコ）のために実施された大規模調査。
*5 例えば、フランス語を学ぶ英国人学生は〔発音がフランス語特有の〕「u」と「r」を除き、改めて発音を教わることはない。
*6 かつては「近代化」と呼ばれることが多かったが、「開発」という用語に取ってかわられている。

引用文献

Addis Fortune (2010) *Africa: China's complex view of Africa. All Africa.com*, accessed 8 June 2010. http://allafrica.com/stories/201006100397.html

Afolayan, A. (1999) The alienated role of the mother tongue in literacy education for sustainable national development: The western Nigerian Yoruba example. In S. Manaka (ed.) *Proceedings of the 1st Pan-African Conference on Reading for All* (pp. 70-88). Pretoria: International Reading Association, READ, & UNESCO/DANIDA.

Anderson, C.A. (1966) Literacy and schooling on the development threshold: Some historical cases. In C.A. Anderson and M.J. Bowman (eds) *Education and Economic Development* (pp. 347-362). London: Frank Cass.

Arndt, H.W. (1987) *Economic Development: The History of an Idea*. Chicago, IL: University of Chicago Press.

Azariadis, C. and Drazen, A. (1990) Threshold externalities in economic development. *The Quarterly Journal of Economics* 105 (2) 501-526.
Bayart, J-F. (1993) *The State in Africa: The Politics of the Belly*. London: Longman.
Chick, J.K. (1996) Safe-talk: Collusion in apartheid education. In C. Candlin and N. Mercer (eds) *English Language Teaching in Its Social Context* (pp. 227-242). London: Open University & Routledge.
Cochrane, S.H and Farid, S.M. (1989) *Fertility in Sub-Saharan Africa: Analysis and Explanation*. World Bank Discussion Paper 43. Washington, DC: World Bank.
Coleman, J.C. (1988) Social capital in the creation of human capital. *American Journal of Sociology* 94, S95-S120.
Crystal, D. (1987) *The Cambridge Encyclopedia of Language*. Cambridge: Cambridge University Press.
Djité, P.G. (2008) *The Sociolinguistics of Development in Africa*. Clevedon: Multilingual Matters.
Edwards, M. (1999) *Future Positive: International Cooperation in the Twenty First Century*. London: Earthscan/Kogan Page.
Finlayson, G. (2005) Malawi: A suitable case for treatment? *NORRAG News* 36, 48-49.
Foster, V., Butterfield, W., Chen, C. and Pushak, N. (2008) *Building Bridges: China's Growing Role as Infrastructure Financier for Sub-Saharan Africa*. Washington, DC: World Bank.
Fotso, J.-C. (2006) *Malawi's Future Human Capital: Is the Country on Track to Meeting the MDGs in Education?* Laxenburg: International Institute for Applied Systems Analysis.
Hanifan, L.J. (1920) *The Community Center*. Boston, MA: Silver Burdett.
Hanifan, L.J. (1920) *The Community Center*. Boston, MA: Silver Burdett.
Heugh, K. (1999) Languages, development and reconstructing education in South Africa. *International Journal of Educational Development* 19, 301-313.
Hicks, N.L. (1980) Is there a trade-off between growth and basic needs? *Finance and Development* 17 (2), 17-20.
Hobcraft, J. (1993) Women's education, child welfare and child survival: A review of the evidence. *Health Transition Review* 3 (2), 159-175.
Hornberger, N.H. and Chick, K. (1998) *Co-constructing Safetime in Peruvian and South African Classrooms*. Handout for paper given at Sociolinguistic Symposium 12, Roehampton, 12 March, 1998.
Kayambazinthu, E. (1999) The language planning situation in Malawi. In B. Kaplan and R.B. Baldauf (eds) *Language Planning in Malawi, Mozambique and the Philippines* (pp. 15-85). Clevedon: Multilingual Matters.
Knight, J.B. and Sabot, R.H. (1990) *Education, Productivity and Inequality: The East African Natural Experiment*. Oxford: Oxford University Press for the World Bank.
LeClerc, J. (2008) *Rwanda. L'aménagement linguistique dans le monde* http://www.tlfq.ca/axl/afrique/rwanda.htm
Lewis, M.P. (ed.) (2009) *Ethnologue: Languages of the World* (16th edn). Dallas, TX: SIL International http://www.ethnologue.com
Lockheed, M.E., Jamison, D.T. and Lau, L.J. (1980) Farmer education and farm efficiency: A survey. *Economic Development and Cultural Change* 29, 37-76.
Macintyre, J. (2010) Charity must not stop at home. *New Statesman*, accessed 16 July 2010. http://www.newstatesman.com/international-politics/2010/08/mitchell-development-aid
McGreal, C. (2009) Why Rwanda said adieu to French. *Guardian Weekly*, accessed 16January 2009. www.guardian.co.uk/education/2009/jan/16/rwanda-english-genocide
Milner, G., Chimombo, J., Banda, T. and Mchikoma, C. (2001) *The Quality of Primary Education in Malawi*. Interim Report for the Southern African Consortium for Measuring Educational Quality. Paris: International Institute for Educational Planning, UNESCO.
Ministry of Education (MOE Zambia) (1976) *Education for Development: Draft Statement on Educational Reform*. Lusaka: MOE.
Moock, P.R. and Addou, H. (1994) Agricultural productivity and education. In *International*

Encyclopedia of Education (Vol. I, pp. 244-254). Oxford: Pergamon Press.

Munyankesha, P. (2004) Les defis du plurilinguisme officiel au Rwanda. Analyse sociolinguistique. Unpublished PhD thesis, The University of Western Ontario.

Mwanakatwe, J.M. (1968) *The Growth of Education in Zambia since Independence*. Lusaka: Oxford University Press.

Myers-Scotton, C. (1990) Elite closure as boundary maintenance: The evidence from Africa. In B. Weinstein (ed.) *Language Policy and Political Development* (pp. 25-41). Norwood, NJ: Ablex.

Nkamba, M. and Kanyika, J. (1998) The quality of education: some policy suggestions based on a survey of schools: Zambia. (Southern Africa Consortium for Monitoring Educational Quality (SACMEQ) Policy Research: Report No. 5) Paris: International Institute for Educational Planning, UNESCO.

Putnam, R.D. (1995) Bowling alone: America's declining social capital. *Journal of Democracy* 6 (1), 65-78.

Rogers, A. (1990) Background to the seminar. In B.V. Street (ed.) *Literacy in Development* (pp. 2-4). London: Education for Development and the Commonwealth Institute.

Rosendal, T. (2009) Linguistic markets in Rwanda: Language use in advertisements and on signs. *Journal of Multilingual and Multicultural Development* 30 (1), 19-39.

Rosling, H. (2009) *Human Rights and Democracy Statistics.* Presentation for Oslo Freedom Forum 2009. http://www.youtube.com/watch?v=QNX31t7Cees

Samuelson, B.L. and Freedman S.W. (2010) Language policy, multilingual education, and power in Rwanda. *Language Policy* 9, 191-215.

Schmied, J. (1991) *English in Africa*. London: Longman.

Tambulukani, G., Sampa, F., Musuku, R. and Linehan, S. (1999) Reading in Zambia: A quiet revolution through the primary reading programme. In S. Manaka (ed.), *Proceedings of the 1st Pan-African Conference on Reading for All* (pp. 170-175). Pretoria: International Reading Association, READ, & UNESCO/DANIDA.

Thomas, A. and Potter, D. (1992) Development, capitalism, and the nation state. In T. Allen and A. Thomas (eds) *Poverty and Development in the 1990s* (pp. 116-141). Oxford: Oxford University Press/The Open University.

United Nations Childrens' Fund (UNICEF) (2010) *Info by Country: Eastern and Southern Africa*. New York: UNICEF http://www.unicef.org/infobycountry/esaro.html

United Nations Development Programme (UNDP) (2010) *The Real Wealth of Nations: Pathways to Human Development*. Human Development Report 2010, 20th Anniversary Edition. Basingstoke: Palgrave Macmillan for UNDP http://hdr.undp.org/en

Webb, V. (1999) Multilingualism in democratic South Africa: The overestimation of language policy. *International Journal of Educational Development* 19, 351-366.

Wheeler, D. (1980) *Human Resources Development and Economic Growth in Developing Countries: A Simultaneous Model*. World Bank Staff Working Paper 407. Washington, DC: World Bank.

Williams, E. (1998) *Investigating Bilingual Literacy: Evidence from Malawi and Zambia.* Education Research Paper No. 24. DFID. London http://www.dfid.gov.uk/r4d/SearchResearchDatabase.asp

Williams, E. (2006) Bridges and Barriers: Language in African Education and Development. Manchester: St Jerome.

第 4 章
バングラデシュにおける「国際開発のための言語」としての英語に対する草の根レベルの市民意識

エリザベス・J・アーリング、M・オバイダル・ハミドゥ、
フィリップ・サージェント（野沢恵美子・田中富士美／訳）

4.1 はじめに

　国際開発における英語教育の役割について、草の根レベルで人々がどのような態度を示しているのか、本章では特にバングラデシュの状況を見ながら考察を行っていく。バングラデシュの社会経済状況一般としては、ここ 30 年の間、様々な開発プロジェクトを通じて大幅な改善がみられている。しかし国連開発計画〔UNDP〕の発表する人間開発指数〔HDI〕によると、バングラデシュは現在も 187 カ国中 146 位にランクされ、人口の 50% が 1 日 1 ドル 25 セントという国際的な貧困ライン以下で生活を送っている（UNDP 2011; UNICEF 2010）。またバングラデシュについて語る時には、高い失業率、急速な人口増加、頻繁に起こる自然災害と高い非識字率（成人識字率は 41.6% と言われている）の国といった表現が使われる（Ahmed & Nath 2003: 4）。このような状況を受け、バングラデシュでは、社会経済的発展、健康、教育、人権、または司法サービスに焦点をあてて、いくつもの開発プロジェクトが継続的に実施されている（BRAC Annual Report 2008 を参照）。
　このようなプロジェクトのひとつとして、〔英国〕国際開発省〔DFID〕が 9 年間で 5 千万ポンドを支出している開発発展のための英語プログラム「イングリッシュ・イン・アクション〔English in Action：EIA〕」があるが、こちらは開発発展の手段として英語技能を教えることを目的としている。EIA は、同じく DFID が 1997 年から 2008 年の間、これに先立って実施した英語教育改善プロジェクト〔ELTIP〕のフォローアップ・プログラムである。バングラデシュのように深刻な貧困が継続する地域でこのようなプロジェクトが直面する問題は、そもそも英語教育が**果たして**国際的な援助を必要とするような人々の役に立つのか、もし役に立つとしたら、**どのように**役立つのか、また支援を最も必要とする人々の生活に英語教育がどのような

影響をもたらすのか、ということである。

　以下でまた論じるが、最近の研究の多くで詳しく探究されているのは、英語教育と経済的恩恵の関係や、この経済的な関係性が開発事業をどの程度下支えしているのか、といった論点である。しかし、この「英語が経済的恩恵とどのような関係にあるのか」という問いには、さらに付け加えるべき重要な側面があり、それは社会経済的に貧しい層出身の人々が、英語教育について**どのように考えている**のか、また**果たして**英語教育が自分自身や将来性に恩恵をもたらすと感じているのかどうか、ということである。その意味では、地域で広く信じられている言語イデオロギーが持つ影響力は大きく、開発発展のための事業が地域コミュニティーでどのように理解され、採用されるかを左右することになる。つまり、言語イデオロギーはプロジェクト全体の成功において、重要な一部分として機能しているのである。

　本章の目的は、この種の、特に英語教育促進の国際開発事業の対象となる人々が、言語についてどのような態度を抱いているかを示すアンケート調査を紹介し、その結果について論ずることである。本章ではバングラデシュで収集した量的、質的両面のデータに基づいて、草の根の言説〔英語という言語に関する一般の人々の発言の総体〕を探究していく。これは、英語が国際的な開発発展をもたらすのではないかという、地域や共同体の抱くニーズや願望を、より深く理解するのに役立つはずである。本章ではまた、地域の人々の言語に対する態度が、政府組織、支援組織や学術組織などによって形成された公的な政策に追従しているのかどうか、もし追従しているのであればどのような形で追従しているのか、さらには地域に根差した言説が、国際開発プロジェクトの中身をめぐる議論にどのように新しい知見を吹き込むことができるのかといった点についても考察する。

4.2　EIA プロジェクトと経済発展

　本章の分析は、2組のデータに基づいている。1つは EIA 関連の研究の一部として収集されたもので、いま1つは地域社会の成員に対して行ったアンケート調査である。本研究のデータの情報源として、また私たちの議論が焦点をあてているこの種の主要な開発事業の1つとして、まずは EIA プロジェクトに関する基本的な情報、仕組みや目的、どのように当該地域の言語教育問題に対応しているのか説明をするべきであろう。このプロ

ジェクトは、2008年から2017年までの間実施されることになっている。プロジェクトの目標は言語教育の提供を通じてバングラデシュの経済成長に貢献することであり、「経済的、社会的活動に参加する機会を獲得できるようなレベルで英語でのコミュニケーションができる人の数を、大幅に増やすことに貢献する」ことである（EIA 2010）。EIAが変化を巻き起こすためのひとつの方法は、バングラデシュ全土の小学校、中学校での英語教育を支援することである。これは英語がカリキュラム上、小学校1学年から必修科目であること、また近年英語教育の改善を企図した改革が数多く行われているにも関わらず、質の低い英語教育が今も行われ、また十分な技能を持った教員が不足している現況への対処として考案されたものである（Hamid 2010）。英語科目で高い得点を獲得することは、卒業資格獲得と大学入学のいずれにおいても要求されることだが、一方で英語は中等教育の卒業資格試験で落第する学生の最も多い科目でもある。同様に公務員や学術関連の職業につくためには英語が必要とされるが、英語能力の低さのせいで多くの人々が国際的な機会に参加できなくなっているとも考えられている。例えば、Shahidullah（2002: n.p.）が引用した行政省の省令には、以下のように記してある。

> 外国での職業訓練や高等教育を受けるために選抜されたものの、そのうち多くの候補者が英語能力が低いせいで資金提供をしている受け入れ国や組織の承諾を得られていない現状に注視をするべきである。これは候補者にとっても、また政府にとっても恥ずべき事態である。

英語を学校制度の中で教授することに加え、EIAは成人学習者にとって英語教材が手に入りやすい環境を整えることも重視している。そのために、EIAの支援を受けたBBC Janala〔ベンガル語で「窓」の意〕プログラムは、メディア基盤を作り、ベンガル語話者コミュニティーに廉価な英語教育を提供するための技術を用いている。このプログラムを通じて、人々は携帯電話やインターネット、テレビ番組、出版物を用いて英語を容易に、また手ごろな値段で学ぶことができるようになっている。さらにEIAのメディアを用いた学習は、バングラデシュの人々の語学学習に対する考え方を変え、英語学習への障壁を減らし、国民の多くが直面している教育機会の不足を解決しようとしている（EIA 2009: 3-7）。

EIAプロジェクトが出した種々の文書のなかには、バングラデシュが「国

全体としてバイリンガル人材不足」に悩んでいるという記述が見受けられる。このバイリンガル人材不足が「経済的発展の足かせになって」おり、EIA はまさにこの問題に対処するために計画されたと述べられている（EIA 2008）。プロジェクトを支援するイギリスの前国際開発大臣であるダグラス・アレクサンダーの声明では、「バングラデシュの経済的、社会的発展のために、持続的で価値のある貢献を行う」ことをこのプログラムの目的としている（Alexander 2008）。

　これらの引用にも見られるように、EIA プロジェクトの焦点は**経済発展**であるが、これは一般的には以下のような事柄を意味する。

> 技術（より効果的な道具や機械類）、技術文化（自然に関する知識、より良い技術を開発するための研究と能力）、そして生産に携わる人々の肉体的、専門的、また組織的な能力とスキルを高めることによって、社会全体の生産能力を向上させること。(Bernstein 1983: 59)

EIA プロジェクトは英語運用能力の引き上げを、この経済発展過程の中心的要素として追求するものである。このように英語は (ICT のスキルと共に)、高等教育やグローバル経済に従事し成功するために必要とされる「基本的な教育」や「機能的識字」の一部と見なされているのだ (Graddol 2010 を参照)。英語は、識字と同様、身につければ実質的な自由を拡大する可能性のあるスキルとして位置づけられているのである (Sen 2001)。

　しかし我々も近年まで英語が経済発展をもたらす要因の１つなのかどうか、明確にはわかっていなかった。開発論議の中で英語教育に付される重要性が増すにつれて、多くの学者たちがこの問題について実証的な研究を始めたところであり（例えば、本書第 11 章 Arcand & Grin、Azam et al. 2010、Chakraborty & Kapur 2008、Coleman 2010、Grin 2001、Levinsohn 2007）、英語能力と経済的な恩恵の間には、なにがしかの相関関係があるのではないかという証拠も現れはじめているところである。しかしこれまでの研究事例では、英語と経済的な恩恵という２点の間の単純な関係性は、地域社会という環境要素を加えることでより複雑さを増し、加えてそれ以外の環境要因もまた重要な影響を与えていることが分かってきた。例えば、西ベンガルでのデータでは、英語学習と経済的恩恵の間には正比例の相関関係が見られるのに対し、Chakraborty & Kapur (2008) が示すように、異なった経済的、言語的な現実（教育政策や言語エコロジーの多様性、あるいは英語話者を惹きつけ

るような産業特別振興区などに見られる多様性）の存在する別の地域では、同様の結果を推論することは不可能である（Azam *et al.* 2010 を参照）。

　どのような開発プロジェクトであれ、成功に導くためには考えなければならないまた別の問題がある。それは、地域の人々がプログラムに対しどのような態度を示しているのか、プログラムに対する彼らの態度が英語との関わりの中でどのような役割を果たすのかということだ。人々の英語への意識はグローバル化の過程に影響を受けているであろうし（Kubota & McKay 2009 を参照）、英語と開発に関するグローバルな言説を反映することもあるだろう。プログラムへの態度はまた、言語学習の動機づけにも関わっており、なおかつ開発プロジェクトにどのような期待を持っているかを表すこともある。人々の意識をより深く理解することによって、期待に応えることも容易になるだろう。繰り返しになるが、バングラデシュで人々が英語という言語をどのように考え、英語と開発についてどのような連想を心に抱いているのか、我々にはほとんど何も分かっていなかった。開発事業が対象としている人々の態度や願望、また彼ら自身が、開発を成し遂げるために英語学習がどの程度重要な手段だと考えているのかについて、ほとんど記録は残っていないのである（しかし Earling *et al.* 2012 では触れているので、そちらも参照のこと）。そしてまさにこの点こそ、本章が焦点を当てている議論である。

4.3　方法と方法論

　英語と言語教育に対してバングラデシュ人がどのようなことを信じ、どのようなイデオロギーを持っているのかという点について、地域に根差した実証的な裏付けを提供するために、本章ではバングラデシュで実施された2つの別々の研究からの識見を使用することとする。1つは量的な研究で、もう1つは質的な研究である。量的調査のデータは、2009年にEIAプロジェクトの一部として収集された基礎研究の一部である。質的な調査は2009年のものとは別に、2010年に実施された小規模のアンケート調査で、地域社会の人々が参加している。2つのデータは、元来、若干異なる文脈で別々の目的のために収集されたものだが、相互に建設的な方向で補完し合っており、かつ個々人の向上やバングラデシュという国の発展にあたって、英語の役割をどのように考えているのかについて貴重な識見を提示してくれる。量的なデータは広範な情報を与え、これにより異なる社会

経済的な背景を持つ参加者たちや都市に住む人と地方に住む人の態度を比較することができる。その一方で質的な研究は、開発の問題について、英語という言語および英語の果たす役割や、その可能性について人々がどのように考えているのか、量的データ以上に微妙でニュアンスに富んだデータを提供してくれる。サンプルは少数だが、この質的調査の結果は、人々の個人的な英語学習の経験について豊富な洞察を与えてくれ、また成功を実現するにあたって英語の果たし得る役割について人々がどのようなことを信じているのかについて詳細な語りを提供している。このふた組のデータを組み合わせることで、英語に対しての地域の人々の態度や、英語に関してよく連想されることを包括的に描き出すことができる。詳しいデータ収集の計画や状況については、これに続く2つの項でさらに明らかにする。

4.3.1 量的研究

本研究で分析される量的データは、当初 BBC Janala プログラムによって収集されたものである。BBC Janala は、携帯電話やインターネット、テレビを通じて、ベンガル語話者コミュニティーに、手ごろな値段で英語教育を提供することを目標としている。プロジェクトの新機構想にあたり、その基準づくりの参照用データとして、2009年にバングラデシュの国レベルで8300人に対するベンガル語での口頭調査が行われた（EIA 2009）。この研究の当初の目的は、BBC メディアと視聴者調査の一環としてプログラム対象者に対してサンプリング調査を行い、データを得ることだった。しかし同時にこのデータは、興味深い社会言語学的な識見を与えてくれるものでもあった。

サンプリングはランダムな選択方法に従っており、都市、大きな町、小さな町、そして村というバングラデシュの4つの地理的レベルにまたがっている（EIA 2009: 15 を参照）。このサンプルは2つのグループからなっている。第1グループには15歳から45歳までの6000人（男性、女性の比率は50対50）がおり、この研究のために作られた社会経済的カテゴリー〔socio-economic categories：SEC〕では、AからDまで（SEC A-D）の上から4つのグループに階層分けされた、BBC が主要な聴衆としてターゲットにしている人々である。第2グループは、15歳から45歳までの1000人で（男女比は60対40）、最も低い社会経済的カテゴリーに階層分けされている（SEC E）。SECについては、世帯主の職業と教育を基にした、広く知られているデータ計算システムを使用している。「高い」社会経済的階級とは、SEC のAとB

を指し、「中間」社会経済的階級は SEC の C、「低い」社会経済的階級は SEC の D と E を指す。BBC の調査では、SEC の E に属する調査参加者は、メディアをあまり利用しないだろうとの考えから、主要な分析には含まれていなかった。しかし本研究の目的を鑑みると、SEC E のデータは、非常に貧しい人々の持つ言語に対する態度に関して有用な識見をもたらすと思われるため、ここでは分析の対象としている。

サンプルの特徴について述べると、第 1 グループの 46% と第 2 グループの全ての人々の個人的な収入は、1 か月に 3000 バングラデシュ・タカ（23 ポンド、または 36 ドル）未満である。これは 2012 年の交換レートでは、国際的な貧困ラインより下で、国内で定められた貧困ライン以下の人口比率にほぼ匹敵する。第 1 グループの約 35% の人は働いており、22% は学生だった。このグループのうち 9% の人は小学校 5 年生かそれ以下（年齢的には 10 歳相当）の教育しか受けておらず、前期中等教育および後期中等教育まで受けている人は双方とも 22% ずつであった。約 13% の人は高等教育の修了資格を持っていた。

この調査ではバングラデシュの言語教育について、状況や背景も含めた全体像を把握するために、口頭で実施したアンケート調査を通じて多様なデータを集めている。アンケート調査の中で、本章の分析にもっとも関わりのある項目は以下のとおりである。

- 英語という言語および英語学習に関する認識
- 英語学習と英語使用への動機づけ
- 仕事と英語

データは、英語学習の必要性、仕事やキャリア形成のための英語使用、個人的向上、また国家の発展における英語の果たす役割について、調査参加者がどのような認識を持っているのかといったことを基に分析された。上記 3 項目は、質的調査のデータを分析するにあたって基礎的な枠組みを与えてくれるものでもある。量的な分析においては、SEC A-D、および SEC E 双方の結果を提示し、社会経済的に恵まれた者と最も恵まれない者との間に、言語態度に違いがあるのかを比較検討する。2 つのグループにおける意見の差異については、すべて 99% の信頼区間で一元配置分散分析法を用いて計算している。多くの項目で小さな変動を認めることができたが、我々が注目したのは、統計学的な差異がたちあらわれた項目である。ただ

しここで注意が必要なのは、本量的調査のデータが、当初メディア・リサーチのために収集されたものであるため、質問項目の作成時に、ある種の期待や決めつけなどを帯びていた可能性があることだ。我々が調査結果を解釈するにあたって、また2つのグループ間の違いを描写するにあたって細心の注意を払ったのは、まさにそのためである。

4.3.2 質的研究

　質的なデータ収集では、単にバングラデシュの最も貧しい地域のうちの1つの出身者というだけではなく、とりわけ不利で恵まれない家庭、社会環境の出身である人々をサンプルとした。生育過程での社会経済的地位に関する詳細な情報はないが、それでも彼ら自身による生育環境の描写から、参加者は上述のSEC DまたはEグループに該当していたのではないかと推察される。社会経済的、または文化的な障壁に直面しながらも、調査参加者全員が政府の官僚機構で専門職として地位を確立していたり、国内の様々な地域で高いレベルの仕事に従事したりしていた（参加者の詳細な情報は後述）。データは、2010年の2月から4月の間に16名に対して実施した自由記述方式のアンケートを通じて集められた。16名の参加者のうち13名は男性、3名は女性で、すべて同じ県の出身である。参加者の選択にあたっては、社会的に不利な階層の出身であることが1つの基準となると考えた。というのも、彼らの話を聞くことで、社会的地位の上昇における英語の役割を、彼ら自身がどのように捉えているのかを理解できるのではないかという期待があったからだ。参加者の多くは、本章執筆者の1人・ハミドゥと同じ地域の出身者でもあり個人的な知己でもある。彼らは「クラス・ワン」として知られる高い職業的地位にあることで、地元では広く知られた人々である。ハミドゥは16名の参加者一人ひとりと電話で話し（もともと知り合いではなかった数人は知人から推薦、紹介を受けた）、本調査への参加を依頼した。16名中10名（すべて男性）は記入した調査用紙を返送してきた。しかし当初参加の意思を明確にしていたにも関わらず、3名の女性公務員はなんらかの事情で、締め切りまでに調査用紙を返送することができなかった。

　質問用紙はベンガル語と英語の両方で記載されていて、回答者にはそれぞれの好みでいずれかの言語で回答するよう要請した。大部分の調査参加者は英語で回答を寄せたが、彼らの回答には編集を加えていないため、その英語には参加者の持つ地域の方言や個人に特有の言語表現がそのまま反

映されている。ベンガル語での回答は筆者（ハミドゥ）の手によって翻訳された。できるだけ豊富なデータを引き出すため、参加者には回答の長さは指定せず、書きたいだけ書いてもらえるようにお願いした。結果として、参加者のほとんどが正確で充実した自伝的な概略と、職業上の目標を達する際に英語の果たした役割についての自らの考え、また専門領域における日頃の活動で、自分自身がどの程度英語を使用しているかについて回答を寄せてくれた。

後述する分析からも見てとれるが、このデータの特徴は、調査参加者が自身の社会的地位や経歴を向上させた際に英語能力がどのような役割を果たしたのか、当人が主観的な認識を語っている点にある。彼らの認識に関するデータは、英語の知識と社会経済的地位の向上についての因果関係を明らかにするものではないが、それでも言語学習と彼らの社会経済的な地位の向上をめぐる複雑な関係性、特に動機づけに関する諸問題ついて重要な観点を示している。回答内容については、4つの異なったテーマに分類しながら分析を行ったが、これにより質的調査で得られたデータと、量的な調査のデータとを比較することが可能となった。4つのテーマとは、以下の通りである。

- 英語と職業上の目標
- 英語と仕事上の利益、恩恵
- 仕事での英語の使用
- 名声

4.4 量的調査の結果

本節では、現状の全体像を示すためにまず量的調査の結果を先に提示する。その後に質的な分析結果が続くが、こちらでは人々の英語に対する態度に加え、個人や国家の発展における英語の役割について詳細に述べていく。

4.4.1 調査の結果

上述したように量的調査から得られたデータは、英語学習のニーズ、仕事上の英語使用やキャリア形成のための英語使用、個人や国家の発展における英語の役割に関する認識に焦点を当てている。この調査はまた、英語

には経済的な価値、専門家としての成功、また尊敬の念と結び付いているといった、ある一定の社会的な恩恵があることも示唆している。ここでの分析ではそれぞれの論点について詳述するが、その後の節では、質的調査から得られた結果と対比させて論を進める。

4.4.2 英語への願望

表4.1に見られるように、量的調査のサンプルの大部分の人々は、人生のある時点において英語を学んだ経験がある（SEC A-Dで97%、SEC Eで70%）。一方で社会経済的に下位のグループの回答者のうち多くの人々（30%）が英語を学んだことがないと回答しているが、これは彼らが学校に通ったことがないか、早い時期に中途退学をしたことを意味している。というのも、公立学校のカリキュラムでは、1991年に第1学年から英語教育が導入されているからである（最も若い年齢層のサンプルはその頃には小学校に通い始めていた）。大部分の回答者が英語を学んだことがあるにもかかわらず、そのうちの多くが、仕事を得るためか、子どもに教えるために、さらに英語の学習をしたいと思っている。なぜ自分が学んできた英語だけでは不充分と彼らが感じているのかについて、この調査では触れられていないが、おそらく学校で学んだ英語は、彼らが希望したり必要としたりするスキルを提供していなかったためではないかと思われる（生徒の英語の習熟をもたらすのに失敗したバングラデシュの教育制度については Hamid & Baldauf 2008 などを参照のこと）。

表4.1　英語学習（EIA 2009:23）

	15－45歳　SEC A-D	15－45歳　SEC E
人数	6000	1000
英語を学んだことがありますか？	97%	70%
英語を学びたいですか？	79%	54%
現在英語を学んでいますか？	23%	7%

社会経済的に上位のグループで英語を学びたいと思っている人の割合は、社会経済的に下位のグループの人々よりも著しく高く、それぞれ79%と54%である（表4.1参照）。このデータではなぜこのような違いがあるのかについては示していないが、おそらく社会経済的に下位のグループの人々は、あまり英語知識へのニーズを感じていないのではないだろうか。

その理由についてはここでは推察することしかできないが、彼らの共同体で英語の存在感が低い、仕事で英語があまり必要とされていない、もしくは、英語ではなく別の技能を学ぶほうが、より価値が高いと見なされているなどの可能性がある。社会経済的に下位のグループの回答者のうち半数を少し超える人々が英語を学びたいと答えているが（54％）、実行している人は7％のみであり、社会経済的に高位のグループでは23％が実行しているのと比較すると、この差は非常に顕著である。言い換えると、社会経済的に高位のグループで英語を学びたいと回答したうち、現在実際に学んでいる人が29％なのに対し、社会経済的に低位のグループではその割合が13％である（表4.1参照）。これは社会経済的に低位のグループの人々は自らの意思に従って行動を起こすことが少ない、または起こすことができないことを示しており、経済的、または時間的制約のせいではないかと思われる。

4.4.3 英語とキャリア形成

　データが明確に例証していることのひとつは、表4.2に示されているように、調査の回答者が英語学習をより良い収入と就職に結びつけていることである。社会経済的に高位の階層に属する回答者のうち87％が、英語は給与の増加に役に立つと信じているが、一方で彼らは英語がキャリア形成に役立つとはそれほど強くは信じていない。彼らのうち54％だけが英語能力によって「良い仕事」につくことができると信じ、68％が「より良い仕事」を獲得するために役に立つと思い、65％が英語能力によってなんらかの形で経歴を良くすることができると信じている。こういった割合は、低い社会経済階層の間では著しく低く、彼らはキャリア形成における英語教育の恩恵をあまり認めていない。この質問票からは、「より良い給与」、「より良い仕事」、また「キャリア形成」の間のそれぞれの違いや、その違いを調査参加者がどのように認識しているのかは明確ではなく、これは今後の研究でさらに詳しく調査することの可能な項目である。しかしいずれにしても、英語能力が経済的な利益をもたらすと考えられている一方で、必ずしもキャリア形成につながるとは考えられていないのは、興味深いことである。実際のところはともかく言説レベルにおいては、高い英語能力によって経済的な利益がもたらされる可能性があると認識されてはいるが、将来のよりよい仕事につながるという期待はそれほど強くないことを示唆しているといえる。

表 4.2 英語とキャリア形成

	15 − 45 歳　SEC A-D	15 − 45 歳　SEC E
人数	6000	1000
英語を学習すれば、より多くの収入を得ることができる	87%	76%
英語を学習すれば、良い仕事を得ることができる	54%	31%
英語を学習すれば、より良い仕事を得ることができる	68%	52%
英語を学習すれば、キャリア・アップをすることができる	65%	34%

4.4.4　仕事での英語の使用

　多くの回答者（65%）が、より良い仕事を獲得するのに英語が役立つと感じている一方で、現在仕事で英語を使用している人の割合はずっと少ない（9.4%）。この数値は、社会経済的に高位のグループ（12%）のほうが低位グループ（1.2%）よりも目立って高い。そうはいっても、この数値はいずれにしてもかなり低く、多くの人々が、すぐには英語が必要とされてはいない職業についていることを示している。この事実は、人々の間にそもそもなぜこれほどまでに英語を学びたいという強い願望があるのか、という疑問を呼び起こす。またこの願望は、直接的なニーズからきているのではなく、英語に付された抽象的な価値への信仰からきていることも示唆しているが、この問題の一端については次節で述べることとする。

4.4.5　英語と国家の発展

　回答者のうち非常に高い割合（92%）の人々が、一般大衆の英語理解の改善こそ、バングラデシュ全体の発展過程を促進させるのだと信じているのは興味深いことである。この数値は、様々な社会経済的なグループから抽出された人々の大多数が、EIA の活動基盤となっている価値観（すなわち、英語はバングラデシュの発展に役立つとする前提）に同意していることを如実に表している。英語使用に関する質問からもわかるように、回答者の多くが現時点では英語の直接的な必要性を実感していないにも関わらず、英語が国の発展に寄与するという認識は非常に強い。さらに 91% の回答者が、バングラデシュの国家としての成功のために、他の国々とのコミュニケーションをより効果的にとるべきだという点に同意している。グローバルな対話というものを身近に感じている人々は（まだ）ほとんどいないと

思われるが、それでもグローバルなコミュニケーションへの参加の必要性を人々が認識しているということは、今日国際社会で突出した地位を誇る英語という言語に対して抱く強い願望を、部分的にではあるが説明してくれているのではないだろうか。

4.4.6 英語と「成功」の概念

　人々の持つ英語へのポジティブな態度に関しては、この言語が成功と尊敬という概念に結び付くと信じられていることが背景にあると説明することもできる。例えば、69％の回答者が、「英語が話せなければ成功できない」という意見に同意している。この質問では「成功」が何を意味するのか特定されていないが、上述したように参加者の回答からは英語と経済的な恩恵との間に強い関連が見られることからも、回答者が**経済的な**成功を念頭に置いていたのだろうと推測することができる。さらに全ての回答者のうち86％が、英語学習を通して成功の感覚を得ることができるということに同意している。加えて82％が「英語を学んだら、もっと尊敬を得ることができる」という意見に同意している。したがって、英語を学ぶことで、経済的地位だけではなく、「成功」を収めたという自覚や、社会的に受ける尊敬の念に明らかな変化が起きると多くの人は感じているのである。しかしこの文脈での「成功」または「尊敬」が何を意味するかについては、さらなる説明が必要である。

　要約すると、この量的研究の結論が指し示しているのは、英語という言語に対してだけではなく個人の人生や国全体に英語が恩恵をもたらすという考えなどに対しても、一般的に大変ポジティブな態度を示しているということである。なかでも英語の経済的な価値と、英語が開発過程において重要な役割を果たすという議論に関しては、ことに顕著である。もっともここで書き留めておかなければならないのは、調査の質問票がどのような枠組の問題設定のもとに作成されたのか、ということに本調査の結論が一定程度強い影響を受けている可能性があることである。また何がこのようなポジティブな態度を引き出しているのか、英語の恩恵に対する信念が、それを語っている人の来歴とどのように関係しているのか、といった疑問について、我々としてもここまでいくつかの推察を行おうとしてきた。しかし、こういったたぐいの統計的なデータはそのような側面については明示的に説明することができない。地域共同体の人々の間で英語がどのように認識されているのか、また英語という言語が持つ（可能性のある）開発過

程での役割について、より微妙で詳細な記述を紹介するために、我々はここで質的なデータに論を進めていく。

4.5 質的調査の結果

　この部分での調査結果の報告は、ここで述べられている調査参加者の個々の生活経験における英語の実際の役割を（調査参加者自身による報告のままに）精査し、彼らが成功を勝ち得るために英語が担った役割に対する個々の考えを詳細に説明していくものである。前述したように調査対象（として抽出された回答）者は社会的・経済的弱者から、社会的上位層に地位を得た人々であり、次節で説明するように、彼らは皆、英語能力が自らの生活はもとより、職業においても必要不可欠な役割を担ってきたと認識している。

4.5.1　調査参加者の社会・経済的背景
　表 4.3 に示されているように、この調査参加者の大多数は低所得者層の家庭に生まれている。例えば、現在、治安判事として働いているサヒールは自身の生育歴を以下のように回想する。

> 私の父は小学校の教師でしたが、続けることはできず無職となりました。その結果、家族を満足に養うことができず、私と兄妹そして母は食べるものにも困ることがあったのです。

同様にディナールは、ファリドプルの公立大学で講師となっているが、このように記している。「私は貧困家庭の生まれです。私の父は小作農で日雇い労働者として働き、家族を養ってきました」。また、ザベールは、両親が学校教育を受けておらず、2 人とも非識字者であったと述べている。高等教育を受ける希望など、家庭の貧困から考えれば、ほんの芽の間に摘み取られてしまったと振り返る。同じくジャヒールも、社会・経済的に劣悪な環境で育ち、そこから逃げ出すことができたのは自分だけだったと以下のように述懐している。

> 私は農家の生まれです。（…）父は農場の小作人であったため、私の兄妹を教育することは無理でした。結果として、7 人の兄妹のうち

高等教育をうけることができたのは私だけでした。(翻訳)

また、ジョイナルの回想では、大工であった彼の父は1年のうち数カ月は1日2回の食事すら家族に食べさせることができなかったという。

表 4.3 質的調査参加者

調査参加者	家庭・社会環境	現在の職業	就学時の居住地
アラミン	低所得農業従事家庭 (両親は低学歴)	バングラデシュ地域開発委員会副委員長	ダッカ
チャンド	平均所得者層 (父親は中学校教育まで)	政治学講師	クリグラム
ディナール	貧困家庭 (両親は教育歴なし)	英語講師	ファリドプル
フォーマン	地方の中産階級家庭 (父親は大学院修了)	英語講師	クリグラム
イブラヒム	低所得農業従事家庭 (両親は教育歴なし)	政治学講師	クリグラム
ジャヒール	低所得農業従事家庭 (両親の教育歴なし)	アラブ・イスラム研究講師	ダッカ
ジョイナル	低所得者層 (父親は小学校卒業)	化学講師	クリグラム
サヒール	低所得者層 (父親は高校卒業)	治安判事	バリサル
ワヒド	低所得者層	化学講師	クリグラム
ザベール	低所得者層 (両親の教育歴なし)	英語講師	クリグラム

(注) 個人情報保護のため、調査参加者の氏名は仮名である。

　多くの調査参加者にとって社会・経済的不利益は、地理的孤立が伴うものであり、それは結果として社会・文化的に不利な状態に陥ることになる。彼らは一様に自分たちがバングラデシュの人里離れた地域に生まれ、そこは教育や雇用、IT技術の面では他の地域から大きく遅れをとっていたと言及している。例えば、ダッカのバングラデシュ地域開発委員会で副委員長を務めるアラミンはこのように振り返る。「誰も皆、現代では小さな子どもでさえも驚くでしょうが、私はとても田舎者で14歳までバスというものを見たことがなかったのです」。
　フォーマンは例外で、恵まれた家庭に生まれ、高等教育を受け、雇用されるように方向づけられていた。

> 私は…地区の僻地の村に生まれたにもかかわらず、幼少の頃から教育が手近にありました。そして教育という灯りこそが私を現在の職業に導いてくれました。

彼の家庭環境と教育の双方が、本人の言うところによれば、仕事上の成功をもたらした要因なのである。さらにこう続ける。

> 私は、教育のレールから脱落するなど想像の範疇にありませんでした。家族は皆、大学を卒業して学士号を得ており、そのような家庭で生まれ育ったということは、いずれ大学院に入るのは当たり前のことでした。

しかしながら、フォーマンの裕福な家庭環境については、他の調査参加者の社会的不利益を際立たせる役目を果たすものでしかなく、彼らの職業上の成功の度合いを更に誇張させるものとなっている。

4.5.2 英語と職業上の目標

　全ての調査参加者が、英語は自らの職業上の目標に到達するために大変重要な役割を果たしたという意見を述べている。理由の1つとして、彼らの大多数が、バングラデシュ公共雇用委員会（BPSC）の課す長く（競争の）激しい公職の採用プロセスを通らなくてはならないことがあげられる。この採用プロセスには3つのステージがある。つまり、(1) 多肢選択式予備試験、(2) ベンガル語、英語、国内および国際関係情勢を含む11科目の筆記試験、(3) 口頭試験である。

　この3つのすべてのステージにおいて、英語は採用プロセスの重要な構成要素となっている。サヒールは、このことについて、自身のキャリア形成において英語の修得が極めて重要な要素の1つであったと以下のように述べている。

> 英語を知らなければ、人生で成功することはできません。私は子どもの頃から英語を理解しようとしてきました。学生生活では、英語の授業料は自身でなんとかするようにしてきました。首席で卒業し、修士号を取ると、今度は仕事に就くための難関試験に直面することにな

りました。英語ができれば、仕事を得ることができます。バングラデシュ国家公務員（BCS）試験では 100 点満点の英語試験があります。私は、英語で良い点をとり、この国家公務員試験に好成績で合格することができました。口頭試験では英語がよくできました。試験官の英語の質問にも的確に答えることができました。このように英語は私の職業における目標達成に大きな役割を果たしたのです。

この見解にディナールは同調し、バングラデシュ国家公務員雇用プロセスが英語能力の高い志願者を優遇する傾向にあるという点について、同様の詳細を述べている。

    英語は私の職業の目標達成に主要な役割を果たしました。英語能力が乏しい者はこの仕事の予備試験にも通りません。もしうまくいったとしても、今度は次の筆記試験で更なる困難に向かうことになります。口頭試験がゴールまでの最後の段階です。口頭試験は英語で行われるため、英語能力の高い志願者が成功裏に合格を勝ち取ることになります。

アラミンは例外であって、バングラデシュ国家公務員試験を受けていない。政府の他の機関の雇用プロセスをたどったが、それでもなおその選考過程は厳正で競争の激しいものであり、ここでもまた英語が同じように非常に大きな役割を果たしたのである。

    私の高度な英語力はこの職業に就くにあたり非常に重要でした。もし私が十分な英語能力を持ち合わせていなかったなら、ここに到達することは困難だったでしょう。なぜなら私は 200 点満点の英語での試験を受けなければならず、ダッカ大学経営学部が行う採用試験に合格しなければならなかったのです。

ワヒドは化学講師としての仕事を振り返って、英語が更に広範囲な影響力を持っていると考えている。

    英語は私の現職への到達に相当大きな役割を果たしました。まず、自身の英語力によって私は教育、学習に勤しむようになり、それがの

ちに専門職にまで私を導いてくれました。次に私の英語力は化学分野の英語書籍を読むことに役立ちました。その結果、化学を私の専門分野とすることができました。更に私の英語力は、現実的に職を得るということに役立ちました。そして最後に、私は研究者としてその英語力を活かし、今でも学術書や研究論文を読んでいます。実際、現代の世界状況ではどの人の仕事にも英語は重要なものでしょう。（翻訳）

英語の役割が一般論として評価を受けているとはいえ、厳密にはどのように、どの程度、英語が彼らの仕事上の成功に貢献したのかという批評的見解はとられていないのではあるが（Hamid 2009を参照）、これらのコメントは個人の主観（感想）として、書き留めておく価値のあることであろう。

4.5.3 仕事での英語使用

次のテーマとして調査参加者がコメントしているのは、実際の仕事のなかで英語をどの程度使っているかである。量的研究データから判断すると、今の仕事において英語を使っている割合は、英語学習への意欲があるにもかかわらず、比較的低い数値を見せている。質的調査においては、この質問に対する答えは多様であった。英語講師にとっては、英語を主に教育言語としているため、相当大幅な英語使用は当然のこといえる。ディナールは国立大学の英語講師として典型的な仕事内容についてこう説明する。

　　　私の現職では、講義を英語でしなければなりません。時々、同僚とのコミュニケーションも英語でとります。事務的な仕事は英語の文書でします。講義の準備のための書籍や雑誌、関連資料も英語で読みます。毎日の国際状況を把握するため、英字新聞を読みます。

政治学や化学といったような他の科目の講師にはこれほど多く英語が求められることはないであろう。ワヒドは他の科目を持つ講師として、自身の仕事での英語使用を典型的な例として以下のように評している。

　　　国立大学の講師として、私の仕事の範囲はそんなに広いものではありません。学生が英語で講義を受けるには英語力に限界があるため、私たちはクラスでベンガル語を用います。時折、英語で専門用語を使うことはあります。しかし、私は学生のために、そして自身の専門知

識の追求のためにベンガル語ではない学術書を研究しなければならず、英語の読解力が役立つ場面ですし、IT関連においても同様です。そして、同僚と話す際もベンガル語と一緒に英語を使います。

地方判事であるサヒールは、行政と司法の仕事を遂行するうえでの英語の必要性を述べている。彼は司法や税務の問題について弁護士や同僚の判事たちと討論することがよくあり、時には英語を使う機会もある。

　　高等裁判所においては民事事件に関する判決文を英語で読むことがあります。例えば、政府と市民、政府と他の機関（民間）の間の所有地訴訟などがそうです。高等裁判所では、質問にも英語で答えることがあります。法令、規則、命令の最高法は英語ですから、判事としてもそれを読まなくては仕事になりません。

アラミンは仕事での、主として書面によるコミュニケーションの幅広い英語使用について実態を報告している。ダッカに本拠地をおくバングラデシュ地域開発委員会（BRDB）に勤務し、部下とともに、他の省庁、部局、国内外の機関、テレビ・新聞などの報道機関はもとより、委員会内部の他の部署との連絡の担当である。

4.5.4　英語が持つ仕事での有益性

　仕事の成功における英語の役割に対する調査参加者の認識をよりよく把握するため、質問項目には「もし今よりも更に高い英語能力をもっていたとしたら、それは仕事の助力になったと思いますか」という仮定の質問も含まれている。この質問に対する回答は前問との関連で一貫性があり、英語能力が優れていればいるほど自らの仕事にほぼ間違いなく良い結果をもたらしたであろうという点で強い意見の合致がみられる。ジョイナルのコメントはその代表例である。

　　英語能力がもっと優れていたなら、私は就職においてもっとよい結果を得ることができたでしょう。大学卒業後すぐに就職市場に参入することができたでしょう。私の（化学分野における）学識には全く問題がなかったにもかかわらず、高所得の仕事に就けなかったのは、単純に私の英語能力が十分でなかったからなのです。英語能力が高ければ、

> 更によい研究機関に行くことができたでしょう。そして職場でも、もっと名声を得られたはずです。(翻訳)

サヒールも、高度な英語力がもたらす有益性について指摘する。

> 私の現職では、たくさんの研修プログラムを受けなくてはなりません。研修での言語は英語です。研修生が英語に精通していればいるほど、その研修において良い結果を残すことができます。そして賞や、栄誉を授かります。そうすれば、上の方の人たちに近づくことができ、良いポストを得ることもでき、昇進の機会につながりやすくなるのです。ですから、私が仕事でもっと成功するためには英語能力が必要だったのです。

そして、アラミンは英語能力によって生じる有益性には言及しなかったが、仕事をもっと効率的に進めることができたのではないかと示唆している。「私の英語能力が今よりも高かったなら、仕事においてもっとクリエイティブで分析的でいられたことでしょう」。

これらの認識は、現職で英語が必要ないと答えた量的研究の調査参加者がなぜ英語学習を望んでいるのか、その実情を示している。量的研究調査参加者と質的研究調査参加者が明らかにしている見解を共有するのだとすれば、彼らも英語能力がないと可能性の低いと思われる昇進や名声を、英語能力を持つことで得ることになると感じているのではないだろうか。

4.5.5 名声

コメントの種類の中でとても興味深いものの1つに、英語能力を保有することの心理的影響がある。「英語能力が高いほど職場での名声を得られる」とジョイナルは先に述べているが、英語が生み出す社会的名声についてこの論点は注目に値するもので、バングラデシュ社会の英語に対する人々の認識を反映している（Erling *et al.* 2012 も参照）。チャンドもコメントの中でこの論点に触れている。

> もし私が更に高度な英語能力をもっていたならば、昇進試験においてもっといい成績をおさめていたでしょう。英語こそが、セミナーやシンポジウム、討論といったような様々な社会的・教育的プログラム

に参加することを可能にしてくれていたでしょう。上の役職に昇進することの手助けもしたでしょうし、私の同僚などからも一目おかれる存在となっていたことでしょう。(翻訳)

同様にフォーマンも高度な英語能力があれば、その人の仕事の名声も高くなる可能性があると述べている。

 どのような職種においても、英語能力がプラスの資格として捉えられます。現代の社会情勢において英語は必須です。ですからもっと能力をつければ、更に良くなる。それによって同僚の中でレベルやランクを上げられるでしょう。もっと高度な英語力があれば、私は今よりも高いレベルに上がれるでしょう。

英語と「成功」「尊敬」の間の関係について、似通った関連づけが量的研究データにも見受けられる。そしてこのような考え方は、英語が成功だけでなく、自己認識や自分の地位に関する内在的信念を照らし出すもののように思われる。

 要約すると、質的研究データにおいては、全ての調査参加者が英語こそ彼らの職業上の目的到達に不可欠な要素であったとしているものの、実際の仕事での英語使用は、職種（例えば、英語を教えているか数学を教えているか）、場所（地域）（例をあげれば、首都か地方都市か）によって多様である。しかしすべての事例で言えることは、少なくとも英語の必要性はあり、特定の状況における（採用プロセスなどにおいて）関門としての英語と、実際の職場での英語使用の間には何らかの関係がある。職場においては、英語能力によって同僚から尊敬されることもある。そして、不利益な生育環境にあったにもかかわらず、すべての調査参加者が、それぞれの専門分野において仕事上の成功を勝ち取り、英語能力がこの飛躍の大きな要因であったと認識している。

4.6　考察と結論

 総括すると、量的研究および質的研究による結果の示唆するところは、様々な開発関連問題にとって、英語の重要性を人々が強く信じているという点である。回答者の大部分は、英語と自己啓発かつ英語と仕事上の成功

（少なくとも特定の状況で）の間に、それぞれ強い関連性があると考えている。また、量的データにおいては、英語と国家の発展の関連性がうかがえる。さらに両研究は、英語が経済的発展においてだけでなく、自己認識、〔他者からの〕尊敬と名声に関わる諸問題にとっても不可欠であることを示している。今後の研究が待たれる領域である。

英語はバングラデシュ社会において選別の道具としての役割を果たしている。また質的データによると、国家公務員そして研究者としての職務では、どちらにおいても仕事で英語を使うか使わないかに関わらず英語が必須であることを示している。ある程度英語力を備えている者にとって、より高いレベルの英語力があれば、自身の職歴はもっとよくなっていただろうという認識がほぼ確実に存在する。同様に、量的データでは英語が収入とキャリア形成に強く関連することが明らかになっている。

質的データ、量的データは共に、人々の英語に対する肯定的な態度を示している。また、彼らは、言語資本および文化資本が英語教育から生じることを固く信じ、双方が仕事上の成功に転換され、結果的に自己啓発また社会的発展にも繋がると考えている。これにより、英語と開発の間に繰り広げられる様々な言説の両極端においてさえ、類似性をみることができる。その両極端とは、トップダウンの政策レベル（考察のために Seargeant & Erling 2011 を参照）とボトムアップの草の根レベルのことである。このような類似性は EIA などの開発事業にとって歓迎されるところである。その事業が拠り所とする判断基準と地域社会の信念や願望が一致しているからだ。

しかし、英語という言語につきまとう連想は、いずれの場合も、〔個々人のレベルというより〕言語イデオロギーのレベルで引き起こされることを再認識しておかなくてはならない。すなわち、社会に深く根付いている考え方や信念から滲み出てくるものであり（Blommaert 2005）、必ずしも英語に対する切迫性と実用性を反映しているものではないからである。そしてさらに、英語と開発におけるこのトップダウンとボトムアップ理念の合致は、開発プロジェクトの課題をより厳しくすると考える者もいるかもしれない。なぜならば、英語という言語に対する固定観念がプロジェクト開始以前から渦巻いている状況で仕事をしなければならないからだ。よって、このような機関・団体は、英語の習熟と社会・経済的発展の間には確かな関連があることを立証しなければならない。つまり、「約束された結果」を必ず出すという前提に自らの活動規準を据えなくてはならないのだ。

これらのデータは、英語学習に対する思い込みが結果として経済発展や

自己啓発についての想定とどのように繋がるのかという点に対し、ある程度のことを示してはいるが、英語の習熟とそれによる実際の社会での利益の因果関係は明らかにできていないのである。実際、Iman（2005: 480）は、英語と経済的利益の関係についての、根拠の無い通り一遍な勘違いを持続することは「非倫理的」行動であるとまで言って異議を唱えている。彼女は、「英語を習得している者のうち皆が皆、必ずしも地域規模またはグローバル規模のエリートになるわけではない」と述べている。英語習得と経済発展の関係の正確な性質を正しく理解するためにも、我々にはより一層深い研究と証拠が必要となる。詳細な実証研究（別のコンテキストで実行段階にあるもの、例えば、本書第 11 章 Arcand & Grin、Azam *et al.* 2010、Chakraborty & Kapur 2008、Coleman 2010、Grin 2001、Levinsohn 2007 など）が実施されるならば、バングラデシュにおいて英語習熟と経済価値にはどのような相関関係が成立するのか、また、このような相関関係はどのくらい因果的に関連しているのかを明らかにしてくれるだろう。地域開発事情を調査するような小規模の研究から英語の役割に更なる洞察が加えられるならば、特定のメカニズムがどのように個人や社会を発展させるのかについても関心が寄せられるようになるであろう。

　この研究において、もう 1 つ限界として言及しておかなくてはならないことは、これらの地域の名声や権威と結びついて収入や地位を得るのに必要とされる他の形の文化資本や社会関係資本に触れていない点である。調査参加者は英語がより質の良い人生とより高い社会地位と強く関連づけられていると「とらえている」が、ここでの調査結果は、（英語と同様に）個人や国家の発展に役割を果たす可能性があるその他の要因（ジェンダー、家庭背景、学歴など）を十分考慮していない。これもまた、今後更なる研究が必要な課題である。

　しかしながら、この章で報告されたデータは、EIA などの開発事業が対象にしているような地域に住む人々自身が抱いているニーズを的確に指摘している。またデータは、組織的また個人的にどのように英語が使われているのかも明らかにしている。このようなデータは、ELT プログラムにおいて、なぜ、そして、どのように英語が必要とされているのか、また、有益な活動に携わるにはどのような言語スキルが英語学習者にとって必要であるのかを ELT 専門職や政策立案者に提供してくれている。その他の研究でも明らかにされているように（例えば、Tembe & Norton 2011）、開発でのプログラムは確実に、地域のニーズと価値観に基づく必要があり、教育一

般のための資金を減じることなく、現地語の識字力の強化を目指して多言語使用も重要視しなければならない（例えば、McIlwraith 2013 や MTB-MLE 2012 を参照）。

　最後に、英語学習と経済的利益の関係性についてのより確かな証拠なしに、英語が個人そして国家の発展のために不可欠な（もしくは唯一の）ツールであるというあまりにも安易な考えを持つことは、明らかに避けるべきことである。しかしながら、ここで紹介した質的量的両研究からのデータから、我々は、英語学習への強い期待と願望を認識する必要性があるとともに、開発機関はその期待と願望に応える必要があることに気付かされた。英語力だけでは、迅速な発展は遂げられないものの、もし人々が、英語学習によって自身の人生でのステイタスを改善でき、良い機会に恵まれるようになると信じるのであれば、国際開発における英語の役割に対しての信念は、実際の発展に繋がるために思い描いた成功の一部になるであろう。結局のところ、質的研究のデータに残された参加者の回答からうかがえるように、ハンディキャップを背負いながらも成功をおさめることはあり得ることなのである。さらに、Vavrus（2002: 373）は、研究対象であるタンザニアの生徒らの経済的苦境が、「生徒たちの楽観論、つまり、英語の知識は最終的に就職やさらに上の教育への機会に繋がるという前向きな思考によって緩和された」ことに気づいている。調査参加者は英語が、今すぐにとは言わずとも将来きっと、自分たちをもっと広い世界へと繋げ、今以上の仕事に就けてくれる価値ある導き手であると感じているのだ。

　このように英語に対する肯定的な認識を利用したうえで、この認識を参加者と同様な状況に置かれている人々の経験から得られる実用的な視点と融合したプログラムが、国際開発を支える（数多い）ツールの1つとなる英語の使用に向けての現実的な政策・施策創出の手助けになることを願う。

あとがき

　EIA プロジェクトチームと我々のスポンサーである英国国際開発省のこの研究への支援に感謝の意を述べたい。特に、BBC Janala には基礎研究データの提供に感謝したい。とりわけ、ティム・クーパー、ソニア・ホワイトヘッド、そしてアブ・サイード医学博士のご助力に感謝したい。また、データ分析での協力では、タンビル・アフマド、この論文の閲読については、ボブ・マコーミック、ジャン・レエ、マーク・ヴァン・ダー・ストーエに感謝申し上げたい。そして最後に、時間と洞察をともにしてくれた調査参

加者に謝意を表する。

引用文献

Ahmed, S and Nath, S.R. (2003) *Public Service Delivery in Education: The BRAC Experience*. Paper for Annual Bank Conference on Development Economics. The World Bank, Bangalore, India, 21-23 May.
Alexander, D. (2008) English language skills, Bangladesh. *Written Ministerial Statements*, 18 March http://www.theyworkforyou.com/wms/?id=2008-03-18b.61WS.1
Azam, M., Chin, A. and Prakash, N. (2010) *The Returns to English-language Skills in India*. Discussion Paper Series. Bonn: Institute for the Study of Labor http://www.econ.ucl.ac.uk/cream/pages/CDP/CDP_02_10.pdf
Bernstein, H. (1983) Development. In A. Thomas and H. Bernstein (eds) *The 'Third World' and 'Development'*, Block 1 of the Open University course U204 *Third World Studies*, The Open University, Milton Keynes.
Blommaert, J. (2005) *Discourse: A Critical Introduction*. Cambridge: Cambridge University Press.
BRAC (2008) BRAC Annual Report. Dhaka: BRAC Centre.
Chakraborty, T and Kapur, S. (2008) *English language premium: Evidence from a policy experiment in India*. Washington University St. Louis. www.isid.ac.in/~pu/conference/dec_08_conf/Papers/ShilpiKapur.pdf
Coleman, H. (2010) *The English language in development*. British Council: Teaching English. http://www.teachingenglish.org.uk/transform/books/english-language-development
English in Action (EIA) (2008) *Implementation phase, Bangladesh*. BMB Mott MacDonald. www.bmb.mottmac.nl/projectsintro/southasiaprojects
English in Action (EIA) (2009) *Baseline Research Synthesis, Research and Learning Group Bangladesh*. BBC Janala. Dhaka: EIA.
English in Action (EIA) (2010) *English in action:About us*. http://EIAbd.com
Erling, E.J., Seargeant, P., Solly, M., Chowdhury, Q.H. and Rahman, S. (2012)*Attitudes to English as a Language for International Development in Rural Bangladesh*. London: British Council http://www.teachingenglish.org.uk/publications/attitudes-english-a-language-international-development-rural-bangladesh
Graddol, D. (2010) *English Next India*. London: British Council.
Grin, F. (2001) English as economic value: Facts and fallacies. *World Englishes* 20 (1), 65-78.
Hamid, M.O. (2009) Sociology of language learning: Social biographies and school English achievement in rural Bangladesh. Unpublished PhD dissertation, the University of Queensland.
Hamid, M.O. (2010) Globalisation, English for everyone and English teacher capacity: Language policy discourses and realities in Bangladesh. *Current Issues in Language Planning* 11 (4), 289-310.
Hamid, M.O and Baldauf, R.B.J. (2008) Will CLT bail out the bogged down ELT in Bangladesh? *English Today* 24 (3), 16-24.
Imam, S.R. (2005) English as a global language and the question of nation-building education in Bangladesh. *Comparative Education* 41 (4), 471-486.
Kubota, R and McKay, S. (2009) Globalization and language learning in rural Japan: The role of English in the local linguistic ecology. *TESOL Quarterly* 43 (4), 593-619.
Levinsohn, J. (2007) Globalization and the returns to speaking English in South Africa. In A. Harrison (ed.) *Globalization and Poverty* (pp. 629-646). Chicago, IL: The University of Chicago Press http://www.nber.org/chapters/c10714.pdf
McIlwraith, H. (2013) *Multilingual Education in Africa: Lessons from the Juba Language-in-Education Conference*. London: British Council.
Mother Tongue Based–MultiLingual Education Network (MTB-MLE) (2012) *The Juba*

Conference in Language-in-Education in South Sudan: Concluding Statement of Principles. Statement developed at the Language-in-Education policy conference, Juba, South Sudan http://www.mlenetwork.org/content/juba-conference-conclusions

Seargeant, P. and Erling, E.J. (2011) The discourse of 'English as a language for international development'. In H. Coleman (ed.) *Dreams and Realities: Developing Countries and the English Language* (pp. 248-267). London: British Council.

Sen, A. (2001) *Development as Freedom*. Oxford: Oxford University Press.

Shahidullah, M. (2002) The present state of English teaching and learning in Bangladesh. *The Holiday* [Internet edition], n. p accessed 9 August 2002. http://www.weeklyholiday.net/090802/mis.html

Tembe, J. and Norton, B. (2011) English education, local languages and community perspectives in Uganda. In H. Coleman (ed.) *Dreams and Realities: Developing Countries and the English Language* (pp. 117-140). London: British Council.

United Nations Children's Fund (UNICEF) (2010) *Bangladesh: Statistics*. www.unicef.org/infobycountry/bangladesh_bangladesh_statistics.html; *The human development index going beyond income* http://hdrstats.undp.org/en/countries/profiles/BGD.html

United Nations Development Programme (UNDP) (2011) *International human development indicators: Bangladesh* http://hdrstats.undp.org/en/countries/profiles/BGD.html

Vavrus, F. (2002) Postcoloniality and English: Exploring language policy and the politics of development in Tanzania. *TESOL Quarterly* 36 (3), 373-397.

第5章
社会・経済的開発と英語による教育・試験制度との関係
——サハラ以南アフリカにおけるケース・スタディ

ポリーン・リー＝ディキンス、ズレイカ・コンボ・カミス、
フェデリカ・オリヴェロ（山本忠行／訳）

5.1 はじめに

　教育を受けること、すなわち学校でよい成績を上げることは、雇用への扉を開くという経済的価値を持ち、世代間で受け継がれる貧困の流れをせき止める力を秘めている。「万人のための教育（EFA）」や「ミレニアム開発目標（MDGs）」（2000）のような開発目標にとって、教育へのアクセス改善は主要な位置を占める。しかしながら現実は厳しく、サハラ以南アフリカでは今なお数百万の子どもたちが落ちこぼれる。さまざまな理由で学業を修められなかったり、修了試験に合格できなかったりして、読み書きも計算も十分にできないまま学校を去っている。生徒たちがドロップ・アウトしたときは、やっと食べられる程度の零細農業、いわゆる「最低限の収入しか得られない経済セクター」（調査分析班報告 2009:xxii）以外に道はない。タンザニアを例に挙げると、2007年の推計では多くの国民が零細農業に従事しており、1290万人が貧困線以下の暮らしをしている。〔英国〕国際開発省によれば、サハラ以南アフリカの多くの国で同様のことが起きている。そこでは農村部住民が全人口の過半数51％（3億3800万人）を占め、国際的な貧困線以下の生活をしている。しかも、初等教育学齢期の子どもだけで3200万人が不就学であり、これは世界全体の45％にあたる（OFID 2010）。教育の質、出席率、修了率の問題は農村地域に限られたものではなく、都市部、特に貧困地域でも同じように当てはまる。

　教育のあらゆる面でアクセスがよくなり、貧しい農村地帯の子どもも特に初等・中等教育の恩恵を受けられるようになったことが認められる（調査分析班報告 2009:xxvi）ものの、なお（量的な面の一方で）質的な面では「世界

銀行教育戦略2020」(2011)が強調するように依然として問題を抱えている。学校で十分な学業を修めることができなければ、多くの人々は自身の潜在的な能力を開花させることはできなくなってしまう。社会の周縁に取り残され、労働市場において経済的に貢献できなくなり、結果的に自身の能力や生活が悪影響を受けるだけでなく、その所属する共同体にも多大な影響を及ぼすことになる。

　教育成果は国の社会経済的発展にとってもきわめて重要なものである。ここでいう成果は、定められた初等・中等教育の内容を若者にきちんと修得させることよりも、むしろ社会・経済的改革を達成する手段として高等教育へのアクセスがどれだけ確保されているかに特に強く結びついている。読み書きや計算能力を完璧に身に付けて卒業すれば、新たな豊かさへの道を開き、より多くの卒業生を職業・技術教育へ進ませる、あるいは家庭の経済的関わりを多様化したり、収入を生む方法を多様化させることにつながることは明らかである（調査分析班報告 2009:xxiii）。

　この種の仕事の多くは従事するのに特に学位などの資格が必要なわけではないが、読み書きや計算などのしっかりとした基本的な生活技術が要求される。しかし、こうした変化を引き起こすには基礎教育（小学校と中学校）、および後期中等教育の到達目標をどちらもかなり引き上げる必要がある。ところが、タンザニアに関して言えば、試験の合格率や中等教育進学率などの主要な数値を見ると近年悪化しており、教育の質向上への道のりは容易なものではないことを物語っている（調査分析班報告 2009）。

　教師数が十分ではない上に、有資格教員も不足している、教材等も適切ではない、学校の規律も行き届いていないなどがしばしば教育水準の低さの根本原因とされる。学業成績の障害となっている可能性があるものの1つとして、政策分析で言語が取り上げられることはめったにない。試験委員会も同様に学校の教育水準の低さと英語力のひどさを嘆いてはいるが、不慣れな言語で教えられ、広域言語で試験を受けることが生徒の学力に及ぼす影響に関する明確な議論はいまだなされていない。本章ではこの問題、特に正規の国家的な試験において英語を媒介語として使用することが成績（の低さ）にどのように影響を与えているかについて少々論じたい。これは2枚の主要なレンズを通して見ていくことにする。第一のレンズは、本研究の立場からして、学齢期の子どもたちを公正かつ公平に評価を行う上で、試験内容が妥当かどうか、結果的に国家試験制度が妥当と言えるのか（McNamara 2008; Messick 1989）というものである。第二のレンズは最初の

ものに関連するが、本章に示された経験的な知見を、社会正義（Ellwood & Lundy 2010; Fraser 2007）と国家の開発という次元から考察するものである。

5.2 背景と事情

　サハラ以南アフリカではかなりの数の子どもたちの正規の試験が第二言語あるいは第三言語で実施され、成績が示される。その多くの地域では授業と試験で圧倒的に英語が使用されている。教科学習のために媒介語として使われる不慣れな言語の役割は、増大する矛盾の中核であり、授業中のやりとりや教科学習の質に及ぼす影響に関しては相当量の研究がこれまで行われてきた（Brock-Utne & Skattum 2009; Brock-Utne 2001, 2005; Miama & Matteru 1978; Qorro 2003; Rubagumya, 1991, 1994, 1997）。これまでほとんど研究されてきていない重要なことの1つが、ある教育制度の中では生徒の学力の伸びが、多くの生徒にとって第一言語ではない言語によって決まってしまうかもしれないという影響力に関することである。東アフリカのメディアは全国学力試験の成績の悪さと合格率の低さに関する話であふれており、さまざまな原因が挙げられている（例えばLwaitama 2011）。これらは試験のスタンダードを通じて媒介言語が学業成績に作用するであろうインパクトのせいにされることはほとんどない（英国における数学の授業への学生の参加度や成績に社会階層が与える影響を明らかにしたCooper & Dunne 2000の重要な研究を参照）*[1]。
　さらに、「教育における言語」の影響力は学業成績の良し悪しに限定されるものではなく、以下の議論で示すように個人の社会・経済的生活および福利全般を決定づけるという点で深刻な結果をもたらすのである。
　このことに付随する重要な面としてサハラ以南アフリカにおける学校教育ではそれぞれ異なった段階で継承語や共通語から英語への切り替えが起きる。例えば、ケニアの公立（国立）学校においては、継承語（L1）は小学校の最初の3年間は教育言語として用いられるが、その後は英語に切り替えられる。例外的に言語的に多様な都市部では、小学校1～3学年はスワヒリ語が共通語として使用される。タンザニアでは初等教育から中等教育への移行段階で慣れ親しんだ言語からなじみのない言語への突然の切り替えが行われる。しかしながら、政策に関係なく、実際に教育に使われている言語はしばしば母語あるいは地域の支配的言語であることが研究によって明らかになっている。そして教師は授業中にある言語から他の言語へと切れ目なく移動するのである（例えば、Probyn 2009; Rea-Dickins 2011）。このよ

うにして子どもたちは「新たな」教育言語に比較的わずかしかさらされないまま、その言語によって科目試験を受けることになる。このことは英語で学習成果を測定することが妥当かどうか、およびこの学齢の子どもたちが不慣れな言語で教科学習状況を示せるほど本当に十分な言語能力を備えているのかどうかについて深刻な問いを投げかける。例えば、実際に英語で教科教育が行われているのか、正式の教育言語である国際語の運用能力を伸ばすための支援を受けているのかなどである。

　言語移行期の段階にかかわらず、良質の教育の提供を妨げる他の様々な要因（例えば有資格教員の確保）と同様に、広く行われている「教育言語」政策は、現行のカリキュラムや試験に必須の言語能力を生徒も教師も備えていないという事実を忘れている。サハラ以南アフリカでは初等教育修了試験の成績が驚くほど低い。学齢期の子どもの半数以上が修了試験に合格できないまま、おちこぼれとして卒業するのである（Alidou & Brock 2006）。いくつかの科目では合格とされていても全学校できわめてひどい成績だったことが報告されている（Lwaitama 2011）。一方、低所得国では恒常的な教育問題に直面しており、それに対処する部分的な改革は繰り返されているが、なぜ多くの子どもたちが基準点に達しないのかを精査する必要がある。そして言語は調査すべき変数の1つである。上記に概説した理由から分かるように、言語は個々の生徒の学力を示すことを可能にすることも、妨げることもあるというダイナミクスに関わる事柄を問題点として見るようにしていくことが重要となる。学齢期の子どもたちの低学力に言語が関わっているとすれば、どのようなものか。言語的要因は低学力にどの程度影響を及ぼしているのか。

　こうした背景を踏まえて、本章ではサハラ以南アフリカの国の1つを取り上げ、初等教育修了試験における言語のダイナミクスを探り、低学力にどの言語が（キーとなる）要因として影響しているかについて考察する。このデータは「SPINE（全国学力調査）研究プロジェクト——学業成績における言語のダイナミクス*2——」によるものである。本研究は中等教育2年目、すなわち初等教育を終え、教育言語が英語に切り替えられて2年しか経過していない時点で行われる、人生がかかった国家試験の場を利用して行われた。試験の目的はスワヒリ語、アラビア語、および公民を除く、英語で試験が行われる全教科の学力を測定することにある。この試験は進学するための関門となり、所定の点数以上を取った者が後期中等教育へ進むことが認められる。言語能力については我々の研究では明確なことは言

えないが、教師や学生が高い英語力を持ち、英語によって効果的な学習が行われているという十分な証拠を他の研究が示している（Rubagumya 2003, 2004 などを参照）。この国で施行されている言語政策は他の多くの国と類似しており、サハラ以南アフリカ独特のものではない。このような政策は、国際語は国の社会的、経済的、工業的発展にとって不可欠のものとする見方と結びついている。一方、これは雇用機会は英語能力次第であり、英語で行われる個人の試験結果によって決まることを示唆している（Crispin Wandera Ojwang'a から得た情報）。しかしながら、本章ではこの政策が目指すものへの反論の根拠となる実態、すなわち、生徒の大多数が試験に落ち、ドロップ・アウトしたり、初等教育や前期中等教育を修了できないのは外国語で教わり、試験を受けることに対応できていないだけであるということをもとに疑義を唱える。

本研究の目的はこれまで述べてきたように英語とスワヒリ語という2つの言語のダイナミクスについて、初等教育修了段階における正規の科目試験の成績から調査することである。本研究の詳細および成果を次節で示し、さらにこの成果をもとにサハラ以南アフリカのきわめて多くの学齢期児童の生活のために議論を展開する。

5.3 本研究について

本研究は初等教育修了時の試験結果に見られる言語のダイナミクスを明らかにすることにフォーカスした、段階的な一連の研究によって構成される。

5.3.1 第1課題

調査計画における第1課題の目的は、言語的要因によって Form II（中等教育2年目）の成績が抑えられているのではないかを調べることである。それは英語、数学、生物、化学の4教科に焦点を当て、以下のようにして行われた。

第1段階：元の試験問題

これには調査対象となる8校の Form II のクラスから抽出した6名が過去に受験した試験答案（元の試験問題）から選ばれた設問、および各生徒をインタビューした録音資料の処理が含まれる。これは2008年6月から

8月にかけて実施されたものである。生徒は2人の研究者によるインタビューを受け、内容面と語法面からスワヒリ語と英語の能力が確かめられた。調査対象生徒は全部で48名である。

この元の試験問題に関する生徒へのインタビューから、学業成績に悪影響を及ぼしている可能性が高い、問題のある種々の要因の中で主たるものが浮かび上がってきたが、これはさらに以下のようにして精査される。

第2段階：修正した試験問題

元の試験問題のうち特に生徒にとって難しいと思われる設問の中には、問題点を特定するために追加調査が行われたものがある。2009年1月には第1段階の調査に参加した生徒の一部によるワークショップが開かれた。このワークショップは生徒による少人数のグループ・ディスカッションも含めて録画や録音が行われた。

生徒が経験している問題点の一例を示すために数学の試験問題を取り上げる*3。図5.1と付録1は、それぞれ元の問題文と書き換えた問題文である。元の設問（図5.1）における 'below' は2つの異なった意味で使われている。問題文では「underneath（下の）」の意味であるが、一方1aの 'below 14 years' は「younger than（それ以下の年齢）」の意味である。書き換えた問題文は付録1に示すように5問ある。この2つの試験結果の概要は表5.1に設問1のa-cの原文と書き換えたものがまとめられている。

表5.1に示すように原文では完璧な答案は皆無であり、3割の生徒は無解答であった。それに対して以下のように（図5.2参照）、すべての書き換えた設問では解答できなかったごくわずかの生徒を除き、正解あるいは部分正解にたどりついている。

- 修正設問1a：全員が解答を試み、10%が正解、30%が部分正解、60%が不正解である。
- 修正設問1bと1cでは、部分正解が40%にのぼったが、完全正解はなかった。

```
Question 7 The table below shows the age group of children in a class
 Age   10   11   12   13   14   15
 F      3    2    5    4    2    4

Use the table to find out:
a) the number of children below 14 years
   _____
   _____

b) the % of children who are 12 years old in a class
   _____
   _____
```

図 5.1　元の設問

表 5.1　元の設問と修正した設問による数学の成績

	元の設問		修正した設問 1a		修正した設問 1b		修正した設問 1c	
誤答	70%	(34)	60%	(6)	50%	(5)	60%	(6)
部分正答	0%	(0)	30%	(3)	40%	(4)	40%	(4)
正答	0%	(0)	10%	(1)	0%	(0)	0%	(0)
無答	30%	(14)	0%	(0)	10%	(1)	0%	(0)

（元の設問受験者 48 名、修正した設問受験者 10 名）

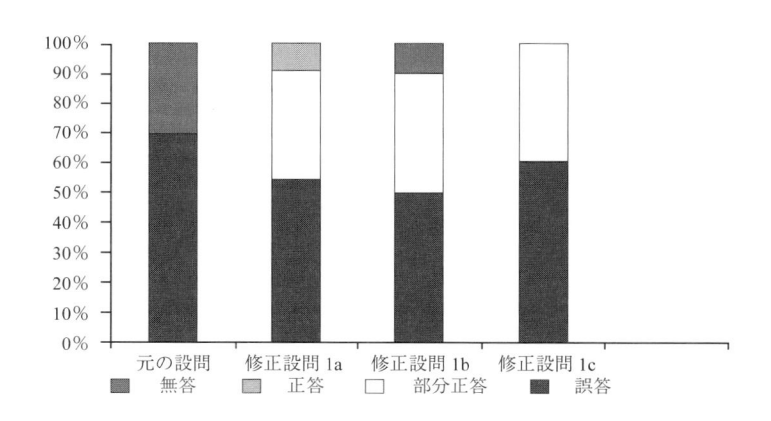

図 5.2　元の設問と修正した設問による数学の成績

　さらに設問の'below'を'under'と'younger than'に言い換えた場合、生徒の数学的な解答法に顕著なインパクトが見られた（図 5.1 と付録 1 を比

第 5 章　社会・経済的開発と英語による教育・試験制度との関係　131

較)。元の設問の 'below 14 years' に対する生徒の解釈には 3 種類があった。

・14歳以下　　　　　(3 + 2 + 5 + 4 + 2 = 16)
・14 の左側のセル　　(10, 11, 12, 13)
・14 の下側のセル　　(2)

しかしながら、書き換えた設問では解釈を間違えた生徒は 1 人のみであった。

第 4 の設問 (1d, 付録 1) にはスワヒリ語に設問を翻訳することを生徒に求めることが追加された。設問の翻訳能力に関連して生徒の学力分析から次のようなことが分かった。

設問 1a
・完全あるいは部分的に正しい解答ができた 6 人の生徒全員が 1a で正答している。
・翻訳が全くできなかった 4 人のうち 3 人の生徒が誤答であったことは、最初から設問の意味を理解できないために課題に取り組むことができなかったことを示唆する。だが、正しく翻訳できた 1 人の生徒が誤答したことは、正しい翻訳によってそれが言語の問題ではなく、設問に解答するために必要な、その教科 (数学) の知識に問題があることの証拠となる。

設問 1b:
・5 人のうち 4 人の生徒は a、b、c の設問について翻訳ができないか、誤答のいずれかであったことは、英語が設問に取り組む際の最初の障害となっており、はじめから指示文が理解できない結果として問題に答えようともしていないことを示唆している。
・5 人のうち 1 人の生徒は正解しており、正しい翻訳ができている。あとの 4 人が部分正解であることは設問の理解に問題があるというよりも数学的な知識が欠けていることを示唆する。

上記の分析から導き出される結論は、他の教科についても何度か検証されている。生徒たちは、設問の意味を理解できない、あるいは英語で答える能力に問題があるという、英語に関する理由から解答ができないのであ

る。元の設問を作り変えたり、書き換えたり（例えば設問について図示、状況説明、用語の簡易化）すると、一般に試験問題に対する解答率、正答率や部分正答率が全体的に上昇し、学習者の成績が向上する。また、スワヒリ語に翻訳できた生徒は正答、部分正答できる傾向がある。ただし、教科の知識が不足しているために正答できない生徒も見られた（Rea-Dickins *et al.* 2009a, 2009b）。

5.3.2 第2課題

上記の知見から、数学、化学、生物というコア教科の設問に関するさらに大規模な調査を実施することになった。これらの試験問題は過去の試験問題、学校で使用される教科書、各教科のシラバスに基づき、言語と教科の専門家によって編成された研究チーム[4]によって作成されたものである。問題案作成にあたって、研究チームは各調査校に対して選ばれた分野がシラバスに合っているかどうかだけでなく、学校でその年に実際に教えられたのかどうかも調べた。

3つの各教科について、英語のみの版、スワヒリ語版、バイリンガル版（英語とスワヒリ語）の3種類の異なる言語モードの試験問題が用意された。生徒はこの研究に参加してくれた8校の中等教育2年目（Form II）の生徒である。学校は多様性を代表するように幅広いところから選ばれた。ここでは2つの点が明らかになった。まず3教科（数学・化学・生物）で3種類の試験を行った結果を示す。次に、生物の答案の質的分析を行う。

3種類の試験問題は各Form IIのクラスで、3分の1ずつランダムに配布した。表5.2は本章でこれから取り上げる分析内容のサンプルの概要である。

表5.2　調査数（8校における大規模調査）

言語	生物	化学	数学
スワヒリ語	184	183	184
バイリンガル	152	152	152
英語	171	171	171
合計	507	506	507

明らかになったことを以下に示す。この問題に関わる複雑さがデータに表れていることを強調したい。別の言い方をすれば、データ分析からはど

の言語なら生徒の成績が上がるというような単純な結論は導き出せない、つまり簡単な政治的解決法はないのである。最初の分析は教科（数学・化学・生物）と言語（英語版、スワヒリ語版、バイリンガル版）から見た成績の比較分析である。

表 5.3 は調査に協力してくれた 8 校（表 5.2 参照）の生徒全員の成績比較である。この分析が示すものは、受験した問題の版（教科、言語のいずれも）にかかわらず、化学と数学では同じようにできたり、できなかったりしており、顕著な差は見られないということである。しかしながら、生物の試験では異なった結果が得られた。どの学校においても言語による 3 つの版（英語版、スワヒリ語版、バイリンガル版）で統計的に有意差が出たのである（$p < 0.01$）*。このことはある言語の版の試験問題は生徒の成績全体に影響を及ぼしていることを意味する。さらなる調査によって他の要因も明らかになった。8 校間に見られる多様性から、学校群によって分析が行われた。表 5.4 は教室外における英語接触が限定的なものか皆無と思われる学校 A-F の生徒と、教科と言語の版による違いから見えるものを示している。

*〔訳註：p 値とは有意確率のことで、仮説が正しいかどうかを確率論的に判断する基準〕

表 5.3　8 校における 3 教科、3 言語版の成績比較（ANOVA）

		平方和	自由度	平均平方	分散	有意確率
生物	集団間	684.872	2	342.436	4.633	0.010
	集団内	38,949.845	527	73.909		
	合計	39,634.717	529			
化学	集団間	299.157	2	149.579	1.949	0.143
	集団内	40,442.067	527	76.740		
	合計	40,741.225	529			
数学	集団間	70.108	2	35.054	0.351	0.704
	集団内	52,603.725	527	99.817		
	合計	52,673.832	529			

表 5.4 英語に触れる機会の乏しい生徒の成績比較（A-F）：
3 教科、3 言語版（ANOVA）

		平方和	自由度	平均平方	分散	有意確率
生物	集団間	4,044.315	2	2,022.157	44.244	0.000
	集団内	18,099.208	396	45.705		
	合計	22,143.523	398			
化学	集団間	126.386	2	63.193	1.301	0.273
	集団内	19,234.837	396	48.573		
	合計	19,361.223	398			
数学	集団間	11.126	2	5.563	0.186	0.831
	集団内	11,875.660	396	29.989		
	合計	11,886.787	398			

表 5.5 英語に触れる機会の乏しい学校（A-F）：
生物の得点　有意水準 =0.05

言語	調査数	設問 1	設問 2
英語	130	10.1731	
バイリンガル	135	12.1944	
スワヒリ語	134		17.7146
有意確率		0.052	1.000

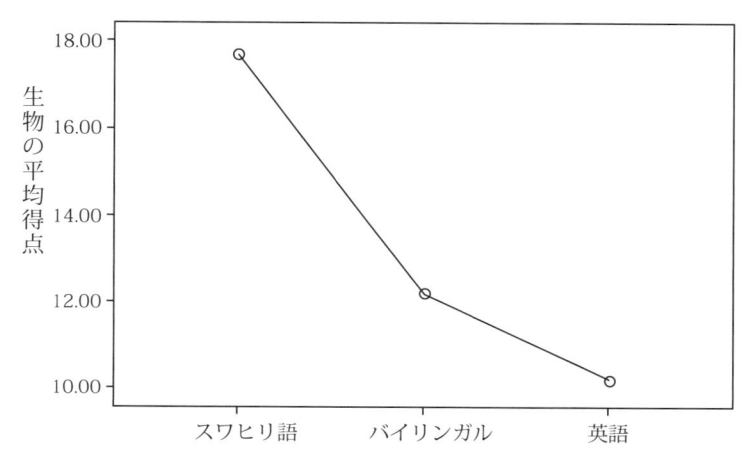

図 5.3　英語に触れる機会の乏しい学校（A-F）：生物の得点

このパタンは上の表5.3に示すように、特定の学校群（A-F）における3つの言語版による生物の試験で高い有意差がはっきりと見られた（$p<0.001$）。表5.5と図5.3に示すより詳細な分析からわかるように、2つの言語の関係が異なる言語版の答案に表れた結果として浮かび上がってきた。

　表5.5では、大部分の生徒の成績が英語版の生物で平均値が一番低い（10.2）ことから、最も苦手としていることがわかる。この知見からは、生徒側に英語で説明を求めるというような問いと答えの性質上、生物の問題が言語的な負担が最も大きいということがある程度言える。バイリンガル版では英語版の平均値よりやや成績が良かったが、この両者とスワヒリ語版の間には統計的な有意差が見られる。これをグラフ化したものが図5.3である。この図は英語に触れる機会がほとんどない生徒はスワヒリ語版のほうがバイリンガル版や英語版よりも明らかに成績が良いことを示している。ここで、教室内外で英語に触れる機会が多いと思われる2つの学校の生徒にも同じような結果が見られるのかどうかという疑問が出てくる。次の表5.6はもう1つの学校群（A-H）に関するものであるが、3教科および3言語版、すなわちL1、L2、バイリンガル版のすべてにおいて明らかな違いが見られる。

　［訳注：筆者はスワヒリ語をL1としているが、タンザニアでは母語がスワヒリ語の生徒は一部に限られており、事実上スワヒリ語がL2である］

表5.6　英語に触れる機会の多い学校（G-H）の成績比較：3教科、3言語版（ANOVA）

		平方和	自由度	平均平方	分散	有意確率
生物	集団間	6,214.229	2	3,107.115	86.008	0.000
	集団内	4,624.130	128	32.126		
	合計	10,838.359	130			
化学	集団間	511.439	2	255.719	5.065	0.008
	集団内	6,462.989	128	50.492		
	合計	6,974.427	130			
数学	集団間	587.337	2	293.669	3.207	0.044-
	集団内	11,721.079	128	91.571		
	合計	12,308.416	130			

教科ごとに調べていくと、生物（表5.7）はスワヒリ語版（subset 1, 平均点が最も低いもの：12.6）と英語版・バイリンガル版（subset 2）とでは明白な差があるが、平均点が最も高くなったのはバイリンガル版（27.7）である。

**表 5.7　英語に触れる機会の多い学校（G-H）：
　　　　生物の得点　有意水準 =0.05**

言語	調査数	1	2
スワヒリ語	48	12.6042	
英語	39		25.7692
バイリンガル	44		27.7273
有意確率		1.000	0.320

（同種のサブセットの平均値を示す）

　上の表と同種のサブセットでグループ別の平均値を比較すると、2校ではバイリンガル版、英語版のほうがともにできており、ひどく不利になっているのはスワヒリ語版の試験である。化学の結果を次に示す（表5.8）。

**表 5.8　英語に触れる機会の多い学校（G-H）：
　　　　化学の得点　有意水準 =0.05**

言語	調査数	1	2
スワヒリ語	48	22.583	
バイリンガル	44	24.159	24.159
英語	39		27.410
有意確率		0.588	0.108

（同種のサブセットの平均値を示す）

　この表からは英語版の平均値が最も高くなっていることがわかる。バイリンガル版は1と2の両方に入っている。これは化学の試験では英語版が全体としてよい結果が出ているものの、（表5.7の生物の試験のように）バイリンガル版は生徒の成績にとって実際に足場因子〔scaffolding：生徒が自力で課題解決ができるようにするために働く因子〕となっているであろうことを示唆している。数学(表5.9)についても学校G-Hの生徒は英語版で良い成績を取っている。
　英語版の得点平均値が最も高い（25.5）ことは、この2つの学校（G-H）ではスワヒリ語版の試験で不利になっていると思われることを示す証拠と

なっている。この分析から今度は「足場因子」の存在についても考察すると、数学のスワヒリ語版は、生徒の成績を上げる働きをしているようである。

**表 5.9　英語に触れる機会の多い学校（G-H）：
　　　　数学の成績　有意水準 =0.05**

言語	調査数	1	2
バイリンガル	130	10.1731	
スワヒリ語	135	12.1944	
英語	134		17.7146
有意確率		0.052	1.000

（同種のサブセットの平均値を示す）

しかし、まったく対照的に英語に触れる機会の乏しい学校群 A-F の同質グループ（図 5.3、表 5.10 参照）の平均を見ると、スワヒリ語版の成績が有意に高い。

**表 5.10　英語に触れる機会の乏しい学校（A-F）：
　　　　　生物の成績　有意水準 =0.05**

言語	調査数	1	2
英語	130	10.1731	
バイリンガル	135	12.1944	
スワヒリ語	134		17.7146
有意確率		0.052	1.000

（同種のサブセットの平均値を示す）

判明したことをまとめると、学校の内外で英語を聞いたり使ったりする機会の多い子どもほど、試験を受けて良い成績をとっており、バイリンガル版でも同じようによくできることを示す証拠と言えるようである。このデータは、英語に触れる機会が乏しいと思われる生徒は英語版ではあまりできておらず、スワヒリ語版やバイリンガル版の成績が明らかに良くなっていることを示唆している。このことは特徴の異なる学校群間で生徒によって 2 言語の相互作用に違いがあり、試験で使用する言語の切り替えが言語による不平等を解決するものではないことを示唆している。

次に生物の試験で生徒が書いた解答の質的分析に移る。この部分は以下の5つの項目からなる。

　問5　習った動物のことについて書きなさい。
　動物の名前
　その動物はどのような姿をしていますか。
　その動物はどんなところに住んでいますか。
　その動物がどうやって餌を食べるか、書きなさい。

　スワヒリ語版やバイリンガル版でよい成績をとる生徒もいれば、英語版の成績がよい生徒もいるというこれまでの考察を踏まえ、答案の質的分析が行われた。スワヒリ語版と英語版からそれぞれ上位答案10、平均答案10、下位答案10ずつの30答案を分析した。次の例はトップグループの答案例である。まず英語版、次にスワヒリ語版を挙げる（表5.12）。
　英語版の最上位グループの答案は、採点ルーブリック〔rubric：パフォーマンス課題を評価するために、レベル別に評価基準を記述したもの〕通りに、設問内容に正しく答えていると言える。だが、生徒は求められていることに答えているものの、文法力も限られており、答案は語句を並べていくだけの傾向があり、自分の考えを伝えるのに苦労している。それに対して、スワヒリ語版の最上位グループの答案では質的に大きく異なる。表5.12にその翻訳をつけて示す。

この答案には多くの違いが見られる。全体としてよく書けており、流暢かつ楽に書いており、文法も正しく、解答内容にふさわしい書き方（たとえば、「前歯（牙）で」255番、「牛は動物の中で草食動物として知られる」263番）ができており、使用語彙も豊かである。この分析からは、スワヒリ語版で最上位の成績をとった生徒は、スワヒリ語のほうがより詳しく説明して言いたいことが伝えられるだけでなく、L2である英語で最上位の成績を取った生徒の答案と比べて、その詳細に書かれた答案からはより深く概念を理解し、「よりよい理科」の答案となっていることが読み取れる。

表 5.11　成績上位者の答案例：英語版
問題5　習った動物のことについて書きなさい。（配点11）

答案番号	性別	動物名	得点	その動物はどのような姿をしていますか。	得点	その動物はどんなところに住んでいますか。	得点	その動物がどうやって食べるか、書きなさい。	得点	合計
89	M	cat	1	Cat is small and is the perfect animal, cat don't bites person but it can bite insects and others animal. Cat also have four legs	3	Cat lives at home or some place where it can get food	2	Cat a lot of thing or food, cat can east fish, meat, rice, bread, rat so cat can eat many things	2	8
33	M	lions	1	Its look like cennine animals which has for four (4) legs and one tails	3	Its live in big forest in Tanzinia its live in Serengeti Ngorogoro e.t.c.	2	Its eat flesh meat; this flesh meats:-sheep, goats, cow, deer e.t.c. and it have cennine teeth in order to bit them clearly	3	9
24	F	the name of animal is monkey	1	The animal is hard, hand tooth, mouth, toes, sholder, noes, eyes, ears	3	The animal live in the plants and bushes	2	The animal eats the cassavas, maizes, white cocnuts and mangoes	2	8

表 5.12　成績上位者の答案例：スワヒリ語版
問題 5　習った動物のことについて書きなさい。（配点 11）

答案番号	性別	動物名	得点	その動物はどのような姿をしていますか。	得点	その動物はどんなところに住んでいますか。	得点	どうやって食べますか。	得点	合計
87	M	Ng'ombe 牛	1	Huyu ni mnyama wa kundi la mamalia, ana miguu mine, ngozi yenye manyoya mengi ili kum-zuia na baridi anazaa pamoja na kunyonyesha watoto wake. この動物は哺乳類に属し、4 本の脚を持ち、寒さから体を守るために皮膚は毛で覆われている。子どもを産んだら、乳を与える。	3	Anaishi katika mazingira yetu ya kawaida kwani mnyama huyu mara nyingi hufugwa na watu. 一般的に家畜なので、わたしたちと同じ環境で生活している。	2	Mnyama huyu anakula majani na yana yana meng'enywa ndani ya tumbo lake, kwa kuwa mmeng'enyo wa majani ni mgumu kutokana na cell za miti kuwa na ukuta wa seli (cell wall) mnyama huyu hula majani kasha akayacheua kasha akayameza tena hadi yataka-porainika. この動物は葉っぱを食べて胃で消化する。しかし、葉っぱを消化するのは細胞膜があるので大変だ。そのためよく消化されるまで反芻を繰り返す。	2	8
255	F	Simba ライオン	1	Ana manyoya mengi yaliyo-tokaliana mwili mzima lakini yamezidi kuwa mengi sehemu ya shingoni na ana miguu mine na ana kawaida ya kunguruma lakini anakula watu pamoja na wanyama wengine. 全身が毛で覆われているが、首の周りはもっと厚い毛で覆われている。4 本の脚があり、普通は吼える。人や他の動物を食べる。	4	Anaishi mwituni au kwenye mbuga zenye hifa-fhi maalum. 林や特別保護区に住んでいる。	2	Anakula nyama. Hutumia meno yake ya mbele (chonge) kwa kurarua mawindo na kuyakamata vizuri ili yasimtoroke na baadae kuyala. Vile vile hutumia magego yake ya mbele ili kusagia mifupa. 肉を食べる。前歯（牙）で獲物を引き裂く。獲物が逃げないようにしっかり押さえ、それを食べる。臼歯を使って、骨もかみ砕く。	4	11
263	M	Ng'ombe 牛	1	Ng'ombe ana miguu mine (4), ana mkia mrefu pia vilevile ana-cho kichwa kwenye kichwa chake kuna pembe mbili na masikio mawili ana macho na mdomo wa kiasi pia ng'ombe ana tunungu karibu na mgongo 牛は 4 本の脚、長い尾、そして頭がある。頭には 2 本の角、2 つの耳、目と口があり、背中にはこぶのようなものがある。	4	Ng'ombe anaishi mwituni na majumbani, mwituni hupelekwa kwa malisho, nyumbani anaishi. 牛は林にもいるし、家にもいる。草を食べに林に連れて行かれ、家で暮らす。	3	Ng'ombe anakula majani na ulaji wake anatumia meno ya aina tatu yaani insiza, magoge ya mbele na magoge ya nyuma. Ng'ombe ni miongoni mwa wanyama wajulikanao kama habivaras. 牛は草を食べるが、そのとき、3 種類の歯を使う。門歯、臼歯、前臼歯である。牛は動物の中で草食動物として知られる。	2	10

第 5 章　社会・経済的開発と英語による教育・試験制度との関係　141

5.4 考察

　これまで述べてきた知見は、正規の学力試験における L1 と L2 の役割を理解しようとすることの複雑さの一面を示している。ここに挙げた結果と我々が他の論文で示した分析（Rea-Dickins *et al.* 2009a, 2009b など）を通じて、英語を使用するかスワヒリ語を使用するかで、学校間と学校群間、教科学習の成績上位者間（上記の生物学における質的分析を参照）で、生徒の学力差がどうなるかを調べてきた。言い換えれば、学校によって、あるいは生徒によって、英語版の試験がよくできることもあれば、スワヒリ語版のほうがよい場合もあり、さらにバイリンガル版（スワヒリ語と英語）がよいこともあるということになる。しかも、教科によっても有意な違いが出てくる。しかしながら、全般的にスワヒリ語版かバイリンガル版のほうができる生徒が多くいる。特に農村部ではその傾向が見られる。それは都市と農村の公平性という観点からかなり意味のあることである。調査によって分かったことを教育の質対策に関する他の重要な因子とともに考慮すれば、政策立案者にとって影響力のあるものとなるであろうし、学齢期の子どもたちの L2 あるいは L3 としての英語への公平かつ公正な評価につながる有意義なものである。このような要因を以下に3点挙げる。

5.4.1 英語による教育への備え

　タンザニアのケースのように、周縁化された地域で入学者や教育へのアクセスがよくなるなど開発目標の達成に関連する良い統計（例：調査分析班報告 2009）がある一方、計算力や識字率の達成度は依然として低迷している。例えばタンザニアに関する Uwezo 報告書（2010: 2）は初等教育修了者の半数は英語を読めないと述べている［訳注：Uwezo はスワヒリ語で「能力」の意。2009年に東アフリカの教育研究者によって設立された NGO］。「英語は子どもたちにとってきわめて難しい科目である。小学校を卒業するまでに子どもの約半数（49.1%）は2年生レベルの英語の物語も読めず、7年生レベルの英語が読める生徒はごくわずかである。

　このことが意味するのは、初等教育修了試験に合格し、中等学校へ進学する者の多くがきわめて低い英語能力しか有してないということでもある。中等教育は英語で教えることが公式の政策であるとすれば、教師にとっても生徒にとっても教育言語をいきなり英語に切り替えることが問題を引き起こすことは驚くようなことではない。子どもたちにとって不慣れな言

語である英語で教科を生産的に学ぶことができると期待することが現実的なのかどうかを問い直す必要がある。このハードルを乗り越えられるのは一部の少数者のみであり、それが可能なのは広域コミュニケーション言語に接する機会が多いであろう都市部の学校の生徒であるというのが我々の見解である。本章の冒頭に提示した事実、および特に農村部の子どもたちの基本的なスキルを伸ばすことが急務であるということを思い起こすならば、都市部の子どもたちに比べて学力が低いことは教育関係者や政策立案者にとっても大きな関心事となるに違いない。Uwezo によると実際のところ農村部の子どもたちは「2年生レベルに追いつくのは6年生か7年生になったときであり、本来あるべきレベルには大きく後れている」と報告している（Uwezo 2010: 3）。

　英語と識字が問題となっているだけでなく、基本的な計算学習も同様の結果となっていることを忘れてはならない。英語の読み書き能力が極めて低い子どもたちが中等教育レベルで、英語で教科学習をすれば英語が上達すると期待され続けている事実は大いに問題のある想定であるのだが、これが教科教育で教師が複数言語を使う理由の1つとなっている。付言すると、教師自身の英語力が高くない場合があることも L1 あるいは両言語を使って教える理由となっているのも現実である。こうして事実上、大多数の子どもたちは2言語によって教育を受けているのである。検証過程について言えば、本研究で示した証拠は独自のものではないが、人生がかかった正規の学力試験が学校で使用される教授・学習言語と合っていないということを示している。Rea-Dickins and Yu（2012）や Rea-Dickins（2011）を参照されたい。実際の教室学習と言語使用の土台となる言語は2言語で築かれるのだが、試験は1言語、すなわち英語でしか行われず、試験の解答に L1 を使用すれば減点される。こうした状況の結果として、周縁化された共同体の人々は、良質の教育を受ける機会が与えられない限り、不平等な教育言語使用のために大半がそのままになってしまう。これは教育における正義の問題にもかかわってくる。

5.4.2 すべての子どもたちのための正義

　Ellwood and Lundy（2010）は、評価結果と子どもの人権に関する論文の中で、子どもたちには教育を受ける権利があり、それができるようにすることの大切さに目を向けさせた。単に数量的な面から見れば、サハラ以南アフリカ諸国では入学者数で見ると大幅な改善が見られる。中でも僻地や

貧困地域ではそうである。Fraser（2007）の枠組みの観点からは、「ミレニアム開発目標」(2000) の1つである教育へのアクセスは広く供給（再供給）された。しかしながら、ニーズを区別して把握できておらず、したがって参加もうまくいっていない。提供される教育によって子どもたちが恩恵を受けているのか、それはどの程度か、そして本章の最初のほうで述べたように市民社会の一員に加わるのに必要な基本的スキルを本当に開発できているのかを問い直さなければならない。Ellwood and Lundy（2010）は、子どもの権利の原則は「国連の子どもの権利条約」の28条で「最大の利益」「差別がない」「参加」で表されているとしている。

　本章の研究によって、英語によって行われる試験はある子どもにとっては差別的なものであるという証拠が示されたことを思い起こしていただきたい。英語が教育言語でなく、自分が理解したことを示すのに適切な言語ではないのである。また、試験言語をL1に切り替えることも、L1で学力を示さなければならないことが不利に働く子どももいることをデータが示しているので、問題の解決にはならないのである。試験における生徒の学力については、子どもにとってどれだけ自分が知っているかを表すのに英語が主要な障害となっていることは明らかである。特に学校の内外で英語を聞く機会がほとんどない子どもにとってはそうなる。

　事実上、こういう子どもたちは学校教育に全面的に参加する時に少なくとも2つの障害に直面する。第1に不慣れな言語で概念理解を深めていかなければならない。第2に授業でバイリンガル学習の機会を得たとしても、国家試験では教科の知識は不慣れな言語（L2）をうまく克服した場合のみ評価されるので、その実力を公平に示す機会が与えられていない。こういう事実に照らしてみれば、国連子どもの人権条約に定められているようには、多くのサハラ以南アフリカ諸国の公的試験では大多数の子どもの人権が守られていない。

　上記の捉え方は、社会正義の枠組みは教室のようなミクロ・レベルで適用できるというFraser（2007）の考えに近いものである。そこでは、社会正義はすべての生徒が学校および社会で効率的に知識を学び、習得していけることを保障しようとする。Halaiは次のように語っている（個人的な談話）。

　　　教室あるいは学校レベルでの評価には、都市と農村、言語的少数者
　　　など、さまざまな個人やグループの多様な背景やニーズを受け止め、
　　　対応することが求められる。参加には教室空間を作り、すべての学習

者が教育が受けやすいように最善を尽くすことが求められる。しかし、データから分かるように、教室でバイリンガル環境を提供したとしても、試験体制はそうなっていないのである。

5.4.3 社会的・経済的な包摂

　第3の要因として万人のための正義という概念にも関連するが、市民社会への備えを一人ひとりの生徒にさせなければならないということを提起したい。本章の冒頭から見てきたように、サハラ以南アフリカの教育目標の1つは経済力を高め、農村の福祉向上を図ることによって国家開発を進めることである。社会経済状況の変数と学力の高さの関連を示す様々な資料（例：SACMEQ 2011、Yu & Thomas 2008）を見てきた。例えば、タンザニアの Uwezo が行った研究によると、母親の教育レベルが識字に大きな影響を与えていることが分かる。「子ども、特に女の子は母親が学校教育を受けたことがないと、少なくとも初等教育を終えた母親の子と比べて、不就学になったり、低学力になりがちである」(Uwezo 2010: 32)。

　ここで、貧困の悪の連鎖から抜け出せなくなり、それによって国の発展が妨げられている例を挙げる。試験結果から見いだされた上述のことを熟考すれば、現状、すなわち英語による試験を維持することはこのシナリオを支持し、永続させるだけである。しかし、「言語」の問題は付随的な要素である。英語が高等教育への入口、あるいは地元、方面、そして国際的なところで社会・経済的に参加する手段としての技術や知識を身に付けるための入口であると当然の如く考えられている。このような願望が、小学校や中学校で国際語を用いて教えようという言語政策を動かす陰の力となっている。「早いほど良い」という考え方が浸透し、両親も生徒も国際語による学校教育を支持するという（例：Rea-Dickins *et al.* 2005）。

　しかし、ここで共同体にとって、そして農村や軽工業の発達、あるいは小規模な起業にとって必要とされるコミュニケーション言語は何なのかをここで問いたい。現実には、多言語社会における開発にとって、経済成長や社会福祉のために1つ以上の言語が必要となる。成長と貧困撲滅のために取り組むべき主要課題は、「貧困世帯、特に小規模農家の問題にあり、国家成長戦略は彼らの能力を高め、情報を得やすくし、技術的向上を図ることによって生産性を上げることに結びついている」(調査分析班報告 2009: xxiii)。しかし、このプロセスにおいて、大多数の人々にとって英語は最重要でもないし、必要性の高いものでもない。家の中であれ外であれ、所得

を増やすためのさまざまな活動を求める報告書は学位が必要としているわけでもない。多くの人々に必要なのは、十分な計算能力、読み書き能力、理科の知識、そしてICTであり、正規の初等教育でこれらの技能が習得されることである。理想的には、さらに多くの生徒が中学、そして高校へと進学できるようになるべきではあるが、試験が外国語[*5]のみで行われ続けることは、多くの生徒にとって可能性の芽を摘むガラスの天井となる。子どもたちが学校で職業および生涯学習のための基本的スキルを習得できなければ、社会で生産的な一構成員として生きるチャンスはわずかなものになる。

本研究の知見は、公的試験において不慣れな言語を使用することの社会的な正義・不正義の問題に一石を投じるものである。この研究のインパクトは教育機会の面で生徒たちが実際に恩恵を受けられるかどうかにある。想定される不利益と結果は表5.13に概要を示す。

表5.13　不慣れな言語による試験：そのインパクトと結果

現状	影響および不利な点	結果と不公正
生徒の学力は人生を決めるような試験でL2もしくはL3によって測定される。	試験に答えられないか、良い点が取れない。	自尊心が傷つき、学習意欲を失う。
	生徒は自分の能力を示すための平等な機会を与えられていない。	生徒は能力を発揮できない。ガラスの天井効果、あるいは挫折
	教科に関する知識（生物学や数学などの概念や理論）は、言語的な構造物をうまく克服したときにはじめて、学ぶことができる。	落ちこぼれてしまった生徒たちの主な退出口（初歩あるいは基礎教育の終了時）
		リソース、教育経験、就労機会への不平等なアクセス
		知識や技術がないため労働力として社会参加ができず、社会経済的に恵まれない状況に陥る。

以上のことをまとめると、このようなケースでは、生徒は自分の知識を示す機会を奪われることになる。これは公正な評価とは言えないし、この政策決定は生徒たちの最大の利益になっていないおそれがある。教育にお

ける言語は、経済的価値を有しており、それを習得し、試験でうまく使用できなかった者は、社会の片隅に追いやられ、「周縁化」された共同体の中で、「ミレニアム開発目標」(2000) が撲滅に取り組んでいる極貧状態から抜け出すことができないままになるおそれが高い (「万人のための教育世界会議」(1990) もあわせて参照されたい)。

5.5 結論

　本章では効率的学習、および特に試験の成績に学習成果がどのように表れるかを調べ、言語がきわめて重要な役割を果たしていることを解明した。本章のタイトルに立ち返れば、本研究の知見からは脅威と期待の両面が見えてきた。初等教育修了試験の成績の低さを背景に、多くのサハラ以南アフリカの学校における言語使用状況も認識しないまま、結果的に子どもたちの人権侵害が起きており、この脅威は大きなものである。しかし、ここで取り上げたような「人生がかかっている」試験の言語を切り替えれば不平等が解決するわけではない。公的試験におけるさまざまな教科の生徒の成績をめぐって、スワヒリ語と英語という両言語について見当違いの議論がなされてきた。サハラ以南アフリカにおいては、さらに多くの固有言語を抱えている国や最近教育言語をフランス語から英語に切り替えたルワンダなど、ここに取り上げた一例とは比べられないほど言語的に複雑な様相を呈しているところもある。

　このような制度的多様性に対応するために、どのような方向に進んでいけばよいのだろうか。これは重要な政策課題であり、専門家と連携して行うべきものであるが、学校における言語使用によってどうなっているのかをきちんと認識する必要がある。多くの国で、あるいは一国内の多くの地域で、英語が学校外のコミュニティでは使われるところがないこと、学校での学習が現行の言語政策どおりになっていないことを認識すれば、その現場に適したもっと別の解決法も出てくるであろう。生徒が学力を示すために自由に使える多言語のリソースがあることを広く知らせ、それを考慮しつつ、現状に合わせた解決策を施行することがより公正な態度なのであろうか。究極的には、公正を確保するために、できないこととか、知識があっても表現できないこととかではなく、より多くの生徒がどれだけ分かっているのかを表せるようにするべきである。

　より良い生活を希求する、今の世代よりも次の世代が豊かになる機会を

求めるのは基本的人権である。しかし、子どもたちが教育言語問題のせいで権利を奪われていれば、どうやってこれが達成できるのか。Broadfoot (2000) は、評価の本質と役割に対するこの分析に関連する 2 つの重要な報告をしている。ブロードフットは「評価が生涯学習を支える強力な前向きの力となる可能性について、教授・学習が適切に理解される過程の一部としての役割を担うものとして規定される」ことを強調しており (Broadfoot 2000: xii)、「生活を変える学びの力を解放することに利用できる」(Broadfoot 2000: 23) ような評価を我々は必要とする。

不利益を最小限にし、すべての生徒と教師がリソースと機会を平等に利用できるようにするような言語政策と戦略を開発できるかどうかは、政策立案者の手に握られていると考えている。多言語あるいはバイリンガル教育政策を形成することによって、生徒と教師が持っている言語的多様性とリソースの価値を認め、世に知らしめることは、一案であろう。

さらに具体的にいえば、生徒に複数の言語で試験を受ける機会を与え、試験に解答する言語を選択できるようにすることも選択肢の 1 つである。「もっと英語を、もっと早期に」と強く要求する勢力の代表として両親や保護者も動員する必要があろう。特にラジオや新聞などのメディア、さらに可能な地域ではテレビも利用することは、大衆の間に理解を広げるのにきわめて効果的なことははっきりしている。

良質の教育は良い生活と社会福祉の基本であり、学校教育における成績不良は教養と学識を備えた社会への進歩が遅れることを意味する。生産的な経済活動に従事できる有能な市民を増やさない限り、全体としての社会経済的変革は成し遂げられず、貧困の中で暮らす人々は国家の発展過程の中で周縁部に取り残されたままになってしまう。

謝辞

SPINE 調査チームの研究員全員 Mohammed Abeid, Oksana Afitska, Sibel Erduran, Harvey Goldstein, Neil Ingram, Amour Khamis, Abdulla Mohammed, Haji Mwevura, Rosamund Sutherland and Guoxing Yu に感謝の意を表したい。本章については Guoxing Yu and Oksana Afitska に特に感謝している。

注

* 1 　この参照だけでなく、本章の草稿に貴重な示唆を与えてくださった第一著者である Anjum Halai 博士に感謝している。本章は洞察力にあふれたコメントにより

　　　　大幅に改善された。
* 2　ESRC/DFID 主な研究補助金 (RES-167-25-0263)。以下を参照のこと。www.bristol.ac.uk/spine; http://www.esrc.ac.uk/funding-and-guidance/funding-opportunities/international funding/esrc-dfid/growth. aspx.
* 3　報告書全文 www.bristol.ac.uk/spine/publication%20and%20 reports.
* 4　Oksana Afitska, Mohammed Abeid, Sibel Erduran, Neil Ingram, Federica Olivero, Pauline Rea-Dickins and Guoxing Yu.
* 5　この場合、英語は多くの生徒にとって教室外で触れる機会がほとんどない、すなわち居住地域では英語が話されておらず、外国語の位置づけとなる。これは英語が学校外で支配的な言語であり、学校でもう1つの（第二）言語として教えられ使われている状況とは大きく異なる。

付録1：数学の修正設問

Task 1a: This table shows the age of children in a class

Age	10 years	11 years	12 years	13 years	14 years	15 years
Number of children	3	2	5	4	2	4

Find out:

i) The total number of children under 14 years old

ii) The % of children who are 12 years old in the class

Answer:

Task 1b: This table shows the age of children in a class

Age	10 years	11 years	12 years	13 years	14 years	15 years
Number of children	3 children	2 children	5 children	4 children	2 children	4 children

Find out:

i) The total number of children younger than 14 years old

ii) The percentage (%) of children who are 12 years old in the class

Answer:

Task 1c: This table shows the age of children in a class

Age	10 years	11 years	12 years	13 years	14 years	15 years
Number of children	3 children	2 children	5 children	4 children	2 children	4 children

Use the card from the envelope to help you find out:
i) The total number of children younger than 14 years old
ii) The percentage (%) of children who are 12 years old in the class
Answer:

Task 1d: Translate into Kiswahili (Tfsiri kwa Kiswahili)
This table shows the age of children in a class

Age	10 years	11 years	12 years	13 years	14 years	15 years
Number of children	3	2	5	4	2	4

Find out:
i) The total number of children younger than 14 years old
ii) The percentage (%) of children who are 12 years old in the class
Answer:

Task 1a: Jadweli hii inaonesha umri wa wanafunzi katika darasa

Age	10 years	11 years	12 years	13 years	14 years	15 years
Number of children	3	2	5	4	2	4

Tafuta:
i) Jumla ya watoto walio chini ya umri wa miaka 14
ii) Asimilia ya watoto walio na umri wa miaka 12 katika darasa

---

引用文献

Alidou, H. and Brock-Utne, B. (2006) Experience I - Teaching practices - Teaching in a familiar language. In H. Alidou, A. Boly, B. Brock-Utne, Y.S. Diallo, K. Heugh, H.E. Wolff (eds) *Optimizing Learning and Education in Africa - The Language Factor: A Stock taking Research on Mother Tongue and Bilingual Education in Sub-Saharan Africa*. Paris: ADEA.

Broadfoot, P. (2000) Preface. In A. Filer (ed.) *Assessment: Social Practice and Social Product* (pp. ix-xii). London: Routledge.

Brock-Utne, B. (2001) Education for all - In whose language? *Oxford Review of Education* 27 (1), 115-134.

Brock-Utne, B. (2005) Language-in-education policies and practices in Africa with a special focus on Tanzania and South Africa - Insights from research in progress. In A.M.Y. Lin and P.W. Martin (eds) *Decolonisation, Globalisation: Language-in-education Policy and Practice* (pp.173-193). Clevedon: Multilingual Matters.

Brock-Utne, B. and Skattum, I. (eds) (2009) *Languages and Education in Africa: A Comparative and Transdisciplinary Analysis*. Oxford: Symposium. Cooper, B. and Dunne, M. (2000) *Assessing Children's Mathematical Knowledge: Social Class, Sex and Problem Solving*. Buckingham: Open University Press.

Department for International Development (DFID) (2010) *World statistics day*. www.dfid. gov.uk/Media-Room/Features/2010/World-Statistics-Day-2010

Ellwood, J. and Lundy, J. (2010) Revisioning assessment through a children's rights approach: Implications for policy, process and practice. *Research Papers in Education* 25 (3), 335-353.

Fraser, N. (2007) Reframing justice in a globalizing world. In D. Held and A. Kaya (eds) Global Inequality (pp. 252-271). Cambridge: Polity Press.

Lwaitama, A.F. (2011) Tanzania: Wanted - Commission on education. The Citizen. 5 July. http://allafrica.com/stories/201107060147.html

McNamara, T. (2008) The sociopolitical and power dimensions of language testing. In E. Shohamy (ed.) *Language Testing and Assessment* (Vol. 7, pp. 2542-2554). Encyclopedia of Language and Education. New York: Kluwer Springer.

Messick, S. (1989) Validity. In R.L. Linn (ed.) *Educational Measurement* (pp. 13-103). New York: Macmillan.

Mlama, P. and Matteru, M. (1978) *Haji ya Kutumia Kiswahili Kufundishia Katika Elimu ya Jun [The Need to Use Kiswahili as a Medium of Instruction in Higher Education]*. Dar es Salaam: BAKITA.

Probyn, M. (2009) 'Smuggling the vernacular into the classroom': Conflicts and tensions in classroom code-switching in township/rural schools in South Africa. *International Journal of Bilingual Education and Bilingualism* 12 (2), 123-136.

Qorro, M. (2003) Unlocking language forts: The language of instruction in post-primary education in Africa with special reference to Tanzania. In B. Brock-Utne, Z. Desai and M. Qorro (eds) *Researching the Language of Instruction in Tanzania and South Africa* (pp. 93-116). Cape Town: African Minds.

Rea-Dickins, P. (2011) *Challenges for Assessment Policy on Formative Assessment: A Multlingual Classroom Perspective*. Paper presented in the Invited Colloquium Formative Assessment: Uncharted Territories for Applied Linguistics. American Association for Applied Linguistics Annual Conference (AAAL), March 26-29, Chicago.

Rea-Dickins, P., Clegg, J. and Rubagumya, C. (2005) *Evaluation of the Orientation Secondary Class Zanzibar, a Consultancy Report*. Bristol: Centre for Research on Language and Education, Graduate School of Education, University of Bristol.

Rea-Dickins, P. and Yu, C. (2012) English medium instruction and examining in Zanzibar: Ambitions, pipe dreams and realities. In C. Benson and K. Kosonen (eds) *Language Issues in Comparative Education*. Rotterdam: Sense Publishers.

Rea-Dickins, P., Yu, G. and Afitska, A. (2009a) The consequences of examining through an unfamiliar language of instruction and its impact for school-age learners in Sub Saharan African school systems. In L. Taylor and C.J. Weir (eds) *Language Testing Matters: Investigating the Wider Social and Educational Impact of Assessment, Studies in Language Testing* 31 (pp. 190-214). Cambridge: Cambridge University Press.

Rea-Dickins, P., Yu, G., Afitska, O., Olivero, F., Ingram, N., Erduran, S., Khamis, Z., Mohamed, A., Mbaraok, M., Mwevura, H. and Said, S. (2009b) *Investigating the Language Factor in School Examinations: Exploratory Studies*. SPINE Working Papers(2). Bristol:University of Bristol. www.bristol.ac.uk/spine/publication%20and%20reports

Research and Analysis Working Group (RAWG) (2009) *Poverty and Human Development Report*. Dar es Salaam: United Republic of Tanzania.

Rubagumya, C. (1991) Language promotion for educational purposes: The example of Tanzania. *International Review of Education/Internationale Zeitschrift für Erziehungswissenschaft/ Revue internationale l'education* 37 (1), 67-85.

Rubagumya, C. (ed.) (1994) *Teaching and Researching Language in African Classrooms*. Clevedon: Multilingual Matters.

Rubagumya, C. (1997) Disconnecting education: Language as a determinant of the quality of education in Tanzania. *Journal of Linguistics and Language in Education* 3, 81-93.

Rubagumya, C. (2003) English medium primary schools in Tanzania: A new 'linguistic market' in education? In B. Brock-Utne, Z. Desai and M. Qorro (eds) *Languages of Instruction in Tanzania and South Africa* (pp. 149-169). Dar es Salaam: E & D Limited.

Rubagumya, C. (2004) English in Africa and the emergence of Afro-Saxons: Globalization or marginalization? In M. Baynham, A. Deignan and G. White (eds) *Applied Linguistics at the Interface* (pp. 133-144). London: BAAL/Equinox.

Southern and Eastern Africa Consortium for Monitoring Educational Quality (SACMEQ) (2011) *Reports on the quality of education*. www.sacmeq.org/reports.htm

United Nations (UN) (2000) United Nations Millennium Development Goals (UNMDG). www.un.org/millenniumgoals

Uwezo (2010) *Are Our Children Learning*? (Annual Learning Assessment Report Tanzania 2010). Dar es Salaam: Uwezo.

World Bank Education Strategy 2020 (WBES) (2011) *Learning for All: Investing in People's Knowledge and Skills to Promote Development*. Washington, DC: World Bank.

World Conference on Education for All (WCEA) (1990) *World Declaration on Education for All and Framework for Action to Meet Basic Learning Needs*. Paris: UNESCO, EFA Forum Secretariat.

Yu, G. and Thomas, S. (2008) Exploring school effects across southern and eastern African school systems and in Tanzania. *Assessment in Education* 15 (3), 283-305.

第6章
英語の能力は発展の鍵なのか？
——コミュニケーション能力獲得を手助けする教師への支援の在り方

マーティン・ウェデル（中川洋子・伊東弥香／訳）

6.1 はじめに

　他の章でも指摘されているように、世界中の人々と政治家の間で流布している1つの通説に関する批判が、本書の強い動機となっている。つまり、国民の英語力が、国家の「備え」としての人的資本の価値を高め、それが経済発展や政治権力の維持を支えているという説である。現在、この説（Coleman 2010）を実際に裏付ける事実はほとんどない。しかし、英語教育を推し進めようとする政治家のねらいが、国家の継続的発展（Smotrova 2009 の例を参照）であろうと、保護者や社会からの要請であろうと（Brock-Utne 2010:642、National Council of Educational Research and Training 2006 を参照されたい）、英語は今や、ほとんどの国の公教育で必修科目となっている。

　実際、英語が重要だという思い込みはますます強くなっているようだ。ここ数十年間でも英語教育は、学校教育のかつてない早い段階で導入されるようになっている（例えば、中国やチリ、トルコ、インドの一部、オマーンなどで）。他の主要科目（例えば、マレーシアやオマーンにおける数学と科学）を英語で教えるという提案が出されたり（ときには却下されたり）、サハラ以南のアフリカの学校でも教育言語としての英語の役割が拡大している。それはルワンダのようなかつてフランス語圏であったところでもそうである。国の教育システムにおける英語の存在が拡大するにつれて、「成功する」ことを目的として英語を学ぶ学習者への重圧も増している。特に、人生を左右するような英語の試験〔high-stakes English exams：ハイステイクな英語試験〕に受かることで、"良い"中学校や高等教育機関への入学が決定されるような場合に多くみられる。

　このテーマに関する文献としては、英語の拡大と、それに伴う教育改革

戦略という少なくとも2つの観点からの反応が散見される。まず、国家の学校教育カリキュラムで英語の重要性が増大していく影響、教育言語として英語を選ぶことで生徒の一般教養の発達に及ぼす影響、そして、各地域の状況を考慮せずに（言語）教育のアプローチを他の国へ輸出することに対する批判的な問いかけの必要性を指摘する研究者（Canagarajah 1999; Holliday 1994; Pennycook 1994; Tabulawa 2003; Williams 2011）の数が増えている。さらに一連の研究（Kennedy 1988; Markee 1997; Wedell 2009）では、国の英語教育改革戦略の計画・遂行における、トップダウン式の強制的で"理詰めの"アプローチが持つ有効性も疑問視されてきた。こうした慎重な姿勢を求める声も、ほとんどが無視されてきたようだ。国による英語教育改革の方針の多くは、依然として政府の主導とコントロールで着実に進められている。

公的英語カリキュラムの文書では、学習者のコミュニケーション能力に関して、学校の英語教育で期待される成果を示し続け、「コミュニカティブ」や「タスクに基づく」言語教育から派生したといわれる教授アプローチが推奨されている。その上、そのような文書の多くは、教育システムのいたるところで教師中心から、学習者・生徒中心の教授法への移行が望ましいと強調する（Altinyelken 2010; Xarney 2008; Moe Oman 2001; Tabulawa 2009）。そういった変化は次に、（英語）教師の役割の変化へと明白に関連づけられることが多い。「伝統的な」（言語）知識の伝達者〔transmitter〕は、（言語）学習を援助、促進する支援者〔facilitator〕になるよう期待される（De Segovia & Hardison 2009）。近い将来、このような傾向が変化する兆しはない。

英語学習の世界的な拡大とそれに伴う頻繁なカリキュラム改革には代償が伴う。グラン〔François Grin：スイスの経済学者〕（2002）は、その代償が何であるかの見極めがいかに難しいかということを指摘している。その理由は、英語教育の費用に関する正確なデータが、

> ほとんど存在していない、あるいはあっても非常にまれだからである。なぜなら、現在の教育会計実務は通常、分析的会計を行っていないため、項目別の出費の数字が得られないからである。（Grin 2002:26）

グラッドル〔David Graddol：イギリスの言語学者〕（2006）は、公的教育システムの大多数で、2010年までに約20億人が英語を学習するだろうと予想した。この数字が概算に過ぎないとしても、英語教育における現在の世界規模の財政的、人的投資は相当なものであるにちがいない。世界各国から

の報告によると、成果を期待して行われた投資への見返りは少なく、特に公教育ではめったに達成されていないことがうかがえる（例えばブラジルに関しては Bohn 2003、タイに関しては De Segovia & Hardison 2009、東アジアに関しては Nunan 2003、ケニアに関しては Ong'ondo 2009、中国に関しては We & Fang 2002 を参照）。この多額な投資は、中期的には継続されるであろう。現在、そして将来の国家主導による ELT〔英語教育〕が開発・発展の観点から正当と認められるのであれば、少しでも期待された成果を上げるようにしなければならない。その実現のためには、国家主導の教育がどのように計画され、実行されるかについて既存のアプローチを再考する必要があるだろう。

　本章では、教師主導・形式重視の伝統的な英語カリキュラムから、学習者のコミュニケーション能力養成を目的とするカリキュラムへの転換は、多くの既存の教育システムにとって複雑で大規模な教育改革（Fullan 2007）を巻き起こすという見方をしている。この見方は、経済協力開発機構（OECD 2009）が実施した、教育と学習の国際的な調査（TALIS）に関する予備調査報告書によって裏付けられている。本報告書は、23 カ国（中欧、西欧の 19 カ国、そしてメキシコ、ブラジル、韓国とマレーシア）の 4000 人の教師からの回答に基づき、次のように述べている。

> 　どこの国の教師も、「教室では、生徒にもっと自主性を与える生徒中心の活動よりも知識の伝達の方がよい」ということを非常に強調する。こうした教育方法は活動に重きを置くプロジェクトワークのような学習活動よりも重視される。この傾向はどの国にもあてはまる。
> （OECD 2009:90）

本報告書ではさらに、前述のように、教師主導による体系的な学習を重視する傾向は、特に数学や科学や外国語の教室で強いと述べている（OECD 2009: 102）。

　体系的な学習〔structured learning : TALIS の報告書では、生徒に直接知識を伝える学習という概念と同一視されている〕の重視が、比較的「先進」国の外国語教師にあてはまるなら、それはまた他の場所でもあてはまるであろう。政治家は、この基本的な現実を認めようとせず、英語教師に言語学習を援助、促進する支援者としての役割を求める様々なカリキュラムの導入によって必然的に生じる変化の大きさに目を向けようとしない。これは、最新のELT 戦略（そして他の教科における「学習者や生徒中心の学習戦略」を導入する多く

の試みでも）の多くが失敗に終わる重要な原因として挙げられる。

　次の節では、そのような移行が英語教師の日々の教室の実践と行動に何を引き起こすかについて検討し、この主張を展開していく。そして筆者は、教育改革に関する様々な文献から、改革の成功に影響を及ぼすと考えられている重要な構成要素についても検討する。そしてそのような要素が、理想的な ELT 開発戦略の立案と導入に、どのような意味を有するかについて議論する。

　ELT であろうと、更に広く教育一般であろうと、こうした理想的な環境が存在しないのは明らかである。しかしそうはいっても、これらの要素に関する議論は、ELT 戦略が効果的に計画される可能性を推測するためには有益であると筆者は信じる。本章の最後の部分で、筆者がこの 20 年以上にわたって調査し、精通している 2 つの異なる ELT 戦略の概要を示す。この 2 つの戦略はともに、学校の英語の授業に「コミュニケーション」重視かつ学習者中心のカリキュラムを導入することを目的としていた。それらの概要を述べた後、それが実際にこの改革を計画・実行する要因をどれだけ考慮に入れたか（あるいは入れなかったか）によって、その成功や失敗がどの程度説明されうるかを分析する。

6.2　学習者の英語コミュニケーション能力を育成すること
　　　——英語教師にとっての挑戦と改革

　教室内の学習を支援する社会文化的〔sociocultural〕、構成主義的な〔(social) constructivist：さまざまな概念は社会的に構築されたもの、つまり生来的な所与ではなく、人間の実践によって変革可能であるとする〕アプローチを採用すべきとする提言や主張が強調されているにもかかわらず、すでに言及された OECD の報告書によると、このようなアプローチが国の教育システムで第一義的なものとして使われているところは実際にはほとんどない。国のシステムのもとで行われている（英語の）授業の多くは、教師が事実に即した言語知識習得の方法に重きを置いて、教師中心の方法で「教科書」を教え続けている。ウクライナのスモトロヴァ〔Tetyana Smotrova〕(2009: 729) によると、「過度に形式的な教授法」という別の表現で、他の状況でも広く報告されているとして、ウガンダ (Altinyelken 2010)、中国 (Dello-Iacovo 2009)、キリバス (Liyanage 2009)、中東 (Mahrous & Ahmed 2010)、そしてケニア (Ong'ondo 2009)

の例を挙げている。英語のカリキュラムでは、英語に関する知識の「伝達者」としての従来の役割から、学習者のコミュニケーション能力の発達を促す「支援者」という新しい役割への移行が容易であるといった美辞麗句が並べられており、移行に伴う難しさの度合いが過小評価されている。教師の役割をうまく変化させるためには、日常の授業実践や全ての行動において、重要かつ高度な切り替えが要求される。表 6.1 では、最も顕著な授業実践や行動の概要を説明している。

　表 6.1 で明らかなように、専門職としての必須項目を身につけておくために英語教師が持っていなければならない、ごく一般的な言語学および教授法に関するスキルや知識の一部だけを考慮に入れたとしても、「伝達者から支援者への」切り替えが英語教師にもたらす課題は相当なものである。言語政策立案者は、教師への複雑な要求を十分理解しようとせず、教師がそれぞれの教室の状況でどのような移行過程を経験するのかを理解できていない。それが、大規模な教育システムにおいて英語教育の成功例がほとんどない原因である。教育改革に関する研究では、ほぼ 30 年間にわたり、教師がどのように変化を経験するのかを理解しなければならないと強調されてきた。フラン〔Michael Fullan：カナダの教育学者〕は 1981 年以来、著書の全ての版で繰り返し以下を引用している。

　　　変化の現象学――つまり、どのように予定されていたかは別として、人々が実際にどのように変化を経験するか――を軽視することは、多くの社会的な改革が大失敗に終わる根本的要因である。（Fullan 2007:8）

表 6.1 伝達者から支援者へ

英語の知識の伝達者としての教師	学習者の英語コミュニケーション能力獲得を助ける支援者としての教師
学習者は全員同じ方法で学習し、言語を必要とする理由も共通である。	学習者はそれぞれが異なる方法で個人の必要性や興味に応じて学習する。
教師は英語を話すことに堪能でなくても、その言語を教えることが可能。	教師は様々な教材、活動や授業運営に取り組むため、英語を話すことに堪能でなくてはならない。
教師は知識の提供／練習と活動といった目新しさのない内容の教科書を一冊だけ使用することが多い。	教師はより広範囲の題材からなる教育／学習教材を使用し、状況や学習者の必要性や興味に応じて変えていくことが求められる。
教師は予測可能で限定された大人数の授業展開と運営の技能に熟達していなければならない。	教師は様々な授業展開／技術／多様なパターンを伴う教室内の相互活動と、異なる段階のフォーカス・オン・フォーム〔意味を重視しながら言語形式に注意を向けさせる指導〕を伴う活動に対応するための柔軟で複雑な授業運営の技能を必要とする。
教師は既存の特定の知識の蓄積を評価の基準とすることが多い。	教師は知識だけでなく、言語によるパフォーマンスの評価（継続的、形成的、総括的）方法を理解していなければならない。

出典：Wedell（2009: 33）

伝達中心の教師から自信にあふれた支援者になるためには、フランのいう「再教育」〔reculturing〕の過程を教師が経験しなければならない。その過程では、専門家としての（そしておそらく個人的な）普段の行動の大半を見直させ、最終的には教師の専門的役割と責任について新しい概念を確立させることとなる。これは時間のかかる過程で、既存の「重要な意味」〔例えば、大学入試における英語試験の位置づけ〕（Blackler & Shinmin 1984）を脅かす可能性がある。様々な方面からの時間をかけた支援が必要である。

6.3 教育改革の推進実施を支援する構成要素

「先進」国の教育改革に関する研究にも、大規模な国家体制による教育改革戦略の成功例はほとんど紹介されていない。しかし、その分野における主要研究では、どんな状況においても教育改革の成功を支えているとみられる重要な要素についての合意が得られ始めている。最近の論文では、

3つの重要な問題の概要を説明している。

> 今や明らかとなった大規模な教育改革の中心をなす教訓は、以下のとおりである。学習効果の広範で継続的な改革に必要なのは、（1）**学校教室内の実践を変えるための持続的な努力であり、それは統制や説明責任のような体制のみにとどまらない**。改善の本質は、（2）**教室における**教育と学習の無数の実践を変えることにある。そのためには、（3）**教育システムとその関係者すべての集中的かつ持続的な努力**が必要である。（Levin & Fullan 2008: 291、太字と番号は筆者による）

筆者はこれを次のように解釈する。
（1）カリキュラム、教材、学校の評価方法の言語や体裁よりもむしろ、学校の教室で実際に行われていることを変えるには、時間をかけた持続的努力が必要だ。資金調達と、現在進められている改革を政策立案者が主導、管理するために要する時間について熟慮する必要がある。時間は5年から10年、一世代あるいはそれ以上が推奨される。（Polyoi *et al.* 2003）
（2）国家の教育改革は、多くの教室で実施される。学校は、様々な都市や地域や国によって異なっている。学校内の教室も様々である。どこの教育システムも、同じように実施されてはならない。成果に関するいかなる評価もこれを考慮しなければならない。
（3）教室での教師の行動が、実際に変化しているかどうかの表れであることはもちろんである。しかしながら、もし政策立案者が複雑な教育改革を導入すれば、「再教育」のために持続的な努力を要するのは教師だけではない。教師の再教育のための努力が支援されるのなら、既存の教育システムの他の構成要素やその関係者、そしてより広く社会一般の人々もまた、実施によって教師がどのような経験をするのか、そして教師がどのように変わらねばならないのかに関しても、大きな影響を与える可能性がある。

上述の（1）から（3）が相互に関連していることは言うまでもないことを念頭におきながら、本章では（3）に焦点をあてる。多くの不満足な結果の元凶である ELT 戦略の計画において、**教育システムとその関係者全体による持続的な努力の必要性**に対する理解が不十分であると筆者は考える

からである。

　それでは、伝達者から進行役に移行しようとするときに教師が支援されるなら、考慮されるべき**教育システムの構成要素とその関係者**とは何か、そして誰のことなのか。実際、「関係者」の持続的な努力を通じて初めて各「構成要素」を一貫させることができるのだが、ここではそれぞれ別々に紹介する。以下の表 6.2 では重要な「構成要素」を説明している。

　教師教育、評価、教材とシラバスは、教師が教えることを期待されているカリキュラムの目的や修辞的表現と一致していなければならないことは明らかだ。

表 6.2　英語教育システムにおける重要な構成要素

様々なレベルの 教師向けの英語教師教育と研修（初任者、現職）の内容と重要点	様々なレベルで実施される重要な英語テストの形式と内容
教師が採用することを期待されている英語カリキュラム （コミュニケーション能力育成を最も望ましいとする）	
様々なレベルの英語教育教材の内容と構成	様々なレベルの英語のシラバスの内容と重要点

　しかしながら、これまでの経験から、教師教育や特に人生を左右する重要な英語テストにおいて、「構成要素」の方向性が一致していることは多くない。

　このような矛盾が頻繁に生ずる理由の 1 つは、多くの教育システムの組織の風土が依然として極めてトップダウンだからである。政策立案者は威圧的で（Chin & Benne 1970）、極端に（Hatch 1997）変更計画戦略を実施することが多く、カリキュラム改革に関する「関係者」同士の相互理解を深め、維持する必要性を考慮しない。しかし、上述の「構成要素」をどのようにとらえるかについて、その「関係者」がまさに決定的な影響を及ぼすのである。表 6.3 は最も影響力のある「関係者」を示している。

表6.3 教育改革過程における主な関係者

英語教師教育担当者	英語のテストと教材作成者
教師がそれぞれの教室で改革を実施するための支援を求められる前に、教室内でカリキュラム改革を行う意味の理由付けを理解しなければならない。	教師が達成しようとすることを支援するテストや教材作りが可能になるためには、カリキュラム改革が作成者の職業的専門性に何をもたらすのかを理解しなければならない。

教師
教室で（地域の実情に応じた）改革を導入できるように、自ら実践を変更できるようになる必要がある。

地方レベルにおける教育指導者、教育行政官、学校調査官	学習者の保護者と地域社会
適切な専門的知識と精神的支援を教師に与えたいのであれば、教室における実践の改革の意味を理解する必要がある。	子どもたちの英語コミュニケーション能力を発達させたいのであれば、教師と学習者が英語の授業で実践すべきことについて、保護者の理解を得るための支援が必要である。

　繰り返しになるが、先に述べた「構成要素」から、教師が（直接あるいは間接的に）受け取るメッセージがおおむね一貫するように、国および地方の政策立案者が努力すべきことは自明の理である。しかしながら、ELT戦略に関する多くの報告書によると、実際に行われているケースは多くない（Li 1998、Wedell 2003、2005、Hyde 1994、Orafi 2008、AlHazmi 2003を参照）。

　新しい（英語）カリキュラムの政策立案者の戦略開始と実現計画へのアプローチは、多くの状況で依然として"理詰めの"（Hatch 1997）、または〔一見、科学的整合性を伴った〕"技術的な"（Blenkin *et al.* 1992）性格を堅持しているようだ。予定されている計画が指導・学習に関する新しい考え方を導入しているため、明らかに「文化的な」闘いを挑んでいる場合でさえ、その性格は変わらない。そのように"理詰めの"アプローチは、教育システムを、揺るぎのない安定した仕組みとして紋切り型に把握してしまう。その仕組みのなかにいる〔教育行政の〕指導者、教師、学習者はといえば、"理詰め"で振る舞い、予測可能な言動しかしない人たちなのだ。その人たちは、変化に直面しても、置かれている状況やシステムの外の基準や動向によって自分たちの行動や振る舞いが影響されることはないのである。

マックグラス〔McGrath〕(2010) は、教育の制度設計に関して、そうした"理詰めの"考え方が、現代の開発論議のトップレベルにおいてもいまだに主流であると述べている。彼はサックス〔Jeffrey David Sachs：アメリカの経済学者。国連ミレニアム・プロジェクトの元ディレクター〕を引用して、「全ての MDGs〔ミレニアム開発目標〕の中で、誰もが基礎教育を受けられるようにすることは最も容易なことである。技術上の工夫は最も理解されやすく簡単である」と述べている（Sachs 2008: 301-302 in McGrath 2010: 246)。大規模な ELT 改革（基礎、またはそれ以上のレベルの教育において）の成功例がないのは、少なくともこうした戦略では「既存の技術」が機能していないことを示唆している。国の教育システムのもとで全ての人々に英語を学習させることが、今後も発展のために重要な要素であるなら、英語教師など（英語教師だけではないが）支援を要する人々の再教育過程をさらに強化するためには、先に述べた構成要素と関係者の相互作用について再考の必要がありそうだ。
　学習者のコミュニケーション能力を発達させるためには、英語教師への直接的、間接的な支援が必要である。計画を実施するためには、表 6.3 の全ての構成要素と早い段階で関わり、表 6.2 のシステムの全構成要素間の整合性を最大限に確保する。これが教師を支援する出発点となることは明らかである。さらに、公的な研修と私的な啓発を十分繰り返すことで直接支援することが理想である。それによって（多くの）教師が自分の言語運用能力と教授技能に十分自信を持って、授業の実践およびクラス掌握の方法を要求通りに変えられるのである。
　カリキュラム文書は、現職教師の再教育をさらに複雑化する。教師の教育アプローチを変えるよう促すだけでなく、「生徒の実生活に関わる学習活動を創造的にデザインする」（Moe China 2003）能力の発達を促すといったくだりを含んでいる。これは、特にカリキュラムが変更されるまで、以下のような教育文化で働いてきた教師にとって専門性の変化を示している。

> 教師の自主性と主体性はほとんど許されず、教師は非常に規範的で権威主義的なシステムに従うことを強いられる。そして何世代にもわたって形成された権威主義の風土によって、教師自身が、自主性と主体性への信頼を失ってしまうようだ。（Padwad & Dixit 2011: 14）

本当の意味で、より自律的な教師を求める教育システムは、その論理的根拠を理解し、積極的で、教師個人の教育戦略への試みをどのように支援す

べきかを理解している校長、教師教育担当者、学校調査官を必要とする。そのような状況では、実現計画には表 6.3 の関係者の多くを再教育するための時間と資金、高度な専門的知識が必要となる。さらに、さまざまな文脈における教育と学習について、以下のように考える保護者は多い。

> 毎日彼らは（保護者は）、子どもが学校で学んだことを家で披露して欲しいと期待している。さもなければ、保護者は、授業の質や学校に疑問を抱くだろう。(Zeng 2005: 20)

以下の事例研究1のような状況では、学習者のコミュニケーション能力発達に重点をおく言語教育は、日々の成果が極めて見えにくい。したがって保護者は、教育の方法や英語教師の誠実さに疑問を抱く可能性がある。そうであるならば、教師は教育方法を喜んで変える気にはならないだろう。

複雑な改革の導入に当たっては（そして筆者は、ほとんどの ELT 戦略がそうであると主張しているが）、政策立案者が長い時間をかけて、改革の過程のあらゆる構成要素と関係者間の整合性がとれるような計画作成が必要である。ELT 戦略が学習者のコミュニケーション能力の発達を目標とする限り、改革を成功させるためには、教育システム内の全て、およびそれ以外の一定の高度な再教育を伴うのである。英語教師に再教育で支援されていると実感してもらうのであれば、以下のような人々も（その度合いに違いはあるものの）、〔再教育についての〕役割と責任のとらえ方を一致させておく必要があるだろう。

- 国および地域・地元の教育計画策定者
- 全てのレベルの組織の指導者
- 教師教育者
- 学校調査官
- 国の試験実施機関
- 国の教材の計画・作成組織／出版社
- 学習者とその保護者

学習者に、新しい結果を期待して新しい英語カリキュラムを導入することは簡単なようであるが、実際は非常に複雑な過程である。学習者のコミュニケーション能力を伸ばすために教師が変わらなければならないことに対

して、上述の関係者全員が少なくとも前向きで、支援に積極的であったとしてもなお、政策立案者と実施者には考慮すべきことがある。それは過程のあらゆる段階で、それぞれいつ、何をする必要があるかということである。時間がかかることや、総合的な計画過程で対応すべき複雑な政治的関係や交渉を考えると、戦略の成功例への言及がほとんどない理由がさらに明らかになる。以下の2つの研究はELT改革戦略の例である。それぞれの事例はもちろんそれ自体1つの章になりうる。したがってここでは、すでに議論してきたことに関連する部分にしぼって、それぞれの概要だけを示すことにする。

6.4　事例研究1──中国

　事例研究1は、英国海外開発庁〔ODA〕と中国政府による10年間のELT協同戦略が終りに近づいた1990年代初頭まで遡る。この英国との協力関係にあった期間は、中国政府が比較的孤立した状態にあった数十年の後、国際的取り組みの拡張に乗り出した時期にあたる。英語力レベルの向上はこのような中国躍進のための手段の1つと考えられていた。以下に述べるプロジェクトは筆者自身が直接携わったのではない逸話的なものである。しかしながら、同時期、筆者は中国に滞在し、本プログラム（うち1つのプログラムは下記に紹介）を開講していたこの2つの大学で、英国人と中国人の同僚達と一緒に働いていた。筆者の分析は、1980年中盤以降、当時の交流、引用文献に挙げた作者とのディスカッション、および中国のELT環境における様々な機関での個人的な就業体験に基づくものである。本事例研究は、教師にとって「再教育」が実際にどんな感情をもたらすかという一例を提供し、教師のみに焦点を合わせるだけでは大規模な変化には至らないということを示すものである。

　中国教育部は1980年代後半、中等教育学習者を対象に、従来からの教師による知識伝達型システムに新しい英語カリキュラムを導入した。本カリキュラムの目的は、英語によるコミュニケーション・スキルを学習者に身に付けさせることであった。他教科カリキュラムの変更はなく、その時点において、人生を左右するほど重要な英語試験や、中等教育の国定教科書への調整も行われることはなかった。多くの環境と同様に、中国国内の大都市（とくに沿岸部近郊地域）とその他の遠隔地や農村地域の小さな町では、社会・経済レベルにかなりの格差が生じていた。このような状況下の学習

者に対してさらなる機会均等を促進するために、教育部は遠隔地域の教師のために全2年間の英語研修プログラムを実施し、新カリキュラムで生徒を教えることができる言語的および方法論的な技能を教師達に身に付けさせようとしたのである。この英語研修プログラムは様々な形態で約10年間行われ、ひいては大々的な資源投資を意味することになった。

　本プログラムに参加できる"良い教師"は、指定地域の地方教育リーダー達が選抜することになった。当時の教育文化における"良い教師"とは通常、高等教育機関への入学合否を左右する大切な英語試験に自分の生徒を合格させることに最も成功した教師のことを指していた。本プログラムへの参加を許可された教師達は、多くの場合、遠方に送られ、中国国内の最も有名な言語教育機関数カ所で研修を受けることになった。

　教師達は、研修参加以前の指導／学習経験を通じて培った言語教授法や、教師と学習者の役割に関する思いこみを抱いて大学にやってきた。訳読式で少なくとも5年間は授業を行い、その指導法による成功の結果として現職教員研修の機会を与えられてきた者など、教師達は多かれ少なかれ、自分達も同じような方法による研修を受けるという予測をしていたのである。彼らは、研修の講師である大学教員が授業で学ぶべきことに関してリーダーシップを発揮し、自身がそれぞれの教室で英語を教えてきたような方法や、詳細さや完璧さで、英語およびコミュニカティブ・ティーチング・アプローチの理論・実践を教えることを期待していた。学習者として教師達は、何をすべきかを学び、必要に応じて母語による新しい言語の要点や専門的なアイディアの説明を受け、自らの質問に対して明快な正解を得ることを当然と考えていた。それどころか、ある参加者は次のように述べている。

> まるで空気の中を歩いているようで、私は一種の曖昧さに戸惑いを感じています。今までは、先生が全てを説明してくれました。明快な文法ルール、語彙の説明や簡単な暗記によって自信や安堵の気持ちが生まれました。先生が私達に教えてくれた知識を完璧に学んだような感じだったのです。（Ouyang 2000: 405）

参加者が持つ、上記のような学習過程への期待に反して、研修の講師達は自分達の任務を適切に全うしていなかった。彼らは文章中の未知の項目の説明をせず、文脈から推測するように教師達に求めた。彼らは質問に対す

る正解や、各アクティビティの正しい効果を伝えずに、正解や結論は1つではないかもしれないことをそれとなく示した。講師達が特定項目の暗記や学習を教師達に対して求めることはなかったので、授業終了時に授業の目的やどんなことが達成されたのかがはっきりしなかった。一方で講師達は、教師達が自ら意思決定することに消極的であり、教室英語の使用やアクティビティ参加に気乗りせず、自主的に問題解決を試みず、講師の指示に過度に頼っていると感じていた。

　したがって、当初は双方の期待が満たされることはなかった。しかしながら、大学環境において教師達が自らを学習者であると理解する（講師によって理解される）ようになると、彼らは徐々に参加している研修環境のティーチング・アプローチや固有の文化が示す期待に合わせていくようになった。2年間の研修期間中、教師達は個人的および職業的再教育の過程を経験し、次第に教授と学習に関する意思決定を始める自信や、1人で直面する教授と学習に関する問題への解決策を分析し発表する能力を身に付けるようになった。研修修了時までに以下のようなコメントを述べる者もいた。

　　　　今では自分のすべきこと全てに対して、出来るだけ早く、自分の力で判断し、決定し、行動を起こすことを学びました。そして将来、人生の大きな変化に直面する時には必ずや積極的に対応することができると思います。この研修で素晴らしい分析力や課題解決力を身に付けることできました。私は自分の能力を十分に活用し、向上の機会を手に入れることを学びました。（Ouyang 2000:409）

教師達はそれぞれ故郷の学校へ戻って行った。研修で身に付けたスキルを使いながら自分達の教室で新しいコミュニカティブ・カリキュラムに則って授業を始めた。授業をよりインタラクティブ（双方向的）にするためにテキスト題材を改変したり、新しい専門的なスキルや知識を同僚の英語教師と共有したりしようとした。しかしながら、研修期間2年において、新しいカリキュラム導入の成功が授業実践や活動にどんな意味をもたらすのかということについて、校長、地元の教育行政担当者、同僚の英語教師、保護者の理解を得ようとする試みが体系的に行われることはなかったのである。ゆえに、教育システム内のこれらの「関係者」は英語指導と学習に関して「伝統的な」考えを持ち続け、研修から戻った教師達が実践しようと

した、インタラクティブで、活動重視の「新しい」種類の英語教育がいかに学習者に本当の知識を与えるものであるかを理解することができなかった。最も重要なことであるが、関係者達が心配したのは新しい指導が（相変わらず）重要な試験準備にふさわしいものであるかどうかであった。研修参加以前には生徒を試験にきちんと合格させていた教師が、もはやそうではなくなってしまったことが試験結果で明らかになると、彼らの懸念は現実のものとなった。

　研修から戻った教師達は、自分達の再教育、および専門的な授業実践や行動の改善に努めたが、教育現場で最も身近な関係者達は、適切な英語授業実践や行動がどうあるべきかについて依然として考え方を変えてはいなかった。研修の成果に満足するものは誰もいなかったのである。英語試験の結果が以前ほど良くなかったため、校長、地元の教育行政担当者、保護者達は不安を覚えた。教師達は新しいカリキュラムへの期待に添うことは難しく、正しく評価されていないと感じ、自らの純粋な努力が無駄になってしまうことに苛立ちを覚えた。その結果、そのような教師達は多くの場合、退職し、家庭教師になるか、身に付けた最新の指導技術がより評価される国内の都市部の学校に再就職することになった。英語への機会均等の推進を目指したはずの国家投資は、無条件成功というわけにはいかなかった。

6.5　考察

6.5.1　システム内の構成要素からの支援（表6.2）

　教員研修では、新しいカリキュラムにおいて授業でやって欲しいことを学ぶようになっていた。上述の2番目の引用は、より学習者中心、インタラクティブでコミュニケーション重視の授業を目指すカリキュラムで示されたたくさんの課題（表6.1右コラム参照のこと）に対処するために、教員研修ではそれらに必要な能力が育成されたことを示唆している。

　復職先の学校で使用していた教科書の内容と重点は、必ずしも新しいカリキュラムの期待とは一致していなかった。しかしながら、彼らは研修を受けたことによって、現行の教科書やエクササイズをよりインタラクティブに使う方法や、スピーキングやライティングを促すための活動導入の方法を理解できるようになっていた。一方、従来の試験の内容と形式は、新しいカリキュラムの目標に即して変更されることはなかったのだ。このよ

うに、復職した際に自らが身に付けた新しい教育力と知力が正しく評価されなかったのは、新しいカリキュラムが教師達に求めるものと、生徒を試験に合格させるために必要なものとの間の「一致」がそもそも欠落していたことによるものであることが明らかであろう。

6.5.2 システム内の関係者からの支援（表6.3）

研修機関の講師達は、教師の再教育への適切な支援を提供することができたが、新しい英語カリキュラムの目標や、その目標が授業実践や活動に与える意味に関して、地元の学校リーダー、教育行政担当者、保護者の認識を高めるという平行的な努力が政策立案者によって払われることはなかった。それゆえに、これらの影響力のある関係者が現場に戻った教師を支援することはなかったのである。

人生を左右するであろう英語試験の構成・内容と、社会の多くのメンバーが理解するその重要性が変わらなければ、実際のところ、関係者の間のいかなる意識改革の努力も大した違いを生むことはないだろう。地元コミュニティーにおいて、英語教師の能力および学校長と教育管理者の実効性は、この重要な試験で生徒に確実に好成績を取らせる能力によって主に測られる。そんな環境では、試験内容とはっきり関連性が見えない指導は価値がないと見なされるのである。新しい指導が試験結果の向上にほとんど寄与しない、あるいは無関係であることが明らかになると、関係者が興味を示さないのは当然のことである。このような状況下、教師は支援を受けることもなく、おそらく支援を受けていると感じることもできなかったであろう。

6.6　事例研究2――オマーン

事例研究2は、オマーンで1999年から2008年に行われたELT教員研修戦略の概要である。オマーン教育省がリーズ大学と協力して、3年間で取得できる学士（BA）プログラムを開発し、ディプロマ保持者であるオマーンの初等英語教員を大学院レベルまで引き上げるものであった。最初の3～4年間、筆者は教材執筆者兼チューターとして本プロジェクトに携わった。本事例研究は、カリキュラム改革計画へのより全体的なアプローチの利点を提示するものである。

オマーンの教育システムは1970年にまで遡る。発展期初めの20年間は、

オマーン国内における教育機会の拡張に焦点が置かれた。1990年代半ばまでには、多かれ少なかれ、誰でも教育を受けられるようになり、国家の持続的な発展を達成するための長期的戦略を下支えするために、教育の質向上が重要視されるようになった。これに伴い、全教科のための10年制基礎教育カリキュラム改革が行われ、既存の伝統的な、教師中心の知識伝達型システムから、学習者中心の教育として特徴づけられるシステムに移行することが期待された。開始当初から、新しいカリキュラムの導入は長期間の過程になることが予想された。最初に初等教育の低学年レベルに導入され、数年の期間をかけてシステム内の上級学年に移行していくように計画された。

　このように、英語BAプロジェクトはオマーンの教職開発のための取り組みの一環であり、新しい（英語）カリキュラムが掲げるアプローチと実践の具体化を目指していた。同時に、新しい英語教材と評価方法も導入された。本プロジェクト期間中、1000名以上の教師が6つのコホート〔各年度の研修グループ〕にグループ分けされた。各グループは、国内の異なる地域から参加した教師約10～15名から成るサブ・グループに分かれた。夏期と冬期の休暇中、教師達は主に国内研修を受けた。その他の期間は、勤務校での仕事を週4日間続け、地域研修センター〔Regional Centre〕での週1回の校外セッションに同じグループのメンバー達と一緒に参加した。センターには、リーズ大学が採用し、オマーン教育省が任命した地域担当チューターが配置されていた。教師が校外セッションに参加するためには、地元の教育行政担当者と学校長に事前に相談する必要があった。このような義務、本プロジェクトの全国展開、教師が勤務校で週のうちのほとんどで仕事を続けたという事実によって、改革の目的や、本改革が与える授業実践への意味合いに関して国内の「関係者」間での意識を高めることができたのである。

　プログラム3年間で、教師達はリーズ大学のチューターによる夏期・冬期研修に6回参加し、そこでプログラム内容のために特別に策定された様々な種類の大学学部課程モジュールを学習した。彼らの経験値をふまえて、モジュールはプロジェクト期間中に絶え間なく作り直された。勤務校で使用した教材の抜粋は、ティーチング・インプット〔授業実践のために入手する資料や情報〕と教室内の実践のための良い見本として広く活用され、言語評価モジュール〔Language Assessment modules〕プロジェクトで用いられた原則と実践は、将来的に学校で評価が実践されることを想定して綿密に

熟考されたものであった。

　研修中の大半の期間、教師達は勤務校で教えながら、新しい方法を試み、新しい教材を扱い、新しい評価形式を使う機会をたくさん得た。彼らはまた、自分達の経験や、新しいアイディアと実践が、職場にどう関連しているかについて、毎週のミーティングで同僚や地域担当チューター達と話し合い、一緒に考えることができた。外部評価者 (Freeman 2007) の 1 人は、3 年以上にわたるプログラムの校外研修によるコラボレーション〔協働作業〕や専門的な学びの機会こそが、参加者の専門性、そして個人的な支援のための最も重要な情報源になったと述べている。学習、実践、そしてそれらの経験を同僚、地域担当チューター（より熟達した「コーチ」、Joyce & Shower 1988）と一緒に討議するというサイクルを繰り返すことで、多くの教師達は改革を支えている主要な考え方を理解し、少なくともこのような考え方のいくつかを自分達の教室内実践に取り入れることができるという自信を培った。

　もちろんプロジェクトは完璧ではなかった。例えば、期間中にプロジェクト自体は広範囲にわたって外部評価を受けていたが、教師の変化が学習者の成果に与える影響に関する実証的研究が行われる機会はなかった。それに加えて、BA モジュールの内容と評価の妥当性に関する開始当初の問題点もあった。しかし、オマーンと英国拠点のプロジェクト・リーダーシップの緊密な連携のもと、時間の経過とともに、両国のプロジェクト・リーダーは互いの文化的な現実と違いに適応していくようになった。このことは、長期間にわたって本プロジェクトに従事するという経験や、学生、地域担当チューター、プロジェクト評価者、国内プロジェクト・リーダーからのフィードバックと相まって、教室環境におけるそれぞれの教師の専門的ニーズがモジュールや課題の改訂版に一層反映されることになった。

6.7　考察

6.7.1　システム内の構成要素からの支援

　上記の事例研究を一部とする教育改革プロジェクトは、学校カリキュラム全体にまで及ぶものであり、多かれ少なかれ、システムの全構成要素がその時に起こっている変化を支えていた。当プロジェクトの中核であった現職教員研修プログラムは、明らかに英語教師の再教育を支援するために策定されたものであった。同様に、現場で多くの教師が使用していた新

理念に基づいて編集された教科書や、新たな重点を形成的評価に置くことは、公的な教員研修プログラムで用いられた、より学習者中心のコミュニカティブ教授法を広く下支えすることになったのである。

6.7.2 システム内の関係者からの支援

英語 BA プロジェクトが 10 年間続き、オマーン国内全土に広がったという事実は、その元となる教育政策改革への意識を高めるのに大いに貢献した。教師達は勤務校の授業の一部を免除されて本プログラムに参加したために、教員評価の担当者とともに、参加者の全勤務校の校長や同僚がプログラムや改革そのものの存在に対する関心を掻き立てられるという、予想外の喜ばしい副産物を生むことになった。10 年間という時間的余裕もあったために、権威による押しつけでないボトムアップでプログラムや改革全体への気づきを育むことに成功したのである。

> 年度ごとの研修グループが次から次へ修了していったため、前のグループの修了者は、校長や後のグループに入った同僚に対して、プログラム参加によって何を得ることができたか、どの程度、今までの勤務形態を調整して本プログラムに参加したらよいかという情報やアドバイスを与えることができた。事例証拠によると、オマーン社会の特質や、交流の場において経験を互いに話し合うというオマーンの風習を考えると、このような形式ばらない支援は多くの場合、非常に影響力が大きかった。(Wedell & Atkins, 2009: 205)

このような長期にわたる全国規模のプログラムの存在そのものが、教育改革の進めようとしていた様々な考え方への認識を国内中に広めることに寄与した。校長、地方教育行政担当者、指導主事はともに、教育改革が進行中であること、そして、このことによって（英語の）教室で新しい授業行動や実践が生まれるであろうということを漠然とながらも意識していたので、教師達はシステム内の多くの関係者によって、最悪の場合でも我慢してもらい、うまくいけば支援を受けることもできたのである。

プロジェクトの所要期間はさらなる利点を持っていた。英国とオマーン両国のプロジェクト・リーダー達の多くは、全 10 年間のプログラムの期間を通して留まっていた。多くの地域担当チューターは、1 つ以上のグループと一緒に働いた。

長期的視野に立ったプロジェクトは、さらなる利点を持っていた。英国とオマーン両国のプロジェクト・リーダー達の多くは、10年間のプログラムの全期間を通して任務を遂行したのである。また、地域担当チューターについては、少なくとも2回にわたって研修生を修了させた者が多かった。

　　　プロジェクトの日常的な仕事に関わった者も、全体統括に当たった者とともに、通常の場合よりもはるかに長くプロジェクトに従事しました。このようなリーダーシップや管理的な役割を果たす人々の間の継続性がプログラムの成功につながったのです。（Wedell & Atkins 2009:205）

　全関係者の再教育を支援するという、一貫性のある国家レベルの政治的・経済的な関与と相まって、プロジェクト期間中の継続的なリーダーシップは、2つの不可分な好結果を生んだ。第一に、プロジェクトの期間中、国家レベルのリーダーシップと管理が活発に行われたため、**教育システム全体と全関係者による実に集中的で継続的な努力**を生み出すことに成功した。この努力こそ、実際の教室において指導と学びの実践を変えるために必要不可欠であるとレヴィン＆フラン〔Levin and Fullan〕（2008:291）が考えたものである。こうした努力も時間の経過とともに報われ出した。それは、実際の授業のなかで「変化」がどういう意味を持つものなのか、そして、授業が変わることは「変化」受け入れの最善策とどのような関わりを持つものなのかということに対する「気づき」が、次第にプロジェクト立案者や指導者の間に広がっていくことと連動していったのである。

6.8　結論

　多くの発展途上の環境において、教育資源は不足しているが、国民の英語能力レベルの向上のために莫大な資源投資をする国家教育システムの数は、世界中で増加し続けている。このような投資には、国家的な（また個人的な）人材資源の育成を促進し、将来的な経済的・政治的な成長の一方、あるいは双方を促すという明示的、あるいは暗黙の前提がある。この前提が正しいかどうかを政策立案者が評価できるようになるためには、大多数の生徒の英語力向上をある程度保証するようなELT戦略の導入と実践の方法を開発する必要がある。

学習者がこのような能力に到達するためには、教師は表6.1の左から右への移行に示されるような、広範な専門的な調整を厭わず進めなければならない。いかなる文化文脈においても、このような変化には長期間にわたる支援が必要である。どのような形の支援が必要か、どのような形で提供するのが最もふさわしいかを考える時、ELT戦略の立案者にとって、(英語)教育システムの「構成要素」と、システム内の「関係者」によって交わされる対話の継続性を最大化できるかどうかを考慮することが出発点になる。

　前述の考察と事例研究が示しているように、もしELT政策立案者や実践者が、表6.3の関係者全員を対象にした「共通の再教育」を最大限に実行できない場合、表6.2の「構成要素」の間に、ある程度の矛盾や衝突が起こることはほぼ必至である。上記の事例研究1で明らかなとおり、「構成要素」（そしておそらく「関係者」）同士においてこのような矛盾や衝突が起こる場合には、教師への支援のみでは多くの教室で新しい実践が行われるようになることはないだろう。それとは逆に、事例研究2からも分かるように、もし英語教師に「新しい規範」となるべきアプローチを授業の場で実践し始めることを実感させたいならば、そして、大部分の学習者に英語のコミュニケーション・スキルを何らかの形で身に付けて卒業させたいのであれば、英語教師は、「構成要素」と「関係者」が大きな一貫性の欠如や矛盾なく、ゆっくりと時間をかけて協働していけるような「システム」の中で仕事をする必要がある。このような「英語の学びのシステム」における調和を達成するために、ELT戦略の立案者は次の4項目を出発点としなければならないであろう。

（1）「関係者」の出発点をありのままに直視すること。すなわち、学校長、教職教育担当者、教師、生徒、そして保護者が「教育」に対してどのような考えと期待を抱いているかを確認すること。
（2）このような出発点と当該のELT戦略が導入を目指そうとする指導と学びへのアプローチの間のギャップをきちんと確認すること。
（3）再教育を支援することの複雑さを認識すること。すなわち、(1)の出発点から判断して、どのグループがどのような支援をいつ、どの位の期間だけ必要とするであろうかを考えるにあたって、いかに綿密な計画が必要であるかを理解すること。

（1）から（3）の3項目を見ると即座に次のことが分かるはずである。つまり、

実施計画というものは、立案者が考える通常の時間よりもはるかに長い年月になるということだ。よって、関係者全員が以下のことに踏み出すことが最終的な（そしておそらく決定的に重要な）ステップになるであろう。

(4) 短期的な政治的要求よりも長期的な国益を重視すること。すなわち、まず計画を立て、資金を調達し、プロジェクトを実施することになるのだが、（国民の「言語能力」における）関係者の全力での取り組みの効果が明らかに現れるのには10年以上かかるであろうという事実を認識すること。

これはとても簡単そうに見える。しかしながら、政治的・経済的な要因や、個人的・文化的な障壁、そしてその他の様々な状況による理由によって、実践することは非常に難しいであろう。

実証的証拠には欠けるとはいえ、警戒を促す一連の文献研究を紹介しながら、本章の冒頭で指摘したことは、政策立案者がコミュニケーションのための英語を達成するための投資と将来的な国家発展の間には肯定的な関係性があると想定することによって、国家部門システムにおける英語対策の急激な成長を正当化し続けている点である。この関係性が事実であるかどうかは、改革戦略にもっと一貫性を持たせて計画し、実行するように充分な注意が払われる場合にのみ明らかになる。

引用文献

Al Hazmi, S. (2003) EFL teacher preparation programmes in Saudi Arabia: Trends and challenges. *TESOL Quarterly* 37 (2), 341-345.

Altinyelken, H.K. (2010) Pedagogical renewal in sub-Saharan Africa: The case of Uganda. *Comparative Education* 46 (2), 151-171.

Blackler, F and Shinmin, S. (1984)*Applying Psychology in Organisations.* London: Methuen.

Blenkin, G.V., Edwards, G and Kelly, A.V. (1992) Perspectives on educational change. In A. Harris, N. Bennett and M. Preedy (eds) *Organisational Effectiveness and Improvement in Education* (pp. 216-230). Buckingham: Open University Press.

Bohn, H.I. (2003) The educational role and status of English in Brazil. *World Englishes* 22 (2), 159-172.

Brock-Utne, B. (2010) Research and policy on the language of instruction issue in Africa. *International Journal of Educational Development* 30, 636-645.

Canagarajah, A.S. (1999) *Resisting Linguistic Imperialism in English Teaching.* Cambridge: Cambridge University Press.

Carney, S. (2008) Learner-centred pedagogy in Tibet: International education reform in a local context. *Comparative Education* 44 (1), 39-55.

Chin, R and Benne, K. (1970) General strategies for effecting changes in human systems. In W. Bennis, K. Benne and R. Chin (eds) *The Planning of Change* (pp. 32-59). London: Holt,

Reinhart and Wilson.
Coleman, H. (2010) *The English Language in Development*. London: British Council.
De Segovia, L.P and Hardison, D.M. (2009) Implementing educational reform: EFL teachers' perspectives. *English Language Teaching Journal* 63 (2), 154-162.
Dello-Iacovo, B. (2009) Curriculum reform and 'Quality Education' in China: An overview. *International Journal of Educational Development* 29, 241-249.
Freeman, D. (2007) *Fourth Independent Evaluation of the Ministry of Education Oman – University of Leeds BA Educational Studies (TESOL) Project*. Muscat: Ministry of Education, Oman.
Fullan, M.G. (2007) *The New Meaning of Educational Change* (4th edn). London & New York: Columbia Teachers Press.
Graddol, D. (2006) *English Next*. London: British Council.
Grin, F. (2002) *The Relevance of Language Economics and Education Economics to Language Education Policies: An Introductory Survey*. Strasbourg: Council of Europe.
Hatch, M.J. (1997) *Organisational Theory*. Oxford: Oxford University Press.
Holliday, A. (1994) *AppropriateMethodology and Social Context*. Cambridge: Cambridge University Press.
Hyde, B. (1994) Albanian babies and bathwater. *Teacher Trainer* 8 (1), 10-13.
Joyce B and Showers B. (1988) *Student Achievement through Staff Development*. New York: Longman.
Kennedy, C. (1988) Evaluation of the management of change in ELT projects. *Applied Linguistics* 9 (4), 329-342.
Levin, B and Fullan, M.G. (2008) Learning about systems renewal. *Educational Management Administration and Leadership* 36 (2), 289-303.
Li, D. (1998) It's always more difficult than you plan and imagine: Teachers' perceived difficulties in introducing the communicative approach in South Korea. In D.R. Hall and A. Hewings (eds) *Innovation in English Language Teaching* (pp. 149-166). London: Routledge.
Liyanage, I. (2009) Global donors and English language teaching in Kiribati. *TESOL Quarterly* 43 (4), 732-737.
Mahrous, A.A and Ahmed, A.A. (2010) A cross-cultural investigation of students' perceptions of the effectiveness of pedagogical tools: The Middle East, the United Kingdom, and the United States.*Journal of Studies in International Education* 14 (3), 289-306.
Markee, N.P.P. (1997) *Managing Curricular Innovation*. New York: Cambridge University Press.
McGrath, S. (2010) The role of education in development: An educationalist's response to some recent work in development economics. *Comparative Education* 46 (2), 237-253.
Ministry of Education (MoE) China (2003) *Putong Gaozhong Yingyu Kecheng Biaozhun [English Language Curriculum Guidelines for Senior Secondary School]*. Beijing: People's Education Press.
Ministry of Education (MoE) Oman: English Language and Curriculum Department (2001) *The Ministry of Education – University of Leeds BA (TESOL) Mission Statement*. Muscat: Sultanate of Oman, Ministry of Education.
National Council of Educational Research and Training (NCERT) (2006) *Position Paper: National Focus Group on Teaching of English*. New Delhi: NCERT. www.ncert.nic.in/html/pdf/schoolcurriculum/position_papers/english.pdf
Nunan, D. (2003) The impact of English as a global language on educational policies and practices in the Asia-Pacific region. *TESOL Quarterly* 37 (4), 589-613.
Ong'ondo, C. (2009) Pedagogical practice and support of English language student teachers during the practicum in Kenya. Unpublished PhD thesis. University of Leeds.
Orafi, S. (2008) Investigating teachers' practices and beliefs in relation to curriculum innovation in ELT in Libya. Unpublished PhD thesis, University of Leeds.
Organisation for Economic Co-operation and Development (OECD) (2009) *Creating Effective Teaching and Learning Environments: First Results from TALIS*. Paris: OECD.

Ouyang, H. (2000) One way ticket: The story of an innovative teacher in mainland China. *Anthropology and Education Quarterly* 31 (4), 397-425.

Padwad, A and Dixit, K. (2011) Continuing professional development of English teachers in India: The ETCs' experience. In M. Beaumont and T. Wright (eds) *The Experience of Second Language Teacher Education*. Basingstoke: Palgrave.

Pennycook, A. (1994) *The Cultural Politics of English as an International Language*. Longman: Harlow.

Polyoi, E., Fullan, M.G and Anchan, A.P. (2003) *Change Forces in Post-Communist Eastern Europe: Education in Transition*. London: Routledge-Falmer.

Sachs, J. (2008) *Common Wealth*. London: Penguin.

Smotrova, T. (2009) Globalization and English language teaching in Ukraine. *TESOL Quarterly* 43 (4), 727-732.

Tabulawa, R.J. (2003) International aid agencies, learner-centred pedagogy and political democratization: A critique. *Comparative Education* 39 (1), 7-26.

Tabulawa, R.J. (2009) Education reform in Botswana: Reflections on policy contradictions and paradoxes. *Comparative Education* 45 (1), 87-107.

Vavrus, F. (2009) The cultural politics of constructivist pedagogies: Teacher education reform in the United Republic of Tanzania. *International Journal of Educational Development* 29 (3), 303-311.

Wedell, M. (2003) Giving TESOL change a chance: Supporting key players in the curriculum change process. *System* 31 (4), 439-456.

Wedell, M. (2005) Cascading training down into the classroom: The need for parallel planning. *International Journal of Educational Development* 25 (6), 637-651.

Wedell, M. (2009) *Planning for Educational Change: Putting People and Their Contexts First*. London: Continuum.

Wedell, M and Atkins, J. (2009) The BA Programme as an example of large-scale educational change. In J. Atkins, M. Lamb and M. Wedell (eds) *International Collaboration for Educational Change: The BA Project* (pp. 201-211). Muscat: Sultanate of Oman, Ministry of Education.

Williams, E. (2011) Language policy, politics and development in Africa. In H. Coleman (ed.) *Dreams and Realities: Developing Countries and the English Language* (pp. 39-56). London: British Council.

Wu, X.D and Fang, L. (2002) Teaching communicative English in China: A case study of the gap between teachers' views and practice.*Asian Journal of ELT* 12, 143-162.

Zeng, Y.H. (2005) Approaches and contexts in TESOL. Unpublished MA assignment, Module ED 5991, University of Leeds.

第7章

リンガフランカとしての英語使用による地域の「声」構築

―― 異文化間の開発に関する談話の研究

トム・バートレット（原隆幸・杉野俊子／訳）

7.1 はじめに

　　グローバル時代の現在、談話分析や社会言語学の分野において、単一の社会に基づいた研究はもはや考えられない。(…) 様々な社会を視野に入れて、以下の関わり合いに注目するところから始める必要がある。すなわち、多種多様な社会の絡み合いが、言語使用者の多岐にわたる言語選択や、民意の発露としての「声」(voice) 構築の可能性にどのような影響を及ぼすかについてである。(Blommaert 2005: 15)

グローバリゼーションと言語の使用は切っても切れないほど結びついている。それは、国家間の貿易や情報伝達の障害が取り除かれると同時に、超国家語〔transnational languages：国境を越えた言語〕が急成長したからである。この言語は、新たに成立したグローバル社会にある多数の領域を超えて、主要なコミュニケーションの手段として機能している。これは、英語のような言語がもはや母語話者の唯一かつ排他的な所有物ではないという主張を後押しするとともに、英語をリンガフランカ〔共通語〕として認知するべきだという要求につながっている。リンガフランカというのは、母語話者の規範に拘束されるものではなく、様々な使用者の必要性や相互理解の制約に応じて絶えず変化する言語である。この分野における研究の主要な関心事は、多岐にわたる社会状況で使用される英語の言語学的特徴〔音韻・語彙・文法など〕を記述することである。この場合、英語は共通語として使われているが、全員が母語話者であるとは限らない。

　そこで本章では、国際開発の現場からの事例研究について概観を提示する。開発の現場における専門家と地元の人々との意思疎通の経緯を確認し

たのち、英語がどのように使用されているかに関する調査の不足を指摘したい。近年、参加型のアプローチを重視する方向に着実な歩みがあったにもかかわらず、地元の人々が英語のような超国家語で自らの社会の価値観を、どの程度表現できているかについての考察は進んでいない。「声」という社会言語学の概念に依拠して、南米のガイアナにおける開発現場で得られた談話データを分析し、社会的アイデンティティを表現する手段として英語が適切に使われた成功例を紹介したい。そして、本研究で使用したアプローチが、他の様々な領域におけるリンガフランカ研究の深化に役立つ可能性のあることを提言したい。

7.2 グローバリゼーション、言語、開発

　グローバリゼーションは経済という土壌の地ならし（平準化）を意味するもので、従来閉ざされていた市場へのアクセスを開発途上国に開放し、意見交換の場や、無知、偏見、偏狭に挑む機会を提供すると考える人たちがいる。それに対し、植民地主義列強の軍事力・財政力の拡張を意味するもので、この拡張の下支えとなる世界観を押しつけ、それ以外の声を封じ込める動きとしてグローバリゼーションをとらえる人たちもいる。

　Fairclough (2006: 7-8) は、グローバリゼーションという歴史的な事実と、グローバリズムという政治的に作り出された現象とを峻別している。前者は、Held *et al*. (1999: 16) が「現代の社会生活の特徴である、急速に伸張し、絶えず濃密化していく相互連関・相互依存のネットワーク」と定義したもので、後者は、「グローバリゼーションをもっぱらネオリベラル（新自由主義）流に、市場の自由化・グローバル化と解釈するもので、（西洋）民主主義の特定の型を拡張して、『誰にでも合う均一のサイズ』という規格品に仕立て上げようとする動き」を指す。

　グローバリズムによってもたらされたものは、競争の場の平準化どころではなく、豊かで強大な国家が、自らの立場の濫用によって、開発途上の弱小国家を犠牲にし、経済的・政治的利得を増進するという現実であった。その結果、貧しい国の国民は新しいシステムから恩恵を享受できないだけでなく、ますます貧困化・弱体化を余儀なくされる可能性があるのだ（例えば、Stiglitz ＊1　2002: 18, 54, 67-73, 153-155 を参照）。発展途上国の観点からすると、国家間の距離が狭まったり、国境が開放されたりすることによって得られる「自由」は、そのシステムの活用手段をすでに持ち合わせている

豊かな国々の自由なのだ。

　同様の両義性(曖昧さ)は、言語分野についても見受けられる。政治、経済、技術、学問分野の国際語として抜きん出ているため、英語使用により利益がもたらされることは開発途上国にとって明々白々であるように思える。ところが、ここにも同様に、「誰にでも合う均一のサイズ」という規格品を押しつける「グローバリズム」の危険性が潜んでいる。「その規格品とはグローバル英語と呼ばれる消費財のことで、世界中の多種多様な状況において、漠然とではあるが同一物だと認識されている言語を指している。そして、ビジネスやレジャーの場面におけるコミュニケーションのための言語であり、グローバリゼーションの時代の現在、誰もが知っていなくてはならない言語である」(Block 2010: 294-295)。

　英語という言語に対してグローバル主義者は、表面的な地域的変種を容認するとはいえ、実際上、一種の普遍語として推奨される極めて均質的な言語を頭に描いているのである。つまり、世界中どこに住む人であろうと全員が同じ条件で意思疎通する際の手段になると想定しているのだ。しかし、同じ条件と言うものの、必ずしも平等な条件であるとは限らない。なぜならば、言語使用は〔社会から〕隔離された抽象的な真空状態で生じるものではなく、さまざまな社会状況での言語形態や変種として現れるものだからである。

　標準化された普遍英語〔universal English〕という商品は、人々のニーズに合わせ、様々な目的・用途に応じて作り直されるのが一般的である。その人々の使用する言語の形態と言えば、地域限定の要素が大幅に切り捨てられ、標準的な国際語に置き換えられてしまうのだが、それでもまだ「合法的」(Bourdieu & Wacquant 1996:76)な英語の一形態として容認されるようなものである。不運なことに、超国家的な言語としての英語を受け入れたとしても、周縁社会の人々にはグローバル社会で活躍するエリート層の使う支配的な言語形態を身につける能力が自動的に備わるわけではない。要するに、共通語が与えてくれる自由とはいえ、前述した経済システム上の自由と同じように、すでに有利な立場にある人々にとっての自由なのだ。

　英語の国際化に向けた革新的なアプローチが、リンガフランカとしての英語〔English as a lingua franca：ELF〕という名称を伴って出現している。(もっとも、この考え方は、超国家語と呼ばれる他のすべての言語にも等しく当てはまるものであるのだが。）リンガフランカという観点からすると、言語というものは普遍的な完成品ではなく、ニーズに応じて話者一人ひとりが作り上げて

いくことのできる素材である。つまり、グローバル言語は混成〔hybridization：ハイブリッド化〕が避けられないということだ。なぜなら、言語使用には、既存の形式や機能をその土地独自のコミュニケーション・スタイルに合わせるプロセスが組み込まれているからである。このアプローチは、政治・経済領域内で生じる国際的慣習のグローカル化〔glocalization：世界普遍化（globalization）と地域限定化（localization）を組み合わせた混成語〕（Robertson 1995）と名付けられている現象を反映している。

　ELF 研究では、言語の混成が異文化間の語用論〔pragmatics：語の意味とその語が用いられる特定の状況との関係を分析する言語学の研究分野〕に対してだけでなく、英語の発音や文法に対してどのような影響を与えてきたかの考察が行われている（概要については、Hulmbauer et al. 2008、Mauranen 2009、Seidlhofer 2005 などを参照）。現在までのところ、こうした研究の大部分は、ELF の特徴としての多様性が相互理解性に対してどのような影響力を及ぼしているかという点に集中している。そして、〔標準英語の指導に片寄らず、英語の多様性を重んじる〕非規範的な英語教育のアプローチ推奨を、その目標として伴うことが多い。しかしながら、このようなアプローチを採用する場合にも難問が残っている。つまり、母語話者との議論のなかに同等な立場で参加できそうであるが、非母語話者が英語を使用する際、あくまでも疎外感を伴う環境で使わざるを得ず、話し合いなどで発揮できる力も制限されることになってしまうという危険性が潜んでいるのだ。

　本章の目標は、ELF の根底にある平等主義的な動機を援用し、コミュニケーションに関わる問題に対する解決策をいくつか提案することである。その解決策では、周縁化されたグループの人々が超国家語を適切かつ有効に使って、相手に理解してもらうというだけでなく、自分たちの文化が持つ多方面にわたる固有な言語形態を作り直すことによって、支配的なグループの正当性に挑みかかる姿勢が提示される。本章の焦点は、国際開発の場に置かれている。そこでは、グローバリゼーションと言語の相互関係が、並行する 2 つの論議を通して、特に際立った形で浮き彫りにされている。1 つは、開発途上国がどの程度、グローバルな経済モデルに同化するべきかに関するもので、もう 1 つは、新しい市場や技術へアクセスする手段として英語を推奨すべきかどうかに関するものである。この 2 つの問題は、開発に関わる機関そのものが超国家語を使用し出すとともに生じたものである。また、この言語使用が関係コミュニティを開発論議に巻き込み、グローバル主義者の抱くモデルに対して地元の考え方を主張するところま

で成長させる際に見られた様々な制約のなかで湧き上がってきたものでもある。この最後の点については、本章の後半で詳述する予定である。その際、「参加」に対する考え方が徐々に国際開発関係者の間で変化した様子を報告した後、「混成」という枠の広い概念が、参加を質的に向上させうることを提案したい。

7.3 国際開発における「参加」の概念の変化

　半世紀以上も前に、著名な「フェア・ディール演説」〔'Fair Deal' speech：「公正な扱い」を提唱した 1949 年の一般教書演説〕（Escobar 1995: 3 に引用）で、米国のトルーマン大統領は、裕福で発展した国々の専門知識を移転することによって、世界の貧困国開発に当たるべきだという政策課題を発表した。

　　世界の半数以上の人々は、悲惨ともいうべき状況で生活している。食料は不十分であり、疫病の犠牲になっている。経済生活は未発達で停滞している。貧困は自らにとっても、豊かな地域にとっても障害であり脅威でもある。歴史上初めて人類は、こうした人々の困窮を軽減する知識と技量を手にしたのである。（…）私は、平和を愛する国の人々がよりよい生活への希望を実現するために、私たちの蓄積してきた専門知識の恩恵を利用できるようにするべきであると信じる。（…）私たちが想定しているのは、公正な扱い〔Fair Dealing〕という民主的な概念に基づく開発計画である。（…）生産拡大は繁栄と平和の鍵である。そして生産拡大の鍵は、近代的・科学的な専門知識を今まで以上に広範に、そして精力的に応用していくことである。

この抜粋は、「未発達で停滞している経済」、「貧困」、「疾病」、「困窮」という表現を使って、開発途上国を徹底的と言えるほど否定的に描いている。この困窮の描写にたとえどのような真実味があったとしても、貧しい国々の否定的な側面のみに焦点を当て過ぎている嫌いは免れない。逆境に抵抗し成果を挙げたことには言及もせず、現有の潜在能力や将来に向けての行動力を持ち合わせていることにも言及せず、ただひたすら不運を受動的に耐え忍んでいる存在として、その国民を描いているのだ。要するに、トルーマンの仕立て上げたシナリオは、外からの介入が合理的かつ賞賛すべきものであり、貧しい人々の欲求や渇望、そして、こうした要求を満足させる

方法は自明のことであり、当事者に相談する必要は全くないと考えられているようである。同様に、否定的側面の強調は以下のような含意を持っている。つまり、開発途上の国々は、差し出された援助に対して返礼できるものは一切持たないため、開発というものは、豊かな国から貧しい国に対する技術や経験の一方通行的移転と考えられる結果となる。

　さらにもう1つの前提が、「生産力の増大こそ繁栄と平和への鍵である」という素朴な主張のなかに隠されている。富の再分配や福祉国家の創設といった代替案が全く提示されていないだけでなく、この前提は、それ自身が疑わしいものであるが、それ以外にも、簡単に解決できそうにない問題が2つ含まれている。1つは、生産力の増大が新しい科学の応用と先進諸国の模倣ですぐに成就できるものであるとする点であり、もう1つは、開発から得られるこのような利益が最貧の国々にも届けられるだろうとする点である。こうした想定は、貧困国家間にある違いを不可視にする恐れがある。なぜかというと、そのような国家はすべて同一の解決策を必要としていると見なしてしまいがちで、地理的、経済的、文化的な相違点を度外視してしまうからである。実は、様々な違いがあるからこそ、それぞれの国に合った開発戦略が多少なりとも生きてくるはずなのだ（Stiglitz 2002: 36）。フェアクラフの言葉を借りるとすれば、トルーマンの演説は開発に対する「グローバリスト的アプローチ」そのものなのだ。

　トルーマンの演説が、援助対象者の抱く「生活向上への渇望」に応えるためには経済成長が必須だと想定したことで著名であるとしたら、国連経済社会局が1951年に提出した影響力のある報告書（Escobar 1995:4 に引用、下記に抜粋）は、新しい世界秩序が成立したにもかかわらず、貧しい人々の渇望をそのまま放置し、経済成長を開発の手段として位置づけるのでなく、経済成長そのものを目的に祭り上げたという点で罪深いものである。

　　「急速な経済成長は痛みを伴わずには成し遂げられない」という考えは正論である。古い考え方は破棄しなくてはならない。古い社会制度も解体しなくてはならない。身分、信条、人種による足かせは粉砕しなくてはならない。そして、社会の進歩についていけない人々は、快適な生活への期待が叶わないことに我慢しなくてはならない。経済発展のつけを全面的に、しかも喜んで払おうとする社会はないのである。

この抜粋は優先順位の逆転を示しているだけでなく、マニフェストが実現できない事態に直面した際、グローバリストたちが将来行うであろう自己正当化の見本も提示している。つまり、予知された経済発展を達成できなかった点で非があるのは、非現実的な期待感を抱く貧しい人々や時代遅れの社会組織だということを示唆しているのだ（Fairclough 2006: 42-47; Stiglitz 2002: 85, 90）。Escobar（1995: 40-41）の指摘によると、この優先順位の逆転は、政策立案者たちが元来調査していた具体的状況から次第に引き離され、開発について繰り広げられる理論的・イデオロギー的論争にますます埋没していった結果である。このようにして、開発に関する文書は、かつて具体的な現実についての二次的な資料に過ぎなかったのだが、今や自らの権利を主張するかのように、分析の対象になっているのだ。こうした文書が増えていくにつれ、開発論争は次第に自己中心的・閉鎖的になり、地元の人々にとって理解しがたいものとなり、議論に参加することもできなくなってしまっている。

　しかし、1980年代の後半には、現状に満足できない開発専門家が多数現れてきた。この人たちは、政策立案者が一方向的な開発論議に明け暮れている状況に不満を抱くようになっていたのである。当時、開発というものは、豊かな者から貧しい者へ、チェインバーズの言葉を借りるならば、「高い所から低い所へ」（Chambers 1997: 58）知識や経験を与えることで、双方向的な解釈は全く問題外であった。開発現場の専門家たちは、一方的にモノを送り届けるという開発の在り方が機能していないことに気づいていただけでなく、根拠となる考え方を、いよいよ根本的に変える必要があることにも気づき始めたのだ。つまり、地元の人たちの視点から、従来の開発モデルが維持されている現実そのものに疑問を投げかけなくてはならないことに気づいたのである。

　とりわけ、この新方式は、T型車〔Model T：20世紀初頭に米国のフォード社が製造した自動車〕的なアプローチを否定した。このアプローチは、「上から下へ、中心から外へ」という考え方に拠っていて、Chambers（1997：67）によれば、「技術というものは均一であり、標準的なパッケージ、1つの種類しかない生産物として大量生産でき、世界中どこでも共通に使うことができる。つまり、大量生産されたハードウェアである」。標準化をめざすこのアプローチへの反動として、そして、特殊な脈絡のもつ複雑さを理解しようとして、コミュニケーションの根源に立ち戻る方式が生み出されたのである。その方式を採用することによって、開発業者は地元の人々の

知識や経験を入手することができるようになった。こうした知識や経験こそが、技術の画一的な受け入れや「上から下へ、中心から外へ」というパラダイムに対抗する代替案を彼らに与えてくれたのだ。

　援助受け入れ側も開発論議に参加すべきだという考え方は、世界銀行にも届いた。そして世界銀行は独自の参加型手法を用いて、貧しい人たち自身が「貧困」というものをどのように認識しているか、そして、生活条件を改善しようとする組織的努力によって、彼らの生活にどのような変化がもたらされたかに関する大規模な調査を実施したのである。このプロジェクトの成果は『貧しい人々の声』〔Voices of the Poor〕というシリーズ・タイトルで3冊の本にまとめられた。第1巻（『誰か私たちの声を聞いてくれませんか』〔Can Anyone Hear Us?〕）の序言（Narayan et al. 2000）は、'voice'（声）の核となる比喩を用いて、プロジェクトの成果を以下のように描いている。

　　『誰か私たちの声を聞いてくれませんか』は、50カ国4万以上にわたる貧しい人々の声をまとめたものです。後続の2巻（『変化を求めて声を挙げる』〔Crying Out for Change〕と『様々な国からの声』〔From Many Lands〕）は、1999年に23カ国で実施した最新のフィールドワークの成果です。『貧しい人々の声』プロジェクトは、他の大規模な貧困研究と性格を異にしています。参加型で質的研究手法を用いた本研究は、貧しい人々の生の声を通して直接、その生活実態を提示しています。貧しい人々は貧困や幸福というものを、どのように見ているのか。この人たちの抱えている問題、あるいは、大切だと考えているものは何なのか。この貧しい人々は、国家、市場、市民社会の様々な仕組みとどのような繋がりを持っているのか。（Clare Short & James Wolfensohn, Narayan et al. 2000: ix の序言）

　しかし、世界には自らの哲学で覆い尽くせないことがあると世界銀行が認めているとしても、本で紹介されている様々な声は、貧しい人々の魂を離れたこだまであって、上述の理論的・方法論的枠組みの範囲内で「編曲・演奏」されているのに過ぎないのだ。地元の声は本で紹介できるとしても、その声を再文脈化する母体の議論方式や、声に基づいて行われる高い次元の実践が、国際開発に携わるエリートの発想で組み換えられていることを忘れてはなるまい。そして、チェインバーズが紹介している根源的な参加型アプローチの内部にさえ、地元の声はただ単に外部からの働きかけに応

じた形で聞こえてくるに過ぎない。実際、両アプローチとも何らかの形で抽出的・仲裁的である。すなわち、どの情報を抽出するか、利用の仕方をコントロールするのは誰かについて仲裁する〔決定を下す〕のは、一方で国際機関であり、もう一方は開発専門家なのである。

このことは、「新しい葡萄酒と古い革袋」の関係に当てはまるかもしれない。なぜかというと、地元の人々が持続可能で自律的な話し合いの場を維持するにあたって、永続的なメカニズムは、いずれの場合も今までのところ、創り出されていないからである。そのような場が確立されれば、自らの現実を絶えず見直すことができ、問題を解決し生活条件を改善するための適切な施策を講ずることができるであろう（参考 Stiglitz 2002: xvi 50）。参加型アプローチに付随するこのような制約を心に留めて、Chambers (1997:224) は、標準化された従来型の慣行を批判して新たな方式を提示している。その新方式とは、「あらゆるレベルにおける自由な参加を承認・奨励するような手続き、行動規範、報奨の実現のために、上位者と下位者の間の双方向的な対話を増やす」よう求めるものである。

開発関係者の内部にも、「声」に付随するこの仲裁的な方向性に批判的な者もいる。それは、貧しい人々が自分たちより豊かで力のある他者に依存するという構造を崩すことができず、貧しい者同士で強い絆を結ぶことが決してできないためである（Hobley 2003:19; Norton et al. 2001: 42）。Cornwall (2002: 5) は構造的な不平等という問題点を指摘して、以下のように述べている。周縁に追いやられた人々の参加できる場が作られたとしても、このような場の内部で、自らの視点から考えを述べることができるかどうかは、貧しい人たち自身の力ではなく、外の社会からもたらされた仕組みなのである。そして、「権力と〔貧富の〕格差が生み出す問題は、ただ単に、合意形成を重んじる公正な意思決定そのものを覆すだけでなく、型にとらわれない考え方をする可能性も制限してしまうかもしれない。その結果、覇権主義的な視点や現状維持の方向性をもった解決策が強まってしまうことになるのだ」。

上記の論者たちにとって、地域社会内における組織の仕組みや協議の仕方を分析することは、流動化戦略の場を確保するにあたって必要な第一歩である。この戦略こそ、「従来とは異なる社会関係資本を創り出し、「声」の原理で貧しい人々を直接、国家と結びつけることによって、集団としてのアイデンティティや連帯意識を醸成し、断片化や分裂に対抗する力を与えてくれるのである。もしそうでなければ、極めて非対称的な庇護者−被

庇護者という上下関係に甘えてしまうことになるのだ」(Hobley 2003: 30)。

　Hobley (2003: 36) は、この過程に3つの重要な変数（場〔space〕・声〔voice〕・選択〔choice〕）があることを指摘している。「場」は、政治的・社会的に構築された空間のことで、個々人が自分の「声」を発し、意思決定を行う場として位置づけられている。「声」は、意思決定や物品運搬に関する地元の人々の参加から始まって、不服の請求、組織的な抗議、あるいはサービス改善の実現を求めるロビー活動に至る様々な意思表示の方策それ自体のことである。「選択」は、「声」を実践する権利（それゆえ、実践しない権利も含む）、および、「声」を表明するとともにフィードバックを受け取ることもできる多様な回路の提供として認識されている。

　1番目の変数である「場」は、多種多様な話し合いの場を創り出す必要があることに注目している。その場には、様々な関係者が集まってきて、各自の専門知識や権威を披露することができる。しかし、そのような場が実際に効力を発揮するかどうかは、可能となる参加の形態や、地元の人々が実際に行使できる「選択」のレベルにかかっている。つまり、最小限度の受け身的な意思表示ではなく、地元の人々が協議の場で生の声を発することができるかどうかにかかっているのだ。ところが、「声」と「選択」は両者とも、上記の定義において分析未分化といった状態である。なぜなら、その定義は、「声」の具体的な働きや「選択」としての活用方法を考慮したというのではなく、ある意味で、「こうあってほしい」という願望をリストアップしたに過ぎないからだ。

　とりわけ「声」に対する上記の定義は、具体的事項に関する地元の意見というより、どこにでも通用する言語行為を漠然と並べたレッテルの寄せ集めに過ぎないと批判されてもやむを得ないだろう。地元の声を軽視する視点は、参加を**量的な**モノとして単純化する見方に陥りがちである。その見方によると、人々の「声」には、既定の談話パターンの短縮版という意味しか与えられないことになる。このような制約のなかで認められた参加枠の拡大は、現存の協議方法における地元参加の「拡充」(Cornwall 2002: 8) を意味しているかもしれないが、すでに歪められてしまっている「声」を拡充しようとしたとしても、その際の限界がどのようなものであるかを問うておく必要があろう。

　さらに根源的なアプローチは、地元参加者に開かれている言語行為の枠を広げたり、言語行為の実践方法を（今まで考えられていないものまで含めて）多様化したりして、参加の質を高めることによる「声」の強化につなげる

ことであろう。このことは、選択と権利が実際上どのような相関関係にあるかという疑問を呼び起こすことになる。地元の参加者たちに自らの意見表明のための法律上の権利を正式に与えることは、空虚な思わせぶりになりかねない。かたや、政府や国際機関所属の職員は、自動的に、そして無意識のうちにということがよくあるのだが、事実上のコントロールを議事録作成で発揮することになる。1つは、議事録に使われる言語や、二者間の交渉で使われる談話の形態に、そうした職員が精通しているため、もう1つは、地元の人々が社会的・専門的威信で怖じ気づいてしまうためである。

　そこで、地元コミュニティからの参加者が意見を表明し、国・地方政府の幹部や国際開発の専門家と同等の権威をもって話し合いを先導できるような、従来とは異なる交渉戦略を立てることができれば、単なる関係者の寄せ集めではない協議の場が生まれることになる。そうすれば、「参加型のガバナンスを支えるどのアプローチにも付随すると考えられる力関係」(Hobly 2003: 4) の分析が行われるであろうし、そのような関係が言語を通して（とりわけ、この言語が地元の人々にとって母語でない場合）、どのように打ち立てられるかの探究も行われるであろう。

　次節では、「声」に関する深化した考え方を、2人の著名な社会言語学者、デル・ハイムズ〔Dell Hymes：米国の社会言語学者〕とバジル・バーンステイン〔Basil Bernstein：英国の社会学者、言語学者〕の研究に基づいて概説する。そして、上述の国連経済社会局の著作に見られるような、コミュニティ内部にある物の見方・考え方、さまざまな制度、社会の絆に対する古めかしい考え方を破棄することによってではなく、開発のための超国家的な言語使用により、このような社会的特徴を浮かび上がらせることによって、開発内部の異文化間コミュニケーションが深まる可能性のあることを指摘したい。このようなアプローチは、相互理解性の確保という枠を飛び越えたところにELFの権限を拡張することになる。すなわち、地元の人々の世界観や社会的関係を超民族的な話し合いの場に組み入れる方策が可能になってくるのだ。

7.4　社会言語学の観点からの「声」

　ハイムズは社会言語学研究に民族誌的な観点を持ち込んだ主要な立役者の1人であるが、バフチン〔Mikhail Bakhtin：ロシアの哲学者、思想家、文学理論家〕（例としてBakhtin 1981:262）の「声」の概念をアメリカ合衆国における言語の

多様性と関連づけて、「学校教育や市民生活で使われている社会的に権威のある標準英語を十分使いこなせない人々は、社会的排除の対象になりうる」と問題提起した。ハイムズにとって、言語と社会の関係に目覚めた言語学者がなすべき緊急の課題は、言語の変種に対する当時の単純な見方に異議申し立てをすることであった。つまり、言語の変種は、ただ単に標準語の崩れた形を十把一絡げにまとめあげた総称ではなく、個性や差異を表現する体系的な手段であるとして、考え方の転換を迫ったのである。

> たとえその国〔アメリカ合衆国〕が、メディアの報道どおり、ある種のごちゃまぜ状態のままであったとしても、現在より素晴らしい社会がくると信じる人々は、根拠のしっかりした批評を展開するべきである。どのような理想像を私たちは言語について抱けるのだろうか。理想像の2つの要素は古くからあるものだ。1つは、〔否定されることのないという意味で〕消極的な自由である。つまり、話すこと、読むこと、書くこと何であれ、言語に関わることが元で好機から遠ざけられてしまうようなことがない自由である。もう1つは、〔何かを追い求めるという意味での〕積極的な自由である。つまり、言語の使用を通じて満足を得ようとする自由であり、言語そのものが想像力に満ちあふれた生活や満ち足りた状態を導く原動力になるという考えだ。私自身の頭の中で、この2種類の自由は「声」という概念で結びついていると思っている。つまり、自分自身の「声」〔意見・考え〕を相手に聞いてもらうと同時に、相手にとって聞くに値する「声」を表明する自由のことである。(Hymes 1996:64)

この引用から明らかなように、ハイムズの「声」という概念は、近年の開発文献で重視される「包摂」の拡大という域をはるかに超えている。ハイムズは、既存の「声」を拡充する形で、包摂が量的な概念であるとともに質的であること、また、参加する自由（前述のホブリーの用語では「選択」）が、「どの程度参加できるか」という問題であるとともに、「どのようにしたら参加できるか」という問題であることを強調している。ハイムズが「声」の研究で主として拠り所にしたのは、民族詩学〔ethnopoetics〕(Hymes 1996) の概念である。これは、物語風の語り口をもった様々な形式のなかに、他のジャンルとは異なる基底構造が一貫して潜んでいることを追究しようとするものだ。

ハイムズの研究の多くは、物語などの文学作品の形式に焦点を当てているものの、最近のアプローチでは、亡命申請や教育といった他のジャンルにも適用の枠を広げている（Blommaert 2008）。以下に示す分析的枠組みは、それぞれの土地に固有の表現方法として物語を考える点でハイムズの民族誌学と似通っていて、様々な特徴を共有している。しかし、言語学的変数に関しては、ハイムズより広い範囲を扱っている。この枠組みは、選択体系機能言語学〔Systemic Functional Linguistics: SFL〕のなかで発展してきた記述的カテゴリーを、社会現象としての言語の分析手段として使用することになる（Halliday 1978;Halliday & Hasan 1985）。

　SFL は、英国の社会学者であるバジル・バーンステインの研究に依拠した「声」研究の分野で長い歴史を持っている。ハイムズが「声」や米国のサブカルチャーに取り組んでいたのとほぼ同時期に現れたバーンステインは、労働者階級出身の子どもたちの学業不振を言語的側面と関連づけている。バーンステインが注目したのは、そのような子どもたちが日常的に使用するコミュニケーションの方法や生活全般にわたる行動様式と、社会の支配層が期待している行動様式とのギャップから生じてくる諸々の結果である。バーンステインは、ハイムズと同じく「声」という用語を用いて、聞いてもらう権利と、この権利実現のための非標準的言語スタイルの使用との関係を論じている。

　明らかに類似点があるとはいえ、バーンステインの理論的枠組みと用語は、ハイムズとは少し異なる。Bernstein（2000: 206）は、「声」を「文化的な喉頭〔cultural larynx〕のようなものであり、合法的に取り入れられたものに制限を加える働きをする」ものと定義している。喉頭〔声門を閉鎖して呼気の流れを制限するとともに、嚥下時、気管に食物が入り込むことを阻止する器官〕のたとえでハイムズが意図していることは、以下のとおりである。「異なる文化や社会集団は同一の事物を別々のカテゴリーで認識するが、実際に取り入れられるものは、社会的ヒエラルキーの上層部にいる人々によって決められ維持されている」。

　この説明は、前述したエスコバルの定義と一致している。つまり、開発を牛耳る支配的な見方・考え方は、社会との接触が断たれた密室において生み出されるものであり、あくまでも「上層部」から「下層部」へ下ろされるものだというのである。上層と下層の境界線は、個人の言語行為をとおしてリアルタイムに管理されている。個人とは、例えば教師のように談話の流れを規制・管理する人か、こうした規制に対して自動的に従う人の

いずれかである。バーンステインは、このような個人的言語行為をメッセージ〔message〕と名付けている（Bernstein 2000: 12）。しかしながら、支配的な「声」と個人のメッセージの間には絶えず緊張関係があって、言葉が発せられるたびに、被支配的な世界観や力関係は支配的な談話のなかに吸い込まれてしまうのである。そして、個人のメッセージが支配的な「声」にそれほど脅威を与えることができず、その中に吸収されてしまうのに対し、バーンステインの枠組みは、支配的な「声」が次第に再調整されていく可能性のあることを指摘している。その理由として、バーンステインは、非標準的なメッセージが発話のなかで増えていくことに注目している。

以下の分析では、開発に関わる交渉の場から入手したデータを引き合いに、支配的な「声」を覆そうとするメッセージが、例の「古めかしい哲学（ものの見方・考え方）」とどのように符合するかを示してみたい。その哲学とは、国連経済社会局の提出した1951年の宣言（前述）によると、「破棄しなくてはならない、解体しなくてはならない古い社会制度」であり、「粉砕しなければならない身分、信条、人種による頑固な絆」のことなのだ。それを受けて次に論じたいことは、支配的な開発論議の内部で再文脈化に成功した結果、「合法化」された古めかしい哲学や頑固な絆が、現地語の代わりに充当されたリンガフランカとしての英語を媒介に、〔支配的な「声」とは異なる〕もうひとつ別の、効力を有する、地元の民意としての「声」出現のための基盤を整備するということである。

7.5 南米ガイアナの北ルプヌニ・サバンナにおける支配的な「声」の再調整

以下のテクストは、南米ガイアナの北ルプヌニ・サバンナの現地先住民とイオクラマ熱帯雨林保全開発国際センター〔Iwokrama International Centre for Rainforest Conservation and Development：通称イオクラマ。実際は、このセンターが管理している熱帯雨林の呼称〕の間の交渉で交わされた開発のための談話から採られたものである。地域社会の参加を広く促すために、イオクラマのメンバーのなかで革新的な考えを持つ社会科学者たちが、北ルプヌニ地区開発委員会（NRDDB）を設立するため、現地の村のリーダーたちと協働作業を行った。この委員会は、北ルプヌニ地区内にある13の分散した村にまで行きわたり、そこの村人たちがイオクラマの代表や他の国際機関やガイアナ政府と1カ月おきに寄り集まる場を設定することになった。大半の村人

にとって英語は第二言語であるが、NRDDBの会議はもっぱら英語で行われている。

本節では、NRDDBの会議（2000年11月4日に開催）での2例の談話を抜粋し、分析を試みる。第1例はサラ〔Sarah〕という女性の発言である。彼女はイオクラマで働いている社会科学者で、最新の専門知識に由来する権威のある地位、つまり文化資本（Bourdieu 1991）を有している。第2例はアンクル・ヘンリー〔Uncle Henry〕*2として尊敬されている現地リーダーの発言である。彼はイオクラマで精力的に働いていて、NRDDBの創始者の1人でもあり、地元の権威と外部の知識を兼ね備えている関係で、相当に威信のある人物である。

この談話分析を通して、雄弁家であるアンクル・ヘンリーが、内外に向けて自分に備わっている権威を駆使して、どのようにサラの説明を仲間に再現してみせることができたかを示したいと思う。サラの説明とはイオクラマの計画のことで、熱帯雨林の一地域を持続可能な活用区域（SUA）として、開発区域と保全区域に線引きするというものである。アンクル・ヘンリーは雄弁な話し方で仲間の説得に成功したわけであるが、その話し方は地元の「声」の詰まったメッセージによって支配的な交渉の枠組みを変えただけではない。リアルタイムの交渉そのものが、開発論議を地元の意思に寄り添う形で再調整したのだということも指摘したい*3。

アンクル・ヘンリーの話し方の特徴を提示するにあたり、SFLの手法を活用して、談話における3つの異なった意味領域を確認しておきたい。この理論によると、その領域とは、(1) 観念構成的〔現実あるいは想像上の世界の表現や描写の際に表れる話者の認識を示す〕、(2) 対人的〔話題や対話者に対する話者の立場や相手への気遣いを表す〕、(3) テクスト形成的〔結束性・修辞を伴う伝達手段としてのテクスト構築に関わる〕の3つである（Halliday & Hasan 1985）。この3領域に沿って、サラとアンクル・ヘンリーの発言の特徴を、一つ一つ対照的に検討してから、2つの共同体の相容れない「声」に対する両人の説明を全体論的に把握するにはどうすべきかについて論じてみたい。

出来事や現状の説明から切り出して、サラはSUAを一連の記号論的〔ことばという記号を通して意味を作り出す〕活動（例えば、会議や討論）として位置づけたのち、当該計画のビジネスチャンスという側面を際立たせて以下のように話している。

　　　　ですから、どういうことかというと、NRDDBがしようとしたこと

は、政府の機関・イオクラマのメンバーと村人たちを一堂に集め、この地域を開発する最善の方法が何かを考えさせ、ここで始めるビジネス（SUA の関係で言うと、土地の管理ですが）の計画を立てさせることでした。具体的に何を考えていたかというと、この人たちが年に 4 回、つまり、(xxx) *4 2〜3 か月ごとに集まり、一堂に会し、話し合いをすることでした。話し合いの中身は、どのような手立てで計画を実施していくか、問題になることや、こうあってほしいと望むことを、どのように知らせ合うかということです。ですから、村人たちのほうから見ると、村にとって重要だと考える議題を会議に提出することができるのは、NRDDB のメンバーということでした。なぜかというと、いいですか、SUA は実際には、保全区域のなかで行うイオクラマの開発ビジネスのことなのです。ですから、そうしたビジネスというのは（…）1 つ考えられるものとしては木材の伐採搬出です。2 番目はエコツーリズム。3 番目としては、非林業生産物と呼ばれるものですが、ニビとかキャッサバのような作物を栽培して売ることです。

アンクル・ヘンリーは、サラとは対照的に、持続可能な活用という概念を、先住民の村と熱帯雨林の間に現存する関係のなかで把握している。そして、この関係を、村人たちにとって馴染みのある物や日常的に起こることに言及して示し、森との接触が最も強い村人たちの持つ〔具体的な〕知恵と、外部から来た人々のもつ〔抽象的な〕理論上の知識を対比している。

　さて、我々が出席した会議には、いろいろな機関の代表者から成り立つこのグループ〔イオクラマ〕も出ていた。我々は同じテーブルにつき、比較的一般的な問題から話し合いを始めた。しかし、話は SUA（持続可能な活用区域）のほうにも進んでいった。野生保護区域とは別の場所で、区分けが難しいところだ。彼らが SUA をはっきりと線引きしていなかったとしたら、我々皆の知識の出番だ——お前たち〔村の住民〕が全員よく知っている所だからだ。我々こそが森のことをよく知っている人間なんだ。我々は森の一番近くに住んでいるではないか。外からやって来た誰よりも森のことは知っている。我々にとっては生活の一部だ。だから、我々はアドバイスをすることができるんだ。そのことをはっきり言うべきだ。なぜかというと、お前たちが (xxx)、誰がそこからやってきても、いずれ帰ってしまう。けれど我々はここに留

まる。それに、小さい家が建てられても、大きい建物ができても、たとえどんなものでも、我々はここに留まる。もちろん一部は、もう無くなってしまっている。しかし、だからこそ、我々は（xxx）を守るために働いているんだ。我々全員がな、心配は（xxx）。

　さて、SUA というのは、お前たちがそこにある天然資源を使うことのできる区域のことだ。そこがダメになってしまわないよう、持続可能な使い方をしなくてはいけない。しかし、できるならば、お前たちは、そこにある物をひとつひとつ増やし続けていかなくてはならない。たとえどんな物であっても、(xx)であろうと、薬草、蛙、ムカデ、蛇、魚、ヒヒ、あるいは何であろうと、そこには、いずれ何もかもが無くなってしまうかもしれない。お前たちは(xxxxxx)してはいけない。我々の世代に残されているのは、あとわずか2〜3年しかない。外に持ち出してもよいが、度をわきまえなくてはダメだ。例のリサイクルを続けていき、資源が循環するようにしなくてはいけない。

　対人的特徴という観点から2人の発言を分析すると、サラがどのように自分自身の立場を切り替えているかが分かってくる。彼女は、前述の抜粋に見られるように、イオクラマの計画策定者を3人称で呼び、自分自身の立場との違いを示したかと思うと、下記の例のように、第1人称の 'we' を使って、彼らと自分自身が同じ立場であることを示したりする。そのような場合、サラは地元の人々を2人称の 'you' を使って批判している。（もっとも、この例の場合、恐らく総称的な〔特定の相手ではなく、一般的な人々を指す〕'you' として使われていて、語調は和らげられているのだが。）

　NRDDB の会議は出席者も多く、議題もたくさんあります。4日間も続くのですが、あなたがたはいつだって結論を出せません。ですから、いろいろなことが決まらないままになっています。もし、私たちが会議と会議の間に、村の人たちだけの集まりを持てれば、あなたがたが何を望んでいるのか、私たちには、はっきりしてきます。それに、村の人たちが何をイオクラマに期待しているのか、私たちには、はっきり分かってきます。また、私たちのできることが何かをイオクラマも理解できるのです。

発言の終わり近くになって、サラはネガティブ・ポライトネス・ストラテジー〔negative politeness strategies：指図されたくないという相手の気持ちを配慮する方策〕（Brown & Levinson 1987）を採っている。例えば、「NRDDBには…について考えていただきたいと思っています」〔We would like NRDDB to think about ….〕といった表現とか、条件節による間接的な依頼の表現とか、心理的距離を置くための助動詞 'could' を繰り返し使うとかである。このような特徴ある表現は、こぞって、以下のことを想起させてくれる。つまり、イオクラマで働く人々は、あくまでも村の「お客」であり、イオクラマがどのような計画案を出したとしても、それに対する拒否権のような力は最終的に村人たちが握っているということである。こうした様々な特徴を発言のなかに織りまぜてサラが構築した対人関係は、協働者としてのイオクラマにとっても村人たちにとっても良好なものである。しかし、どちらの側も持てるものの全てをさらけ出したというわけではない。一方は、イオクラマの持つ科学的な知識と制度的な組織であり、もう一方は、地元共同体の参画に対するアンクル・ヘンリーの承諾である。

アンクル・ヘンリーは発言のなかで地元の知恵を強調しているが、このことは村の長老としての自身の権威を誇示することと重なり合っている。〔開発の〕専門家であれば使わないであろう表現が、対人的特徴を示す彼のことばのなかに数カ所、使用されている。例えば、'don't blame the snakes where you can't go（xxx）in the savannah'〔サバンナのxxxに行けないからといって、ヘビを責めるな〕という直接命令法を使ったり、前述の抜粋に見られたように、強い義務を表す法助動詞 'must' を2回も使って自分の気持ちを訴えたり、行動に踏み出すことが適切であると村の長老として判断した場合、法助動詞 'should' を使って、少し控え目な提案をしている。

アンクル・ヘンリーはまた、村の長老であるとともに外部の専門知識にも通じているという二重の権威を、個人的な立ち位置の調整で示している。ある時は、村の一員であることを示そうとして、村人に呼びかけるときに 'we'（1人称代名詞）を使うかと思えば、ある時には、前述の2つのパラグラフに顕著な形で対比されているように、村人との距離を置くため、村人を 'you'（2人称代名詞）と呼んだりしている。アンクル・ヘンリーの立場の二重性に関して特に興味深いのは、村の悪弊に言及する際、彼が村人と距離を置こうとしている点である。その点が、前述の発言より後でなされた以下の警告に見てとれる。

（…）それはどういうことかというと、今そこにある天然資源を〔お前たちが〕根こそぎ使ってしまえば、昔からの絆を断ち切ることになりかねないのだ。

　アンクル・ヘンリーは自身のユニークな立場を明確に打ち出して発言を終えている。すなわち、開発地域における野生生物の生態把握に関して、イオクラマ所属の科学者たちと彼の考えが相容れないのである。ここでは、外部から来た専門家（3人称代名詞の 'they'）と、アンクル・ヘンリーの個人的な権威が対比されている。例えば、'to my mind'（私の考えでは）といった表現や、'I'（1人称代名詞）の考えを前面に押し出す以下の話し方に特徴がうかがえる。

　　　確かに、彼らは良い案を出してくる。だが、私はいくつかの地区については、まだ少し疑わしく思っている。持続可能〔地区〕とか言うのだが、私が地図で見るところによると、あ〜あ〜もちろん、そこで終わっているんだが、そこは野生保護区であって、持続可能な区域（xxx）になっている。私の考えでは、ここが野生保護区（xxx）だから、個体数が（xxx年以降xxx）だ。ここから始まって（申請したのはxxx年で）、いったん改変となると、彼らが取る移動ルートがあって、次の年にはパカライマ山脈のずっと上のほうに移ってくるはずだ。だから、こうした点は、これからも話し合わなくてはいけない。私はどこが（xxx）かは、まだ確認済みではないから。あそこは、ただ試しに線引きしただけなのだ。

　2人の話者の相違点は、発言内容のテクスト構成においても明らかに見てとれる。テクスト構成（あるいは修辞的構成）は、まさにその特性から言って、大量のテクスト分析を通してしか例示できないのであるが、紙面の制限があるため、ここでは重要な特徴を2つだけ取り出してコメントを加えるにとどめたい。Hasan and Cloran（Cloran 2000に引用）の記述方式に準拠して、どの程度、談話が時間的・空間的な意味で直近の文脈に縛られているか、あるいは、脱文脈化しているかを検討することができる。前者の場合、例えば、現在進行形を使用したり、同じ時、同じ場所にいる人や、そこにある物に言及したりして表現できる。
　それに対して、後者の場合、時を超えた現在形や仮定表現を使ったり、

第7章　リンガフランカとしての英語使用による地域の「声」構築　　195

現実から切り離され一般化された人々や物事に言及したりして、談話の流れとの絡み合いがどの程度なのかを表現できる。時間的・空間的な遠近を表す談話の流れは修辞的単位と呼ばれ、最も直近から最も脱文脈化した順序で、それぞれに、(ありのままの) 記録〔Commentary〕、(熟考後の) 考察〔Reflection〕、(経験を順序立ててまとめた) 物語〔Recount〕、(一般化された) 概括〔Generalization〕という用語が与えられている。

　この点に関して、アンクル・ヘンリーは、自らの主張を展開するとき、村人たちと共有している生活についての「考察」をしたり、森に接して生きる際の具体的な例を織りまぜたりしている。それとは対照的にサラは、どちらかと言うと、会議の流れを報告する「物語」や、森に接する生活を一般化する「概括」という手法に傾きがちである。それゆえ、サラが使う言語は、直近の談話の流れから離れていると考えられる。

　テクストについての特徴でもう1つ考えるべきことは、テクストの展開についてである。これについては、別個の修辞的単位が互いにどのような関連を持っているかについて分析しなければならない。この点で、極めて顕著な関係として**埋め込み**〔embedding〕を挙げることができる。この手法の場合、1つの修辞的単位がもう1つ別の単位に、構造的にも機能的にも、埋め込まれていると考えられる。抽象的概念を地元の人々の経験に引きつけて理解しやすくする際に、アンクル・ヘンリーがよく使う手法である。「埋め込み」を最も念入りに活用した具体例は、アンクル・ヘンリーが (サラと同じように)、以前に行われた SUA 会議の「物語」から発言を開始した際に見てとれる。「物語」から始めたものの、彼は引き続き、村の生活についての「考察」や、現況についての「記録」をしたうえ、全員一致の行動を呼びかけて、地元社会との関連性を訴えている。これは全体として、極めて文脈化した修辞的戦略であると言えよう。それとは対照的にサラは、「埋め込み」をほとんど使っていない。彼女が使うとすれば、たいていの場合、直近の談話の流れから離れた計画〔Plan〕、推測〔Conjecture〕、「物語」などの使用によって、SUA 画定作業を理論付けするためだけであった。

　それゆえ、アンクル・ヘンリーは、通訳による意思疎通だけでなく、異文化間の共感を呼ぶことによって、地元の人々の理解を深めたと言えよう。同様に重要なことであるが、アンクル・ヘンリーは「埋め込み」を使うことにより、サラの発言を表面的なレベルで反映させる一方で、支配的なジャンルを覆すことも行っている。つまり、サラの使う修辞的単位の母型を活用することによって、自身の発言を組織のなかで合法化すると同時

に、埋め込まれ、再文脈化された発言にもう1つ別の「声」を導入することによって、組織の論理を切り崩しているのである。

　両話者が各々の発言のなかで使用した様々な方略を、経験構成的、対人的、テクスト形式的意味という観点から検討したわけであるが、銘記すべき重要な点がある。それは、この3つの要素が結び合って初めて、共同体の価値観の凝縮物として、話者の「声」が最終的に外に押し出されるということだ。

　以上見てきたように、ガイアナにおけるデータから判断すると、開発の分野で相当な経験と専門知識をもった村の長老としてアンクル・ヘンリーは、上記3つの要素を結合することによって、開発専門家の発言の枠組みを、村における自身の地位にふさわしく改変することができたのである。開発実施に当たってのサラの説明は、組織の方針を代弁し、外部の科学者の権威と開発専門家の地位とに依っていて抽象的なカテゴリーを修辞的に並べかえたりしたものであったのだが、アンクル・ヘンリーの技量によって、地元にふさわしい持続可能な実施方法の説明となった。これは、アンクル・ヘンリーの持っている地域共同体内の権威によって裏書きされ、日々の生活で実際に起きる事象、その原因と結果という観点から、説得を目的として提示されることとなった。

　しかし、前述のとおり、アンクル・ヘンリーは、外部から来た専門家より自分のほうが地元の諸条件をよく理解していると主張している。そのことから見ても、上記の枠組み改変は、支配的な談話〔協議方式〕を地元に寄り添った形で実現する以上のことをもたらす可能性がある。なぜならば、枠組み改変は必ず、地元の現実、力関係、雄弁術を話し合いの場に持ち込む結果となり、改変の過程で協議の仕方そのものを作り直し、最終的には変質させてしまい、将来、地元の社会的規範に従った形で発言ができる可能性を大きくするからだ。時の経過と共に、そのような地元からのメッセージが蓄積してくると、支配的な談話の成立条件や、「合法的に取り入れることのできるものに対する制限」〔前述の「文化的な喉頭」の喩えを参照〕を根本的に変更できることになる。Bernstein（2000:15）は以下の抜粋で教育実践との関係を述べているが、枠組み改変という考え方は異文化間の情報交換一般についても当てはまるであろう。

　　型のなかに変化を引き起こす潜在力が組み込まれているのだ。メッセージは枠組みのなかで密かに出番を待っているのだが、その枠組み

を弱めようとする力が絶えずかかっている。そのような力が全くない教育実践の場を探そうとしても、ほとんど不可能である。なぜならば、定式化して言うと、教室における教師と生徒の間の言葉のやりとりなどの教育実践というものは、絶えず、舞台ともいうべき場を作り上げているからだ。その舞台とは、支配のシンボルとなる特性を覆そうとする闘いの場である。ある点を超えると、枠組みが崩れてきて、現存の範疇を壊すことになる。**それゆえ、変化というものは、枠組みのレベルで起きる可能性があるのだ。**〔強調は原文〕

7.6 結論

　本章は、まずグローバリゼーションと超国家語の普及との間にある関係を検討することから始めて、このような関係性が開発途上社会にとって好機ともなれば脅威ともなることを指摘した。グローバリゼーションは新しい市場や情報に接する機会を拡大して、英語のような超国家語の使用がこのプロセスを加速させているのであるが、危険も潜んでいることに気づかなくてはならない。その危険とは、政治的・言語的境界が実質的に消失したことにより、実際に利益を受けるのが、周縁に追いやられた集団の犠牲の上に立つ、すでに有利な条件に恵まれている人や国家である点なのだ。先進国は保有している経済力・技術力によって、自分たちの利益になるように、新しい国際市場を利用する機会が与えられているわけであるが、まさにそれゆえに上記の危険性が隠れているのだ。つまり、超国家語を母語として使用できる力、および、そうした言語に付随する様々な形態を自由に使用できる力が備わっているため、母語である超国家語が使われる状況を自らコントロールできるのである。

　この認識が契機となってELFのような運動が起きたという事情があるため、ELFの狙いは、国際的に共有できる言語として非標準的な英語を推奨していくことである。しかしながら、現在のところELF研究の大部分は、多様な英語話者が互いに理解しあえる発音・語彙・文法を追究するという意味で、共通理解性の確保に重きが置かれていて、それ以上に根源的なアプローチについては模索の段階である。そのアプローチが可能になれば、様々な文化的背景をもった話者が、支配的なものとは異なる世界観を提示したり、新たな対人関係の型を作り出したり、主流とは異なる修辞上の伝統に依拠したりできるようになるであろう。これは明らかに、ELFに付託

された目標であり、Mauranen（2009:3）がELF研究の将来として位置づけた方向性と一致している。

　　英語は異常なほど多様な社会的・文化的文脈（コンテクスト）におけるリンガフランカである。しかし、今まで調査の対象になってきたのは、ほんのわずかな文脈だけなのだ。新しい文脈について調査するためには、その文脈、および、そこに適合した言語使用に対する新たな調査方法が必要となってくる。ELFが使用される典型的な文脈は、さまざまな経緯で形成されてきた社会であって、伝統的な分析の対象となる言語共同体とは異なっている。そのため、規範、アイデンティティ、使用実態についても新たな出発点から調査を始めることになる。私たちには、新しい概念や方法を伴ったツールが必要である。そのツールがあって初めて、ELF使用の文脈に典型として現れる社会や言語の形状を理解できるのだ。〔さまざまな要素の配列からなる〕この形状は、多くの場合、一過性であり、多言語的でもあると同時に、常に複雑である。

　本章では、地元の人々が超国家語（本章のデータでは英語）を使用しているという理由で、国際開発の現場における談話の文脈に焦点を定め、グローバリゼーションが開発の現場に与える影響を論じたのち、フェアクラフの論に沿って、グローバル主義者的なアプローチに取って代わるべき考え方を模索してきた。そして、国際開発における「参加」の歴史を概括し、トップダウン式の規範主義から参加重視の方式に至るまでの軌跡を提示したのち、開発に関わる最近の考え方に照らして、「声」に焦点を当てた。しかし、「声」という概念が開発関係の文献においては未開拓の分野であることも指摘した。開発機関の掌握する開発現場への参加について、量的な増加は見られているものの、参加への質的な変化については深化が見られない。この質的な変化があって初めて、地元の人々は該当する文脈を掌握したうえで、開発にかかわる主流の考え方に代わるべき本物の選択肢を提起できるようになるのだ。

　開発を広い角度から検討するため、「声」に関する言語学の理論、とりわけバーンステインの枠組みを参考にした。そのうえで、言語を観念構成的、対人的、テクスト形成的意味の結合として把握するSFLの理論で補強し、「新たな概念的・方法論的ツール」を提案した。そのツールは上記の3分野を、物の見方・考え方や開発途上の共同体における社会構築に結

びつけるものである。分析においては、まず、2人の話者（ひとりは村の長老、もうひとりは開発の専門家）が、このような言語学の知見を、それぞれの社会的地位に応じて別々の観点から、どのように取り入れたかについて報告した。そして、支配的なものに取って代わるべきメッセージを少しずつ導入することによって、談話の流れに「関与」の兆候を示す動きが現れた。その「関与」への動きが、地元の人々の世界観や社会秩序を、開発の専門家たちの考え方と対等の資格で論じることができるまでにさせたのである。その結果、既得権益を持った側の枠組みで行われる話し合いに、〔単なるオブザーバーとして〕脇の方から発言するというのではなく、地元からの参加者は、自分たちの住む村に対するグローバリゼーションの影響を、わずかではあるが、変えることができたのである。それゆえ、筆者の分析が、従来の支配的な考え方に抗するなんらかの方策を示唆できたのではないかと願っている。すなわち、開発途上の社会に住む人々が、開発のプロセス、および、英語のような超国家語に関するグローバル主義者の考え方に対抗する方策である。しかも、こうした言語そのもの〔本研究では英語〕を自分のことばとして使用することによって対抗する方策である。

注

* 1　銘記すべきは、スティグリッツ〔Joseph Eugene Stiglitz：米国の経済学者。2001年にノーベル経済学賞を受賞〕が1993年から1997年まで、クリントン政権下で大統領経済諮問委員会のメンバーであったことだ。1997年、世界銀行の主席エコノミスト、その後、上級副総裁となり、2003年、大学に復帰した。彼はグローバリゼーションの強力な推進者であり、国際通貨基金（IMF）の金融政策について、「有力な西洋のモデルに従って、極端に急速かつ画一的なグローバル化を進めた」と批判している（Stiglitz 2002：邦題『世界を不幸にしたグローバリズムの正体』）。この点に関するスティグリッツの批判は、Fairclough（2006）で論じられた「グローバリゼーション」と「グローバリズム」の峻別と軌を一にしている。
* 2　'Uncle'は、ガイアナでは年配の人、しばしば外部からきた人によく使われる敬称。
* 3　この内容の詳細、アンクル・ヘンリーとサラの発言に関する談話分析、および、NRDDBの会議における異種混交の談話については、Bartlett（2012）を参照。イオクラマとNRDDBに関する一般的な情報については www.iwokrama.org を参照のこと。
* 4　書き起こし原稿のなかの（xxx）は、聞き取れなかった文言を表す。また、（　）内の語句は筆者の推測によるもの。

引用文献

Bakhtin, M. (1981) *The Dialogic Imagination: Four Essays*. In M. Holquist (ed.) (C. Emerson and M. Holquist, trans.). Austin, TX: University of Texas Press.

Bartlett, T. (2012) *Hybrid Voices and Collaborative Change: Situating Positive Discourse Analysis.* London and New York: Routledge.
Bernstein, B. (2000) *Pedagogy, Symbolic Control and Identity: Theory, Research, Critique.* Oxford: Rowman and Littlefield.
Block, D. (2010) Globalization and language teaching. In N. Coupland (ed.) *The Handbook of Language and Globalisation* (pp. 287-304). Oxford: Wiley-Blackwell.
Blommaert, J. (2005) *Discourse: A Critical Introduction.* Cambridge: Cambridge University Press.
Blommaert, J. (2008) Bernstein and poetics revisited: Voice, globalisation and education. *Discourse and Society* 19 (4), 425-452.
Bourdieu, P. (1991) *Language and Symbolic Power.* Cambridge: Polity.
Bourdieu, P and Wacquant, L. (1996) *An Invitation to Reflexive Sociology.* Cambridge: Polity.
Brown, P and Levinson, S.C. (1987) *Politeness: Some Universals in Language Usage.* Cambridge: Cambridge University Press.
Chambers, R. (1997) *Whose Reality Counts? Putting the First Last.* Southampton: ITDG Publishing.
Cloran, C. (2000) Socio-semantic variation: Different wordings, different meanings. In L. Unsworth (ed.) *Researching Language in Schools and Communities: Functional Linguistic Perspectives* (pp. 152-183). London: Cassell.
Cornwall, A. (2002) *Making Spaces, Changing Places: Situating Participation in Development.* IDS Working Paper 170. Brighton: Institute of Development Studies.
Escobar, A. (1995) *Encountering Development: The Making and Unmaking of the Third World.* Princeton, NJ: Princeton University Press.
Fairclough, N. (2006) *Language and Globalization.* Abingdon: Routledge.
Halliday, M.A.K. (1978) *Language as Social Semiotic.* London: Arnold.
Halliday, M.A.K and Hasan, R. (1985) *Language, Context and Text: A Social Semiotic Perspective.* Geelong, Victoria: Deakin University Press.
Held, D., McGrew, A., Glodblatt, D and Perraton, J. (1999) *Global Transformation: Politics, Economics and Culture.* Cambridge: Polity Press.
Hobley, M. (2003) *Power, Voice and Creating Space: Analysis of Local-level Power Relations.* Paper prepared for DFID Bangladesh, Dhaka.
Hülmbauer, C., Böhringer, H and Seidlhofer, B. (2008) Introducing English as a lingua franca: Precursor and partner in intercultural communication. *Synergies Europe* 3, 25-36.
Hymes, D. (1996) *Ethnography, Linguistics, Narrative Inequality: Towards an Understanding of Voice.* London: Taylor and Francis.
Mauranen, A. (2009) Introduction. In A. Mauranen and E. Ranta (eds) *English as a Lingua Franca: Studies and Findings.* Newcastle-upon-Tyne: Cambridge Scholars Publishing.
Narayan, D., Patel, R., Schafft, K., Rademacher, A and Koch-Schulte, S. (2000) *Voices of the Poor: Can Anyone Hear Us?* New York: Oxford University Press.
Norton, A., Bird, B., Brock, K., Kakande, M and Turk, C. (2001) *A Rough Guide to PPAs. Participatory Poverty Assessment: An Introduction to Theory and Practice.* London: Overseas Development Institute.
Robertson, R. (1995) Glocalization: Time-space and homogeneity-heterogeneity. In M. Featherstone, S. Lash and R. Robertson (eds) *Global Modernities* (pp. 25-44). London: Sage.
Seidlhofer, B. (2005) English as a lingua franca. *ELT Journal* 59 (4), 339-341.
Stiglitz, J. (2002) *Globalization and Its Discontents.* London: Penguin.

第 8 章
ウガンダにおけるデジタル・リテラシー、HIV／エイズ情報と英語学習者

ボニー・ノートン、シェリー・ジョーンズ、
ダニエル・アヒンビシウエ（井上恵子・カレイラ松崎順子／訳）

　昼食後、お互いのプレゼンから何を学んだかについて少女たちと話し合った。少女たちは肯定的に次のように答えた。「HIV／エイズについて知識を得て理解するだけでなく、コンピュータがどんなふうに動き、インターネットがどんなふうに機能するのかについて学び、インターネットから情報を得て、自分たちの発見したものを表現する機会を得るのは実に興味深く、互いにとって良い勉強になる」。（…）これは驚くべきことだ。

　「知りたかった情報にアクセスできるようになった今では、私も世界中の知識人たちの仲間入りを果たしたのだ」とヘンリエッタは述べている。

　上記の抜粋は、筆者のひとりであるダニエル・アヒンビシウエ［Daniel Ahimbesibwe］が 2006 年 9 月に書いた日誌の省察からのものであり、デジタル・リテラシーのコースをウガンダの農村部の若い女性たちに教えていた間に書いたものである。そこには、コンピュータがどのように作動するか、また、特にインターネット上の価値ある HIV／エイズ情報入手の方法を学ぶことができた彼女たちの経験した興奮が記録されている。このコースはボニー・ノートン〔Bonny Norton〕、シェリー・ジョーンズ〔Shelley Jones〕および、アヒンビシウエによるアクション・リサーチの一部であり、以下 2 つの研究課題をもとに調査が行われた。「デジタル・リテラシーは、ウガンダの農村において HIV／エイズの情報入手にどの程度効力を発揮するものなのか」。「何がデジタル・リテラシーの向上に役立つのか」。この章では、デジタル・リテラシー獲得が参加者たち（全員が英語学習者）のアイデンティティにどのようなインパクトを与えたかに焦点を当て、調査

内容とその研究結果を考察する。

8.1　はじめに

　今や多くの学者が認識しているように、情報格差の問題はもはやICT（情報通信技術）の基盤整備から離れて、〔特に経済的〕資源に恵まれないにもかかわらずグローバル化に巻き込まれた農村部における人的潜在能力の構築が急務であることに移ってきている（Hawkins 2002; Mitchell & Sokoya 2007; Mwesige 2004; Snyder & Prinsloo 2007; Warschauer 2003）。人的潜在能力の構築とはICTへのアクセスを提供すること、ICT技術と能力の開発、そしてICTの言語（特にその分野で最も支配的な言語である英語）の能力向上を通して達成できる。我々の研究対象となった若い女性たちはこれらの分野の全ての点で困難に直面していた。生活環境が劣悪であったり、資金へのアクセスが限られていたりしているため、彼女たちのICTへのアクセスも制約を受けていた。さらに、ICTのスキルと知識を発達させる能力も妨げられていた。そのうえ、小中学校の教育言語が英語であるにも関わらず、学校外での英語の使用は極端に限られていた。さまざまな意味で、ICTへのアクセス、スキル向上、言語習熟度に関して彼女たちが直面した課題はMwesige（2004: 95）の以下の発言に反映されている。

　　　インターネットカフェは概してウガンダ社会の富裕層のものである。富裕層はアクセスに必要な可処分所得があるばかりでなく、インターネットに必要な言語という必要条件も持っている。というのは英語がインターネットの言語であり続けるからだ。

　特に健康情報にアクセスすることに関して、本調査は、ウガンダにおける若い女性たちが、アフリカの多くの地域でそうであるように、いかに多くの社会経済的、文化的、教育的困難に直面しているかを明らかにしている。そして、こうした困難は、性に関わる健康や健全な性的関係について、彼女たちが選択をするために必要な情報にアクセスする能力に悪影響を及ぼしている（Jones 2008; Jones & Norton 2007; Norton & Mutonyi 2007）。経済的に恵まれない農村部の少女や女性たちの能力開発は、ICTによって支援できる可能性があると一般的に考えられているなか（Bakesha *et al.* 2009; Hafkin & Taggart 2001; Ochieng 2000）、本研究の目的は、デジタル・リテラシーの発達

によって、ウガンダの農村部に住む若い女性たちが、どのように性の健康に関する情報にアクセスできるようになるかを調査することである。

　Thioune（2003）に掲載された論文によると、もし個人の生活改善や将来への希望に対処する方法に適用されるなら、インターネットは社会発展の道具となり得るだろうということである。我々の研究対象である若い女性たちの日々の現実と強い願望に対処する際に、我々の特別な関心は、インターネット上の性に関する健康情報へのアクセスを参加者たちに提供するのに適合するデジタル・リテラシーと英語の訓練の方法にあった。グローバルに入手可能な多くの健康情報は英語によって発信されていて、英語はウガンダ人にとって第二の言語である。サハラ以南のアフリカ諸国にとって英語が国の公用語であることが多く、英語の運用能力は教育の、そして職業上の成功に不可欠な要件である。それゆえ、英語によるデジタル・リテラシーコースは能力育成上重要なコースであった。参加者たちは全員が母語としてガンダ語〔Luganda〕を話していたが、ガンダ語は主に話し言葉であり、〔教科書等の〕印刷教材は整備されていない。

　この章では参加者がいかに自らの生活に最適な方法で、デジタル技術をみがき、HIV／エイズに関する知識を高め、英語を使えるようになったかを明らかにする。Huyer and Sikoska（2003:33）が述べているように、「ICTプロジェクトは、女性たちの毎日の生活に応用できる能力育成の問題やテーマに取り組まなければならない」。我々の論点は、経済的に恵まれない農村の少女や女性たちに、健康に関わる問題一般、特にHIV／エイズ問題について、デジタル・リテラシーが人材開発のうえで是非とも必要となる機会を提供できる、とするものである。

8.2　本研究の背景

　この調査は2006年に行われたが、ウガンダの南西地区の村にあるキャト高校〔Kyato Secondary School〕に通う、17歳を中心とした女子高校生たちのグループが対象であった。カナダにあるブリティッシュコロンビア「付加的な言語としての英語」教師連合（BCTEAL）からの助成金を受けて実施されたものである。BCTEAL助成金の主要な目的は、エイズに関する知識と英語のリテラシー指導の双方を統合するための教材開発であった。その一方、本研究は、カナダ社会科学・人文科学研究協会からの助成金も受けていた。その趣旨は、キャト村の英語学習者にとってデジタルへのアク

セスが、HIV／エイズ情報を入手するうえでの強力な手段になるかどうかを調べることであった。アクション・リサーチには、アヒンビシウエ（筆者の1人）が英語で教えたデジタル・リテラシーコースのための教材開発、コースの前後にそれぞれ実施された2回の参加者アンケート調査の作成と分析、そしてコース担当者としてのアヒンビシウエと学習者としての参加者たちの両者によって書かれた所見の分析が含まれている。

8.3 先行研究の検討

関連する先行研究の検討によって、本研究をより広い教育的文脈に置くことができ、2つの異なる領域が浮かび上がってきた。すなわち、(1) 新しい形態のリテラシーに関する研究、および (2) 応用言語学とHIV／エイズを結びつけた研究である。

8.3.1 新しい形態のリテラシー

本研究が追究する新しい形態のリテラシー調査は、Barton and Hamilton (1998)、Hornberger (2003)、Martin-Jones and Jones (2000)、Prinsloo and Bayhham (2008)、Street (2001) などの先行研究と共通点がある。この研究者たちは、リテラシーの実態が他の社会的要素から分離できないものであり、その概念そのものをより大きな歴史的、社会的、経済的なプロセスに準拠して理解しなければならないという立場をとっている。つまり、これまでの心理学的視点は、読み書き能力を特定の行動や認知能力の獲得として捉えていたが、民族学、カルチュラル・スタディーズ、および批判理論から得られた新知見により、リテラシーは学ばなければいけないスキルであるだけでなく、社会的に構築され、地域ごとに異なることがあってもよいものと考えるようになってきた。

新しい形態のリテラシーに関しては、デジタル・リテラシー、マルチリテラシー、およびマルチモダリティに取り組む研究が増えている（Coiro et al. を参照）。この研究の核となる見解によると、ICTの発達が学習の様々な面におけるリテラシー獲得に大きな影響を与えていると同時に、「テクスト」は印刷物だけでなく、視覚・口述によるもの、および、いくつかが組み合わされているものをも含むと考えられる。学校、家庭、共同体がデジタル・リテラシーの向上に取り組む多様な実践の場は、リテラシー研究と理論のための重要なフィールドであり、学校内外で人々がリテラシー

を学び、教え、障害を乗り越え、実際に身につける方法への意義ある洞察を提供する場になっている。しかしながら、多くの学者（Andema *et al.* 2010; Mutonyi & Morton 2007; Snyder & Prinsloo 2007; Warschauer 2003）が指摘しているように、この分野における調査の多くは豊かな国や地域に焦点が当てられてきたため、デジタル・リテラシーに関連するグローバルな論争を巻き起こすためには、経済的に恵まれていない地域においての調査がおおいに必要となっているのである。

8.3.2 応用言語学と HIV／エイズ

　応用言語学と HIV／エイズに関する先行研究の中で、Higgins and Norton（2010）は以下のように述べている。「HIV／エイズは約 20 年も前から、社会言語学と談話分析の学者にとっての研究対象であったが、調査のほとんどは資金の豊富な国における同性愛者に関連する事情を調べるものであった」。面接方式で行われた膨大な数の調査では、屈辱、危険、そして、性の帰属意識に焦点が当てられてきた（Jones & Candlin 2003 を参照）。例えば会話分析の活用は、HIV／エイズのカウンセリング方法に関する洞察を提供してきた（Maynard 2003; Silverman 1997）。一方、Jones（2002）は、同性愛者を自認している男性に HIV／エイズの啓発用パンフレットを香港の公園で配る際、話し手がどのように自らの行動を語るかについて検証している。

　経済的に貧しい地域における HIV／エイズに関する応用言語学的調査が実施されるようになったのは、ごく最近のことである。サハラ以南のアフリカにおける公衆衛生に関する分野での社会言語学的研究を考察した Djité（2008:94）は、アフリカ大陸では感染者数が何百万にも上っているにもかかわらず、健康の分野での社会言語学の研究が相対的に不足していると結論づけている。論文数は比較的少ないとはいえ、このような状況における HIV／エイズの問題に応用言語学者は注意を向け始めていて、特に、言語と多様な記号のシステムで構築されている知識の創造に焦点を合わせてきている（例えば、Kendrick *et al.* 2006、Mitchell 2006、Norton & Mutonyi 2010）。このような研究論文は、いろいろな組織構造において、また、文化の様々な現れ方において、異なった世界観や視点があることを明らかにしている。このような研究は、多様な開発の状況に応じて助成金を出す機関にとって重要であると考えられている。なぜなら、文化的に適切な方法で歩を進めるにあたって、地域ごとの状況や文化への理解が、いかに重要であるかを次第に認識せざるを得なくなっているからだ（Craddock 2004; Farmer 1994）。

Higgins and Norton（2010）の論文集は、HIV／エイズの研究について、対象地域にかかわらず、知識獲得において背景事情が果たす役割を考慮に入れねばならないと指摘している。これは経済的に恵まれない地域においては特に重要である。そこでは教育的努力が、資金の不足、男女の性の不平等な関係、そして西洋の生物医学の視点とは異なる、その土地の文化に根ざした信仰のシステムによって台無しになることがよくあるのだ。このような主旨で、次に本研究がどのような状況で行われたかに目を向けることにする。

8.4　本研究に至る経緯

　我々が調査を実施したウガンダは、世界でも最も貧しい国の1つで、人間開発指数［HDI］において177カ国中の145位である。そしてHIV／エイズの流行が最も激しかった国の1つでもある。アフリカにおいてHIV／エイズの感染は圧倒的に異性間においてであり（Malinga 2001）、HIV／エイズ感染者のほぼ50％が若者である。成人男女の感染の比率が1対1であるのに対し、ティーンエイジャーでは1対4である。そしてある調査によると、ティーンエイジャーの15歳から19歳の少女たちにおける感染率は、同じ年齢層の少年たちの6倍にも達するのだ（Malinga 2001; Mirembe & Davies 2001）。生理学的要因に加えて、若い男女間における感染率の深刻な差異は、社会文化的・経済的要因に拠るところが大きく、特に、この調査に参加した貧しい農村部の若い女性たちは、感染のリスクが大きい。より良い将来を築くために自らできる唯一の方法が性交渉であり、性的関係を持って稼いだお金を学校関連の経費に充てているのだ（Jones & Norton 2007）。

　キャト村は、一番近くの町ガンダの中心部からおよそ7マイル離れていて公設市場に接しているのだが、貧困が蔓延していて、深刻な状態である。水道水はないし、電気と言えば、キャト村立図書館で利用できる共用の太陽光電力だけだ。参加者の家族の多くは自給自足レベルの農業で生き延びている。収入があるとはいえ、男性が肉体労働者、仕立屋、あるいはタクシー運転手として働いて得てくるわずかな収入だけである。女性はマットやバスケットのような工芸品を売ったり、家の庭で育てた余剰の食物を売ったりして、わずかな収入が時折得られる程度である。1人当たりの公式収入は、1日あたり1ドル以下である。栄養失調、病気、貧しい生活環境が蔓延している。この研究の参加者は誰もが何らかの形でHIV／エイズの影

響を被ってきた。友人を、兄弟を、親類を、そして両親までをも、この病気で失っているのだ。この病気は決して頭から離れることのできないものであったし、絶えず続く不安と恐怖の原因となっていた。

　ウガンダの若い女性たちは、広く認められた性に関連する危険に直面しているにもかかわらず、学校で受けている性教育は最小限度のものである。性教育らしきものは、生物学、宗教教育（キリスト教）、保健教育のような教科の一部として行われていて、性教育を包括的に扱う科目はカリキュラムのなかに存在せず（Jones & Norton 2007）、少女たちにとって入手できて当然と思われる性に関する保健サービス、情報、用具などへのアクセスの可能性も閉ざされている。各種調査によると、健康クリニックは一般的に〔出張サービス等の〕積極的な活動が不足していて、若者に対して親切でないことが明らかになっている。学習者をグローバルなデータベースとつなぐテクノロジーの出現が期待できそうであることから（Warschauer 2003; Wasserman 2002）、我々はアクション・リサーチにおけるHIV／エイズ教育とデジタル・リテラシーを結びつけようとした。調査に参加した生徒たちが英語以外の母語を持っていたため、デジタルの世界へのアクセスを促進することは、HIV／エイズ情報へのアクセスを容易にするだけでなく、健康に関するグローバルなウェブサイトにおける英語の優位性を考慮に入れると、英語学習機会の拡大にもつながると我々は考えたのである。

8.5　現地調査

　参加者がキャト村から一番近いガンダのインターネットカフェで健康に関するウェブサイトにアクセスするためには、コンピュータとデジタルテクノロジーの包括的な導入と実践的な練習が必要であった。ジョーンズは博士論文の調査のために、1年間（2004〜2005）ほぼ毎日、参加者たちと緊密に協働作業をして、デジタル・リテラシーのコースを開発した。それは参加者がコンピュータやインターネットの経験があまりないことを考慮に入れたものだった。コースは2006年の8月から9月に行われた集中的な6セッション、計46時間のカリキュラムからなっていた。授業はコンピュータと太陽光電力が利用可能なキャトの図書館と、キャト村から歩いて45分のガンダにあるインターネットカフェの両方で行われた。2つの研究課題に取り組むためにアンケートを2回実施した。我々はそれぞれQ1とQ2と呼ぶことにする。質問項目は英語で書かれていた。なぜなら英語は

学校での教育言語であり、文字も参加者に最も馴染みのあるものだからだ。また、英語はICT関係の専門用語としても使用されている。

　Q1はコース開始前に行なわれ、参加者にコースへの期待度、コンピュータ・リテラシーへの関心、インターネットについての既知情報、健康に関する情報（特にHIV／エイズ）への関心の度合いを尋ねた。Q2はコース最終日に行なわれたのだが、以下の内容である。⑴ どのようなことをコースから学んだか、⑵ 将来、コンピュータやインターネットからどのような恩恵を受けることができると思うか、⑶ どのような健康情報が入手できたか、そして ⑷ エイズに関するどんな情報をさらに入手したいか、などである。コース指導者のアヒンビシウエはコース開講中、詳細な記録をつけ、学習者のニーズに合うようにコースの微調整を行った。

8.6　研究の成果

8.6.1　アンケート1の調査結果

　Q1において、12人の参加者たちのうち10人がコンピュータ使用未経験者であることが判明した。コンピュータを使ったことのある参加者2人のうちの1人は、カンパラ地区で過去1年に6回から10回使用したことがあり、もう1人はキャト村の図書館で月に1度使用していた。コンピュータは手紙やエッセイを書く際に使っていたが、参加者全員が、もっと頻繁にコンピュータを使用したいと訴えている。インターネットに関して聞いたことがあると答えたのは11人で、4人はそれが何であるかについて正確な知識を持っていなかった。ソフィアは「インターネットという言葉は聞いたことがあったが、それがどういうものかについてはわからない」と記している。しかし、「異なる国から情報を得るためのWorld Wide Web（WWW）がインターネットであることを知っている」というソフィアのコメントの例にも示されているように、インターネットと情報へのアクセスを結びつけて理解している者が5人いた。残りの2人の参加者は、インターネットによるコミュニケーションの可能性に注目している。例えばヘンリエッタは、「インターネットという言葉はWWWを意味する。これは人々がコンピュータによってコミュニケーションすることができることを意味する」と書いている。参加者のうち誰ひとりとして過去1年間にインターネットを使用したことはなかったが、全員がもっと頻繁に使いたいと述べている。インターネットを使うためには指導と練習が必要であるとほぼ全

員が記している。「使い方を知らないので訓練が必要だ」とドリーンが書いている一方、シャキラは、「はじめにインターネットについて教えてほしいし、できるだけ多く使える機会を提供してほしい」と訴えている。

「健康に関するどんな情報をインターネットから手に入れたいか」について聞かれた時、12人のうち11人がHIV／エイズに関する情報を挙げている。参加者は広範囲のテーマに関心を抱いた。すなわち、HIV／エイズの原因は何か、どのようにしたらエイズを減らせるか、患者が長く生きられるようにするには、どのような援助が必要か、どのように患者を治療するか、どのようにしたら感染を防げるかなどである。ヘンリエッタは、若者に対するこの病気の影響に焦点を当て、「私はHIV／エイズについてもっと知りたい。なぜなら多くの若者たちの命を奪っているのに、私たち自身がそれについてあまり知らないから」と記している。エイズに言及しなかったソフィアは、脳と心臓に興味があると書いている。「私の調べたい健康情報は人間の脳についてです。なぜかと言うと、たくさん考える人もいれば、あまり考えない人もいるからです。それに心臓病についても知りたいと思います」。

〔健康以外の〕どのような情報をインターネットから手に入れたいかという質問に対しては、幅広い答えが得られた。例えばシャキラは、「世界中の少女が抱えている問題や、女性の仕事に関する情報がほしい」と述べている。キャロラインは「いろいろな国の多種多様な人々について知りたい」と記している。トレーシーは、「女性の体や容姿などについて知りたい」と書き込んでいる。ヘンリエッタは、「英語についてもっと知りたい」と記入している。インターネットについて更に学ぶ際、主たる興味は何かについての質問に、ソフィアは「現在についても将来についても、自分の生活の助けになることは何でも知りたい」と答えている。カナダの人々と接触したいという希望も、インターネットアクセスによる望ましい結果として言及されている。例えばヘンリエッタは、「カナダの人々と意見交換することによって、自分自身についてもっと学ぶ意欲がわいた」、ジュネニーは、「インターネットについてもっと学ぶ際、一番興味あることはカナダのような外国の友人を作ることです」と答えている。

コースに何を期待するかに関して、6人の参加者たちは、「このコースの受講によって就職の可能性が広がるといい」と記している。ゲリーは「もっと就職の機会がほしい」と言い、ペニーナは「起業家」、トレーシーは「医者」、グローリアは「ドレスメーカー」、ソフィアは「ビジネスパー

ソン」、ジュネニーは「高校の校長先生」になりたいと書いている。残りの参加者は「コンピュータについてもっと学びたい、コミュニケーション、娯楽、情報へのアクセスのためには、どのようにコンピュータを使ったらよいかを学びたい」などと答えている。「コンピュータの使い方を学ぶことによって、どのような恩恵を受けられると思うか」という質問に、ヘンリエッタは「英語がもっと分かるようになる」、ジュネニーは「社会の動きに頭がついていけるようになる」と返答している。

8.6.2 デジタル・リテラシーコース

　デジタル・リテラシーコースからのデータは、いろいろなことを明らかにしてくれた。コースの第1セッションは2006年8月20日（日曜日）、キャト村の図書館で行われた。コースの目的および本研究の趣旨全般が参加者たちに説明された。12人の参加者たちは同意書にも署名し、アンケート調査1（Q1）を記入した。筆者（アヒンビシウエ）は自らの日誌に「興味を持っていることが彼女たちの顔から読み取れたし、参加者たちからの質問は果てしなく続いた」と書き込んでいる。また次のような切実な質問もあった。「コンピュータとは何ですか。どのように作動するのですか」。

　第2セッションではコンピュータやプリンター、デジタルカメラ、デジタルレコーダーといった他の機器の紹介をした。参加者たちはさらにサーチエンジンやウェブサイト、キーワード、ツールバー、ホームページといったインターネット用語の説明も受けた。「彼らはみんな始めたくてウズウズしていた」と筆者は書いている。昼食後、それぞれの参加者は図書館のコンピュータを15分間使い、マイクロソフトプログラムを開き、数語をタイプしたのち、ファイルの保存方法を学んだ。「初めてコンピュータを使うので、コンピュータの前に座ることにそわそわしていた」と筆者は感想を述べ、「実のところ、何人かには時間が十分ではなかった。そして夕方までずっと続けたがった」と付け加えている。

　3回目のセッション（インターネットに焦点）の下準備で、筆者はガンダのインターネットカフェを訪れ、参加者にとって親しみがあると思われる人物と場所についてのグーグル検索をした。それには研究者たちの名前や農村の名前も含まれていた。そして筆者は検索した内容をコピーし、参加者のためにも一部ずつプリントを用意した。「3回目のセッションの間、少女たちは皆、興味津々の様子で私の用意したプリントを熱心に見ていた」と筆者は書き残している。参加者たちはインターネットとその可能性につ

いて学び、筆者が用意した資料を何度も復習した。実り多い一日だった。
　4回目のセッション（8月27日の日曜日に実施）は、ガンダのインターネットカフェへの初めての訪問で、そこまでは地元のタクシーで行った。上述したように、参加者のうち誰ひとりとしてインターネットを使用したことがなかった。参加者は2人1組でHIV／エイズの情報を探すよう指示された。「少女たちは、あらゆることに大変興奮していた。モニターで何を見ても大声で叫んでいるのが聞こえた」とアヒンビシウエは記録している。検索練習した後の話し合いで、参加者たちはもっと学びたいことがあるとして以下のようなトピックを挙げた。「いかにしてHIV／エイズは広まるか、HIV／エイズを避ける方法、世界中でHIV／エイズで死んだ人の数、HIV／エイズの兆候と症状、HIV／エイズの発端、治療法、抗レトロウイルス薬（ARV）、母子感染の予防、検査センター」などであった。アヒンビシウエが記しているように、「質問は多岐にわたっていた」。
　5回目のセッションは図書館で始められ、引き続きインターネットカフェで行われたが、参加者たちは2人1組で自分がHIV／エイズ関連と認めた情報を検索した。筆者の日誌によると、「HIV／エイズについて自分の探していた情報を見つけると、他に興味のあるトピックについてもインターネットで調べたがった。なぜなら、彼女たちにとっては今がチャンスであるし、他の面白い情報を見る機会がまたいつ来るか分からなかったからだ」。インターネットカフェを訪れた後の話し合いでは、お互いに見つけた情報を共有しあった。その際、本章の始めに引用した意義深い観察を筆者はしている。それは、ヘンリエッタが書いた以下の言葉である。「知りたかった情報にアクセスできるようになった今では、私も世界中の知識人たちの仲間入りを果たしたのだ」。
　6回目のセッション（9月3日に実施）で、本章の冒頭に筆者が「信じられない出来事」として引用していることが起きた。その後、9月6日（水）にインターネットカフェで最後の授業を行い、コースが終了した。筆者は日誌のなかで、コンピュータとインターネットの使い方を学んだ参加者たちの熱心さに言及している。「彼女たちは事前に計画し、何の話題について調査するかを理解していた。まだマウスの使い方とカーソルの適切な動かし方に少し問題があったけれど、自分たちが何をしているのかは十分に理解していた」。しかし、ブロードバンドの問題が参加者にとって課題となったと筆者は付け加えている。「直面するもう1つの問題は、インターネット接続についてだ。コンピュータは動きの悪いものもあり、実際にウェ

ブサイトにたどり着けず時が過ぎてしまったという苦情があった」。昼食後、学んだことについて振り返りの話し合いを行った後、筆者は参加者に書く時間を与え、2度目のアンケート調査を実施した。

8.6.3 アンケート2の調査結果

　Q2の中心であるデジタル・リテラシーコースで各参加者が何を学んだかについては包括的には報告できないが、本研究では一般的な情報へのアクセスと、特にHIV／エイズについての情報へのアクセスという観点において重要なデータを提供していく。最初に、本研究の参加者はインターネットで健康に関する情報にアクセスする前に、コンピュータの操作の仕方を学ぶ必要があった。「何をこのコースから学んだか」という質問に対する回答の主な点は、ヘンリエッタのコメントから得ることができる。

　　　　私はコンピュータの使い方／コンピュータの概論を学び、インターネット上での情報へのアクセスの仕方を学びました。また、どのように人々がインターネットでコミュニケーションするのか、インターネット上の情報をどのように得るのかを学びました。また、HIV／エイズを防ぐ方法とエイズについて、いろいろなことを学びました。

コンピュータは「仕事を簡単にしてくれ」、「時間を節約し」、「情報にアクセスするのに必要」であり、「他の人とのコミュニケーションを促進してくれる」などと本研究の参加者は記述している。さらにヘンリエッタは、インターネットの情報入手における英語の役割について、「英語は並び方が分かりやすいので、私はインターネット上で英語を学んだ」と記載している。他の参加者も多くが、コンピュータやインターネットについて知ることは将来の仕事にとって重要であると述べている。ゲリーは以下のように記載している。

　　　　私はコンピュータの使い方、コンピュータ上での情報の書き方、さらにインターネット上での情報の探し方を学びました。今の時代はオフィスマネージャーや秘書や会計などすべての仕事においてコンピュータの経験が必要なので、今回の経験は将来私が仕事を得るのに役に立つと思います。

本研究の参加者は自分自身のウェブサイトを開設したり、写真をアップロードしたり、さらに、スカイプを使うなどコンピュータについて学びたいことがまだたくさんあると述べている。トレーシーは、相手の姿が画面に表れている間にその人と話すことができる方法を学びたいと記載している。文化的な慣習に関してドリーンは、「ウガンダの少女として行動しているが、他の人はどうなのであろうか、ウガンダ以外に住む少女たちの行動についてもっと学びたい」と述べている。
　健康の情報、とりわけHIV／エイズに関しては、インターネットへのアクセスがこの病気に関する重要で包括的な情報を提供してくれるという意見で一致している。例えばユダヤは以下のように記している。

　　　私はHIV／エイズに関する健康の情報をインターネットから得ました。また、HIV／エイズの防ぎ方やそれに関する他の情報も知っています。エイズは後天性免疫不全症候群を意味しており、HIVはヒト免疫不全ウイルスを表しています。

　ゲリーは「私も10代ですから、エイズで死ぬ人の多くが10代の若者であることを知り驚きました」と記載しており、シャキラは少し異なる観点から、どのように自分自身を守るかだけではなく、どのように他の人にアドバイスすべきかを次のように述べている。

　　　私がインターネットから探した健康に関する情報はAIDS／HIVについてです。今私はどのようにAIDS／HIVから自分自身を守るのか、誰がHIVに感染しているのかをどのように見分けるのか、さらに、もし自分が感染したら何をすべきかを知っています。あまり激しい仕事は避け、身体を休め、細胞が増えるのを止めてくれるARVの入った治療法を探さなければなりません。私はエイズの症状を知っていますが、それらはすべてインターネットから得たものです。インターネットを使うことによって、友達にAIDS／HIVについて様々なアドバイスができることを知りました。

　同様に、ソフィアは「コンドームを使うことによって感染を防げる」と自分の防御のことだけではなく、「HIVに感染しても、それが人生の終わりを意味するのではないとエイズ患者にカウンセリングできる」と述べてい

る。さらに、ゲリーは「エイズに感染している人は他の様々な病気にかかり、〔抵抗力が弱まる結果〕日和見感染するかもしれない」と述べている。

　本研究の参加者の多くは、エイズが自分の国であるウガンダにどのように影響を与えているかについて特に心配しており、エイズと開発との関係についても多く学んだと述べている。幸いなことに、TASOの役割に関する現地の重要な新情報などもインターネットで入手可能であった。TASOはウガンダの主導的なエイズサポート団体であり、さまざまなサービスの提供を通して、エイズ患者の面倒をみようとしている。

　マラリアや早期妊娠など、エイズ以外の特に、ウガンダに関連した健康に関する情報もインターネットで探すことができた。例えばソフィアは以下のように述べている。

　　　私はインターネットを通して、マラリアなどの情報を得ることができました。マラリアは私たちの地域で大きな問題になっており、この病気についての情報がもっと必要です。例えばマラリアがどのように広まるのか、どのような症状が出るのか、さらに、どのように防ぐことができるのかについて知りたいです。

早期妊娠に関してドリーンは以下のように記載している。

　　　私はAIDS／HIV／STDやマラリアなどの病気について、健康に関する多くの情報をインターネット上で検索しました。これとは別に、在学中に妊娠した少女についても調べました。多くの少女が若くして妊娠しており、そのなかにはエイズに感染してしまった人もいました。私たちは何をすべきなのでしょうか。

それに答えるかのように、トレーシーは以下のように述べている。

　　　私は避妊薬やセックスの禁欲などについて勉強しているので、妊娠しないための方法を知ることはとても重要であり、興味深いことでもありました。私たちのなかにはどのように妊娠を避けるべきかを知らない人もいましたし、情報もあまりなかったので、私はそういうことについて知ることができてよかったです。

「研究者と共有したい情報があるか」という質問に関しては、多くの参加者がこのコースについて感謝の言葉を述べている。例えばシャキラは、「とてもよかったです。私はあなたの組織に感謝します。多くのことを学ぶことができたので、他のコースにもこのように関わってくださることを願っています。ありがとうございました」と述べている。

8.7　考察

今回のリサーチプロジェクトでは、参加者の観点から、HIV／エイズについての情報にアクセスするのにデジタル・リテラシーが有効かどうか、さらに、デジタル・リテラシーの向上を促進する条件は何なのかを探すことにした。量的レベルでは以下のことが明らかになった。Q2 は Q1 を基に作成されており、回答するために Q1 と Q2 には同じだけのページ数（4ページ）が用意されていたが、Q2 に関する回答は Q1 の回答よりもかなり長く、内容の濃いものだった。コンピュータ上の語数においても Q2 は 6294 語で、Q1 は 3260 語であった。このことは参加者がコースとインターネット検索について語りたいことが多くあったことを意味し、彼らの学んだことの全体像が回答のなかによく見てとれると言えるであろう。

本研究の主要な成果として、インターネットは HIV／エイズに関する情報入手の方法や、英語の実践的使用法を参加者に与えてくれるものであることが明らかになった。しかしながら、もっと興味深いことは、Q2 に関することで、「何がデジタル・リテラシーの向上を促進するのか」ということである。これに関しては、アイデンティティと言語学習に関する研究、特に、投資、想像の共同体、および想像のアイデンティティの研究を参照することが有益であると判明した。この3分野は密接に関連しているが、デジタル・リテラシーの向上にそれぞれが異なる視点を与えているため、順に検討していく。

8.7.1　投資とデジタル・リテラシー

投資とデジタル・リテラシーに関して、Norton（2000, 2001）は、学習者が言語学習に投資する場合、まず広範囲に及ぶすぐ見てとれる形あるものを獲得し、それがやがて文化的な資本や社会的な力といった目に見えない価値として膨らんでいくと述べている。投資という観点からすると、言語学習者は複雑なアイデンティティを持つ存在で、時と場所により姿を変え、

さらに、話し言葉および書き言葉の双方における人と人との交流のなかで再び元の姿にもどる。学習者がなぜ目標言語を学ぼうとしているのかについての一連の質問が、投資〔すなわち受講の理由〕という形で投げかけられるのだ。「学習者はどの程度この言語の学習に意欲を抱いているか」という質問に加え、本研究の研究者は「この形式の授業で英語を学ぶことは、学習者にとってどのような投資をしたことになるか」と問うことになる。

本研究の参加者がデジタル・リテラシーコースの英語学習に大きな投資をしたという証拠は十分ある。Q2において回答者全員が、「そのコースでどのくらい多くのことを学んだか」、さらに、「コースの様々な面にどのくらい興味を持てたか」についての記述を残している。「このコースで多くのことを学ぶことができたため、他のコースもこのような授業にしてほしい」と述べるシャキラのように、非常に賞賛している評価も見られた。アヒンビシウエも参加者がどれほど興奮していたのかを以下のように頻繁に記載している。「少女たちがどれほど関心を持っているか、私にはその表情からわかる」（8月20日）、続けて「彼らは皆とても熱心に取り組み始めた」（8月23日）、さらに「参加者は信じられないほど進歩した」（9月3日）と記載している。

「新しい方法で多角的に英語にアクセスする機会を設けてくれる」というのが、デジタル・リテラシーコースのなかの英語演習を少女たちが受講した理由の1つであった。参加者のなかにはICTをコミュニケーションの道具だけでなく、英語でコミュニケーションすることを助ける道具であると考える者もいた。例えば「あなたはコンピュータの使い方を学ぶことによって、どのような利益を得ましたか」という質問に対して、ヘンリエッタは「英語という言語について理解が深まる」と回答している。

アヒンビシウエが述べている3つの関心事（HIV／エイズに関する情報にアクセスしたこと、コンピュータやインターネットがどのように働くのかを学んだこと、プレゼンテーションの形で仲間と学びを共有する機会を与えられたこと）も、参加者がなぜこのコースの英語演習に多大な投資をしたのかに対して重要なヒントを与えてくれる。このコースの開始前にアヒンビシウエは、「新しい試みであるため、このような機会は近い将来いつでも〔参加者に〕与えられるものではない」と述べている。

本章の最初に述べたリサーチ・コンテクスト〔本研究に至る経緯〕では、なぜ本研究の参加者がこのような形の英語の授業を受けていなかったかについて言及した。人里離れたウガンダの農村部ではHIV／エイズに関す

る情報にアクセスするのが難しいだけでなく、この病気は両親や教師が避けたがるトピックでもある。Norton and Mutonyi (2007) が述べているように、HIV／エイズ・クラブは若者が HIV／エイズについての情報にアクセスすることができ、「話してはいけないと思っていることを話せる」数少ないサイトの1つである。また、ウガンダの田舎では主に費用の面、および都会と田舎の地域格差のために、コンピュータや他のテクノロジーへのアクセスは非常に難しい (Norton & Mutonyi 2007)。さらに、Jones and Norton (2007) が述べているように、特に、若い女性は生活必需品でさえも購入することが難しく、コンピュータを買ったり、インターネットのアクセス料を払ったりすることは、農村部に住む若い女性の予算を超えた贅沢なことなのだ。本研究の参加者は HIV／エイズに関する情報にたどり着けたのち、このような機会をいつもう一度与えられるのかわからないので、「インターネット上にある他の興味のあるものに釘付けになった」というアヒンビシウエの観察は興味深いものである。

　このコースは、通常行われる学生・教師の質疑応答の他、ペアワーク、グループワーク、プレゼンテーションなど学生中心の教授法を採用したため、大教室での教師主体の授業に慣れた若い女性にとって新鮮なものであった。Jones (2008)〔博士論文〕には、満足いかない授業を数多く受けさせられた被験者たちの声が列挙されている。一例として以下の抜粋を紹介する (Kendrick *et al*. 2006:110)。

　　シェリー：このようなプロジェクトで英語を学ぶことと通常の授業で英
　　　　　　　語を学ぶことでは、どのように違いますか？
　　ローズ：通常の授業では、先生が黒板に書いて、私たちがただ聞くだけ。
　　シェリー：リサーチプロジェクトでは、どのように英語を使うのですか？
　　ローズ：コミュニケーションのため。
　　シェリー：英語を勉強するのとコミュニケーションで英語を学ぶのでは
　　　　　　　どちらがよく学べますか？
　　ローズ：コミュニケーションで学ぶほう。
　　シェリー：なぜですか？
　　ローズ：コミュニケーションするとき、自分自身の英語を考えるから。

　本研究の参加者が「自分自身の英語を考えていた〔thinking their own English〕」ということはデータから明らかであり、自ら考え、自ら意味を探

し出すこの精神こそ、デジタル・リテラシーのコースへの参加にとって最も重要な要素だったのである。

　しかしながら、コース参加者は健康問題だけではなく、開発に直結する環境保護や教育やジェンダーの問題にも投資をしていた。Q2の「私たち研究者と共有したい情報が他にありますか」に対して、例えばペニーナは「情報をありがとうございます。次は環境や動物に関することをテーマとして提案します」と述べ、トレーシーは「はい、私は女性の解放がどのように開発に貢献してきたかについての情報を共有したいです」と記している。また、ヘンリエッタは「誰が教育というものを始めたのか、人々が教育を受けるべきであるとどのように思いついたのかなど、私は教育について研究者と情報を共有したいです」と記入している。ドリーンは「もちろんです。私は研究者と共有したい情報が他にあります。男子と女子の両方の教育について、物語を読む、歌を歌うなどの才能をどのように発達させることができるかについてです」と答えている。キャロラインは「はい。レイプなどの性犯罪についての情報です。ウガンダで増えているので、それをどのようにしたら克服できるかについてです」と記載している。

　参加者は、自分たちにとって関わりのあるグローバル問題についてのデジタル教材にも熱心に取り組んだ。この研究が行われたときにはイラク戦争が3年目に入っており、参加者はイラク戦争およびサダム・フセインやジョージ・W・ブッシュなど国際的に有名な人物に関して興味を持っていた。ドリーンは「インターネット上ではたくさんの人についての情報を得ることができました。例えばサダム・フセインについては彼の写真を探し、彼に関する情報をいくつか得ることが出来ました。私はフセインだけではなく、わが国の大統領であるムセベニ〔Museveni〕についても検索し、インターネット上でムセベニ大統領を見ることができたのでとてもうれしかったです」と述べている。トレーシーは、「ブッシュがどのような人物であるのかをグーグルで知りました。また、サダム・フセインの写真も探しました。2人の名前を聞いたことがあるだけで見たことがなかったので、とても面白かったです」と、今まで得ることが出来なかった情報をインターネットがどのように与えてくれたのか、さらに、それによって戦争についての認識をどのように広げることができたのかを説明している。

8.7.2　想像の共同体とデジタル・リテラシー

　想像の共同体〔imagined communities〕と想像のアイデンティティ〔imagined

identities〕の概念形成は投資の概念形成と関係している（Anderson 1990; Kanno & Norton 2003; Norton 2001; Pavlenko & Norton 2007）。最初に「想像の共同体」という言葉を使ったベネディクト・アンダーソン〔Benedict Anderson：米国の政治学者〕（Anderson 1991:6）は、「なぜならば、最も小さな国の国民でさえも同国人のほとんどを知らないし、会ったこともなく、名前を聞いたことさえもない。しかし、個々人は1つの共同体に生きているというイメージを持っている」として、私たちが国であると考えているのは「想像の共同体」であると述べている。そのため、時間や空間を超えて自分自身を他の人と結び付けて想像することにより、私たちはまだ会ったこともない人々と同じ共同体の一員だと感じることができ、おそらくある日会いたくなるかもしれないのだ。ノートンたち研究者は、このような概念を言語教育に当てはめて、「学習者は多くの場合、教室という共同体だけではなく、想像の共同体（将来、学習者たちが持つかもしれない様々なアイデンティティの可能性を提供してくれる望ましい共同体）に投資する機会を与えられている」と述べている。そのような想像のアイデンティティは多種多様であり、医師や弁護士や教師などといった公的な職業から、農場労働者の主婦に至る想像の共同体から成り立っているというのである。

　言語学習者は幅広いアイデンティティに異なる投資を行っており、特に、本研究において興味深いことは、そのような投資がデジタル・リテラシーの発達にとって有効だということである。参加者の誰もがこの研究の前にインターネットを使ったことがなかったにもかかわらず、彼らは新しいアイデンティティを持つことができ、幅広い共同体に携わることができる手段としてすぐにデジタルを活用することができるようになった。例をあげれば、トレーシーは「外部の大学から異なる情報を得るために外国の人と話がしたいです」とコメントを書き、グローバルな研究者集団の一員になるということに興味を示した。同様に、ジョアンナは「他の国の学生と議論を交わしたいです。そして、将来、私自身のプロジェクトを始めるための技術を身につけたいです」と述べている。しかしながら、重要なことは、参加者が単なる情報の消費者にはなりたくないということだ。彼らは情報の生産者になることを願っているのである。ペニーナは、出版することを通して知識や考えを他の人に伝えるという自分自身を想像して、「私はコンピュータを使うことができる一人になり、本や論文を書くことができるようになるため、インターネットなどを学びたいです」と述べている。ソフィアは「学術書や論文を執筆して研究者と意見交換したいです」と同様

な考えを示している。このようなグローバルな知識の生産は、アフリカの人々の考え方、知識、経験を国際的な文献のなかに反映させたいと望む研究者たちによって強く支持されている（Andema *et al.* 2010）。

　グローバルな知識の生産に積極的にかかわりたいと述べていた参加者がいる一方で、主に、ウガンダ以外の人的ネットワークを広げることに興味がある者もいた。ジェネニーは「インターネットについてもっと学びたいと思うのは、カナダのような他の国に友達を作りたいからです」と記している。また、ゲリーは「コンピュータがインターネット上で通常使われると聞いたので、私はその使い方や外国からのメッセージをどのように送るのかを知りたいです」と述べている。

　想像の共同体とデジタル・リテラシーを結びつける過程で、ジェンダーの問題は若い女性にとって関心がある話題であった（Mitchell & Sokayo 2007 を参照）。ドリーンは自分が住んでいるウガンダ以外の少女のことをより深く理解するために、他の国に住む少女たちの生活について興味を示した。シャキラは同様に、インターネット上の情報にアクセスすることによって自分以外の国の少女の経験、特に、「少女の問題に関する情報」について学ぼうとした。関連することとして、トレーシーは「将来医者になりたいので、女性の体、あるいは女性がどのように見えるかについて知りたい。それに、身体に関する一般的な理解と同時に、若い女性として自分自身に対する理解を深めることにも興味がある」と答えている。

8.7.3　想像のアイデンティティとデジタル・リテラシー

　Norton（2010:365）によると、「想像の共同体は想像のアイデンティティを想定するもので、目標言語に対する投資はこの文脈内で理解しなければならない」ことになる。デジタル・リテラシーの向上は、若い女性の将来に想像のアイデンティティの幅広い選択肢を与えてくれるという証拠が多くある。特に、ヘンリエッタの「私たちは世界中の知識人のグループの一員になれた」というコメントは核心をついている。それと関連してソフィアは、「インターネットに関して学ぶ大きな理由は、現在と将来の私の人生に役立つ、ありとあらゆることを知ることができるためです」と述べている。同様に何人かの参加者は、「より大きなグローバルな脈絡で、若い女性としての自分自身を向上させ、変化させ、さらに、深く理解することができる活動に参加したい」という希望を述べている。このようなコメントは、少女たちの能力を育成し、世界でもっと活躍できるようになるため

の教育的な機会が必要であると訴えているのだ（Jones 2011）。

　将来の仕事は、経済的に苦しいこうした若い女性にとって最も関心のあることである。ペニーナは起業家に、トレーシーは医者に、グロリアはドレスメーカーに、ソフィアはビジネスパーソンに、ジェネシーは高校の校長になることを希望している。このような想像のアイデンティティが実現できることはウガンダの田舎の女性にとってはまれであるが、参加者はデジタル・リテラシーが自らの野心の達成の手助けになってくれると信じている。例えばキャロラインは、ICT を学ぶ時間と経験があればもっと自信がつき、世界の人々と効率的に、さらに有意義に交流することができるだろうと述べている。同様にジェネシーは、「私がインターネットについてもっと学びたいのは、カナダのようなウガンダ以外の国の人と友達になり、メールやブログなどを通して世界中で有名になりたいからです」とグローバルな文脈において自分自身が有名になることを想像している。参加者は、個人的なつながりをもった人々や場所についての情報にアクセスする目的でインターネットを使うことに非常に興味を持っていた。なぜかというと、想像と現実の世界のギャップを埋め、自分自身のアイデンティティ（例えば、学生、村の一員、研究参加者）とインターネット上のより大きな世界を繋いでくれるのではないかと思ったからである。シャキラの以下のコメントを例として挙げたい。

　　私はキャト村の図書館の位置や歴史についての情報を得ました。シェリー〔先生〕と彼女の経歴、特に、彼女がウガンダとカナダで何をしたかについての情報を探しました。私はキャト中等学校の創設者であるマシンデ氏〔Mr Masinde〕について調べ、初代校長が学校を始めた理由や目的、学校の場所、創設当時とその後の歴史についての情報を探しました。キャト村の図書館の組織や歴史、さらに創設された場所についての情報を探しました。

8.8　結論

　Mckinney and Norton（2008）によると、言語やリテラシーの教育における多様性に応えるために、教師は教育的に可能なものが何であるかだけではなく、教育的に何が望ましいのかについても考える必要がある。アフリカやその他世界各地の資源が乏しい共同体では、「可能な」ことは少なく、

失望させられることがよくある。実際に、スポンサーからの助成なしでは、本研究も行うことはできなかった。それゆえに、今回のプロジェクトだけではなく、ウガンダやその他の地域における国家プロジェクトが持続できるかどうかということが大きな問題となっている。しかしながら、本研究で明らかになったことは、アフリカの田舎に住んでいる若者の希望や望みは、シンガポール、シアトル、またはシドニーに住んでいる若者と変わらないということである。本研究に参加した若い女性たちは健康、仕事の機会、多様な国際社会、英語という言語などに関する最新で信頼できる情報にアクセスすることを望んでいる。さらに、彼らはグローバルな情報を得るだけではなく、情報を発信し、自分自身のウェブサイトを作成し、友達とスカイプで話し、さらにグローバルな知識の生産に携わりたいと思っている。

　本研究はデジタル・リテラシーがウガンダの農村部においてHIV／エイズ情報にアクセスするのに非常に有効な手段であるばかりではなく、学習者がジェンダーや開発など幅広いトピックに興味があるということを証明した。また、本研究では学習者が教室や図書館での英語学習に投資した時、そして彼らが未来のアイデンティティの選択を広げるためにデジタル情報を利用した時に、デジタル・リテラシーが効果的に働くということを確認した。これらは英語学習や英語指導に重要な示唆を与える。本研究の英語学習者は自律的な学習者として、博識なグローバル市民として、さらに、HIV／エイズカウンセラーとしてのアイデンティティを想像し、英語を使うことができた。グローバル社会にとっての課題は、アフリカのパートナーと協力して、英語学習者の想像のアイデンティティ構築が教授法として望ましいだけではなく、教育実践のうえでも可能だということを確認することである。

謝辞

　この章は『カナダ現代語批評』〔*Canadian Modern Language Review*、Norton, Jones and Ahimbisibwe（2011）を参照〕に掲載された記事の改訂版である。トロント大学出版会からの著作権許諾に深く感謝したい。我々の研究に参加してくれた若い女性たちには心からの謝意を表したい。また、ブリティッシュコロンビア「付加的な言語としての英語」教師連合（BCTEAL）とカナダ社会科学・人文科学研究協会からの資金提供にも謝意を表したい。

注

本研究に関連した学校、村、調査参加者については、個人情報保護のため仮名を使っている。

引用文献

Andema, S., Kendrick, M and Norton, B. (2010) ICT, cultural knowledge, and teacher education in Africa. In F. Sudweeks, H. Hrachovec and C. Ess (eds) *Proceedings of the 7th International Conference on Cultural Attitudes Towards Technology and Communication 2010* (pp. 450-457). Murdoch, Australia: Murdoch University.

Anderson, B. (1991) *Imagined Communities: Reflections on the Origin and Spread of Nationalism* (Rev edn). New York: Verso.

Bakesha, S., Nakafeero, A and Okello, D. (2009) ICTs as agents of change: A case of grass-roots women entrepreneurs in Uganda. In I. Buskens and A. Webb (eds) *African Women and ICTs: Investigating Technology, Gender, and Empowerment* (pp. 143-153). London: Zed Books.

Barton, D and Hamilton, M. (1998) *Local Literacies.* New York: Routledge.

Coiro, J., Knobel, M., Lankshear, C and Leu, D. (2008) *The Handbook of Research on New Literacies.* Mahwah, NJ: Elbaum.

Craddock, S. (2004) Beyond epidemiology: Locating AIDS in Africa. In E. Kalipeni, S. Craddock and J. Ghosh (eds) *HIV &AIDS in Africa: Beyond Epidemiology* (pp. 1-10). Malden, MA: Blackwell.

Djité, P.G. (2008) *The Sociolinguistics of Development in Africa.* Clevedon: Multilingual Matters.

Farmer, P. (1994) Aids-talk and the constitution of cultural models. *Social Science and Medicine* 38, 801-809.

Hafkin, N and Taggart, N. (2001) *Gender, Information Technology, and Developing Countries: An Analytic Study.* Washington, DC: Academy for Educational Development (AED)/ USAID.

Hawkins, R.J. (2002) Ten lessons for ICT and education in the developing world. In G. Kirkman, P.K. Cornelius, J.D. Sachs and K. Schwab (eds) *The Global Information Technology Report 2001-2002: Readiness for the Networked World* (pp. 38-43). Oxford: Oxford University Press.

Higgins, C and Norton, B. (eds) (2010) *Language and HIV/AIDS.* Bristol: Multilingual Matters.

Hornberger, N. (ed.) (2003) *Continua of Biliteracy.* Clevedon: Multilingual Matters.

Huyer, S and Sikoska, T. (2003) *Overcoming the Gender Digital Divide: Understanding ICTs and Their Potential for the Empowerment of Women.* INSTRAW Research Paper Series No. 1, April 2003. Washington, DC: United Nations International Research and Training Institute for the Advancement of Women.

Jones, R. (2002) A walk in the park: Frames and positions in AIDS prevention outreach among gay men in China. *Journal of Sociolinguistics* 6, 575-588.

Jones, R and Candlin, C. (2003) Constructing risk across timescales and trajectories: Gay men's stories of sexual encounters. *Health, Risk & Society* 5, 199-213.

Jones, S. (2008) Secondary school for girls in rural Uganda: Challenges, opportunities and emerging identities. PhD thesis, University of British Columbia.

Jones, S. (2011) Girls' secondary education in Uganda: Assessing policy within the Women's Empowerment Framework. *Gender and Education* 23 (1), 1-29.

Jones, S and Norton, B. (2007) On the limits of sexual health literacy: Insights from Ugandan schoolgirls. *Journal of Diaspora, Indigenous, and Minority Education* 1 (4), 285-305.

Kanno, Y and Norton, B. (2003) Imagined communities and educational possibilities. *Journal of Language, Identity, and Education* 2 (4), 241-249.

Kendrick, M., Jones, S., Mutonyi, H and Norton, B. (2006) Multimodality and English education in Ugandan schools. *English Studies in Africa* 49, 95-114.

Malinga, F. (2001) Uganda: Designing communication and education programs to combat HIV/AIDS. *Association for the Development of Education in Africa Newsletter* 12 (4).

Martin-Jones, M and Jones, K. (eds) (2000) *Multilingual Literacies*. Amsterdam: John Benjamins.

Maynard, D. (2003) *Bad News, Good News: Conversational Order in Everyday Talk and Clinical Settings*. Chicago, IL: University of Chicago Press.

McKinney, C and Norton, B. (2008) Identity in language and literacy education. In B. Spolsky and F. Hult (eds) *The Handbook of Educational Linguistics* (pp. 192-205). Malden, MA: Blackwell.

Mirembe, R and Davies, L. (2001) Is schooling a risk? Gender, power relations, and school culture in Uganda. *Gender and Education* 13, 4, 401-416.

Mitchell, C. (2006) In my life: Youth stories and poems on HIV/AIDS: Towards a new literacy in the age of AIDS. *Changing English* 13, 355-368.

Mitchell, C and Sokoya, G. (2007) New girl (and new boy) at the internet café: Digital divides/digital futures. In S. Weber and S. Dixon (eds) *Growing Up Online: Young People and Digital Technologies* (pp. 211-225). New York: Palgrave Macmillan.

Mutonyi, H and Norton, B. (2007) ICT on the margins: Lessons for Ugandan education. *Language and Education* 21 (3), 264-270.

Mwesige, P.G. (2004) Cyber elites: A survey of internet café users in Uganda. *Telematics and Informatics* 21, 83-101.

Norton, B. (2000) *Identity and Language Learning: Gender, Ethnicity and Educational Change*. Harlow: Longman/Pearson Education.

Norton, B. (2001) Non-participation, imagined communities, and the language classroom. In M. Breen (ed.) *Learner Contributions to Language Learning: New Directions in Research* (pp. 159-171). Harlow: Pearson Education.

Norton, B. (2010) Language and identity. In N. Hornberger and S. McKay (eds) *Sociolinguistics and Language Education* (pp. 349-369). Bristol: Multilingual Matters.

Norton, B. (2012) Investment. In P. Robinson (ed.) *Routledge Encyclopedia of Second Language Acquisition* (pp. 22-24). New York: Routledge.

Norton, B and Mutonyi, H. (2007) Talk what others might think you can't talk: HIV/AIDS clubs as peer education in Ugandan schools. *Compare: A Journal of Comparative Education* 37 (4), 479-492.

Norton, B and Mutonyi, H. (2010) Languaging for life: African students talk back to HIV/AIDS research. *Language Policy* 9 (1), 45-63.

Norton, B., Jones, S and Ahimbisibwe, D. (2011) Learning about HIV/AIDS in Uganda: Digital resources and language learner identities. *Canadian Modern Language Review* 67 (4), 569-590.

Ochieng, R.O. (2000) *The Empowerment of Women through the Internet: The Africa Women Experience*. Paper presented at the International Telecommunication Union, Geneva.

Pavlenko, A and Norton, B. (2007) Imagined communities, identity, and English language. In J. Cummins and C. Davison (eds) *International Handbook of English Language Teaching* (pp. 669-680). New York: Springer.

Prinsloo, M and Baynham, M. (eds) (2008) *Literacies, Global and Local*. Philadelphia, PA: John Benjamins.

Silverman, D. (1997) *Discourses of Counselling*. London: Sage.

Snyder, I. and Prinsloo, M. (eds) (2007) The digital literacy practices of young people in marginal contexts. *Language and Education* 21 (3).

Street, B. (ed.) (2001) *Literacy and Development: Ethnographic Perspectives*. New York: Routledge.

Thioune, R.M. (ed.) (2003) *Information and Communication Technologies for development in Africa: Opportunities and Challenges for Community Development*. Ottawa, Canada:

International Development Research Centre.
Warschauer, M. (2003) *Technology and Social Inclusion: Rethinking the Digital Divide*. Cambridge, MA: MIT Press.
Wasserman, H. (2002) Between the local and the global: South African languages and the internet. *African and Asian Studies* 1 (4), 303-321.

第9章
シンガポールにおける言語政策
―― シングリッシュ、国家開発、グローバリゼーション

ライオネル・ウィー （江田優子／訳）

9.1 はじめに

　本書の他章で論じられている開発途上国の例とは異なり、シンガポールはすでに第一世界の仲間入りをしてから久しい。しかし実際問題として、シンガポールは現在グローバル／コスモポリタン都市を目指して積極的に国家の改造を試みている途上にある。それにもかかわらず、シンガポールの経済開発の成功は他の国や地域における政策立案者にとって興味深い例を提供している。それはつまり、シンガポールがとりわけ言語政策、中でも特に英語の扱いにおいて成功と失敗を経験してきたためである。例えば、シンガポールのシングリッシュ〔Singlish〕のように母語化した〔英語の〕変種が出現したのは、社会言語学的な観点から見て、〔国民が〕英語を広範かつ意図的に受け入れたことの当然の結果である。しかし、シンガポール政府は〔国民の〕シングリッシュ使用について排斥とは言わないまでも、できるだけ使用させないように並々ならぬ努力を重ねてきた。

　開発途上国では往々にして社会経済開発の一環として英語使用を熱心に促す傾向がある。シンガポール同様、特にアジア、アフリカの多くの国では英語を実用主義的見地から採択している。価値ある科学技術の知識を取り込む重要な手段としてだけではなく、特にサービス業においては外資を惹きつける国内労働力人口の開発にも重要な手段であるようだ。シンガポールの経験から学ぶ重要な要素のひとつに次のようなものがある。それはつまり、英語の広範囲にわたる採択を目指すあらゆる政策においては、社会言語学的に当然の結果である〔変種の〕産出を覚悟しなくてはならないということである。少なくともローカル化した〔英語〕変種に対して、政府は必要以上に騒ぎ立てるべきではない。

　この章ではグローバル／コスモポリタン都市を理想とするシンガポール

の言語政策について論じたい。筆者は政府の英語に対する位置づけ、とりわけ英語の口語変種であるシングリッシュに対しての否定的な立場に焦点を当てる。国内で使用されている他の言語については、それらの言語がこの章で論じられる諸問題に関連している場合にのみ触れる。言語政策で制定された4つの公用語のなかで英語とシングリッシュこそが、グローバル都市言説〔シンガポールはグローバルな都市として発展してきたとする考え方〕に密接な関わりを持っているという事実に促されて、この2つの言語に焦点を当てることにした。

9.2 シンガポールにおける言語政策

シンガポールは人口約320万人（2000年度の国勢調査）の多言語、多民族国家である。公的な発表によれば、大まかな民族比率は華人系76.8%、マレー系13.9%、インド系7.9%、そしてその他（主としてユーラシアンとヨーロッパ人）1.4%である。シンガポールには天然資源がないため、1960年代当時の政治家たちは、マレーシア連邦に付随することによってのみ自国の経済的自立が見込まれると確信していた。そしてそれを実現するべく、政治家たちは必死で活動を行った。しかしながら、わずか2年後の1965年には連邦から離脱し、シンガポールは不本意ながら独立という立場を獲得した。この分離独立は、マレー民族が特権を与えられるべきか否かという問題に関する政治的立場の相違が原因であった。マレーシアはブミプトラ政策を推進したが、その政策内容とは、マレー語を唯一の公用語とし、マレー民族に特権を与えるというものであった。それに対し、シンガポール側は特定の民族にのみ特権が付与されるという考えを受け入れることができなかった。

シンガポールが連邦政府から分離独立したことにより、政治家たちは突如困難な課題に直面した。つまり、民族的にも言語的にも多様な人々から構成される国家建設を行うという任務であった。しかも天然資源に頼らない国家経済開発を遂行しなければならなかったのである。リー・クアンユー〔Lee Kuan Yew：シンガポール初代首相〕によれば、

(1)
（…）将来には全く希望が持てなかったが、我々は国民の生活を支えなければならなかった。（…）我々は2つの基本戦略を行うことで

成功した。まず、我々はヨーロッパ、アメリカ、日本などの先進国と直接連携した。そして諸国の企業との関係を結び、多国籍企業からシンガポールへの投資を得て、製品を確保し、世界（基本的には途上国）に製品を再輸出する運びとなった。次に、我々はシンガポールという国を第三世界の領域において第一世界のオアシスとするべく創り上げていった。言い換えれば、第一世界の〔企業・研究所等の〕進出拠点、支社、本社を誘致するために、第三世界に第一世界水準の安全保障、保健施設、能率性、コミュニケーション、流通手段、教育、利便性を備えたオアシスを創り上げたのだ。(1999年12月18日、NHKのインタビュー番組で)

シンガポールの言語政策は次のような必須事項を反映したものである。つまり民族融合維持の手段として種々の民族グループにまたがる平等性を確保する必要性と、外国からの直接投資を誘致する必要性の2つである。前者からは3つの母語認定が法制化された。主要な民族コミュニティには、それぞれ1つの公用語が指定される。華人系にはマンダリン（北京語）、マレー系にはマレー語、インド系にはタミル語である*1。後者からは英語の公用語化指定が図られた。しかし、公用語としての英語は過去においても現在においても西洋的アイデンティティを示す言語でもなく、母語として認定されているわけでもない。英語はたとえ母語ではないとしても、民族間のリンガフランカであると同時にグローバル経済競争に必要だと見なされている。英語は民族間で中立的な存在であり、そのおかげで、言語の達成度による社会経済的利益が特定の民族コミュニティに結びつけられることがない。これはとりわけ不可欠な要件であり、さもなければ民族間の緊張が高まる危険性も出てくる。その一方、それぞれの母語を話すことによって、シンガポール人はグローバル競争にさらされてはいても、引き続きアジアの伝統に確実に根付き続けることができると考えられている。このようにして、シンガポールの言語政策は一方で英語、もう一方でそれぞれに割り当てられた母語によるバイリンガルの達成を促している。

　この言語政策はある程度うまくいってきた。シンガポールは経済的に貧困な国家から経済の潤った近代国家へとかなりなスピードで変貌し、その間に異民族間の関係をスムーズに維持してきた。しかしながら開発はまだ途中であり、近年では熾烈なグローバル競争のもとで、シンガポールはグローバルあるいはコスモポリタン*2であるような都市国家になるべく、

国内再建の道を模索してきた。そのため、ゴー・チョクトン〔Goh Chok Tong：第 2 代首相〕は次のように述べている。

（2）
　我々にとって将来の競争に打ち勝つ戦略とは、才能のある人材を〔国外から〕集めてシンガポールをコスモポリタン都市にすることだ。（…）そのような方法でロンドン、ニューヨーク、上海（戦前の）などの都市は成功してきた。（…）グローバルな人材を誘致することがシンガポール国民にとって最善であり、必要不可欠な策なのだ。シンガポールはコスモポリタンでグローバルな都市にならなくてはならない。諸国から来る人々に開かれた社会でなくてはならないのだ。（1997 年、建国記念日集会のスピーチ）

　都市の機能は主に居住、ビジネス、娯楽に振り分けられるのが一般であって、ナショナル・アイデンティティ〔国家としての固有性〕を表象する役割は期待されていない。そのため都市には、多種多様な文化を背景とした人々を受け入れる態勢が元来備わっているのである。グローバル都市という理念はこのような特性を踏襲しているのだが、それに「重要性や現代性を備え、世界情勢の中心にある」(Perrons 2004 : 231) という特性が加えられている。
　様々な問題点を突きつけているとはいえ、このグローバル都市言説に向けてのシフトによって、シンガポールが国民国家としてのアイデンティティを放棄しようとしているわけではない。なぜならば、この言説は政府の打ち出している言語政策とは、はなはだ折り合いの悪いものだからである。そもそも、前述のとおり、シンガポールの言語政策は、〔グローバル都市言説の成立とは〕異なった開発状況のもとで構築されたものなのだ。開発という文脈からすると、シンガポールをグローバル都市として再建するという試みは、経済的な意味合いでの「次のステップ」を示している。なぜかと言うと、この国の政治家たちは経済成長と競争が国家というよりも都市というレベルで生じていると考え、そのため戦略的にサービス、テクノロジー、経済部門において最高レベルの対策と改革に焦点を当てる必要があると感じているのである。

9.3 「良い」英語とシングリッシュ排斥の姿勢

　シンガポールの言語政策は、英語を純粋に「実践的な」言語、「文化的ニュアンスや文化との照合なしに教えられるべき言語」として扱っている。英語は「近代主義」の理念を表し、進歩、科学、テクノロジー、資本主義と結びついていると考えられている（Wee 2007: 253-254）。英語に対するこの実利主義的なスタンスからすれば、政策においてはシングリッシュの存在価値がない。ここでいうシングリッシュとは英語の口語変種であり、代表的な要素としては次のように特徴づけられる。屈折形態素の欠如〔3 人称単数現在形の -s がない eat〕、同一語の反復〔hot-hot〕、マレー語や中国語からの借用〔get の意の kena〕、文末詞の多用〔付加疑問を表す hor〕の例を見てみよう。

(3)
　　He always eat hot-hot curries, then kena stomach ache, hor?
　　'He always eats very hot curries and then gets a stomach ache, right?'

政府がシングリッシュ排斥の言語政策を採っているのは、国民が「良い英語」〔'good' English：つまり標準英語〕の能力を獲得するにあたって、シングリッシュの存在を足かせとみなしているからである。標準英語はグローバル経済競争の世界における言語的資源として賞賛されているのだが、シングリッシュの存在は標準英語を学ぶ障害になると政府は憂慮している。つまり政府は学習者がシングリッシュと標準英語を区別することができなくなり、最終的に両方の特徴を混合してしまい、標準英語の質を落とすのではないかと恐れているのだ[*3]。このような理由によりリー・クアンユー（2004 年度から内閣顧問の地位、2015 年 2 月死去）は、シングリッシュを「ハンディキャップ」と位置づけた（*The Sunday Times*, 15 August 1999）。

　ゴー・チョクトン（第 2 代首相であり現在では上級相）も同様な立場を表明しており、シングリッシュについて次のように論じている。

(4)
　　我々は、シングリッシュを使用していたのでは先進国にも昇格できず、グローバル化も進まない。(…) 我々が英語話者であることは競争において大きな利点となっている。しかし、シングリッシュを使い

第 9 章　シンガポールにおける言語政策　233

続ければ、当然の結果として独自のピジン英語を発達させていくことになるだろう。そして、そのピジン英語といえば、たった300万人のシンガポール人に話されているにすぎないうえ、世界では奇妙で意味不明〔な言語〕とみなされることだろう。(Goh 1999)

「シンガポール人は、将来、シングリッシュを話すことがなくなるであろう」ともゴーは述べている。

(5)
シングリッシュはブロークンで文法の整備がされていない英語であり、シンガポール以外の英語話者には理解しがたい方言やマレー語の語彙、慣用句が混入している。
(…) 標準英語を話さなければならないというメッセージは、基本的に若い世代に向けられていることを強調しておきたい。次世代には確実にシングリッシュを話させないようにしたい。

しかしながら、政府のシングリッシュ排斥という立場は次のような理由で問題がある。

(1) シングリッシュは海外に渡ったシンガポール人の結束を強める助けとなる。この件については政府自体も長いこと懸念してきた点である。グローバル都市言説にシフトすることで、世界中の人々にとってシンガポールをでき得る限り魅力的な都市に創り上げようとすることは、同時にシンガポール人が海外に渡って行くことをも示唆している。
(2) シンガポール人が海外へ移住していくということへの対策の一環として、政府は特に「才能ある外国の人材」に狙いを定めてきた。政府の期待としては、それらの外国人たちが仕事のために渡来し、シンガポールに居住し、さらに市民権を入手してくれればよいと考えている。この観点からすれば、新たに仲間入りした市民をシンガポール社会に融合しやすくするためにシングリッシュの使用が望まれる。
(3) エネルギッシュで創造的な文化背景も持たずに「グローバル都市」の立場を主張するのは難しいということに政府は気づき始めた。文化に関わる産業、例えばシンガポール映画では、俳優が「正しい／良い」英語のみを話すとすれば海外では成功しない。シングリッシュ使用は正真正銘の

シンガポール人であるという自己認識に貢献する。ゴーの表明（4）に反して、実際にはシングリッシュを話すからこそ「グローバル化」できるのではないか。

9.4 シングリッシュとシンガポール人のディアスポラ

政府は、このところ多くのシンガポール人が旅行や仕事の目的で海外に渡航し、時には海外移住[*4]するという事実を受け入れなくてはならないと察知している。そのためGoh（1997）は「他都市におけるシンガポール人コミュニティ」に言及し、移住者がどこにいようとも国家忠誠心と家族の絆を持ち続けるよう訴えた。

> (5)
> 　流動的な世界では海外に出て働くシンガポール人が増加していくだろう。シドニー、パース、ロンドン、パリ、東京、北京、バンコク、マニラなどの都市には相当の数のシンガポール人コミュニティがある。（…）これこそまさに我々が真剣に受け止めて取り組むべきグローバル化とローカル化の実相なのである。家族や友人との変わらぬ絆、そしてシンガポールへの深い忠誠心が、この新しい状況下で極めて重要なのだ。我々は、シンガポール人がお互いに責任を負っていることを忘れてはならない。シンガポール政府から奨学金など多額の国費を受けた有能な人たちは、社会に特別な責任を負っていることを忘れてはならない。我々は皆で手を取り合ってシンガポールを守っていかなくてはならないのだ。

これこそが、国家への持続的な忠誠心を基にシンガポールから国外へ移住した者の考え方を1つにまとめようとする政府の論調である。国外移住者のアイデンティティ構築は、国民国家をグローバル化の波に立ち向かわせるうえで有用な政治戦略だからである（Yeo & Willis 1997）。とりわけ、ディアスポラ〔diaspora：国外移住〕言説というものが典型的に想定するのは、「世界各地において流動している人々の間にさえ共有点がある」という状況だからだ。しかし政府は、この戦略にシングリッシュが一役買っていることを認めたがらないようだ。たとえそうだとしても、少なくとも海外で働いているシンガポール人には、シングリッシュを使うことがシンガポール人

であると自覚できる1つの方法だと感じている者がいるのは確かである。例えば、北京で働くシンガポール人をKong（1999: 579）は次のように観察している。彼らのやり方、つまり「日常生活でシンガポールを再現する方法」は、「シングリッシュに浸ることだ。それによって社会的距離が縮まり、人間関係を再構築できる」というものである。このような社会的な隙間を埋めるシングリッシュの使い方は、実際シングリッシュ擁護者のかかげる理由の1つだ。シングリッシュはシンガポールの言語景観の中で文化的なスペースを保障していると彼らは主張するのである。

　Wee（2010）の観察によれば、皮肉なことに政府自体がシンガポールデー〔Singapore Day〕などの海外移住者の集まりでシングリッシュを使用したのだ。シンガポールデーとは政府によって大々的に計画された年中行事であり（2010年にはシンガポールデーは行われなかった）、世界の様々な場所で行われている。この行事の狙いは、海外に居住し働いているシンガポール人を集合させ、それらのシンガポール人と本国との結びつきを維持するための支援である。2009年4月、ロンドンでシンガポールデーが開かれたが、新聞記事によれば[*5]、席を予約するという意味の'chope'などの語彙が時折、その催しで使用されていた。その記事は、シンガポール人がその行事に参加する準備として、シングリッシュ会話における文末詞の'lah'とか'loh'を言い合っていたという冗談半分の観察で始まっていた。

　　(6)
　　　昨日の朝、イギリスの最も混雑した駅で多くの'lah'や'loh'が響き渡っていた。

このように、シングリッシュは国民のつながりを強化する状況で使用されているため、シンガポールデーのような行事はシングリッシュ擁護派の主張を裏付けている。すなわち、時としてシングリッシュを使用できる、まさにそのような状況こそがシンガポール同胞人であることの自覚を促すのに一役買っているのである。

9.5　才能ある外国人の誘致

　世界諸国に住んでいるシンガポール人同士のつながりを強めようとするだけでなく、政府は永久移住を決定したシンガポール人の穴を埋めるため

に、新市民となる可能性をもった才能ある外国人の人材を誘致したいと考えている。グローバルあるいはコスモポリタン都市としてのシンガポールのイメージが、富裕で高学歴で移民の可能性をもつ人々の気を惹くと考えているのである。ゴー・チョクトンによれば、

(7)
　それゆえ、我々は世界中から才能ある人を我々の社会に迎え入れなくてはならない。中国人やマレー人やインド人だけでなく、人種や出身国にとらわれずに、東アジア人、東南アジア人、南アジア人、湾岸および中東のアラブ人、北米人、ヨーロッパ人、オーストラリア人、そして南米や南アフリカからも迎え入れなくてはならないのだ。我々の社会に溶け込んで定住する人もいるだろう。この精神がシンガポールへの忠誠心を培うものになり、結果的に移住者たちがシンガポールに根付くことになればよい。(1997年、建国記念日集会のスピーチ)

外国人人材誘致政策はそのような才能のある人に市民権を取得するよう奨励しているため、この政策が成功すれば国の人口動態に変化が起きる可能性も出てくる。そして結果的には言語政策にも影響を及ぼすであろう。市民となる日本、韓国、フランス、あるいはアメリカからの外国人人材は公的な母語としてマンダリン（北京語）、マレー語、タミル語を受け入れる必要は全くないのだ。それどころか、むしろ母語の概念は、現在の3言語より多くの言語に拡大されなければならないだろう。そして英語——ここが重要なのだが——も含まれるのである。これはつまり、シンガポール政府が従来とってきたスタンスを捨て去る必要があるということだ。そのスタンスは、「英語対母語」という二分法が、「西洋対アジア」という対立の図式と重なり合うと推定される。英語（「西洋の」言語）と母語（「アジアの言語」）という対立へのこだわりは、もはや維持できなくなるであろう。Wee & Bokhorst-Heng (2005: 176-177) の研究によれば、

　　政府がシンガポール人に自分の母語とのつながりを奨励する意図がある限り、最終選択は個人に任せるという表向きの方針を示しつつ、説得による「穏やかな」奨励が行われる可能性がある。さらに、母語の問題が個人領域に移行していくと、特定の個人にとってどの言語が母語なのかという問題は、もはや国に命令されるものではなくなる

——つまり、これも個人の選択の問題である——ということが明確になる。

　政府の母語への認識とは、ある民族コミュニティの文化遺産とアイデンティティを結びつけるものであったことを思い出してみよう。これは個人の実際の言語経験とは無関係である。その結果、華人系シンガポール人はその言語で育ったか否かとは無関係にマンダリン（北京語）を母語として受け入れることを要請される。しかし、シンガポール社会は文化的、言語的に、年々複雑化してきているため、母語だけが民族コミュニティの先祖代々から伝わる価値観を正当に引き継ぐ資産であり、それ以外の言語にその役目は期待できないという感覚は、〔昨今の社会状況に〕そぐわなくなってきているのだ。
　とりわけ、話者の文化的アイデンティティの表象に必要不可欠とは言わないまでも、重要であるという理由をもってして、国家が〔個人に〕母語を押し付けるべきものではない。ここで言うアイデンティティの表象とはつまり、言語をなくすということは文化の破壊につながることであり、コミュニティへの忠誠心を表明するため、および文化的価値観を表明するために、話者はその言語を使い続けるとともに、言語に潜む知識を次世代に伝えていく義務があるということである。むしろ母語は個人的なものであり、その人らしい一連の生活経験をより多く反映する言語として理解されなければならない。そのようにして初めて言語政策は、多様な様相を持つ人口の増加に応えることができるようになるのではないだろうか。
　しかしながら、シンガポール人のアイデンティティとは無関係であるべきだと考えてきた英語を、純粋に実用的な言語と位置づけることに固執しても仕方がないのではなかろうか。このことは我々をシングリッシュの問題に引き戻す。政府は新たに流入した移民に、シンガポール社会に融合させるという目的で英語の学習を奨励してきた。しかし、たとえ「標準」英語使用が間違いなく有用であったとしても、「標準」英語を国家レベルにおけるアイデンティティ構築の資源と割り当てるには文化的関連性に欠けている。
　実際、元々の居住者も新規の市民もシングリッシュを融合のための有用な指針として身につけ、使用する傾向にある。その例として、最近の新聞記事（'New Singaporeans', Cai Haoxiang & Elgin Toh, *The Straits Times*, 29 August 2010）を取り上げてみたい。この記事は中国、ミャンマー、インドからの移民に

ついて書かれているのだが、その移民たちが「シングリッシュに簡単に馴染んだ」、「完全にシンガポール人化した」と語っていることを伝えている。同記事には、中国から来た「新しい裕福な市民」であるメン・チンギー〔Meng Qingyi〕が学友からシングリッシュを教わったことについて書かれている。また、ミャンマーから来たエディ・ゴー〔Edy Goh〕は「シンガポールアクセントの強い英語」を話し、シングリッシュに馴染んだということから、他のシンガポール人のティーンエージャーと区別できないという。

9.6 文化産業におけるシングリッシュ
　　　──映画と観光

　シンガポールの映画産業は比較的初期の発展段階にあるのだが、国内の興行成績がまずまず良好なものが数多く制作されている。『アーミー・デイズ』〔Army Daze, 1996〕や『マネー・ノー・イナッフ』〔Money No Enough, 1998〕など初期の成功作もいくつかある。前者は、多様な社会経済的、民族的背景出身の志願兵グループの軍事経験についてのコメディである。後者は中国語で教育を受けた友人のグループが直面する経済的な問題についてのコメディドラマである。両映画とも国内の観客から共感される内容を扱った。このような共感を呼んだのは、両映画がシンガポール政府からあからさまな顰蹙を買うような言葉を全面的に使ったからであった。『アーミー・デイズ』はシングリッシュを多量に使用しており、『マネー・ノー・イナッフ』は福建語*6を多く使用していたのだが、それはそれぞれの登場人物の言葉使いを忠実に映し出すためであった。他の映画、例えばエリック・コーの『ミーポクマン』〔Mee Pok Man, 1995〕や『12 ストーリーズ』〔12 Stories, 1997〕は国内、国際どちらでも成功を収めた。どちらもシンガポール人労働者階級における、社会からの疎外というテーマを扱った。そしてここでも登場人物をリアルに描くためにシングリッシュを使わせた。『ミーポクマン』は30以上の映画祭で上映され、『12 ストーリーズ』はカンヌ国際映画祭で〔その国の文化を反映する作品として〕上映された。
　もっと最近の話では、コリン・ゴー〔Colin Goh〕とウー・イエンイエン〔Woo Yen Yen〕による『シンガポール・ドリーミング』（Singapore Dreaming, 2006）が、第54回サン・セバスチャン国際映画祭でシンガポールでは初のモンブラン新人脚本家賞を獲得した。この映画は、第20回東京映画祭でも最優秀アジア／中東映画賞を獲得した。予告編がシングリッシュと中国語方言の

過剰使用ということで、政府によりローカルの無料TVが放送禁止処分になったこともあって『シンガポール・ドリーミング』はとりわけ興味深い。しかし、コリン・ゴーはインタビューで次のように述べている。(強調は原文のまま)*7

(8)
　これはシンガポールの検閲機関と言語警察が理解できない部分である。単一の言語で書いた方が**よほど簡単**である。しかし、シンガポール人は実際にはそのようには**話さない**。我々は1つの文の中でさえもいろいろな言語をミックスして話す。そして常にコードスイッチングをしている。シンガポール人が実際に話すようにシンガポール人の会話を書こうとするなら、そしてシンガポール人が共感するような映画を作りたいなら、他に選択の余地はない。

「シンガポール人が実際に話すように」ということを反映させるために、〔複数言語の〕混合によるコードスイッチングをするというコリン・ゴーの意見は、ある程度正しい。しかしながら、映画の中で使われるそういった言葉は、特にコメディではユーモアを表すためにシングリッシュらしさの程度が強調される傾向があるという条件を付けなければならない。それでも、この見解については誤解がある。「実生活では」、特に標準英語にきわめて達者な、高等教育を受けたシンガポール人が、遊びの意味でも、そして高度に創造的で巧みな言葉遣いという意味合いでもそういった言葉を使いたがる傾向があるからだ。そうして、意図的にそのような言葉を使うことでユーモアを表す。そのため、映画の中でシングリッシュを大げさに使うことは、実際、実生活の話者とそれほどかけ離れているわけではないのだ。
　皮肉なことに、シンガポール政府も観光体験の一環でシングリッシュを商品として見た場合、時としてシングリッシュをシンガポール人らしさのあらわれとみなすことがある（Wee 2011）。従って、下記の（9）では、シンガポール政府観光局（STB）*8が実際、シングリッシュを「シンガポールブランドの英語」と表現しているが、その呼び名を「好意的に」使っているのだ。同様に、シンガポールデーに政府がシングリッシュを使用する場合、シングリッシュには価値がないという自らの主張を覆すことになる。STBはさらに、〔複数言語の〕混合したシングリッシュは、シンガポールという国の多民族的背景では「当然のこと」であるとまで付け加えている。

それはまさに、シングリッシュ擁護派がしてきた以下の主張と全く同じである。

(9)
　シンガポール人は幾年にもわたって、「シングリッシュ」と好意的に呼ばれる独自のブランド英語を発展させてきました。我々の多民族的背景では、シンガポールで話されている多くの異なった言語から借用されてシングリッシュが成り立っているのは当然のことです。以下に掲げるシングリッシュの用語集を手もとにおけば、シンガポールを訪れた際、役に立つこと請け合いです*9。

(9) の最後の文で言及しているように、STB はシングリッシュの用語をいくつかウェブサイトに載せている。その例が後述の (10) にある。これらは旅行者に照準を定めたものだが、シンガポール到着後、旅行者がシンガポール人の話すことばを理解するのに苦しむであろうと予測して準備されたものである。さらに意味深いことに、(10) の説明では外国人旅行者にシンガポール人をよりよく理解してもらうため、シングリッシュを多少なりとも学んでほしいと考えていることである。この試みは政府の次のような主張を根底から崩す。その主張とは、外国人はシンガポール人とコミュニケーションをとるためにシングリッシュを習いたがらない、あるいは、習うことができないという内容である。それゆえ、シンガポール人はその言語〔シングリッシュ〕の使用を一斉にやめるべきであるという主張である。この例では、事実上、外国人〔旅行者〕はシンガポール滞在経験の一環として多少のシングリッシュを楽しんで学ぶよう奨励されていることになる。

(10)
（ⅰ）Action（動詞）
　　英語派生で意味は「誇示する」
　　例：That fellow always like to action, walking around with his Rolex over his sleeves.

第9章　シンガポールにおける言語政策　241

（ⅱ）Boh-Chup（形容詞）
　　　福建語派生で意味は「どうでもよい」
　　　例：Ah, boh-chup, I'm not going to hand in my assignment.

　このことからも、前節でも論じたように、シングリッシュは世界中のいたるところに居住するシンガポール人にとって、つながりの感覚を維持するのに実に有用なのではなかろうか。また、新しい市民をシンガポール社会に融合させるためにも、シンガポール人の生み出した文化的商品を流通させるためにも役立つのではなかろうか。
　次の節では、シングリッシュのこのような使用〔法〕が、それぞれ別個のものではなく、むしろ実際には、互いに増強しあっていく可能性のあることを検討する。

9.7　アイデンティティ・エコノミー

　Davila（2001:2、引用元はComaroff & Comaroff 2009: 16）は、アイデンティティを「商品化」することと、1つのアイデンティティが「形成」されることは、互いに密接につながっているとして次のように述べている。「アイデンティティの商品化は、〔自文化への〕帰属意識や、〔自らの文化が社会で認められているという意味での〕文化的市民権に影響を与えると同時に、人々の文化的アイデンティティ形成につながる可能性がある」。このことは以下のような考え方に裏付けられている。つまり、消費者中心の社会において、商品は物質的所有物であると同時に象徴的財産として尊ばれている（Bauman 1998）。そして消費者のアイデンティティは、その人の消費する商品の選択によって表されることがよくある（Warde 1982）。同様に、生産者もまた自ら生産した特定の商品が市場で価値ある物と認められることによって評価される。自国民からであれ外国人からであれ、映画や観光産業に関連した文化的商品が認知されたり評価されたりする場合、通常、その作品などが固有文化を「真正な形で」反映しているという認識に基づく。つまり、その作品などにおける文化表現には現実性があることを前提としているのだ。よって、エスニック・アイデンティティの商品化からナショナル・アイデンティティの商品化へと、ダヴィラの洞察を敷衍するにあたって、Comaroff and Comaroff（2009: 130-131、強調は原文）は次のように指摘している。

最近、民族性や国民性は、人や物の本質的とされるところに位置づけられるようになっている（…）国家は内部に異端を抱え込みながらも、一体性の確保のため異端を封じ込めている。それぞれ固有の民族がもつ文化的特殊性は国民という大きな概念のなかに覆い隠されているのだ。例えば、「英国人らしさ」と「リベラル・デモクラシー」という固有な属性と普遍的な概念が英国の国家としてのイデオロギーの枠組みを維持する上で、互いに〔相反することなく〕支え合っているのと同様である。民族性も国民性も現代においては血統、文化、実体、主権の入り交じった形で存在しており、**双方が「資産としての文化的伝統」を巡って、自らの権利を主張し合っているのかもしれない。この場合の資産とは、自らの品位を保ちつつ複製され得る資産、商品化がアイデンティティのレベルを引き下げるのではなく、価値を付加するような資産、市場の要請で流通したとしても、核心部分が単なる交換価値〔商品〕に貶められたり、豊かな特殊性が月並みな商品に矮小化されることに抗う資産なのだ。**

これの意味するところは次のような内容である。消費者の関心、特に国際市場を基にした消費者の関心が、公的に承認あるいは構築された文化形態に限定されるものだけではないということをシンガポール政府は認識する必要がある。公的な文化形態とは、例えば、アジア文明博物館、マレービレッジ、チャイナタウンといったようなものである。それ〔消費者の関心〕には政府が好ましくないと思う可能性のある形態の文化（言語変種を含む）も含まれている。消費者は一般的に他文化に関して、いくばくかの洞察的経験を提供してくれるような文化的商品に興味があるようだ。特に高学歴、富裕な階層の消費者はそういった興味を持つ傾向があるように見受けられる。Brown-Saracino（2009:192）はそのような人々を文化的雑食と考えている。そのような関心について Comaroff and Comaroff（2009:140）は、1つの解釈として次のように言及している。

　　アイデンティティ・エコノミー〔The Identity Economy〕は、現代人の心のなかに眠っているアンビヴァレントな気持ちを呼び覚ますだけでなく、それをさらに深めていく。つまり、「本当の」自分から逃れたいという気持ちと、「本物の」他者に出会うことにより自分自身に戻りたいという錯綜した気持ちに訴えるところがあるのだ。きっかけに

なるのが、〔映画などの〕消費可能な形態であったとしてもである。

　もちろん、文化的商品を承認する場合、必ずしもシングリッシュそれ自体に焦点を当てる必要はないかもしれない。しかし、公的には汚名を着せられた地位にいるものの、シングリッシュの使用は〔シンガポール文化が〕実在する文化であるという認識に貢献しているのだ。その結果として〔シンガポール文化への〕承認の見込みを高める可能性があるということにほぼ間違いない。むしろ、文化的商品へのポジティブな反応は、シンガポール人の自尊心にフィードバックされることになる。そして、自分自身がシンガポール人であるということを自覚できる。さらにそのような方法は〔シンガポール人同士の〕結束構築に貢献するのだが、その結束はまさにシンガポール政府がシンガポール人の海外移住者に奨励したいと考えているものである。さらにその結束とは、政府が国民と新しい市民との間のつながりとして奨励したいと考えているものでもある。

　仮にシンガポール政府がこのアイデンティティ・エコノミーを熱心に採用し、それに関与したいのならば、反シングッリッシュ・イデオロギーを固執することから遠ざかり、より現実的な考え方を導入しなくてはならない。そして上記（9）の観光省のシングリッシュ紹介に見られるように、そうすることがもっともである理由は現に存在するのである。

9.8　シンガポールの言語政策が示唆するもの

　グローバリゼーション研究の中心的課題は、グローバリゼーションの過程が国家を敗退させているとまでは言わないまでも、弱体化させているというものであった（Ohmae 1996）。しかしながらその主張は、国家がグローバリゼーションに直面しているにもかかわらず進歩する可能性があるという潜在的、創造的な動向について真摯な考察をしそこなっている。シンガポールの例では、これまで見てきたように、国家をグローバル都市として再建するということがまさにその動向と言える。当然のことながら、政府はこの再建に伴い経済的、政治的挑戦に取り組む準備を懸命に行ってきた一方、言語的、文化的関連事項については準備を怠ってきた。しかし、シンガポールの開発における次のステップが順調に行われるためには、そのような問題に取り組まなくてはならない。この最終節では、シンガポールの言語政策におけるグローバル都市言説へのシフトについて提言したいと

思う。

　筆者は様々な論考（Straud & Wee 2010; Wee & Bockhorst-Heng 2005）で、個人のより広範囲な自主性を奨励するために、シンガポールの言語政策は間口を広げなくてはならないと論じてきた。それはつまり、各自の生活経験に基づき、どの言語を自らの母語だと考えるかについて自己選択させるということである。より広範囲な個人の自主性に向けての戦略は必要不可欠なものである。なぜなら政府は外国人人材誘致政策に強引に着手し、世界中から高学歴で成功した富裕な人々を誘致し、その人々にシンガポールの市民権を取得させようとしているからである。外国人人材誘致政策の元になっているのは、シンガポール人の海外流失〔移民〕とシンガポールのかかえる出生率の低さという重複した問題を食い止めることである。この重複した要因によりシンガポール政府は頭を悩ませることになったのである。つまり、シンガポール人は〔国に〕留まるばかりではなく海外移民を続け、その結果、高学歴で有能な働き手を失うことになり、究極的には国家の経済成長に有害な結果をもたらすことにもなりうるからである。外国人人材誘致政策は異なった民族および言語背景をもった人々に市民権の取得を奨励するものであるから、結果として現在以上に人口統計学的に多様な側面をもった国家となる可能性がある。従って、アジアの言語のみを母語とする一方、英語には母語としての資格を与えないと主張する言語政策は、将来、実現不可能になってしまうであろう。これはアメリカやオーストラリアから参入する外国人の人材を例にとってみれば分かりやすい。個人の〔言語に関しての〕自由採択に対する議論はいまだに保留中である。しかし、シングリッシュが海外居留状況で有用であること、そしてシングリッシュはアイデンティティ・エコノミーにおいて潜在的に価値あるものだというもうひとつの理由をここで付け加えることができる。

　そのうえ、政府が好むと好まざるにかかわらず、シングリッシュを禁止したり排斥したりすることは明らかに現実的ではない。特に海外に居住しているシンガポール人を対象にした場合、この処遇は現実的ではない。なぜなら、外国に暮らしているということで言語政策の影響を受けにくいからである。さらにこの節で考察してきたように、政府自体、時として、つながりや団結の意識を構築するにあたり、シングリッシュの有用性を認めることが必要だと考えている。それに加え、シンガポール映画（そして他の文化的商品）に対して海外の視聴者や映画祭開催者が下す決定は、政府の管轄外である。反シングリッシュのスタンスは、やがてこのような認識が

さらに増加することになった暁には馬鹿げた様相を成すことになりかねない。それゆえ、シングリッシュは好ましからざる言語であると主張し続けるよりも、むしろ政府は放任主義のアプローチを採用したほうが賢明であろう。以上のことから、次の3点を結論として導くことができよう。(1) 文化的商品の生産に活発に携わっている人々には、その商品にふさわしい言語を使用させること。(2) そして（国内であろうと、国外であろうと）消費者市場に、それらの商品価値を判断させること。(3) さらに海外で働き居住する人々が望んだ場合には——特につながりの意識を強化維持するのに有用な場合には——シングリッシュの使用を認めること。

注

* 1 マレー語は、マレー人コミュニティの公的に認められた母語ということに加え、国語でもある。しかし、この国語という位置づけは主として象徴的な意味合いである。マレー語は国歌、軍事機構で使用されているが、この言語を学ぶ公的義務はない。そのかわりに注目すべきは、個人個人が学ぶ母語は、その個人の属する民族コミュニティの文化とアイデンティティの象徴として政府によって指定されるということである。その結果として、ナショナル・アイデンティティを強く具現化する言語は存在しない。そのかわり、文化的帰属意識は特定の民族コミュニティに方向づけられているということになる。
* 2 この用語はシンガポールの政治家たちにより、どちらか〔グローバルまたはコスモポリタン〕が使用される。
* 3 これは非難されている変種に対する偏見に起因しており、よくありがちな議論である。授業から、非難されている変種を取り除くべきであるという決定を下す場合の正当化に使われる。例えば、変種は悪影響と混乱を招くことになりかねないという理由がかかげられるが、その一方、非難されている変種は標準〔英語〕を学ぶにあたって悪影響もなく、実際にはポジティブな効果があるという論証もある（Siegel 1999）。シンガポールの状況で、この考え方はシングリッシュが経済的脅威であるため排斥するべきとする政府の懸念に鋭い批判を投じるものである。この反シングリッシュの姿勢を元に、シンガポール政府は 2000 年に「良い英語を話す運動」（Speak Good English Movement : SGEM）を始める運びとなった。詳しくは Chun (2003) や Rubdy (2001) を参照。
* 4 Tang (2005: 89) の調査によれば、27% のシンガポール人がすでに国外移住を検討しているということである。
* 5 *The Sunday Times* の 2009 年 4 月 26 日付記事（'Singapore Day in London draws the crowds'）。
* 6 シンガポール政府は、マンダリン〔北京語〕のみを華人系コミュニティの公的母語とし、他の中国語方言の使用を阻止している。
* 7 www.singaporedreaming.com/q&a_writers.htm
* 8 www.visitsingapore.com/publish/stbportal/en/home/about_singapore/fun_stuff/singlish_dictionary.html
* 9 2005 年 4 月 18 日付シンガポール政府広報による「開発指向のリゾート計画案」〔Proposal to Develop Oriented Resort〕。

引用文献

Bauman, Z. (1998) *Work, Consumerism and the New Poor*. Buckingham: Open University Press.

Bokhorst-Heng, W. (1999) Singapore's speak Mandarin campaign: Language ideological debates and the imagining of the nation. In J. Blommaert (ed.) *Language Ideological Debates* (pp. 235-265). Berlin: Moutonde Gruyter.

Brown-Saracino, J. (2009) *A Neighborhood That Never Changes*. Chicago, IL: University of Chicago Press.

Chng, H.H. (2003) 'You see me no up': Is Singlish a problem? *Language Problems &Language Planning* 27, 45-62.

Comaroff, J.L and Comaroff, J. (2009) *Ethnicity, Inc*. Chicago, IL: University of Chicago Press.

Dávila, A. (2001) *Latinos Inc.: The Marketing and Making of a People*. Berkeley, CA: University of California Press.

Goh, C.T. (1997) *National Day Rally Speech*. Singapore: Ministry of Information and the Arts.

Goh, C.T. (1999) *National Day Rally Speech*. Singapore: Ministry of Information and the Arts.

Goh, C and Woo, Y.Y. (2009) *The Coxford Singlish Dictionary* (2nd edn). Singapore: Angsana Books.

Kong, L. (1999) Globalization and Singaporean transmigration: Re-imagining and negotiating national identity. *Political Geography* 18 (5), 563-589.

Ohmae, K. (1996) *The End of the Nation-State: The Rise of the Regional Economies*. New York: Touchstone Press.

Ong, A. (2006) *Neoliberalism as Exception: Mutations in Citizenship and Sovereignty*. Durham: Duke University Press.

Perrons, D. (2004) *Globalization and Social Change: People and Places in a Divided World*. London: Routledge.

Rubdy, R. (2001) Creative destruction: Singapore's speak good English movement. *World Englishes* 20, 341-355.

Sassen, S. (2001) *The Global City*(2nd edn). Princeton, NJ: Princeton University Press.

Siegel, J. (1999) Stigmatized and standardized varieties in the classroom: Interference or separation. *TESOL Quarterly* 33 (4), 701-728.

Stroud, C and Wee, L. (2010) Language policy and planning in Singaporean late modernity. In L. Lim, A. Pakir and L. Wee (eds) *English in Singapore: Modernity and Management* (pp. 181-204). Hong Kong: Hong Kong University Press.

Tan, E.S. (2005) Globalization, nation-building and emigration: The Singapore case. In B.P. Lorente, N. Piper, H-H. Shen and B. Yeoh (eds) *Asian Migrations* (pp. 87-98). Singapore: Asia Research Institute, Singapore University Press.

Warde, A. (1982) Consumption, identity-formation and uncertainty. *Sociology* 28 (4), 877-898.

Wee, C.J.W-L. (2007) Afterword: Language, capitalist development, cultural change. In V. Vaish, S. Gopinathan and Y-B. Liu (eds) *Language, Capital, Culture: Critical Studies of Language and Education in Singapore* (pp. 249-257). Rotterdam: Sense Publishers.

Wee, L. (2010) 'Burdens' and 'handicaps' in Singapore's language policy: On the limits of language management. *Language Policy* 9 (2), 97-114.

Wee, L. (2011) Metadiscursive convergence in the Singlish debate. *Language & Communication* 31 (1), 75-85.

Wee, L and Bokhorst-Heng, W. (2005) Language policy and nationalist ideology: Statal narratives in Singapore. *Multilingua* 24, 159-183.

Yeoh, B and Willis, K. (1997) *Singapore Unlimited: Configuring Social Identity in the Regionalization Process*. Paper presented at University of Nottingham Department of Geography Seminar Series.

第 10 章
英語、科学論文の出版、そしてグローバル知識経済への参入

テレサ・リリス、メアリー・ジェイン・カリー（中尾正史／訳）

10.1 はじめに

　経済成長は、国家のレベルでもグローバルなレベルでも、労働や土地または工業生産よりもむしろ知識に依存するという考え方が、1950年代以来、論議の対象になってきた。そして1990年代以降、この考え方は、グローバルな経済政策／施策を支える主要な概念となり、知識社会や情報化社会などといった用語と並び、知識経済〔knowledge economy〕というフレーズで的確に表現されている。このように、経済的な成功の要件として知識を強調することは、科学的な知識（本章では、他に言及がない限り、自然科学と人文科学の両方を示すものとする）[1]が、経済成長のために生み出されたり利用されたりする特別な価値や有用性を持つものであるとともに、先進諸国と同様に開発途上国でも明示的に求められているものであることを意味している。それゆえ、そのような知識が生み出され、流通し、統御される仕組みは、国家のレベルでも、地域のレベルでも、国境を超えたレベルでも、きわめて重要なのである。

　科学に関する出版物——特に〔定期刊行の〕学術雑誌に掲載される論文——は、知識生産にとって重要な媒体であり、知識資本の主要な供給源となり、知識基盤を作りあげるのに必要となる他の重要な資源を蓄積するためにも不可欠なものである。また、研究成果を世に問うという意味でも不可欠である。例えば、研究助成金を獲得したり、国際会議や、その他の学会活動で論文を発表するよう招待されたりする場合である。そこで、〔権威ある学術雑誌に〕科学論文が受理されることを、個々の研究者や大学や研究所のレベルでの活動の中核的なものとして見るべきでなく、もっと広く、直接的であれ間接的であれ、知識創出の能力開発に向けての国家としての取り組み、または〔国家を超えた〕広域としての取り組みにとっても重要であると考える必要がある[2]。

英語は、知識を育むために必須のものとして、揺るぎない形で組み込まれている。後述するように、英語は大学などの研究機関や主要な評価機関（例えば、科学情報研究所〔ISI〕）によって、学術上のリンガフランカ（共通語）とみなされることが多い。この共通語は、さまざまな考えや新しい知見・解釈が国境を越えてやり取りされる手助けになる。生み出された知識が、次には、経済の成長や発展の下支えに寄与してくれるのだ。そのようなわけで、政策文書や研究報告書において、英語の地位は当然視されることが多く、他を圧倒する英語の力が、知識生産や経済成長の機会にどの程度、影響を及ぼしているかについて、表立った議論はほとんどされていない。しかし、学術上の意見交換を媒介する英語の絶対的優位は、問題がないどころではない。この絶対的優位性は、高所得諸国の政策・施策や、「英語圏／中心」〔Anglophone / Centre〕諸国にある評価機関のシステムの内部に根付いている〔英語の〕支配的な地位によって、部分的であるとはいえ支え続けられているのだ。その結果、特定の知識に対して与えられる発表の機会が増大し、そのような知識だけが生産・流通・評価のルートに乗ってしまうことになるのである。

　本章は、国家の発展および国際開発のために「知識（に基づいた）経済」を立ち上げる際、現時点で重要事項として浮上している点を論じる。とりわけ、知識生産能力という重要な要素にあたる科学論文の出版に焦点を当て、そのなかに潜む英語の強力な優位性を強調する。その際、量的／質的データの双方を活用することになる。前者については、世界中の科学論文出版のうち、入手可能な一連の統計を点検する。後者は、数的に小さいものの、近年増加している民族誌学研究（対象は「周縁部」のフィールドワークに基づき論文を作成している研究者）に焦点を当てる。

　本章を通して、「中心」「英語圏／中心」と「周縁」という用語を使用したい。これは、知識生産の背景に潜む権力および資源の格差を、経済学と言語学の分類に基づいて浮き彫りにするためである。〔経済学的には〕Wallerstein（1991）やSousaSantos（1994）など世界システム論〔World Systems Theory〕の研究者が提示した「中心－周縁」論であり、〔言語学的には〕Kachru（1992）が提唱した英語話者の同心円的分類（内円－外円－拡張円）である。上記の分類には、実証的にも理論的にも制約を設ける必要性があるとはいえ、言語と知識生産に関わる政治的要素をある程度でも明らかにしてくれると考え、この分類に依拠したい[*3]。

　本章の主要な論点は、科学の世界において既成事実化している英語の優

位性を認識し直す必要があるという点である。なぜならば、英語の優位性という問題は、言語そのものの問題をはるかに超えて、地球規模で知識生産に参与できるのが誰かを決定する政策や施策に組み込まれてるからなのだ。

10.2　知識経済と開発

　「知識経済」という概念が地球規模の政策論議のなかで顕著になってきたのは、経済協力開発機構（OECD）から『知識に基づいた経済』〔The Knowledge-Based Economy〕（OECD 1996:4,7）という報告書が出されてからである。その報告書は知識を「生産性と経済発展の原動力」、知識経済を「知識と情報の生産・流通・使用に基づいている経済」と定義している。同様の定義が、世界銀行（世銀）の『世界開発報告：開発のための知識（1998年度）』に見受けられる。OECDの報告書と同程度の影響力を持つこの報告書によると、「経済はモノの力や人的な技能の蓄積によってのみ形作られるのではなく、情報、学習、応用の土台のうえに築き上げられるもの」なのだ。

　このような考え方を初めて発表したのは、ダニエル・ベル〔Daniel Bell：アメリカの社会学者。『イデオロギーの終焉』（1960）や『脱工業社会の到来』（1975）の著者〕である。ベルは、例えば1970年代の著作（Bell 1973）のなかで、「エネルギーというより情報が、今や、変化を引き起こす源である」と断言している（概要については、Robertson 2005を参照）。このように知識を経済成長の基礎とみなす流れは、現実社会の様々な面で観察されるが、その主要なものは工業生産からサービス産業への転換である。例えば1956年、アメリカ合衆国のホワイトカラー労働者数が、米国史上初めて、ブルーカラーを上まわっている（Kenway et al. 2006）。また、高度なスキルを持った専門職の人数がサービス産業で増加している（Schement & Curtis 1997）。さらに、科学技術の活用が、あらゆる職業で顕著に見受けられるようになっている（Wyatt & Heckler 2006）。

　知識経済という概念が、最初に使用された当時から引き続き（そして現在でも）、いくつかの意味合いで使用されていることを認識しておかなくてはならない。まず、（圧倒的に中心／北半球の国々における）生産方式の変化を説明するため、次に、経済開発における転換の必要性を強く主張するため、さらに、経済に関わる目標の明確化のために使用されているのである。目標の明確化とは、グローバルな経済開発に対する処方箋ということで、そ

こでは、知識・情報の双方がポスト工業化／後期資本主義社会への解決策と考えられている。

　研究者たちは、「知識経済」という用語が使われ始めた当初から現在に至るまで、その語に付きまとう曖昧さや不明瞭さを論議の対象としてきた。そのなかには、説明〔記述〕と処方箋〔規範〕の間の堂々巡り、あるいは、政策文書のなかに見られる中核的な（しかし相異なる）用語の不明瞭さなどが含まれている。後者の例として、知識／技術／情報の3語が相互に区別なく使われることの多い点を挙げることができる。「知識経済」は、「情報社会」〔information society〕、「学習経済」〔learning economy〕、「学習社会」〔learning society〕や「知識労働者」〔knowledge workers〕「知識労働」〔knowledge work〕などといった関連の用語とともに、あるいは、そうした用語の代わりに用いられている（概要については、Kenway *et al.* 2006 を参照）。

　しかし、「誇張で染められ、予言で編み合わされた〔実体のはっきりしない〕」概念であると批判され（Peters 2001:12）、この語に関わる論議が極めて問題の多いものであるとはいえ、学者たちの述べるところによると、「素材がどれほどとらえどころのないものであっても」、知識経済という概念そのものが影響力の強い現象になっていることは否定できない。その結果、この語と、一般に流布している解釈は、「社会的・経済的変化の強力な決定因子」であると見なされているのだ（Bimber 1995）。

　このように、経済成長のための知識が強調されることによって、主要な資金提供機関の考え方にも顕著な転換が起きた。具体的に言えば、資金と〔人的〕労働に頼るプロジェクトから、知識を創出できる能力（世銀のエコノミスト Stiglitz 1999 を参照）への転換である。国際開発との関連で言うと、そのような転換は〔考え方における〕抜本的な転回である。

> 開発は（…）知識の**獲得・吸収・共有**のための国家政策・戦略によって知識のギャップを狭め、財政に関わる情報の処理を目指すために立案された国家の政策によって、情報に関する様々な問題の所在を明確にする行為になっている。（Olssen & Peters 2005:335、強調は原文）

　ところで、世銀の方針にある「知識のギャップを狭める」行為が、消費という観点から語られていることに留意すべきである。この種の方針というものは、貧しい国々が知識を「獲得・吸収・共有」できるよう考えられているのだ。世銀の描き方によると、〔周縁としての〕開発途上国や地域は自

ら知識を生産する主体ではなく、「中心」諸国から与えられた知識を消費する存在である。このような描き方は、OECDやUNESCOの方向性とは対照的である。この両機関の政策文書は、世銀より明確に人権重視の姿勢を打ち出している（例えば、UNESCO Forum 2009b:2 を参照）。2010年度版の『世界社会科学報告書』〔World Social Science Report〕は序文で以下のように記している。

> 世界人権宣言（UDHR）の第27条第1項は、「すべて人は（…）科学の進歩とその恩恵とにあずかる権利を有する」と定めている。これは、基本的人権のなかで最もよく知られている条項とは言えないが、決して重要でないということではない。（UNESCO 2010a:v）

開発途上国が主体性を発揮して自らの研究課題を設定すべきだとする考えは、健康に関する研究のように、明らかに応用のきく可能性がある領域で大いに実証されることになる。しかし、この考えに対する批判もある。つまり、科学に関する出版の格差は、低所得諸国と他の国々との間において年々大きくなっていて（Paraje et al. 2005）、周縁部の研究者たちが中心部の動きに関与できないまま、研究課題の枠組みが設定され、解決策が検討されるという由々しき事態に発展しているのだ（例えば、Freeman & Robbin 2006 を参照）。

もちろん、研究や研究課題の決定権を「周縁（すなわち、非・中心）」[*4] が持つべきだと主張することは、市場主導の原則と衝突することになる。その原則こそが、競争最優先の知識経済を制御しているからだ。衝突は、研究のための〔人的・物的〕資源をめぐって国民国家内で、（例えばEU内の）国民国家間で、そして、（例えばアメリカ合衆国、EU、アジアといった）地域間など、さまざまな場面で起きることになる。知識、すなわち、国家の経済的成功にとって不可欠な資源である科学をめぐるこのような競争は、さまざまな政府によって常時公開されている声明のなかにはっきりと見て取れる（例えば、http://www.scotland.gov.uk/Topics/Business-Industry/science; http://advancingknowledge.com を参照）。そして、このような知識の争奪戦については、科学に関する超国家的な報告書（例えば、『科学・工学重要指標』〔Key Science and Engineering Indicators〕）のなかにも掲載されている（National Science Foundation 2010:3）。

上記の報告書のなかには、競争の強調と並んで、それ以上に重要な問題

の提起もなされることが多い。例えば、『世界社会科学報告書（2010年度版）』では、科学における世界諸地域間の格差に対する懸念が「知識ディバイド」〔knowledge divides〕というサブタイトルのなかに明示されている。もちろん、それと同時に、科学的能力育成の競争主義的な特質（および目標）は無批判に提示されているのだ（例えば、UNESCO 2010b:274 を参照）。それゆえ、「知識経済」という呼称（単数形：knowledge economy）は論議の対象になることが多いにもかかわらず、実際には、非常に多様であり、国家や地域レベルにおける複数の競り合う経済〔economies〕として言及するほうが正確かもしれない（Kenway et al. 2006）。そして、この用語は様々な立場の人によって使われている。すなわち、社会的包摂をめざす政策によって社会の不平等を克服しようとする立場の人も、不平等に対して、ある程度は注意を払おうとする新自由主義の立場の人も「知識経済」に言及しているのである（Jessop 2002 を参照、Fairclough 2006 に引用）。

　要約すると、知識を経済的成功の原動力として重視することは、〔出版も含めた〕科学者の仕事が重要かつ競争的なビジネスであることを意味している。高所得国家は、自国の経済的優位を地球的規模で維持するにあたって、科学の推進が最重要であると考える。一方、「国際開発」という枠組みに入れられている低所得国家は、経済成長のために知識を獲得する必要があると考えられている。しかし、後者の国々が直面する課題は明らかに膨大である。知識の育成を〔普遍的な〕人権にかかわるものとみなす政策集団がある一方で、科学や知識の育成には競争主義的な特性が内在しているため、低所得国家が知識の生産者としてではなく、潜在的な消費者として位置づけられてしまう。その結果、援助と支配に関する基本的な問題が浮上してくるのだ

　上記の議論において、英語の位置づけについては言及されないことが多い*5。しかし、次節で論じるように、英語は科学に関わる活動、とりわけ、最も価値ある科学の成果物（すなわち、権威のある学術刊行物）における論文発表との関係で支配的な地位を保っている。権威のある学術雑誌は、象徴的な資本を形成するうえで極めて重要である。なぜならば、その資本こそが競争的な「知識に基づく経済」を構築するうえで不可欠となるからなのだ。

10.3　科学知識の生産と英語の絶対的優位性

10.3.1　経済的インプットと科学的アウトプット

　科学的知識の生産は、限られた数の国の支配下で行われていて、かなりの程度、そのような国々が地球規模で発揮する強大な経済力を反映するものである。研究開発一般歳出（GERD）は、所得の中上位および高位の国々と比べて、低位および中低位の国々の金額がはるかに少ない。必然的結果として、研究開発の成果（この場合、科学論文の数で算出）は、GERDの額とほぼ正比例している。

　世界全体で出版される学術雑誌や論文の数を正確に数値化し、国や地域別に図表化することは容易ではない。なぜかというと、出典となる資料ごとに分類の仕方が異なるからだ。（さらに付け加えるならば、地政学的なイデオロギーが反映されている場合もあるからである。例えば、メキシコを北アメリカでなく「ラテンアメリカ」の国として分類する資料が多い。）

　そこで、世界全体の出版状況を一目で把握するため、いくつかの資料から表10.1を作成した。この表は、GERDの観点から世界各地域を比較するものであるが、一部の地域では特定の国も含まれている。学術雑誌掲載論文（自然科学と工学）の地域別比率、および、知識生産に関わる主要な尺度（GDPや研究者数など）が示されている（論文発表が占有率0.1%未満の国は除外）。なお、太字の国はOECD加盟国である。

　表10.1によると、全世界で発表された論文のうち、ヨーロッパや米国のものが大きな割合を占めている。総じて、学術研究の出版は、いくつかの限られた国や地域に集中していて、全世界の科学論文の80%以上がOECD加盟諸国で執筆されているのだ。表10.2は、社会科学論文発表の地域別比率を示している。このデータは、トムソン・ロイター社会科学引用データベース（SSCI）に掲載された学術雑誌に基づいている（国別データは無い）。自然科学と社会科学では比率に違いがあるものの、全体として同じ地域が優勢であることに変わりはない。

　地域／国別の比較から明瞭に見えてくることは、米国、ヨーロッパ、アジアの数カ国という伝統的な「3極」以外の地域／国の比率が、すべての学問分野において微々たるものであるということだ。表10.1にある（人口100万人当たりの）研究者数の地域／国別比較も、それぞれの国における知識生産能力の現況を如実に表している。また、国ごとの著しい対照も見て

とれる。例えば、米国、スウェーデン、英国といった国々と、メキシコ、トルコ、インド、南アフリカといった国々の間には大きな開きがある。

人口100万人当たりの研究者数も同様に、知識生産力養成に果たす大学の重要性を示す指標である。「アフリカの高等教育、研究、技術革新」というタイトルの論文のなかで、Kearney (2009) は、この知識創出力と科学・進歩の関係を例示して、アフリカの高等教育が直面している独自の課題を以下のように力説している。

> 現在直面している課題は、20世紀末に採用された政策に由来する。1980年代から90年代にかけて、〔アフリカの〕高等教育は資金面で厳しい削減を被った。これは、基礎的な初等教育に投資したほうが、素早く投資利益があがると資金提供者が考えたからである。20年間にわたる高等教育部門への予算削減措置の結果、アフリカの大学は劇的と言えるほどの衰退を被ってしまったのである。高等教育への需要は大きくなったにもかかわらず、サハラ以南のアフリカに生まれた若者が大学に進学する機会は、工業国に生まれた同世代の若者の約18から20倍も小さくなってしまったのだ。(Kearney 2009:17)

もちろん表10.1は、地域内に明瞭な差が存在することも示している。GERDと研究力の観点からすると、高所得のヨーロッパ諸国間にさえ、ばらつきが見られる。特に、フランス、ドイツ、イタリアと英国は、ヨーロッパの他の国々から抜きん出ている。他の地域では、いくつかの国々が、研究力の高さという観点からすると、群を抜いている（例えば、アジアでは日本と中国、アフリカでは南アフリカ）。

表10.1はまた、論文発表の比率が時間の経過とともに変化している様子を、正確ではないが、大まかに伝えている。近年、米国とヨーロッパの占有率が低下していて、今後も低落し続けると予測されている。対照的に、アジアとラテンアメリカのような地域におけるGERDと論文発表が増加の傾向にある（UNESCO World Social Science Report 2010a）。とりわけ中国が、知識生産力の比率において顕著な躍進を遂げている。これは、GERDの大規模な増加が部分的であれ作用した結果である。はっきりとした予言を控えながらも、学者たち（例えばShelton 2008）や政府機関（例えば全米科学財団）は、以下の点で意見が一致している。すなわち、中国、ブラジル、インドのような国々におけるGERDが引き続き増加することによって、米国とEUの

256

知識生産率は相対的に下がってくるという点である。従来、力を持っていた国々（例えば米国）は、知識生産の占有率低下が飽和状態に達してしまっていることを恐れている。そして、その恐怖心と、自国が地球規模の競争で敗退するのではないかという不安が重なり合っているのだ。

　もちろん、研究開発に対する現行レベルの財政的投資は、高度な研究力育成にとって重要であるが、単に貢献要因の1つでしかない。付け加えるならば、一連の地歴的要因が、科学に関わる成果発表や〔発表に関する〕取り決めに際して強力な影響を及ぼし続けている。それも、科学雑誌への論文寄稿方式や論文の査読方式を含む、研究活動・研究方針における「英語圏／中心」の中核的役割を担っている。このような状況のあらゆる場面に巣くっているのが、英語の持つ強大な力なのだ。

表10.1　研究開発一般歳出（GERD）：科学雑誌掲載論文数、および研究者数（人口100万人当たり）の地域／国／所得別比率†

地域／国／所得による分類	GDPに対するGERDの割合(%)*	100万人当たりの研究者数(2007年)*	科学論文の掲載比率(%)(2007年)**
北アメリカ 31.20			
高所得			
アメリカ合衆国	2.82（2008）	4663	27.6
カナダ	1.84（2008）	4260	3.60
ヨーロッパ／中央アジア 29.88			
高所得			
スウェーデン	3.75（2008）	5239	1.30
スイス	2.90（2004）	3634（2002）	1.20
デンマーク	2.72（2008）	5670	0.06
オーストリア	2.66（2008）	4123	0.06
ドイツ	2.54（2007）	3532	5.80
フランス	2.02（2008）	3496	4.00
ベルギー	1.92（2008）	3435	0.09
イギリス	1.88（2008）	4269	6.20
スロベニア	1.66（2008）	3490	0.10
オランダ	1.63（2008）	3089	1.80
ノルウェー	1.62（2008）	5468	0.05
ポルトガル	1.1（2008）	3799	0.40
チェコ共和国	1.47（2008）	2886	0.40
アイルランド	1.42（2008）	3090	0.30

スペイン	1.34（2008）	2944	2.70
イタリア	1.18（2008）	1616	3.50
ハンガリー	0.96（2007）	1733	0.03
ギリシャ	0.57（2007）	1873	0.06
スロヴァキア共和国	0.47（2008）	2331	0.10
中高所得			
ロシア	1.03（2008）	3191	1.80
ポーランド	0.61（2008）	1623	0.90
ルーマニア	0.59（2008）	908	0.10
中低所得			
トルコ	0.72（2007）	680	1.10

東アジア／南アジア 20.1
高所得

日本	3.44（2007）	5573	6.90
韓国	3.21（2007）	4627	2.40
台湾	2.63（2007）***	データなし	1.60
シンガポール	2.52（2007）	6088	0.50
中高所得			
マレーシア	0.64（2006）	717****	0.10
中低所得			
中国	1.44（2007）	1071	7.40
インド	0.80（2007）	137	2.30

アフリカ
中高所得

南アフリカ	0.93（2007）	361	0.30
中低所得			
エジプト	0.23（2007）	617	0.20

中東 0.80
高所得

イスラエル	4.86（2008）	データなし	0.80

ラテンアメリカ 2.60
中高所得

ブラジル	1.10（2007）	694	1.50
アルゼンチン	0.51（2007）	980	0.40
チリ	0.68（2004）	548****	0.20
メキシコ	0.37（2007）	353	0.50

オセアニア 2.70			
オーストラリア	2.06（2006）	4224	2.30
ニュージーランド	1.21（2007）	4365	0.40

† 所得による分類には、World Bank（2010）の「1人当たり所得」の区分を使用。高所得＝ 11,906 米ドル以上、中高所得＝ 3,856~11,905 米ドル、中低所得＝ 976~3,855 米ドル、低所得＝ 975 米ドル以下

（注）データの出典はアステリスクで示してある。アステリスクが欄の最上段にある場合、該当する列にあるデータの大部分は、そのアステリスクのついた出典からとったものである。
* UNESCO Science Report（2010b）
** National Science Foundation *Key Science & Engineering Indicators*（2010）
*** OECD（2009）*Factbook*
**** UNESCO *Mapping research systems in developing countries*（2009c）

‡ 各地域には必ずしもすべての国が掲載されているわけではない。そのため、地域の計のほうが国の総計より大きくなる場合がある。

表 10.2 社会科学論文発表の地域別比率

地域	トムソン SSCI 論文（1998 年～ 2007 年） （N=226, 940）
北アメリカ	52.2
ヨーロッパ	38.0
アジア	8.9
オセアニア	4.7
ラテンアメリカ	1.7
アフリカ	1.6
CIS（旧ソ連）	1.2

出典：UNESCO World Social Science Report（2010a）の表 4.2

10.3.2 世界的規模の科学知識生産における英語の絶対的優位性

ほとんどすべての学問分野において、英語が発表用語として優位性を持っていることは十分なほど指摘されている（Lillis & Curry 2010）。データベース化されている自然科学系学術雑誌の 95％以上、社会科学の場合は 90％以上が、すべて、あるいは一部、英語を使用している（Thomson Reuters 2009a）。さらに英語は、UNESCO のデータベース（DARE）に載っている 4654 件の学術雑誌（社会科学の定期刊行物）においても使用されている言語である（UNESCO 2009a）。

科学論文は多様な言語で出版され続けているが、英語は権威あるデータベースに載っている学術雑誌において他を圧倒している。特に、科学引用

データベースや社会科学引用データベースなど、科学情報研究所（ISI）作成によるデータベースが著名である。表 10.3 は、このデータベースに載っている、世界全地域の社会科学雑誌が出版に使用する言語の順位を示している。この表で注意すべきは、英語に次ぐ言語の占有率が劇的に低くなっていることだ。西欧語以外の言語は、ほとんど不可視といえるほどである。

表 10.3　社会科学雑誌で最も使用されている 10 の言語

	アルリッチの査読必須雑誌 （2004 年）（N=3046）	トムソン SSCI 論文 （1998 年～ 2007 年）（N=226, 984）
英語	85.3	94.45
フランス語	5.9	1.25
ドイツ語	5.4	2.14
スペイン語	4.0	0.40
ポルトガル語	1.7	0.08
中国語	1.5	0.00
オランダ語	1.5	0.01
日本語	1.0	0.06
ポーランド語	0.9	0.00
イタリア語	0.6	0.01

出典：UNESCO World Social Science Report（2010a）の表 4.3

　SCI や SSCI のデータベース所収学術雑誌の大部分は、英語で出版されているだけでなく、「英語圏／中心」の観点から編集されている。〔英語と他の言語の間に見られる〕この格差を、表 10.4 は、広範囲な学問分野における学術雑誌の地域別分布に即して、如実に示している。

表 10.4　ISI およびアルリッチのグローバル雑誌ディレクトリ所収学術雑誌の地理的分布

国／地域	ISI 所収学術雑誌の数 （科学引用データベース、2009 年）*	ISI 所収学術雑誌の数 （科学引用データベース、2009 年）*	アルリッチ・グローバル雑誌ディレクトリー （査読付きの学術雑誌）**
北アメリカ	2698	1119	9591
アメリカ合衆国	2612	1092	8902
カナダ	86	27	689
ヨーロッパ	3083	874	10525

イギリス	1494	555	5358
オランダ	643	140	2025
ドイツ	512	90	1617
フランス	177	25	512
スイス	158	25	441
スペイン	60	31	359
ハンガリー	21	3	95
スロヴァキア	16	3	85
ポルトガル	2	2	33
アジア	382	20	2062
中国	114	8	674
日本	200	8	633
インド	68	4	755
アフリカ	37	18	428
南アフリカ	29	16	245
ナイジェリア	8	2	183
ラテンアメリカ	113	33	623
ブラジル	65	10	363
チリ	16	8	63
アルゼンチン	10	4	90
オセアニア	123	70	1094
オーストラリア	97	61	898
ニュージーランド	26	9	196
その他	968	123	3673
計	7404	2257	27996

出典：*Thomson Reuters（2009b）ISI Web of Knowledge Journal Citation Reports
**Ulrich's Global Periodicals Directory.www.ulrichsweb.com. 2010 年 12 月アクセス

　学問分野によって多少の相違はあるものの、ウェブ・オブ・サイエンス〔Web of Science：トムソン・ロイターの科学部門 Scientific が提供しているオンラインの学術文献・引用索引データベースで、旧称 ISI Web of Knowledge〕所収の引用データベースで入手できる学術雑誌〔や重要刊行物〕は大部分が、米国、英国、他のヨーロッパの数カ国に出版拠点がある。この分布〔における格差〕は、GERD と論文発表比率に関する統計（表 10.1）と合致している。この統計から抜け落ちているものは、「英語圏／中心」以外で出版された英字誌の数が増大している実態である。その実態の背景には、学術出版における英

語の優位性がますます大きくなっている点、さらに詳しく言えば、学術論文の査読方式が英語による出版を特別視している点がある。「英語圏／中心」の外で英字誌が出版され続けている実態は、自然科学では既成事実であるが、社会科学においても最近、顕著になっている現象である（Lillis & Curry 2010）。英語が優勢でない状況における英字誌数増大という現象は、知識生産を目的とした英語使用が増えているということだけでなく、査読における成否が地域的および超国家的システムのなかに埋め込まれているということを明示している。その評価システムにおいて、英語で論文を発表することは「高い社会的地位」あるいは「国際的」と同義であることが多いのだ（詳細な議論については、Lillis & Curry 2010 第 2 章を参照）。

　要するに、科学論文の大部分は、圧倒的に「英語圏／中心」あるいは、そこに由来するものなのだが、一連の地理的・歴史的要因が論文の出版に強い影響を及ぼし続けていて、英語の絶対的優位を下支えしているのだ。その具体的な要因とは、(1) 国境を越えた科学雑誌の確立と支配、(2) Garfield（1972）によって考案されたインパクトファクター（学術雑誌の価値、言い換えれば、学会に与えたインパクトを、引用という視点から算出した数値で、研究者の評価として使用されることが多くなっている）を含む査読評価システムの確立、(3) 論文発表において「足切り」の役目をする特定のシステムならびに慣行、(4) 使用言語、および、その言語使用にまつわる言語イデオロギー、である。

　上記の要因は、それぞれ別個の現象であるとも言えようが、極めて複雑に入り組んだ関係でもある。そのため、科学の媒介言語と考えられている英語は、ただ単に「科学の言語」というのではなく、むしろ、知識生産の心臓部にある「豊かな国々の言語」でもあるのだ。言い換えるならば、権威のある雑誌の言語であるとともに、評価・査読システムの言語でもある。それゆえ、科学的知識生産における英語の位置づけについて論じるとき、その優位性が過去から現在に至るまで残してきた従来からの慣行やシステムに心を配る必要があろう。

10.4 知識生産者としての研究者
——障害、利権、不平等

　研究の行われる背景と科学論文の発表との間に大きな格差があることは、前節で提示されたデータを見れば歴然としている。この状況に事例研究や民族誌的研究から得られた知見を付け加えてみると、いかにマクロ経済学的要因（特にGERD）が、科学論文発表と査読システムにおける「英語圏／中心」の絶対的優位と相まって、一人ひとりの学者の研究生活や研究そのものに影響を及ぼしているかが理解される。

　本節では、最近になって論文数が増え続けている研究分野に焦点を当てる。その研究とは、雑誌等に発表された論文や学会のブログに内省的コメントという形で現れたものも含めているのだが、「英語圏／中心」以外の研究者が、どのような方法でこの学術市場に参入しているかを記述し、解明し、精査しようとするものである。この研究は、アカデミック・リテラシー／アカデミック・ライティング／TESOL〔英語を母語としない人に対する英語教授法〕といった領域のなかでも比較的狭い分野を扱うものであるが、注目されるようになったのは、〔母語でない〕英語で論文を書かなくてはいけないという研究者たちにかかるプレッシャーが、ますます大きくなっていることと部分的にではあれ重なり合っているからなのだ。

　まず、この研究分野に由来する重要なテーマを概観したい。そのなかには、我々自身が中欧と南欧の研究者50名を対象に実施した長期にわたる調査（http://creet.open.ac.uk/projects/paw/）から得られた研究テーマも含まれている。次に、知識生産に参入する際の機会と制約について理解を深めるのに、この研究がどのような点で貢献できるかを論じたい。

10.4.1　学術研究の物的条件

　周縁部の研究者による学術論文発表をテーマにした事例研究で強調されている点は、特有の物的条件が研究者に与える否定的な側面である。貧困、不安定な政治、劣悪な生活条件、研究支援態勢の欠如、その他にも物品や情報の入手困難といった問題によって、研究の環境が左右され、成果にも影響が出てくる（Canagarajah 2002:108）。スリランカの研究者を対象にした論文のなかで、Canagarajah（1996, 2002）は自身の研究生活も絡めて、学術論文出版の成功要件である「研究に集中できる環境」の重要性を強調して

いる。この指摘は自明のことであるが、学術目的のための英語（English for Academic Purposes: EAP）との格闘のなかで見失われてしまうのだ。なぜならば、周縁部の研究者が論文を書いたり雑誌に投稿したりする際、直面する数々の問題は、圧倒的に言語〔すなわち英語〕で論じざるを得ないからである。

キャナガラジャは、研究者が直面する大小の障害をいくつか列挙している。大きいものとしては、戦争あるいは紛争地域において研究活動を続ける困難、小さい（が研究には不可欠な）ものとして、雑誌の最新号や、論文執筆に必要な物品（紙、コンピュータ、多機能コピー機、返信用郵送費、論文執筆マニュアル）が入手しにくい点を挙げている。同様の物的制約については、他の研究者も指摘していて、研究資金申請機会の不足や会議参加機会の限定なども追加されている（例えば、Flowerdew 2001 や Lillis & Curry 2010 を参照）。マラウイの研究者が最近書いた以下のブログを読むと、周縁部の研究者が抱く欲求不満や立ち向かわなくてはいけない課題の一部を垣間見ることができる。

> 研究者にとっての義務の1つは、専門分野の研究を行うことです。そうはいっても、アフリカの大学では、たいていの場合、研究の備品を手に入れることが、それだけで大きな問題なのです。その他にも、研究成果を国際学会で発表しなくてはいけないという気が重くなる仕事があります。
>
> つまり、どこかの国際学会で研究論文の発表ができることになれば、研究者にとって喜ぶべきはずです。ところがです、ちょっと待ってください。発表を許された研究者は、経費を自弁で賄わなくてはいけなくなるのです。参加登録費を始めとして、旅費、宿泊費、その他諸々の経費です。
>
> これはまさに、アフリカの研究者にとって、ナイフで背中をグサリと刺されるようなものです。なぜかというと、たいていの場合、勤務先の大学はこうした経費を払ってくれないからです。アフリカの大学は大部分が国立／公立で、明らかに助成金不足だからです。もちろん、仕方のないことは分かっています。国家予算には優先順位があるわけですから。政府は国民のために食糧不足や水不足に対処したり、インフラを整備したりしなくてはなりません。ですから、学術研究の助成

などは優先リストに入りようがないのです。

　このような状況から判断して、アフリカでは学術研究が全く行われていないと結論づける人がいるかもしれません。しかし、その憶測は必ずしも正しくありません。不運なことに、世界の大学のランキングには、研究論文の発表実績が考慮されます。ですから、そのランキングでアフリカの大学の多くが低い順位にあっても驚いてはいけません。(http://bkankuzi.blogspot.com/2008/02/challenges-of-doing-academic-research.html. 2010 年 11 月 15 日にアクセス)

　劣悪な研究環境が、研究者の活動に影響を及ぼす基本的な要因になっている。〔研究に割くことのできる〕時間の不足を世界中の研究者は「制約」とみなすことがよくある一方で、低い給与ゆえに研究者がやむを得ず、いくつかの仕事に就かなくてはいけない場合、研究時間不足は明らかに「問題」となる。Mweru（2010）は、サハラ以南のアフリカの研究者たちの論文発表数が少ないことを調査するために、ナイロビにある公立大学で働く様々な職階のケニア人研究者25名とグループ討論〔focus group discussion：特定のテーマについて、対象者グループ内でする討論〕を行っている。参加者は過去3年間に雑誌論文を1本も発表していなかったり、1本しか発表していない教員である（Mweru 2010:110）。著者はまた、参加者が属している5つの学部の主任教授にもインタビューをしている。そして、発表論文の本数が少ないことに関するデータから読み取れる要点として、研究に割く時間の不足と低い給与の2つを挙げている（Mweru 2010:110）。給与が低いために、「研究者たちは時間が取れれば、私立の大学で何コマかの授業を持って、収入不足を補っている」(Mweru 2010:110)。同様のことが中欧や東欧についても報告されている（Lillis & Curry 2010）。勤務条件が研究者に与える影響は大きく、特に研究費が少ないため、2つ、または3つの仕事（なかには、教育や研究と無関係な仕事も含む）を掛け持ちしている研究者が多いのだ。

　グローバル言語としての英語の地位が確立しているなかで、当然のことながら、研究に割くことのできる限られた時間は、英語との兼ね合いで更に短縮されることになる。(地元の言語、自国語、広域言語による教育研究活動に加えて) 英語で論文を書いたり、「英語圏／中心」の雑誌に論文が受理されることを目指して競争したりする必要があるからだ。周縁部の研究者が英語で書く場合、かなり余分な時間が奪われてしまうという点について、十

分なほどの文献が残されている（例えば、Curry & Lillis 2003、Swales 1990 を参照）。

10.4.2 「ネットワーク資源としての英語」へのアクセス

　英語を科学の「初期設定言語」として扱う慣行が世界中の研究機関に広まっている現在、研究者たちは、自らの研究内容を認めてもらい、更なる活動のための研究資本を確立するために、論文を英語で発表しなくてはならないという強迫観念に絶えず迫られている。そのため、一人ひとりの研究者にとって、科学研究への参入を確保するための主要な目標が、学術英語〔academic English〕の能力向上であることは自明のように思えるかもしれない。現に、学術英語の最も重要な分野〔例えば、アカデミック・ライティング〕を確立するための研究に相当な時間やエネルギーが投入されてきている。その際、英語はどの分野にも共通の資源とみなされる場合もあれば、特定の専門領域やジャンルの言語とみなされる場合もある（一例として、*Journal of English for Academic Purposes* を参照）。その結果、研究のために英語を使用する周縁部の研究者が熱心に学術英語を身につけようとしている実態が報告されている（例えば様々なプログラムについては、Salager-Meyer 2008、Shashok 2010 を参照）。

　ところが、事例研究によると、学術英語を操る個々人の能力というものは、リテラシー・ブローカーとともに、あるいは、ブローカーの手を借りて英語能力を獲得する力より重要性が低いようである。リテラシー・ブローカーとは、もっぱら言語で生計を立てている人、専門雑誌の編集者、翻訳者、学者など、言語に関する専門知識を活用して、〔言語について困っている人との間に〕仲介を行う人のことである（Shashok & Kerans 2000）。学会の中心部で一定期間を過ごした結果が、往々にして、そのような人的資源（とりわけ、雑誌の方向性や編集方針について内部情報を持つ学会中枢の有力者）との知遇を得ることにつながるのである。そのこと自体が学術資本ともいうべきものを形成し、「非英語話者」の研究者のなかでも、特権を持たない者とは区別された「特権を持った研究者」に押し上げてくれるのだ（Salager-Meyer 2008）。「ネットワークから外れた研究者」が様々な制約に直面せざるを得ない実態を浮き彫りにした研究もいくつか出ている（Casanave 1998; Flowerdew 2000; Swales 1987:43）。

　このように見てくると、「資源としての英語」を獲得する能力といっても、それは、学会中枢の研究者や中心部に基盤を持つネットワークのような、他の重要な資源と抱き合わせになった総合的な資源に接近する能力である

ことが分かる。自律的な媒介言語としての英語そのものは重要であるとしても、個々の研究者が英語力を身につけること以上に重要な側面があるということだ。本研究が明らかにしたとおり、「英語圏／中心」発行の雑誌に論文が掲載されるうえで特に重要であることは、地域内のネットワークと超国家的ネットワークとの間の相互関係である。そこで繰り広げられる活動においては、様々な時点で、様々な人々によって英語がネットワーク資源として使われているのだ（Curry & Lillis 2010; Lillis & Curry 2006）。

10.4.3　論文発表および査読に潜む英語イデオロギー

　学術研究のある分野において、「複数の現象としての英語」を強調する傾向があることは確かである。例えば、変種という観点から世界諸英語〔World Englishes〕という呼称で様々な変異形の存在を認めたり、慣行という観点から「実際に使用されている英語をありのままに把握する」〔'languaging'：この語 については Phipps & Gonzalez 2004 を参照〕動きである。そのよう傾向がある一方、研究論文の評論・査読においては、標準的で適切な英語を最善とするイデオロギーが主流である。投稿論文に使われている言語が不適切であることについて、評者／査読者が辛辣なコメントで切り捨てるのは明白な事実である。1例として、下記の査読コメントを挙げておきたい。

　　　言語〔英語〕についていうと、表現にも少し修正が必要である。紋切り型の表現があり、査読者の観点からすると、度が過ぎていて、あまりにも気取っているように感じられる。おそらく、西欧人にとっては、英語というよりラテン語に近い言語に思えるだろう。

　この査読者は何が問題なのかを正確に指摘できず困っているようであるが、論文の文章表現にかなり戸惑っていることは確かである。そして、コメントから明らかに分かることは、そのような戸惑いが査読者自身とは異なる言語的、修辞的、知的伝統と結びついている点である。このようなコメントが引き金となる問題は頻繁に起きるのだが（詳細は Lillis & Curry 2010:149-154）、深刻な結果を引き起こしてしまうことに留意しなくてはいけない。つまり、雑誌の編集者から届いた手紙には「修正のうえ再提出」と明示されていたにもかかわらず、著者は提出を断念してしまったのだ。この著者は、査読コメントの意味が捉えきれず、どのように対処したらよ

いか分からなかったのである。周縁部の研究者が受けた同様の辱めは、他の文献でも確認できる。例えば、Flowerdew（2000）は、「非母語話者（の英語）」という烙印を自分の英語論文に押された香港の研究者が、深く傷ついた事例を紹介している。また、Englander（2009）はメキシコの事例を通して、こうした否定的経験がどのような影響を研究者に与えるかについて述べている。論文発表によって専門分野に貢献する権利が自分にはないのではないかと、研究者としての自信を喪失するケースが出てくるというのだ。

　それほどあからさまに否定的ではないが、遠回しに否定するような査読コメントの書きぶりも、周縁部の研究者たちの受け止め方に影響を与える。その結果、〔英語による〕科学論文の発表に躊躇したり、踏みとどまったりすることになるのだ。Canagarajah（2002:171）は、雑誌編集者から周縁部の研究者へ送られる査読結果の特有な言い回しが引き起こす数々の問題点について次のように述べている。「婉曲な言い回しや気配り表現が解釈のうえで大きな問題を引き起こしてしまう。おそらく、このような難しさがあるために、論文の再提出を控えてしまう周縁部の研究者が多くなってしまうのであろう」。

　論文の著者を「英語の非母語話者」であると"認識"したとき、編集者や査読者が通常示す反応は、「母語話者」によるネイティブチェックを受けて、表現を磨き上げるよう著者に要求することである。しかし、この反応は、世の中に広まっている「標準英語」のイデオロギーを強く映し出しているものだ。いわゆる母語話者と非母語話者という（経験的に確認できる）単純明快な二分法以上に、"標準的な"英語を絶対視するものである。このようなことは、査読者が論文執筆者の言語的アイデンティティを「間違って認識する」ことから生じているのかもしれない。Belcher（2007）が具体例で示しているとおり、英語の母語話者によるチェックが必要だとするコメントは、母語話者の観点で書かれた論文について当てはまるのものなのだ。

　さらに言うならば、そのようなイデオロギーは、世界中で実際に使われている英語の多様性を無視していることになる。また、著者が、地域の（あるいは広域の）英語変種、または英語以外の言語（1つ、またはそれ以上）に特有の修辞的伝統を好んで使うことや（例えば、Mauranen 1993を参照）、論文執筆のために「英語圏／中心」の修辞的慣行に従うことに強い抵抗があることなどは考慮しないことになる。後者の例としてDuszak（2006）は、ポーランドの研究者が英語による執筆に対して抱く懸念について調査した

Gajda（1999）を典拠に以下のように述べている。「このような査読コメントは学術に関わる文章でありながら、比喩や〔断定を避けるための〕緩衝的表現のような修辞を多用しているため、ポーランドの研究者には「新聞の文芸欄」に出てくる文章のように思えるのだ」。さらにCanagarajah（2001:33）は、自身の論文執筆を振り返って、「英語で書くと自分自身が知的・修辞的に怠惰になる」と述べている。これは彼だけでなく、英語で論文を書く非英語母語話者一般に当てはまることである。

10.4.4 周縁からの論文寄稿

物的な状況が改善されることによって、「研究に集中できる環境」がたとえ良くなったとしても、あるいは、母語話者のように英語が使えるようになったとしても、周縁部の研究者は更なる障害に直面する可能性がある。その障害とは、彼らの研究に付随した価値〔の低さ〕に由来するもので、特に、その研究が取り扱う場所から生じる否定的要因なのである。Canagarajah（2002:121）は、「限定された地域のみに研究課題の焦点が当たっている場合、その論文で扱われるテーマは、現在、中心部で繰り広げられている学問的論議の対象にはならない」と指摘している。その結果、このようなテーマは、然るべき雑誌に取り上げられることもなくなくなったり、〔たとえ取り上げられても〕査読者の承認を得ることが難しくなるのだ。

同様にFlowerdew（2001:134）も、中心部にある雑誌の編者が下した批判の1つを紹介している。そのコメントによると、周縁部の研究者は、あまりにも「偏狭」だというのである。ケニアの研究者を対象にした論文のなかでMweru（2010:111）は、中心部の研究者たちが抱いている態度について報告している。それは、サハラ以南のアフリカを調査対象にする研究者と、研究そのものを否定的に扱い、論文で取り上げられている論点の意義を認めようとしないものである。

中欧および南欧の研究者を対象にした我々の研究によると、「英語圏／中心」以外の内容を扱った研究が「非・中心」「非・英語圏」「周縁」として明らかに有標化される傾向にあることには確証がある。いくつかの例から見ると、もし寄稿の時点で雑誌がたまたま「非・中心」の論文を求めている場合には、研究者にとって利益になる可能性もある。しかし、否定的な観点からすると、「非・英語圏／中心」を扱ったゆえに「異国情緒」（Lillis & Curry 2006）を醸し出すような論文は、新奇性が残っている間しか価値を保持できないとも言えるのだ。この点について、スペイン人の研究者が以

下のように述べている。

　　もし、雑誌が毎年スペインをテーマにした研究を採用することがあれば、読者はスペインの事情について理解を深めるであろう。しかし、当然のことであるが、このことは読者が「スペインという国そのもの」を知りたいと思っているのであって、決して、英国や米国との対比を考えているわけではないであろう。(Lillis & Curry 2010:147)

中国の研究者を対象にした Flowerdew and Li（2009:11）は、この「異国情緒的プロセス」が雑誌論文の査読に反映されている点を指摘している。ある中国人研究者は以下のように述べている。

　　概して、「英語圏／中心」の雑誌は、不愉快な表現を使うと、「オリエンタリズム」の観点から編集されていると思う。(・・・) 国際化に取り残されないためには、自己植民地化によって、雑誌編集者側の意向に合わせる必要がある。

10.4.5　中心から外れた／地域の研究の伝統を維持していく

　本章では、「中心」に位置する英語媒体の雑誌の重要性を一貫して強調してきたわけであるが、研究成果が〔英語以外の〕多くの言語で発表されていることも事実である。それにもかかわらず、国内および国際の査読方式を通して、特定のデータベース（例えば、科学情報研究所〔ISI〕作成のもの）に付与される格付けによって、この事実は覆い隠されているのである。例えば、ブラジルにおける（自然）科学論文の出版は圧倒的にポルトガル語で行われている（UNESCO, Science Report 2010b）。英語による発表に加えて、地元言語、国家語、広域言語による論文発表を継続している研究者が数多く見受けられる（スロヴァキア、ハンガリー、スペイン、ポルトガルの研究者について Curry & Lillis 2010、中国については Flowerdew & Li 2009、トルコについては Buckingham 2008 を参照）。

　研究者たちは、いくつかの理由で地域共同体の言語による論文発表を継続しようとしている。その理由のうち顕著なものは研究遂行力そのものであって、〔研究助成費の獲得に代表される〕経済的な成功を勝ち取るために必要不可欠であると考えられている。換言するならば、若い研究者を支援し、専門知識を共有し、研究に関わる関心や理論的枠組みについて「中心から

外れた／地域の」伝統を維持していくためにも、地域共同体の言語による発表を続けているのである。

10.5 結論

　もし知識が国際開発にとって「鍵」であるならば——その定義がグローバル市場における競争との関連でなされようと、知識創出に参入する普遍的人権との関連でなされようと——科学的知識を産み出し論文として発表する際、権威のある雑誌に投稿できるかどうかは〔研究者にとって〕死活問題である。この点において、現在、中心的な位置を占めている言語は英語である。特に、本章で強調してきたように、科学論文の発表と査読に関して、英語の絶対的優位は揺るぎがない。

　量的データによると、歴史的に「3極」と呼ばれる米国、ヨーロッパ、アジアの数カ国以外の国や地域で発表される科学論文の数は、どの学問分野においても取るに足らないものである。事例研究から判明していることは、周縁部の研究者たちが論文を英語で発表しなくてはいけないというプレッシャーを感じながら、相当な障害に直面してでもそうしている実態である。その障害のなかには、研究生活の物的条件や、査読の方式に埋め込まれた英語一極集中のイデオロギーが含まれている。さらに、論文発表の機会を与え〔研究者としての〕成功につなげてくれるのが、「資源としての英語」にアクセスする能力であることは明らかである。その資源とは、研究の道具として個々の研究者が獲得する英語の力そのものではなく、「中心」に位置する学者や、「中心」に基盤を置くネットワークなど、他の重要な資源につながっていく力の源なのだ。

　もちろん、我々が焦点を当ててきたのが、知識生産の一形態（すなわち、権威のある雑誌に掲載された科学研究論文）のみであったことは承知している。そのような形で発表される論文が学術上の資本を形成するのであるから、特定の形態への焦点化は意義があると考えている。しかしながら、この分野における更なる研究が必要であることも理解している。まず、この学術上の資本によって、各地における開発の課題が解決される実態を詳細に跡づけていくことである。次に、各地の研究者たちが、現地の言語と同様に英語を使って、開発に関わる課題解決に成功しているかどうかを精査していくことである。

謝辞

　初期の草稿段階でコメントをくださった Anna Robinson-Pant 氏に感謝したい。また、*World Social Sciences Report: Knowledge Divides, 2010* 所載の表4.2 の改変および表4.3 の使用許諾に対して、ユネスコの広報部に謝意を表したい。

注

* 1　'science' はラテン語 'scientia' の意味で使われている。つまり、自然科学だけでなく、「知識形成全般」の意味である。この捉え方は、現在、英語圏の多くの国や地域で一般的となっている。

* 2　雑誌〔掲載〕論文が、開発論議のなかで、あるいは世界銀行やユネスコといった主要な資金提供機関によって、「知の創出」のうえで評価される唯一の媒体でないことは明らかである。ユネスコの『『万人のための教育』に関する地球規模の追跡報告書』〔*Global Monitoring Report on Education for All*〕は、雑誌論文より、「〔主要雑誌に発表されていない〕"裏の"論文」に重きを置いて、学術研究機関以外のセクター（例えば NGO）に執筆を依頼し、地球規模の調査報告書をまとめている（www.unesco.org/new/en/education/themes/leading-the-international-agenda/efareport/background-papers/2010）。しかし、その際、学術論文の出版業績が "間接的" ではあるが重要な役割を果たしている点に留意したい。特に、執筆依頼に関する慣行として、少なくとも部分的には出版業績を判断基準として、研究者に報告書等の作成を委託するのである。

* 3　ここで留意すべきことは、両モデルが空間という概念に強く縛られているように思えることだ。特にカチュルの3つの同心円は、時間と空間を考慮した動的な概念というより、言語を取り巻く静的な状況や慣行を意味しているように思える。それにもかかわらず、科学論文発表の力関係を探究するうえで、「中心─周縁」という概念は引き続き効力を発揮するものと我々は考える。

* 4　参加型研究計画の遂行に不可欠な「現地住民の知恵」に関する例として、Chambers（1997）を参照。両者の結びつきに気づかせてくれた Anna Robinson-Pant 氏に感謝する。

* 5　興味深いことに、*World Social Sciences Report 2010* では英語の覇権主義的な（そして問題のある）地位について明示的な言及がなされているが、*World Science Report 2010* にはそのような言及が全くない。

引用文献

Belcher, D. (2007) Seeking acceptance in an English-only research world. *Journal of Second Language Writing* 16, 1-22.

Bell, D. (1973) *The Coming of Post-Industrial Society: A Venture in Social Forecasting.* New York: Basic Books.

Bimber, B. (1995) The three faces of technological determinism. In M.R. Smith and L. Marx (eds) *Does Technology Drive History? The Dilemma of Technological Determinism* (pp. 79-100). Cambridge: MIT Press.

Buckingham, L. (2008) Development of English academic writing competence by Turkish scholars. *International Journal of Doctoral Studies* 3, 1-18.

Canagarajah, A.S. (1996) Nondiscursive requirements in academic publishing, material resources of periphery scholars, and the politics of knowledge production. *Written Communication* 13(4), 435-472.

Canagarajah, A.S. (2001) The fortunate traveler: Shuttling between communities and literacies by economy class. In D. Belcher and U. Connor (eds) *Reflections on Multiliterate Lives* (pp. 23-37). Clevedon: Multilingual Matters.

Canagarajah, A.S. (2002) *A Geopolitics of Academic Writing*. Pittsburgh, PA: University of Pittsburgh Press.

Casanave, C.P. (1998) Transitions: The balancing act of bilingual academics. *Journal of Second Language Writing* 1 (1), 175-203.

Chambers, R. (1997) *Whose Reality Counts?* London: Intermediate Technology Publications.

Curry, M.J and Lillis, T. (2004) Multilingual scholars and the imperative to publish in English: Negotiating interests, demands, and rewards. *TESOL Quarterly* 38 (4), 663-688.

Curry, M.J and Lillis, T. (2010) Academic research networks: Accessing resources for English-medium publishing. *English for Specific Purposes*, special issue on *EAP in Europe* 29, 281-295.

Duszak. A. (2006) Looking globally, seeing locally: Exploring some myths of globalization in academia. *Revista Canaria de Estudios Ingleses* 53, 35-45.

Englander, K. (2009) Transformation of the identities of nonnative English-speaking scientists as a consequence of the social construction of revision. *Journal of Language, Identity and Education* 8, 35-53.

Fairclough, N. (2006) *Language and Globalization*. London: Routledge.

Flowerdew, J. (2000) Discourse community, legitimate peripheral participation, and the nonnative-English-speaking scholar. *TESOL Quarterly* 34 (1), 127-150.

Flowerdew, J. (2001) Attitudes of journal editors to nonnative speaker contributions. *TESOL Quarterly* 35 (1), 121-150.

Flowerdew, J and Li, Y. (2009) English or Chinese? The trade-off between local and international publication among Chinese academics in the humanities and social sciences. *Journal of Second Language Writing* 18, 1-16.

Freeman, P and Robbin, A. (2006) Editorial: The publishing gap between rich and poor: The focus of AuthorAID. *Journal of Public Health Policy* 27, 196-203.

Gajda, S. (1999) Jezyknaukhumanistycznych. In W. Pisarek (ed.) *Polszczyzna* (pp.14-32). Krakow: Osrodek Badan Prasoznawczych.

Garfield, E. (1972) Citation analysis as a tool in journal evaluation. *Science* 178, 471-479.

Jessop, B. (2002) *The Future of the Capitalist State*. Cambridge: Polity Press.

Kachru, B. (ed.) (1992) *The Other Tongue: English Across Cultures*. Urbana, IL: University of Illinois Press.

Kearney, M.L. (2009) Higher education, research and innovation: Charting the course of the changing dynamics of the knowledge society. In V.L. Meek, U. Teichler and M.L. Kearney (eds) *Higher Education, Research and Innovation: Changing Dynamics. Report on the UNESCO Forum on Higher Education, Research and Knowledge 2001-2009* (pp. 8-23). Kassel, Germany: International Centre for Higher Education Research.

Kenway, J., Bullen, E., Fahey, J and Robb, S. (2006) *Haunting the Knowledge Economy*. New York: Routledge.

Lillis, T and Curry, M.J. (2006) Professional academic writing by multilingual scholars: Interactions with literacy brokers in the production of English medium texts. *Written Communication* 23 (1), 3-35.

Lillis, T and Curry, M.J. (2010) *Academic Writing in a Global Context: The Politics and Practices of Publishing in English*. London: Routledge.

Mauranen, A. (1993) *Cultural Differences in Academic Rhetoric*. Frankfurt: Peter Lang.

Mweru, M. (2010) Why Kenyan academics do not publish in international refereed journals. *World Social Science Report: Knowledge Divides* (pp. 110-111). Paris: UNESCO.

National Science Foundation (NSF) (2010) *Key Science and Engineering Indicators Digest*. Washington, DC: National Science Foundation.

Olssen, M and Peters, M.A. (2005) Neoliberalism, higher education and the knowledge economy: From the free market to knowledge capitalism. *Journal of Education Policy* 20(3), 313-345.

Organization for Economic Cooperation and Development (OECD) (1996) *The Knowledge-Based Economy*. Paris: OECD.

Organization for Economic Cooperation and Development (OECD) (2008) *Science, technology and industry outlook highlights*, accessed 20 July 2009.www.oecd.org

Organization for Economic Cooperation and Development (OECD) (2009) *Factbook 2009: Economic, Environmental and Social Statistics*. Paris: OECD Publishing.

Paraje, G., Sadana, R and Karam, G. (2005) Increasing international gaps in health-related publications. *Science* 308, 959-960.

Peters, M. (2001) National education policy constructions of the 'knowledge economy': Towards a critique. *Journal of Educational Enquiry* 2 (1), 1-22.

Phipps, A and Gonzalez, M. (2004) *Modern Languages: Learning and Teaching in an Intercultural Field*. London: Sage.

Robertson, S. (2005) Re-imagining and rescripting the future of education: Global knowledge economy discourses and the challenge to education systems. *Comparative Education* 41 (2), 151-170.

Salager-Meyer, F. (2008) Scientific publishing in developing countries: Challenges for the future. *Journal of English for Academic Purposes* 7, 121-132.

Schement, J and Curtis, T. (1997) *Tendencies and Tensions of the Information Age: The Production and Distribution of Information in the United States*. New Brunswick, NJ: Transaction.

Shashok, K. (2010) How AuthorAID in the Eastern Mediterranean helps researchers become authors. *The Write Stuf* 19 (1), 39-42.

Shashok, K and Kerans, M. (2000) Translating the unedited science manuscript: Who fixes what shortcomings? In *I Congrés Internacional de Traducció Especialitzada: Actes* (pp. 101-104). Barcelona: Universitat Pompeu Fabra.

Shelton, R. (2008) Relations between national research investment and publications. *Scientometics* 74 (2), 191-205.

Sousa Santos, B. (1994) *Pela mão de Alice: o social eo político na pós-modernidade*. Porto: Edições Afrontamento.

Stiglitz, J. (1999) *Public policy for a knowledge economy, remarks at the Department for Trade and Industry and Center for Economic Policy Research, London*, 27 January, accessed 15 January 2011. www.cherry.gatech.edu/REFS/ED/KEPS/policy%20for%20know%20econ%20World%20Bank.pdf

Swales, J. (1987) Utilizing the literature in teaching the research paper. *TESOL Quarterly* 21, 41-68.

Swales, J. (1990) *Genre Analysis: English in Academic and Research Settings*. Cambridge: Cambridge University Press.

Thomson Reuters (2009a) *Current Contents*, accessed 22 June 2009. www.thomsonreuters.com

Thomson Reuters (2009b) *ISI Web of Knowledge Journal Citation Reports*, accessed December 2010. www.thomsonreuters.com

Ulrich's Global Periodicals Directory (UGPD) (2010) *Ulrich's Global Periodicals Directory* accessed December 2010, www.ulrichsweb.com

United Nations Educational, Scientific and Cultural Organization (UNESCO) (2009a) *DARE database*, accessed 22 July 2009. http://databases.unesco.org

United Nations Educational, Scientific and Cultural Organization (UNESCO) (2009b) *Forum on Higher education, Research and Knowledge 2001-2009*, accessed 30 November 2010. www.unesco.org

United Nations Educational, Scientific and Cultural Organization (UNESCO) (2009c) *Mapping Research Systems in Developing Countries: Synthesis Report*, accessed November-December 2010. www.unesco.org

United Nations Educational, Scientific and Cultural Organization (UNESCO) (2010a) *World Social Science Report: Knowledge Divides*, accessed November-December 2010. www.unesco.org

United Nations Educational, Scientific and Cultural Organization (UNESCO) (2010b) *Science Report. The Current Status of science around the world*, accessed November-22 December 2010. www.unesco.org

Wallerstein, I. (1991) *Geopolitics and Geoculture.* Cambridge: Cambridge University Press.

World Bank (1998) *World Development Report: Knowledge for Development*, accessed 22 December 2010. www.worldbank.org

World Bank (2010) *Development Report Statistical Annex.* Washington, DC: World Bank, accessed 22 December 2010. www.worldbank.org

Wyatt, I.D and Heckler, D. (2006) Occupational changes during the 20th century. *Monthly Labor Review* March, 35-57.

第 11 章
経済開発における言語
——英語は特別なのか、そして言語分裂は悪いことなのか

ジャン＝ルイ・アルカン、フランソワ・グラン（訳／樋口謙一郎）

11.1 はじめに

　言語が経済開発に果たす役割について、長らく様々な分野の研究者が関心を寄せてきた。しかし、今日まで公刊された研究において、明確な説明はなされておらず、実証された論拠はいまだ決定的なものとなっていない（Nettle 2000）。研究文献における用語選択（否定的含意を示す「分裂」、肯定的含意を示す「多言語使用」）にも、このあいまいさが表れている。目下の課題は極めて幅広く、1人の研究者が確定し、計測しようとする諸関係の本質が何であるか——すなわち、「開発」とは、具体的には何を意味するのか——を正確に規定するのは困難である。「言語」は、経済のプロセスを含む個人的、社会的生活のほぼあらゆる面に浸透しているが、いかなるかたちの言語の現出が、開発の結果を決定づける上で一定の役割を果たすと考えるべきであろうか。

　このような関係はその存在さえ自明ではなく、また開発経済学として知られる分野の研究を含む大方の経済学的研究は、（「交換」「価値」「市場」などの用語に要約される）目前の経済的プロセスを普遍的なものとみなし、それが言語的な変数を超越するという前提に立って、言語を無視しようとする傾向がある。説明変数としての「文化」は、これまでは単に状況的なものとして開発経済学の周縁に追いやられていたが、近年になってようやく、この分野の中心に近づいてきた。最近の典型例としては、経済学とアイデンティティの関係を論じたジョージ・アカロフ〔米国の経済学者。2001年にノーベル経済学賞受賞〕の研究（Akerlof & Kranton 2000）や、経済開発における宗教性の果たす役割に関する研究（Barro & McCleary 2003）がある。

　開発に影響を与える様式において言語はそれぞれ異なるのか、また英語などの特定言語が決まったかたちで開発に影響を及ぼすのかといった個別

の問いは、まず上記の一連の問題を扱った後の第2段階に至らないと論じられない。注意されたいこととして、我々は、様々な言語の相対的な浮き沈みや、英語が現在のような支配的地位に上りつめたことを経済学的に説明するといった、いわば逆の因果関係に第一の関心を持っているわけではない。とはいえ、後に見るように、ある特定の言語が経済開発に与える影響を、統計的正確性をもって調査するためには、この問題に部分的に応じる必要が生じるであろう。

　本章で、我々は「言語」を独立変数、「開発」を従属変数として結びつけるアプローチを展開し、旧植民地宗主国に関係している言語、とりわけ英語に重点を置く。そして、立証されると見込まれるこの種の関係の意味（そして、それゆえに限界）に立ち返る。我々は「開発」を大勢的な意味で定義し、比較的にマクロなレベルの指標に焦点を当てるが、その方法論は主に応用ミクロ経済学に基づくものである。我々が用いる主な開発指標は、1人当たりGDP（域内総生産）である。この選択とその意味については後の節で論じる。何らかの具体的な開発事例ではなく、一般論としてこの種の関係を論証しようとすると、必然的に多くの問題を残すことになる。それらのなかには、ほかの研究者によって研究されているものもあり、管見の限りにおいて検討されずに放置されているものもある。それゆえ、本章で論じられない問題をまず並べてみることから始めるのが有益である。

　したがって我々は、言語と経済活動の相互作用に関する広範な諸問題が存在し、それらがまったく妥当であることを認めつつも、ここではふれないことにする。それらのなかには開発に結び付いていると考えられるものも含まれている。例えば、企業内のコミュニケーションに用いられる言語次第で企業が多少とも「発展」することがあるかもしれないが、我々は社内コミュニケーションの慣行を扱わない。社内コミュニケーションの諸慣行を通じて、言語がそれらの企業の経済活動、そして結果的に発展の総合的手段に影響を及ぼす可能性を否定するものではない。しかし、我々の最大の関心は、言語と開発の結びつきの妥当性と規模を立証することにあり、このような結びつきの具体的な作用に焦点を当てることにあるのではない[*1]。この目的のため、我々は経済学のもう一つの下部領域、すなわち言語経済学に依拠するが、言語経済学が開発の問題を正面から扱うことはこれまで極めて稀であった。本章第3節において、我々は経済開発に関する古典的な見解について論じるが、それらは言語を無視しており、言語と開発の因果関係の論証は、Arcand（1996）が最初に提起するまで行われ

ていなかったのである。

　本章のオリジナルな貢献の核心となる実証研究において、我々は、言語的／文化的「分裂」を、多くの途上国が直面する経済的問題〔特にサハラ以南のアフリカが抱える問題〕の要因とみなす経済学や政治学の著名な研究から出発する。実際、後に見るが、比較的に説得力を持つ実証的な論拠が示すとおり、これらの研究の多くは「民族言語の分裂」〔ethnolinguistic fragmentation（ELF）：域内で複数の言語が分裂的に使用されている状態を指す〕の内生的な性格を適切に扱うことができていないために誤っている。ところで、あるモデルにおけるほかの変数との間に相関があるとき、その変数は「内生的」であると言う。それに対し、それらによって規定されないときは「外生的」である。例えば、我々がサハラ以南のアフリカの自給自足の農民の食糧生産を研究するとしたら、その食糧生産はある農機具の所有〔資本ストックの充実〕の問題に明らかに関連があると見込まれる。また同時に、1人の農民がそのような農機具を所有するという事実は、その農民がより多くの食糧を生産する（そしてそれゆえに、こうした農機具を購入するのに用いられ得る剰余を生み出す）という事実に結びつく。つまり、食糧生産を研究する際に、農機具の所有が外生的な変数として扱われ得るとみなしてしまうと軽率のそしりを免れ得ない〔内生的成長理論によると、資本ストックの充実（内生的要因）は経済成長の源泉である〕。外生的変数とは降雨記録のようなもので、農民の食糧生産に影響を及ぼす要素であり、及ぼされる要素ではない。

　我々のケースでは、言語多様性を（それが「多言語使用」のように肯定的な響きの名称を付されていようが、「分裂」という否定的な響きのものであろうが）、我々が検討する諸関係のなかで役割を果たすほかの変数から独立しているとはみなさない。既存の実証研究が民族言語の分裂を外生的に与えられたデータとして扱うのに対し、我々はより複合的なアプローチを用いる。そのアプローチは、民族言語の分裂が植民地主義に根ざした深い歴史的な影響力によって決定付けられることを考慮するものである。

　我々の実証研究は、英語のような「リンガフランカ」が持つ大きな力をいかに評価するかといった数々の困難な方法論的課題を扱うものではない。しかし概していえば、これらの課題は、関連する言語的変数と経済開発とをつなぐ一見妥当な「物語」に我々が同意したとしても、数多くのほかの変数が前者にも後者にも相関しうるという事実にかかわってくるのである。したがって、開発の（共同）決定要因としての言語の具体的な役割を立証するには、慎重な計量経済学的手続きが求められる。

この後の節ではかなりの細部に立ち入り、経済開発と言語——つまりエスニシティにかかわる特質——が入りこむ複雑な関係をいかに解明するのかを説明する。しかし、我々の主たる結論は、これらの事柄に関する既存の知見に根本的な疑義を呈するものであり、それは最後の節で扱われているので、一連の専門的手順を逐一読むことは必ずしも要さない。その発見は斬新なもので、すなわち問題の核心となる「分裂」（あるいは「多言語使用」）は、実際には、1人当たり GDP が高いことと関係がある可能性がある。

11.2 「開発」の意味

経済開発を説明する方法は多い。以下の実証研究において、我々は、1人当たり GDP に注目するという最も単純な（そして非常に還元主義的な〔難解な事象を比較的簡単な事例で説明しようとする〕）慣行を採用する。下位領域としての開発経済学が登場した 1950 年代以降、数世代にわたる開発経済学者が主張してきたように、またサミュエルソン〔Paul A. Samuelson：米国の理論経済学者。1970 年にノーベル経済学賞受賞〕が 1951 年に発表した有名な論文のなかで最初に提起した異時点間の問題を回避するときでさえ、所得は開発を測定するには明らかに不完全な基準とされる。

国連開発計画（UNDP）の人間開発指数など、代替的な指標が増加していることや、世界的に知られる研究機関が非常に細部にわたる指標に注目していること（国際食糧計画研究所が子どもの人体測定を利用していることは典型的な例である）から明らかであろうが、開発とは極めて多くの側面から測定されうる多面的なプロセスである。妊産婦と乳児の死亡率、清潔な飲用水の入手可能性、伝染病の罹患率、女性の社会的地位向上、識字率や就学率、貧困発生および十分なカロリーやタンパク質の摂取に関する対策、出生時の生存予測値——これらをはじめとするあらゆる指標が、経済開発についての「最も優れた」指標だとして、多様な機関によって「売られて」いるのである。

しかし、依然として、1人当たり GDP は、普遍的な金額的基準であるゆえに（そして、極めて多様な消費パターンと非貿易財セクターが存在する国々についても横断的に比較することが可能な指標である購買力平価に換算できるため）、全世界、そしてあらゆる時代に適用することができる唯一の指標である。今後の研究において、我々は研究成果をほかの開発測定基準にも拡大していく所存である。さしあたり、考察の範囲を、量的なエビデンスを用いて言

語と経済開発の関連に限定すべく、1人当たりGDPを従属変数として用いることに留める。

11.3 言語と開発の結合

　言語が、経済分析のなかで果たす役割はさほど大きくはない。このことは、経済プロセスは言語と文化を超越するということ、そして、後者は結果として、経済の諸変数にはさほど影響を及ぼさないということの、一対の見解を反映している。しかし、1960年代中盤以降、ある小さな研究領域が「言語の経済学」という名称のもとで発生し、まさに従来無視されてきたこのような問題を探求することとなった。この領域の研究には、言語スキルが労働収入に及ぼす影響を考察したり、言語政策の選定、設計、評価に関する経済学的手法を提案したりするものが多い（先行研究としてはVaillancourt 1985; Lamberton 2002; Grin 1996,2003,2010を参照）。しかし、開発経済学の下位領域は、これまで言語にはほとんど注目してこなかった。それに対して、言語学者は、言語は間違いなく開発に何らかの役割を果たしていると、しばしば問題提起をしてきた（最近の議論としては、Seargeant & Erling 2011）。またそれは、ときにはコミュニケーション・ツールとして、しかしより多くの場合、文化の重要な要素としてだとされる（Abou & Haddad 1997;Chaudenson & de Robillard 1990）。

　先行研究のうち、Easterly and Levine（1997）、Lian and Oneal（1997）、Alesina and LaFerrara（2005）など、民族や言語／文化の「分裂」が経済的パフォーマンスに及ぼす影響を検討したものについて少し考えてみたい。概して、これらの著者はグリーンバーグの多様性指数[2]のように、民族的、言語的、文化的多様性に関する集合的な測定基準を用いており、また1人当たりGDPとの統計的関係を検討している。そこに否定的な関係を見出すと、彼らは、社会における多言語使用は経済的パフォーマンスには有害だと結論づける。しかし、これらの研究は、多様性は必然的に社会を内部対立に結び付けるとか、それは少なくとも、安定的な政治的、経済的諸制度の基盤を形成する信頼関係が発展するのを妨げるとみなす、人類学のやや本質主義的な立場に依拠しているように思われる。実際のコミュニケーションのプロセスがそこで説明されることはないまま（集団間の取引がそもそもいかにして発展したのかという問題が生じる）、個人の二言語併用はほとんど無視される（Nettle 2000）。したがって、よりきめ細かな説明が検討される

必要がある。Noguer and Siscart（2003）は、言語障壁が国際貿易を制約すると考える一方、その影響はそれまでの研究においてほかの研究者によって指摘されてきたものより、かなり弱いと結論づけた。Ku and Zussman（2010）は、外国語（この場合は英語）の習得が「歴史的に決定づけられている言語障壁の影響を軽減しうる」ことを示す第二言語スキルに関するデータを利用している。しかし、我々は、後述の実証研究により、多様性が経済の成長や開発にとって必然的に足かせになると考える人々の主張における主たる誤謬を明らかにできたと確信している。

開発プロセスに対する言語の影響に注目した研究はいくつかある。そのうちの1つであるArcand（1996）は、前者が後者に影響を及ぼす可能性がある様々な道筋を検討したものである。そのような道筋として、4つが確認されている。

（1）相互作用にかかわるコストは、共通の言語を持つ人々の間でより低くなり、したがって、そこで促進される相互作用は数的にも規模の面でも、そうでない場合にはもしかしたら生じないかもしれない。言語の違いによるそのような否定的影響は、ほかのコミュニケーション戦略を通じておおむね除去できる。第二言語学習により広範な二言語併用状況をつくりだす、（特に比較的密接に関連する言語間において）「相互理解〔intercomprehension〕」の形式による受信力を駆使する、必要となる第二言語スキルを持つ言語仲介者に頼るなど、いずれの方法を用いてもよい。

（2）農地における地主と、その農地で働く農場労働者といった契約関係は、双方が異なる言語を話すと、地主が借地人の労働を正確に監視する能力が制限される可能性がある。このことは本質的には不完全情報の問題である。これを防ごうとすると、地主は、最適化ということを離れて、経済的パフォーマンスがより低くなる借地契約条項を提示しなければならなくなる。言いかえれば、**もしほかの条件が同じなら**、同じ言語を共有する者の間で大部分の契約が生じる経済は、そのような契約が少なく、地主が借地人の労働を監督するのにより多くの努力が必要な経済よりも生産的であると見込まれる（実際に、そして、必然的に、そのような努力にはコストが伴う）。ここでも、広範な個人の二言語併用や、農場労働者に高い生産性をもたらすよう強要する社会的統制の非言語的形態によって、そのような問題は緩和されうる。重要なこととして、ここで述べた取り組みは、「プリンシパル」と「エージェント」（例えば地主と農場労働者）のそれぞれの役割が言語集団

間で不平等に分配されている状況において生じるのであり、すなわちそのような経済的取り組みの源泉は、強いて言えば、言語よりも富の配分パターンにあるのだということに留意すべきである。つまり、言語集団間で両者の役割が平等に位置づけられていれば、そこでの経済におけるそのような消極的努力は、特定言語内での契約の可能性が拡大することによって、総じて消失するかもしれない[*3]。

　（3）信用貸付取引は保険の供与による経済活動にとって決定的に重要であるが、それに不確実性の問題が重くのしかかってくる。このことから示唆されるのは、先のケースに密接に関係するが、異なる言語集団間の信用貸付は、事の是非はともかく、特定言語集団内においてよりもリスクが大きいと認識されるということである。逆に、社会規範により、同じ集団の構成員に一定利率以上に貸付することが禁じられれば、特定言語内部における信用貸付は抑制される。いずれの場合でも、信用貸付への利用可能性を制限することは開発の障害となる。しかしながら、そのような障壁は、言語にはほぼ無関係の文化的特色（例えば宗教的属性）にかかわっている可能性もある。

　（4）ネットワーク外部性も古くからの問題である。「外部性」は、あるアクターの行為が予期せぬ肯定的な、あるいは否定的な副作用をもたらしうるということにかかわる。「ネットワーク外部性」は、通常は情報やコミュニケーションなどの点で「ネットワーク」に特に結合したこの種のプロセスにかかわる。例えば、ある人があるワープロソフトを使うことを決めるとき、その人は個人的事情（コスト、便利さなど）に基づいて決める。しかし、このことは、このソフトをすでに使っている人々は文書ファイルを直接交換できる人をもう1人得られることになるという理由から、正の外部性をもたらす。別の典型例は、電話ネットワークのそれである。このネットワークに利用者が1人加われば、すべの既存利用者にとって、このネットワークの価値が上がる。言語を例にとれば、ある人が（理由は何であれ）スワヒリ語を学ぶと決心すると、スワヒリ語の価値は**それをすでに話している人々にとって**向上する。そのような人々は、何らのコストを背負うこともなく潜在的な対話者をもう1人得ることになるからである。我々のケースにおいて、ネットワーク外部性は、一言語使用への集中が生じると、通常、言語が「大きく」なるほど、話者の数も増える。そのような外部性は、貿易がより容易になったり、新技術の導入が速くなったりすることによって生じる可能性もある。しかし、この影響は「ネットワーク」を

第11章　経済開発における言語　　283

発展させるという点において、第一言語、あるいは母語を共有する以外に代案がないという前提に基づくものである。

そのうえで、アルカンは成長理論の近接領域の研究が、開発に関する言説に言語の問題を取り入れる契機をもたらしていることを紹介している。マクロレベルにおいて我々が駆使する計量経済学的ツールは、いうまでもなく、様々な因果経路を調査するにはあまりにも大雑把であるものの、念頭に留めおかれてしかるべきである。以下で我々が明らかにする連関も、上で概観したような様々な力学により提示される概念的な視角から解釈されなければ無意味だからである。

11.4 「英語」という変数で世界の縮図を描く

　開発プロセスにおいて重要な役割を果たすと見込まれる言語的変数の影響を測定できれば理想的である。決定変数を学校教育における（諸）言語とみなすとすれば、そのような研究には、シラバスのなかの各学年について種々の言語を媒介として教授される教育課程の比率に関するデータや、どの科目がどの言語によって教授されているか、すべての教育体系が同一の言語的体制を伴っているのか、もしそうでないなら、どのくらいの比率の生徒がどのような教育体系で就学しているのかなどの情報が必要となろう。独立変数として、特定時期の特定国家における言語スキルで妥協するなら（したがって、そのようなスキルがいかに習得されたか、いかなる政策がそのようなスキル習得にとって有効かといった問いは脇に置いて）その国民が擁する言語の種類、つまり、どの言語が、だれによって、会話か記述か、発信型か受信型かといったいかなるレベルで知られているのかに関する詳細な情報が必要となる。

　しかし、これには多くの困難が伴う。第1に、たいていの場合、この種のデータは入手不可能である。既存のデータは不完全、不正確であったり、信頼性が疑わしかったり、比較可能性が制約されたりする。第2の問題は、仮に完全、詳細で、信頼に足りうる比較可能なデータが入手可能だったとしても、根本的な問題、すなわち、観察できない変数をいかに扱うかという問題が残る。この問題は、より緊密に検討する価値があり、また我々の下記の実証研究の計画における焦点となるだろう。

　データ不足を考慮に入れると、量的処理における言語変数を最も合理的

に選択するとすれば、特定時期の特定社会における特定言語スキルの拡大範囲を示すものということになろう。これこそが、「英語」を言語知識の蓄積レベルとして測定することにした理由である。より正確に言えば、我々はそれを見積もる上で、各国で記録されたTOEFLの平均スコアと、その国で実際にTOEFLを受験した人数との掛け算を行った[*4]。この言語知識の蓄積は、「知識獲得と人的資本の発展」や「貿易の流れの統合」など様々な経路を通じて経済開発に影響を及ぼす可能性がある。

11.5 実証研究の方法

　言語にかかわる何らかの変数（ここでは独立変数）と経済開発（従属変数）の間に関連性が存在するというのが妥当であると認めるなら、この関連を測定するには多くの制御変数を考慮に入れる必要がある。制御変数は言語**および**経済開発の両方と相関関係を示す可能性がある。もしこのような「第3の」要素が、例えば、1人当たりGDPと、我々の使用したTOEFL変数によって測定された英語力の蓄積と正の相関関係を示すなら、そして、もし我々がそれを実証研究における記述に盛り込めないのであれば、英語力と1人当たりGDPの正の相関関係がみられたとしても完全な誤謬となる。より深刻なことに、我々が解こうとしている問題についていえば、そこで生じる相関関係は、言語の経済開発に対する因果効果とはみなしえないということになる。そのような制御変数を適切かつ完全に特定することはとても難しいが、それとはまったく別の問題として、そもそも対応するデータが入手できないということも大いにありうる。

　この問題はAcemoglu *et al.* (2001) による有名な論文における経済開発の実証に関する研究により知られるようになったが、それを回避するための我々の戦略は、操作変数を用いたアプローチ〔操作変数法／IV法〕である。直観的に言えば、この着想は、目下の問題に適用される場合、経済開発に関する我々の測定には直接影響を及ぼさないが言語には影響を及ぼすもう1つの変数（操作変数として知られる）を用いて、言語変数における外生的な変化を説明するためのものである。したがって、操作変数は我々の言語変数に影響を及ぼすがゆえに、それが経済開発に影響を及ぼすのであれば、操作変数と経済開発の間の相関は、経済開発が言語変数の影響を**受ける**ということの証拠となる。

　実際には、手続きは次のようになる——(1) 通常、最小二乗法 (OLS)

による回帰分析を通じて、操作変数が、我々の言語変数（例えば、英語力の蓄積）に影響を**及ぼす**と立証する、(2) 操作変数が我々の開発変数に影響を及ぼす合理性はないとする（もし可能なら）説得力のある立論を行う、(3) 元の言語変数に代わる新たな言語変数を設ける。より正確には、操作変数により**予想される**英語力を推定する。このように言うのは、定義上、この推定は1人当たり GDP にも影響を及ぼすものからもたらされるものではありえないからである、(4) この新たな言語変数により1人当たり GDP を回帰分析する、(5) 結果として推定される係数を、1人当たり GDP に対する英語力の因果効果を示すものとして解釈する*5。

この点についての説明過剰を承知で言えば、相関関係は因果関係と同じものではない。民族言語的な多様性と1人当たり GDP の間に強い（正であれ負であれ）相関関係が見いだされるとしても、このことはある変数から別の変数への因果関係の流れが存在することを必ずしも意味しない。上で概述した統計的手続きは、因果関係から相関関係を解放し、民族言語的な多様性から1人当たり GDP への一定方向の因果関係の流れの規模を推定することを狙いとしている。

成長回帰分析における RHS 変数〔独立変数〕に操作変数を見出すことは、だれにでもできる作業となっており、科学というより要領の問題である。世界銀行の世界開発指標や国際通貨基金（IMF）の国際金融統計など、大半の経済学のデータセットには見出されない変数を設けるという問題でもある。最も重要なことは、1人当たり GDP の回帰分析における LHS 変数〔従属変数〕に対する操作変数の直接的な影響の欠如は、統計的には決定的な問題とならないため、外生性の仮定（つまり、1人当たり GDP が操作変数に左右されることは**ない**）が合理的に設けられる理由について妥当な説明がなされることが不可欠である。

経済成長に対する英語の影響という文脈において、前掲の Acemoglu et al. (2001)（以下、AJR）は比較に便利な指標を、いくつかの操作変数候補とともに提供している。この研究のなかで、AJR は1995年の1人当たり GDP の対数における「経済的諸制度」（「財産没収リスクに対する保障」の測定により量化している）の因果効果の推定に関心を示している。彼らの主たる操作変数は、植民地時代（標本としている国々は敢えて言えば旧植民地である）における「白人移住者の死亡率」、「1900年の当該国におけるヨーロッパからの移住者の比率」、1900年の当該国の「民主化指数」、そしてやはり「1900年における行政権力の抑制度」の測定によって提示されている。こ

れらの変数は経済成長の実証研究において基本的なものとなっており、その設定についての詳細は AJR を参照されたい。

　AJR の主張は、これらの変数が制度に影響を及ぼしているものの、1995年の 1 人当たり GDP には直接的な影響がないというものである。例えば、1900 年のヨーロッパからの移住者数は、当該国が 19 世紀の曲がり角において新式のヨーロッパ型の経済ガバナンスを採用したか否かに重大な影響を持つといえる。また、「財産没収リスクに対する保障」から測定されるように、今日の「経済的諸制度」に影響を及ぼすといえる。同様に、「移住者の死亡率」は、植民地時代にきわめて高い場合、「収奪的な」諸制度が初期において敷かれたとみなされ、そこでは宗主国が制度構築に投資をせずに植民地を搾取していたことになる[*6]。彼らの主張では、このことが現在の貧弱な制度をもたらした一方、「白人移住者の死亡率」は、当該国の当時の疫学的な抵抗力を示すものではなく、今日の 1 人当たり GDP に**直接的な**影響はないはずだというものである[*7]。本章で使用した各種変数の要約統計は表 11.1 の通りであり、以下、必要に応じて参照する。

表 11.1　54 カ国の標本による記述統計

	平均値	標準偏差	最小値	最大値
1 人当たり GDP の対数	7.971	1.001	6.110	10.220
アフリカ（ダミー）	0.472	0.503	0	1
アジア（ダミー）	0.145	0.355	0	1
赤道からの距離	0.175	0.132	0	0.670
民族言語の分裂	0.444	0.314	0	0.890
英語力（TOEFL 換算）の対数	9.413	1.653	5.910	12.854
財産没収リスクに対する保障	6.421	1.469	3.500	10.000
移住者の死亡率	4.775	1.226	2.150	7.990
行政権力の抑制度	2.218	2.087	1	7
民主化指数	1.582	2.871	0	10
1900 年における白人移住者の割合	15.43	24.740	0.000	99.000

〔訳注〕（1）記述統計＝収集したデータの平均や分散、標準偏差などを計算して分布を明らかにし、データの示す傾向や性質を把握する統計手法
　　　　（2）ダミー変数＝数量化できない要因を計量経済モデルに取り入れるための変数

11.6 実証的データに基づく結果——第1の関門

表11.2の列1は「第一段階の誘導形」を示している。この列では、我々の提案している英語の変数が、2つの標準的な制御変数(「民族言語の分裂」[*8]と「赤道からの地理的距離」)およびAJRの「〔植民地への〕移住者の死亡率」で回帰分析していることが分かる。

表11.2 計量経済学に基づく結果（カッコ内は標準誤差）

	1	2	3	4
従属変数	英語力（TOEFL換算）の対数	AJR基準の結果	1人当たりGDPの対数（1995年度）	1人当たりGDPの対数（1995年度）
推定方法	最小二乗法	操作変数法	操作変数法	最小二乗法
切片（intercept）	12.127（1.121）	3.767（0.822）	−1.088（2.203）	7.635（0.854）
アフリカ（ダミー）				−1.041（0.325）
アジア（ダミー）				−0.738（0.386）
赤道からの地理的距離	−2.423（1.867）	−0.694（0.767）	2.910（0.892）	1.749（0.886）
民族言語の分裂	−0.325（0.810）	−1.069（0.273）	−0.405（0.410）	−0.181（0.486）
英語力（TOEFL換算）			0.927（0.217）	0.075（0.083）
財産没収リスクに対する保障		0.747（0.132）		
移住者の死亡率	−0.449（0.207）			
行政権力の抑制度（1990年）				
民主化指数（1900年）				
財産没収リスクに対する保障の外生性検定（p値）		0.014		
英語力（TOEFL換算）の外生性検定（p値）			0.000	
決定係数（R2）	0.109			0.439
サンプルサイズ（N）	54	54	54	54

〔訳注〕(1) intercept＝独立変数が0である場合、従属変数の値を求める時に使用する切片
(2) p値＝帰無仮説が正しいと仮定したときに、観測されたデータで見いだされた以上の関連の強さが生じる確率。観測されたデータの関連の、統計学的信頼性を示す。一般にこの値が5%未満（p<0.05）の場合、「統計学的有意差がある」
(3) R2＝独立変数が従属変数をどの程度説明できるかに関する値（寄与率）

我々のデータは、AJRと同じである。しかし、AJRのデータに入っている旧植民地数カ国のTOEFL受験者に関するデータが不足しているため、サンプルのサイズはわずかに小さい。予測できることではあるが、移住者の死亡率が高いほど、英語力（TOEFLによる測定）は低くなる。そして、この結果は統計的信頼性についての伝統的な水準でいえば、高度に有意〔5%・1%・0.1%〕である*9。おそらく、この結果が得られた過程は、移住者の高い死亡率が経済制度の低いレベルを導いた過程と似通っているのであろう。収奪型の植民地は、地元住民のためになる学校制度が欠けていて、植民地政府の行政部門における昇進の機会が少ないと考えられるかもしれない。そして、こうした諸々の事情から、英語をマスターすることによる経済的見返りが極めて小さくなってしまう。

　以上のことは、フランス語圏のギニア・コナクリ〔旧フランス領ギニア〕とセネガルを比較することによって容易に理解できるであろう。前者では移住者の死亡率が極めて高く、現地住民に対する学校教育は基本的に存在していなかった。それに対し後者は、〔移住者と現地住民との間に〕差別が蔓延していたが、現地住民は最終的に植民地政府あるいは旧宗主国政府の行政部門のなかで昇進の機会をつかみとった。最も著名な例として、レオポール・セダール・サンゴール〔セネガル共和国初代大統領でフランス語詩人〕を挙げることができよう。

　これに対応する構造方程式（structural equation）は、表11.2の列3で読み取ることができる。この方程式に即して我々は（AJRと同様に）、1995年の1人当たりGDPを、「英語力（TOEFL換算）」の外生的な側面（すなわち、操作変数で説明できるTOEFL得点能力）の利用により、以下に説明したい。なぜこのような説明が必要かを探ると、計量経済学の「内生性」という専門用語にたどり着く。その概念を具体的に述べると、「1人当たりGDPが大きいのはTOEFLの得点が高いからなのか」、あるいは「TOEFLの得点が高いのはGDPが大きいからなのか」ということになる。このゴルディオンの結び目〔難問〕を解き、相関関係と因果関係の区別をつけるために、本章全体を通して可能な限り論じてみたい。基本的な手順は前述の説明にあるとおりである*10。

　推定された回帰係数（表11.2の列3）から分かるように、「英語力（TOEFL換算）」における1%の増加は、1人当たりGDPの0.927%増につながる。このことは、英語の技能が所得に対して正の相関を持つと考えてもよいことになるであろう。こうした推定値はパーセンテージとして把握すること

ができる。なぜならば、TOEFLの得点も従属変数〔GDP値〕もともに、対数で観測値が出されているからである。そのため、結果として算出される係数は、相対的変化の割合（経済分析においては「弾力性」という用語が用いられる）と解釈することができる*11・12。

　〔表11.2の列2と〕比較してみると、列3のほうは、AJRが「経済的諸制度」の測定による標準値を推定することによって得た結果を報告している。所得とは違って、「財産没収リスクに対する保障」の差と「英語力（TOEFL換算）」の差を比較する明白な測定規準がまったくないとするならば、両者がそれぞれ1人当たりの所得にどの程度関与しているかについて、数値化する方法を探す必要があろう。最善の解決策は、相対的な関係を考えることである。正規分布に従って分布する変数を考えた場合、全データの観測値の95％は平均値から標準偏差の2倍の範囲内にある。諸制度や言語能力が所得に及ぼす影響を数値化するために、両変数のそれぞれが標準偏差分だけ変化した場合を検討してみたい。「財産没収リスクに対する保障」の変数（表11.1の記述統計では1.469）が標準偏差分だけ変化すると、1人当たりGDPでは109％に変化したことになる（表には無記載）。それと比べて、「英語力（TOEFL換算）」が標準偏差分（1.653）変化すると、1人当たりGDPでは153％に変化する。このような結果から暫定的な結論を導き出すことができるかもしれない。すなわち、今日の世界で、だれが裕福で誰が貧しいかを決める際、英語能力は経済の諸制度と同程度に重要であり、量的分析によると、まさに諸制度よりも重要だということである。

　経済の成長や発展を説明しようとして、TOEFLの変数で測定された英語の能力が経済の諸制度と同程度に重要であると宣言する前に、前述の結果を、いくつかの基本的なロバスト検定にかけておくのが賢明である。

　簡略化のため、ここでは詳細を論ぜず、単に関連する検定の概要を記しておくに留めたい。まず、地理に関する制御変数をいくつか付け加えてみる。そうすることによって、結果には実質的な変化が現れる。とりわけ、「英語力（TOEFL換算）」は、もはや1人当たりのGDPに顕著な影響力を持たなくなる。さらに、このような統計的有意性の欠如は、操作変数法に頼らず、標準的な最小二乗法を使うことによって証明できるのである。

　そこで、最小二乗法による懸案の結果を表11.2の列4に記しておく。さらに検討することによって、「英語力（TOEFL換算）」が1人当たりGDPに及ぼす効果はないということが確かめられている。ただし、アフリカやアフリカ以外のサブサンプルに関わる相関関係を別個に推定したが、その

検討内容は表 11.2 に記載していない。

しかし、さらに歩を進めて研究を続け、「(社会の) 言語的・文化的特徴を表す変数は、一般的に外生的である」とする想定の真偽を検討することにしよう。

11.7　言語の分裂を外生的と見なしてよいか
　　　——第 2 の関門

　我々の提案している英語力測定値が、1 人当たりの所得に関する AJR タイプの回帰分析において「外生的であると見なすことは賢明でない」と少なくとも第一段階で認めたとしても、次に第二の疑問が、ほぼ確実に頭をもたげる。つまり、「民族言語の分裂は 1 人当たり所得との関連で外生的である」と想定するのは、理にかなっているかという疑問である。なぜなら、経済成長に関する文献のなかでは実測値を掲載することがよくあるのだが、我々の詳細な実証データによると、民族言語分裂の測定年が 1960 年である一方、1 人当たりの所得の方は 1995 年になっているからである。長い時間の経過とともに、1 人当たり GDP を押し下げると同時に、民族言語分裂の割合を押し上げるのに貢献してきたであろう実測不能の因子はなかったのであろうか。そのような因子は今までのところ、我々の構造方程式のなかで十分には分析されてこなかった。民族言語分裂の外生性について、諸制度の外生性についてと同程度の統計的不可知論を主張するのであれば〔つまり、外生性についての真偽は定かでないという立場をとるのであれば〕、(奇妙なことに、先行研究は「不可知論をとるべきでない」のほうを選んでいるのだが) 我々の答えは断固として「不可知論をとるべき」である。

　それゆえ表 11.3 で、我々は AJR や後続の研究結果だけでなく、我々自身の行った初期の結果も再考し、仮説のいくつかについて条件を緩和している。まず、「経済的諸制度」(AJR の「財産没収リスクに対する保障」)、「英語力 (TOEFL 換算)」、「民族言語の分裂」という 3 つを全てまとめて変数に入れるべきと考える。そして、AJR の提案した多くの変数を考慮に入れた場合、上記 3 つの変数それぞれを内生的な独立変数として認めるべきである。つまり、こうした変数の実測値の代わりに、変数の使用により得られるだろう予測値を使うということである。その後は、データそのものに語らせればよいのである。そうすれば、1995 年の 1 人当たり GDP との関連で、どの変数が統計的な根拠から外生的であると見なしてよいかが分かってく

るであろう（もちろん、AJR の変数に妥当性があるという仮定に基づいてであるが）。

3 つの「第一段階の誘導形」（すなわち、「英語力（TOEFL 換算）」、「財産没収リスクに対する保障」、そして「民族言語の分裂」）の結果が表 11.3 の列 5・6・7 に提示されている。「民族言語の分裂」の相関関係（列 7）に焦点を当てると、1900 年におけるヨーロッパからの移住者の割合が、1960 年における「民族言語の分裂」の大きさと関連していることが分かる。この相関関係を引き起こした因果関係の詳細な過程は多数あろうが、現地住民がヨーロッパからの移住者に追いやられたことと、植民地の"平和"を維持するため分断統治の政策が導入されたことを候補として挙げることができよう。あるいは、入植当初、分裂という状況がそれほど広がっていなかった時には、〔植民者の〕移住はもっと困難なものであった。なぜなら、ヨーロッパからの移住者たちは、"従順でない"現地住民の抵抗に遭ったからである。

その次に出てくる構造方程式は、表 11.3 の列 9 に提示されている。そこでは、「民族言語の分裂」、「財産没収リスクに対する保障」、「英語力（TOEFL 換算）」が全て内生的とされている。結果のなかには極めて目を引くものがいくつかある。第 1 に、「民族言語の分裂」と関連する係数が有意でなくとも正である点。第 2 に、「大陸」もダミー変数とした前述の結果に見られるように、「英語力（TOEFL 換算）」は 1 人当たりの GDP に対して統計的に有意差を持つ決定因子にはならない点。第 3 に、「財産没収リスクに対する保障」によって測定される「経済的諸制度」は、たとえ、「民族言語の分裂」と「英語力（TOEFL 換算）」という変数が内生的とされているとはいえ、1 人当たり GDP に影響を及ぼす非常に有意な決定因子である点。第 4 に、潜在的に内生性を有する上記 3 つの独立変数が外生的であるという帰無仮説（null hypothesis）を検定すると、列 9 の最後から 2 番目の行にある p 値〔有意水準〕(0.088) から分かるように、「民族言語の分裂」だけが棄却される点。換言すれば、統計学上、次のように考えることもできるであろう。すなわち、「民族言語多様性」は内生的であり、「財産没収リスクに対する保障」と「英語能力（TOEFL 換算）」は外生的である（注 10 を参照）。

この最後の結果は極めて重要であって、今までの研究が不当なほど性急に「民族言語の分裂」に潜む内生性を無視する一方で、「経済的諸制度」の内生性証明に全ての精力を傾けてきたのかもしれないことが示唆されている。要するに、「民族言語の分裂」は、（それに伴うさまざまな言語的側面とともに）、恐らく長い間、経済が順調に行かないことの元凶であると非難されてきたのである。それにもかかわらず、実際のところ、そのような相関

関係はまったく存在しないかもしれないし、経済成長が鈍い本当の原因は別のところにある*13・14。

　構造方程式にある「英語力（TOEFL 換算）」に統計的有意性がないことから、後続の構造方程式には入れていない。さらに、「民族言語の分裂」の内生性が確認されて、「財産没収リスクに対する保障」によって測定される「経済的諸制度」の外生性が排除されないとするなら、「財産没収リスクに対する保障」は外生的であると見なしてよいことになる。最後に、「民族言語の分裂」だけが、構造方程式のなかで外生性を拒否される変数であるならば、以下の詳細な論議のなかで、その内生性の確認を続けて行いたい。

　この仮説は、表 11.3 の列 10 にある民族言語分裂の「第一段階の誘導形」につながっている。この表には、上述の外生性検定で外生性を確認されるという想定の下、「財産没収リスクに対する保障」の変数が含まれている。AJR の提案による一連の変数を使った実験によって、構造方程式の仕様書ともいうべきものが生み出されたのであるが、「ヨーロッパからの移住者の 1900 年における比率」と「1900 年における行政権力の抑制度」という変数は除外されている。実は、この 2 つは 1960 年における「民族言語の分裂」に著しい影響を与えている。この「第一段階の分裂形」（民族言語の分裂が両変数の影響を受けている実態が分かる）の援用により、表 11.3 列 11 の構造方程式は以下の結果を報告していることになる。つまり、「民族言語の分裂」は、1995 年度における 1 人当たり GDP の対数に統計的有意差のある正の相関を持っている点である*15。

11.8　AJR で使用された標本の再検討

　我々の研究結果は、「民族言語の分裂」が経済成長にもたらす影響についての伝統的な考え方を覆すものである。しかし、1 つ懸念が出てくるとしたら、対象とした標本数が AJR と比較してわずかに少ない点である。その理由は、我々のデータには「英語力（TOEFL 換算）」の変数のデータがいくつか欠けているために、4 つの実測値（標準的な AJR における第 4 水準の結果）が入っていないためである。計量経済学的実証に基づいて、我々が「英語力（TOEFL 換算）」を実証データの項目から除外するならば、上記 4 つのデータも将来の調査において入れることができよう。簡略化のため、この分析に関連する副次的な（一連の）結果のみを以下に報告しておきたい。

　表 11.3 の列 12 は、「民族言語の分裂」に関する「第一段階の誘導形」

表 11.3 計量経済学に基づく結果（カッコ内は標準誤差）

従属変数	5 英語力	6 財産没収	7 民族言語	8 GDP （1995年）
推定方法	OLS	OLS	OLS	OLS
切片（intercept）	8.929 (0.622)	4.825 (0.560)	0.341 (0.103)	6.282 (0.629)
アフリカ（ダミー）	−0.874 (0.547)	0.750 (0.493)	0.518 (0.090)	−0.704 (0.233)
アジア（ダミー）	2.267 (0.684)	2.122 (0.616)	0.289 (0.113)	−0.616 (0.271)
赤道からの距離	−0.124 (1.718)	−0.804 (1.547)	−0.945 (0.285)	0.190 (0.659)
民族言語の分裂				−0.518 (0.344)
英語力（TOEFL 換算）				−0.048 (0.061)
財産没収リスクに 対する保障				0.430 (0.060)
ヨーロッパからの移住者 の割合（1990年）	−0.000 (0.014)	0.042 (0.013)	0.005 (0.002)	
行政権力の抑制度 （1990年）	0.522 (0.248)	0.247 (0.248)	−0.065 (0.223)	(0.041)
民主化指数 （1990年）	−0.355 (0.196)	−0.084 (0.177)	0.027 (0.032)	
財産没収リスクに対する 保障の外生性検定（p値）				0.903
英語力（TOEFL 換算） の外生性検定（p値）				0.756
民族言語の分裂 の外生性検定（p値）				0.088
決定係数（R2）	0.451	0.437	0.581	0.729
サンプルサイズ（N）	54	54	54	54

〔訳注〕（1）OLS＝最小二乗法
　　　　（2）IV＝操作変数法

9	10	11	12	13
GDP (1995年)	民族言語	GDP (1995年)	民族言語	GDP (1995年)
IV	OLS	IV	OLS	IV
4.237	0.234	5.495	0.239	5.494
(3.115)	(0.158)	(0.400)	(0.150)	(0.374)
−1.597	0.521	−1.682	0.535	−1.682
(0.529)	(0.092)	(0.425)	(0.079)	(0.419)
−1.392	0.267	−1.135	0.297	−1.113
(0.941)	(0.126)	(0.274)	(0.111)	(0.269)
1.824	−0.911	1.800	−0.905	1.829
(1.541)	(0.286)	(0.827)	(0.270)	(0.776)
1.943		1.844		1.906
(1.579)		(0.916)		(0.886)
0.103				
(0.328)				
0.394	0.012	0.358	0.007	0.351
(0.141)	(0.026)	(0.057)	(0.024)	(0.055)
	0.005		0.005	
	(0.002)		(0.002)	
	−0.036		−0.032	
	(0.019)			(0.017)
	0.008		0.005	
	0.576		0.596	
54	54	54	58	58

を提示している。そこでは、AJR の操作変数(「ヨーロッパからの移住者の比率」と「行政権力の抑制度」)だけが統計的に有意性のある変数として提示されている。両者は 1960 年時点での「民族言語の分裂」において、(わずかながら)有意差を示す決定因子である。列 13 には、それに対応する構造方程式が提示されている。その方程式によると、「民族言語の分裂」は内生的であるとされていて、「財産没収リスクに対する保障」は外生的になっている。前述の結果と同じように、「財産没収リスクに対する保障」が 1 人当たり GDP の対数に及ぼす影響は正であり、統計的に有意である。同様のことが、「民族言語の分裂」の変数についても当てはまる。量的分析および前述の統計値を使った場合、「財産没収リスクに対する保障」が標準偏差分だけ変化すると (1.491 になり、以前に行った 54 強の実測データよりわずかに大きい)、1 人当たり GDP において 52% 増となる。それとは対照的に、「民族言語の分裂」が標準偏差分だけ変化すると、1 人当たり GDP で 59% 増となる。このような数値は、表 11.3 の列 13 にある標準偏差に回帰係数をかけることによって得られる。例えば、1.491 × 0.351=0.5 のようになる。それゆえ、「民族言語の分裂」の 1 人当たり GDP に対する量的影響は、「経済的諸制度」とほぼ同じになる。さらに、従来の考え方とは対照的に、我々は、その両者が 1 人当たりの所得を同じ方向に導くような計量経済学に基づく例を提示したのである。

11.9　経済成長への鍵としての言語多様性

　「民族言語の分裂」が内生的なものであるとして、1 人当たり GDP に及ぼす正の影響という観点からすると、我々の研究成果は統計学的に頑健であるとともに、まったく外生的な要素がないにもかかわらず、変数それ自体の妥当性に疑わしい点があるからである。なぜなら、経済成長に関する多くの実証研究文献で使われている民族言語の変数は、1950 年代後半にソビエトの地理学者が考案したもので、疑わしい想定がいくつか入っている。この点に関心がある読者は、例えば Fearon (2003) で詳細を参照されたい。

　さて、我々の目的は「民族言語の分裂」に関する様々な測定法〔統計的分析手法〕を競い合わせることではない。それにもかかわらず、我々の主たる研究成果が、異なった測定法を使用する場合でも、あるいは、「分裂」や「多言語使用」の定義の如何に関係なく、有効であるかどうかを確認し

ておくことは価値あることであろう。もちろん我々が得た結果というのは「民族言語の分裂」に関するものであり、その内生性が適切に認められた以上、1人当たり GDP の対数に対して正の影響を持つというものである。

　この課題に関する現在の研究進展状況、そして、分裂の民族的側面を考慮せず言語的側面にのみ特化してきた傾向を考慮すると、最も自然に候補に上ってくるのは、Desmet *et al.*（2009）（以下、DOW）が最近提唱した分裂の測定法である。この方法は、言語系統樹の考え方に基づいて考案されたもので、言語集合〔および分裂〕の様々な度合いを基準値として提示している。

　その成果のなかには論ずべき価値のある点がいくつかある。第1に、言語集合の最も低いレベル（ELF 1：DOW の用語）を例外にした場合、言語分裂の外生性は常に排除されているとする点。第2に、ELF 3 から ELF 6 までを例外にして、AJR の変数は常にわずかな一致を示すとする点。つまり、AJR の変数は、「民族言語の分裂」の標準的な測定基準値に対してと同様に、言語分裂の変数においても外生的と見られる変化を引き起こすとする点。第3に、この2つの条件を満たす場合に限り、つまり、ELF 10 以上について、分裂に関する DOW の変数は、1人当たり GDP の対数に対して、統計学的に有意差のある正の相関を持つと考えられるとする点である。DOW の ELF 変数で集合の度合いが大きくなればなるほど、標準的な基準値と相関関係が高くなるのである（もっとも相関は決して1にはならないが）。

　要するに、（言語の分裂度を測る6つの基準値を対象にした）ELF 10 以上にとって、この研究結果は「民族言語の分裂」に関する標準的測定法を使用した場合とほぼ同じである。少なくとも、そして、この変数が1人当たりの所得との関わりで外生的に決められるかどうかという観点からして、我々の研究結果から言えることは、そろそろ立証責任を免除されてもよい頃だということだ。つまり、「言語多様性は経済に害を与える」という考え方を無批判に受け入れ、多様性支持者にこの考え方の間違いを証明させようとする遠回りをしなくてもよいということである。「言語多様性は論理的に言って経済発展の手助けになる」と考えてよい確かな根拠があるからだ。単一言語主義の信奉者が「均一のほうがよい」という明確な証拠を提示するなら、そうさせておけばよいのである。

11.10　結びにかえて

　本章で提示した計量経済学のデータから以下の2点が明らかになったの

ではあるまいか。

　1つは、多くの人々が英語のような優勢言語の能力を身につけても、高度なレベルの経済発展（1人当たりのGDP換算）に結びつくわけではないということである。英語能力を無から生じる外生的な変数と見なさず、他の変数（例えば所得そのもの）と共に変動する社会的特性をもったものとして扱うならば、その能力が経済的な成果と直結するなどということは考えられなくなる。しかし、英語の能力を「民族言語の分裂」との絡みで扱う場合、統計学的に言うと、英語は外生的な言語と考えられるが、所得に対して顕著な影響を及ぼすことはなくなってしまう。要するに、英語は経済発展・経済成長という観点からすると、「特殊な」言語ではないのだ。

　もう1つは、本章で検討してきた民族言語の「分裂」に対する見方についてである。このレッテルは先行研究において否定的な意味合いで使われることがごく一般的になっていて、経済の不調は言語の分裂が災いしたものだとして非難されることもよくある。「分裂」は外生的であるとみなされるのが普通である。しかし、「分裂」を内生的な変数と見なし、英語能力について本章で論じてきた方法でこの問題を扱えば、民族言語多様性によって、1人当たりの所得レベルが下がるのではなく上がることに気づくはずである。このような結果は、従来の考え方を根底から覆すことになる。そして、「分裂」という言葉は、あらゆる点で、もっと肯定的な響きをもつ「(社会の)多言語使用」という用語と取り替えたほうがよいであろう。

　国際的なリンガフランカ（それが英語であろうと他の言語であろうと）に取って代わることのできる言語は何であろうか。それは大体の場合、世界における第一言語話者数が比較的に少ない現地語である。そのような言語の場合、初等教育から高等教育に至るまで教科書などの印刷物が極めて限られているにもかかわらず、操作変数法に基づいて我々が得た最新のデータによると、民族的／言語的な「分裂」が、実際には、1人当たりの所得を増やしているのである。つまり、「分裂」とはいっても、地元の言語が多くの人々に使用されているという「肯定的な」状況の反映なのである。ちなみに、このデータは旧植民地の標本から採ったものであるが、このような国々は過去10年にわたって、経済成長に関する先行研究の対象となり、詳細な調査が実施されてきた場所である。

　そのような教材等の不足が適切な投資によって解消され、「(フィッシュマンとファーガソンの提唱する)領域の拡張」につながり、現地語が優勢言語と同じ程度に知識を獲得するための手段になることができたならば、言語の

分裂が肯定的な影響を及ぼし、1人当たりの所得をさらに増大していくであろう。このシナリオは、Dutcher（1997）や Heugh（2006）の研究成果によって実証されている。両研究によると、途上国で現地語を教育言語として使用すると、退学率や留年率を下げる効果があり、人的資本の総量を増やすことにつながる。そして、人的資本は長い目で見ると、経済発展の要因の1つとして定着することになるのだ。「言語の分裂（言語多様性）が1人当たりの所得を増やす」という確かな因果関係を特定することはできていないが、開発過程に及ぼす言語の影響は多分、長い年月にわたって、深刻と言えるほど誤解されてきた。この事実を我々の実証研究による成果が示唆しているのである。

注

*1 応用言語学における数多くの先行文献が経済学的文脈におけるコミュニケーション実践に関する詳細な観察事例を扱っており、それらは大胆に、そのような実践事例を、経済における良好な成果を収める上で貢献するものと解釈している。しかしながら、それらの研究は、そのような経済的な成果があるとすればいかなるものか、因果関係が生じるとすればなぜなのかについては言及しておらず、また、いうまでもなく、その規模の測定を行っていない。我々の見解では、そのような関連性がいかにして展開するかについて子細な解釈を試みるよりも、まずその関連性の存在を確認する方が確実である。そのため、我々は、批判的社会言語学（例えば Heller 2007）や、「エスノメソドロジーに示唆を得た会話分析」（Mondada 2007）のような現場の言語に関する相互作用論（例えば、Lüdi & Theme 2002）に関する先行研究をひとまず脇に置くことにする。経済活動における多言語使用の実践に対する応用言語学的アプローチに関する論説として、Grin et al.（2010）第2章が挙げられる。

*2 Greenberg によって 1956 年に提示された多様性指標は、先行文献においてしばしば A-index と呼ばれており、1 から Herfindahl index を引いたものである。ある集合のなかの諸々のグループ（$j=1,...,n$）は、その集合のシェア x を割り当てられる。ここでこれらのシェアの総計は1であるため、

$A = 1 - \sum_{j=1}^{n}(x_j)^2$ となる。Lian and Oneal（1997）は $\left(\sum_{j=1}^{n} p_j^2 - p_k^2\right) \times \left(\sum_{j=1}^{n} p_j^2\right)^{-2}$ で

定義されるより複雑な多様性指標を用いている。ここで p_j は j 番目のグループの比率となり、記号は、その国家における最大の民族的、言語的、あるいは宗教的グループの比率となる。

*3 資本の所有者と労働の供給者の間の言語の違いがもたらす経済学的示唆についての簡潔な分析は、Lang（1996）参照。

*4 本論文では、利用した従属変数の年（1995年の1人当たり GDP の対数）に適合すべく、TOEFL のスコアと受験者 TOEFL Test and Score Manual Supplement（1994-1995）第1版を測定に用いている。

*5 このことを理解する別の方法は、適切な操作変数を用いれば、言語変数が各国でランダムに割り当てられるランダム化比較試験と同様の結果をもたらすということである。そのように、外生的に決定される言語変数の割当と経済開発に関する我々の測定方法との間のいかなる相関であれ、経済開発に対する英語力の因果関係として説明可能である。

*6 同様の議論は Mufwene（2001）によって提起されており、「移住植民地」と「搾取植民地」とを対照している。

* 7　このため AJR は、植民地時代の先住民の死亡率推計ではなく移住者死亡率を利用している。先住民の死亡率推計を用いると、言うまでもなく、各種病原菌に対して現地の人々が持つ耐性が関係し、また当然、各種感染症に対するその時点での耐性に代わる数値とみなされる恐れがある。
* 8　これは「民族言語の分裂」の標準的な測定法であり、Mauro (1995) が提唱したのち、Easterly and Levine (1997) などが使用して、次第に一般的になったものである。本章では、この測定法に則して実証的な分析を試みる。
* 9　推定係数を標準誤差で割った商が 2 または 2 以上のとき、その係数は 5% の水準で統計的に有意性があると見なされる。
* 10　それにもかかわらず、ここで手順を再確認しておきたい。まず、表 11.2 の列 1 に提示されている「第一段階の誘導形」を使って、TOEFL 能力を予測する。次に、こうして推定された係数と欄 1 にある内生的な変数の値を使うことにより、それぞれの国における「英語力 (TOEFL 換算)」の予測値を算出することができる。さらに、TOEFL の生の得点を使う代わりに、それぞれの予測値を独立変数として使い、1 人当たり GDP (表 11.2 の列 3) の対数を推定する。そうすることによって、TOEFL 能力の予測値と関わる推定係数は、1 人当たり GDP との因果関係を反映することになり、逆の方向 (すなわち、1 人当たり GDP から TOEFL 能力への方向) に流れる因果関係を反映することがなくなる。
* 11　さらに、TOEFL 能力変数の外生性に関する帰無仮説の検定で出てくる p 値は極めて小さい。統計上、ある検定の p 値は、帰無仮説を誤って棄却する確率に相当する。この場合、その仮説とは、TOEFL 能力が外生的であるというものである。それゆえ、p 値が小さくなればなるほど、帰無仮説の棄却される確率は大きくなる。分かりやすく言えば、1 人当たり GDP に影響を与える変数に TOEFL 能力が無関係であるとは言い難いことから、我々は TOEFL 能力を内生的と見なさなくてはならないということである。そのように考えれば、操作変数法の正しさも証明できることになる。
* 12　この検定の根底にある考え方は以下のとおりである。注 (2) にある方程式の残差〔理論値−実測値〕は、1 人当たり GDP の推定における付加的な独立変数として扱われている。もし、この条件に関わる回帰係数が、(非常に小さい p 値から分かるように) 統計的に有意であるものならば、我々の提唱した英語変数が外生的であるはずはないと結論づけることができる。
* 13　主流の開発研究におけるエスニシティの取り扱いを批判している文献として、Arcand *et al.* (2000a, 2000b) を参照。この 2 本の論文は、「分裂」というよりむしろ「一極集中」が成長を阻害していると論じている。この考え方は最近出版された論文 Alesina and Zhuravskaya (2011) と方向性が一致していて、集団内の隔離政策〔つまり、特定のグループのみを優遇する政策〕が、ガバナンスの質に負の相関を持っていると明言している。
* 14　比較のため、表 11.3 の列 8 を参照のこと。ここには、最小二乗法による同一の方程式〔推定値〕が記されているが、3 つの重要な変数はどれも内生的であるとされていない。列 9 の結果とは対照的に我々が得たのは、「民族言語の分裂」が 1 人当たり GDP に負の相関を持つという'標準的な'結果である。
* 15　この結果は、ある意味で、AJR の標準的な結果と完璧な対になっている。つまり、AJR で「財産没収リスクに対する保障」が内生的であり、1 人当たり GDP に対して統計的に有意差のある正の相関を持っているのとは逆に、「民族言語の分裂」は統計的に有意差のある負の相関を持っているからである。我々の定式化のほうが統計的な根拠からみて優れていることを想起していただきたい。なぜならば、両方の独立変数が内生的であるとすれば、外生性に関する帰無仮説は「民族言語の分裂」に対して棄却されたとはいえ、「財産没収リスクに対する保障」に対しては〔棄却されず〕採択されたからだ。

引用文献

Abou, S and Haddad, K. (eds) (1997) *La diversité linguistique et culturelle et les enjeux du*

développement (coll. L'Actualité scientifique). Montréal: AUPELF-UREF and Beirut, Université Saint-Joseph.
Acemoglu, D., Johnson, S and Robinson, J. (2001) The colonial origins of comparative development: An empirical investigation. *American Economic Review* 91 (5), 1369-1401.
Akerlof, G and Kranton, R. (2000) Economics and identity. *Quarterly Journal of Economics* CVX (3), 715-753.
Alesina, A and LaFerrara, E. (2005) Ethnic diversity and economic performance.*Journal of Economic Literature* 43 (3), 762-800.
Alesina, A and LaFerrara E. (2011) Segregation and the quality of government in a cross section of countries. *American Economic Review* 101, 1872-1911.
Arcand, J-L. (1996) Development economics and language: The earnest search for a mirage? *International Journal of the Sociology of Language* 121, 119-157.
Arcand, J-L., Guillaumont, P and Guillaumont-Jeanneney, S. (2000a) How to make a tragedy: On the alleged effect of ethnicity on growth. *Journal of International Development* 12, 925-938.
Arcand, J-L., Guillaumont, P and Guillaumont-Jeanneney, S. (2000b) Ethnicity, communication and growth. *WPS* 2000-20. Oxford: University of Oxford.
Barro, R and McCleary, R. (2003) *Religion and Economic Growth*. NBER Working Paper No. 9682. Cambridge, MA: National Bureau of Economic Research.
Chaudenson, R and de Robillard, D. (1990) *Langues, économie et développement*. Aix-Marseilles: Institut d'études créoles et francophones, Université de Provence.
Desmet, K., Ortuño-Ortín, I. and S. Weber (2009) Linguistic diversity and redistribution. *Journal of the European Economic Association* 7, 1291-1318.
Dutcher, N. (1997) *The Use of First and Second Languages in Education: A Review of International Experience*. Pacific Islands Discussion Paper Series 1. Washington, DC: The World Bank.
Easterly, W and Levine, R. (1997) Africa's growth tragedy: Policies and ethnic divisions. *Quarterly Journal of Economics* 112, 1203-1250.
Fearon, J. (2003) Ethnic and cultural diversity by country. *Journal of Economic Growth* 8 (2), 195-222.
Grin, F. (ed.) (1996) Economic approaches to language and language planning. Theme issue of the *International Journal of the Sociology of Language* 121.
Grin, F. (2003) Economics and language planning. *Current Issues in Language Planning* 4 (1), 1-66.
Grin, F. (2010) Economics. In J. Fishman and O. García (eds) *Handbook of Language and Ethnic Identity* (pp. 70-88). Oxford: Oxford University Press.
Grin, F., Sfreddo C and Vaillancourt, V. (2010) *The Economics of the Multilingual Workplace*. New York: Routledge.
Heller, M. (ed.) (2007) *Bilingualism:A Social Approach*. Basingstoke: Palgrave Macmillan.
Heugh, K. (2006) Cost implications of the provision of mother tongue and strong bilingual models of education in Africa. In H. Alidou and A. Boly (eds) *Optimizing Learning and Education in Africa — the Language Factor. A Stock-taking Research on Mother Tongue and Bilingual Education in Sub-Saharan Africa* (pp. 138-156). Paris: Association for the Development of Education in Africa.
Ku, H and Zussman, A. (2010) Lingua franca: The role of English in international trade. *Journal of Economic Behavior and Organization* 75, 250-260.
Lamberton, D. (ed.) (2002) *The Economics of Language*. Cheltenham: Edward Elgar.
Lang, K. (1986) A language theory of discrimination. *Quarterly Journal of Economics* 101, 363-382.
Lian, B and Oneal, J.R. (1997) Cultural diversity and economic development: A cross national study of 98 countries, 1960-1985. *Economic Development and Cultural Change* 46 (1), 61-77.
Lüdi, G and Theme, A. (2002) *Die Bedeutung einer lingua franca für Europa.* Baslerschriften

zur europäischen Integration 60. Basel: Europainstitut der Universität Basel.

Mauro, P. (1995) Corruption and growth. *Quarterly Journal of Economics* CX (3), 681-712.

Mondada, L. (2007) Bilingualism and the analysis of talk at work: Code-switching as a resource for the organisation of action and interaction. In M. Heller (ed.) *Bilingualism: A Social Approach* (pp. 297-318). Basingstoke: Palgrave Macmillan.

Mufwene, S. (2001) *The Ecology of Language Evolution*. Cambridge: Cambridge University Press.

Nettle, D. (2000) Linguistic fragmentation and the wealth of nations: The Fishman-Pool hypothesis re-examined. *Economic Development and Cultural Change* 48, 335-348.

Noguer, M and Siscart, M. (2003) Language as a barrier to international trade? An empirical investigation. Unpublished mimeo.

Ostler, N. (2010) *The Last Lingua Franca. English until the Return of Babel*. London: Allen Lane.

Seargeant, P and Erling, E. (2011) The discourse of 'English as a language for international development': Policy assumptions and practical challenges. In H. Coleman (ed.) *Dreams and Realities: Developing Countries and the English Language* (pp. 255-274). London: British Council.

Vaillancourt, F. (1985) *Économie et langue*. Québec: Conseilde la langue française.

監訳者あとがき

　本書は、Elizabeth Erling and Philip Seargeant（eds.）*English and Development: Policy, pedagogy and globalization*（Multilingual Matters, 2013）の全訳である。

　原著は、開発援助という枠組みのなかで、貧困撲滅・識字率向上と英語教育を結びつけて論じているだけでなく、早期英語教育の推進、教育言語としての英語使用、英語カリキュラムや教授法の見直し、女子教育の改善、教育における格差拡大、文化的アイデンティティの崩壊、親の考えに影響を与える言語イデオロギー、科学論文発表における英語の絶対的優位、英語能力と経済発展の関係など多岐にわたるトピックについて論を展開している。理想的な「開発」とは、どのようなものであるべきか。また、それを実現するために、開発現場における英語使用や英語教育をどのように改善すべきか。このような問題意識をもってアフリカやアジアの開発途上国に焦点を合わせてはいるものの、日本の現状分析や将来展望にとっても有益なヒントを与えてくれる点が多々ある。

　この論文集の翻訳に踏み切った理由は、まさにそこにある。途上国における「英語と開発」の問題が、現在の日本で問題となっている事象と無関係ではないという点を読者に喚起したいからである。また著者たちのなかには、開発の現場における英語の教育や使用にクリティカルな（第三者的・客観的な）立場を貫いているものの、英語の絶対的優位性に付随する否定的側面から脱却できていない者がいる点を読者に確認していただくとともに、開発援助の名の下で行われている英語使用や英語教育の本質にも気づいていただきたいからなのだ。換言するならば、「シリーズ編者の序文」に引用された Tollefson（2000）の言葉（「英語は国家の経済的繁栄と個々人の経済的成功にとって不可欠であると広く考えられている。一方で、この言語の普及によって、重大な社会的・政治的・経済的不平等が生じていることも明らかである」本書 p.iii）を、読者の皆さまが自らに向けて発せられた警告として受け取っていただきたく、日本語への翻訳に踏み切った次第である。

　原著のタイトル（『英語と開発――政策、教授法、グローバリゼーション』）が示

すように、「開発」との絡みで英語使用あるいは英語教育の問題が扱われるのならば、アフリカやアジアの国々に関係することであって、日本には当てはまらないと考えられがちである。しかし、"グローバル人材"の育成と英語の習得がほぼ同一視されている昨今、「英語と開発」の間に潜む関係は、日本における状況と重なり合うところがある。

　支援受け入れ国のメンバーとともに事業を推進していく「参加型」の開発に舵が切られた1990年代の初め頃から、アフリカやアジア諸国における英語の役割、あるいは英語教育の在り方に対する見方や英語の教授法に大きな変化が起きている。これには、インターネットの普及による急速なグローバル化の進展とともに、「開発」や「貧困」の定義が変化したことも大きな要因になっている。この点について編著者が序章で強調していることを再確認しておきたい。つまり、「近年の開発事業は、グローバルな対話を促進したり、開発途上国がグローバルな経済システムに参入し、その一員になることを援助したりすることによって、貧困の解消を模索してきた。そして、このように開発論議の焦点が選択、気づき、参加などに移行したことによって、言語の役割、とりわけグローバルな共通語が俄に脚光を浴びるようになっている」（本書p.11）というのである。

　一方、日本にも英語使用や英語教育を取り巻く環境に大きな変化があった。その根底には、対外交渉に当たる公務員や民間企業の渉外担当者など少数の外国語熟達者のみでは、グローバル化した経済を乗り切れないという経済界の焦燥感がある。とりわけ注目すべきは、「グローバル人材すなわち英語話者」という短絡的な連想が当然視され、"英語を使うことができるグローバル人材"の育成が喧伝されると同時に、英語教育の見直しが声高に叫ばれていることである。その意味合いで、アフリカやアジアの国々とは位相が異なるとはいえ、日本にとって「英語と開発」の関係は、「100年以上も前に解決済み」であるとして見逃すことのできる問題ではない。

　途上国と日本の状況が重なり合う部分を以下に列挙してみることにする。

　（1）**教育言語としての英語使用**については、第1章・第3章・第5章の論議が参考になる。概して、旧宗主国の言語である英語を用いて教育している途上国においては、教育の質が上がらないにもかかわらず、英語が教育言語〔教科の授業で使われる言語〕として使用され続けている。このような国々と日本を同列に論じることはできないであろうが、「英語を教育言

語にすれば諸々の問題が解消しそうだ」と考える人たちに再考を促す論議であることは間違いない。第1章では、「教育の質と教育言語」の関係性を探るにあたって、近年、日本でも話題となっている CLIL〔内容言語統合型学習〕を取り上げている。第3章では、サハラ以南アフリカ諸国における早期英語教育、とりわけ教育言語としての英語使用の問題点が扱われている。第5章は、英語を教育言語や試験用語として使用することが、成績不良の原因になっていることを詳細な資料で裏付けている。

(2) 開発との絡みで英語教育を論じている第6章・第7章・第8章も、わが国における**カリキュラムや教授法の見直し**に資するところが大きい。第6章は、教師主導・形式重視から、学習者中心・コミュニケーション能力養成の移行を提唱している。また、カリキュラム改革を実行に移す際の留意点も論じている。特に、「学習者中心」への移行が失敗した例については具体的に記述されている。第7章は、ELF〔リンガフランカとしての英語〕研究を発音・語彙・文法の領域に限定せず、コミュニケーションに関する問題に対する解決策の提示にまで拡大しようとしている。また、英語教授法そのものを扱っているわけではないが、地元の人々と外部から来た開発関係者たちの間の談話を分析するにあたって、SFL（選択体系機能言語学）の枠組みを使用している。第8章は、IT の活用を英語教育に結びつけることによって、教育成果が上がることを力説している。いずれの章も開発現場における英語使用・英語教育に焦点を合わせているため、日本の学校における英語教育から目を転じて、アフリカやアジアの実態を知るうえで有益な論となっている。

(3) 個人・社会・国家の発展プロセスに言語がどのような形で関与しているかを問う第2章・第3章は、現在の日本で問題になっている**教育における格差拡大**と深く関わっている。第2章はブルデューの提唱した枠組みを援用して、社会階層間で言語的・文化的資本に格差が見られるとともに、その格差が再生産される仕組みを開発との絡みで論じている。第3章は、途上国における社会関係資本蓄積の欠如を指摘し、「一部のエリートによる権力の独占状態」を糾弾している。両章とも「言語は社会のなかの権力関係を反映する」という立場をとっており、英語教育が政治・経済・社会と直結している様子を描いている。アフリカの国々における開発の最前線で英語教育に携わる著者たちの苦悩をそのまま日本の現況に当てはめることはできないが、英語の効率的な指導法に汲々とするわが国の英語教育関係者の盲点を突くものとして参考になるところが大きい。

(4) 英語という言語を一般の人々がどのように見ているか、つまり、どのような**言語イデオロギー**に支配されているかを探っているのが第4章と第5章である。「外国語＝英語」という刷り込みが行われてきたわが国の風土を振り返るうえで、他国の例から学べることは多い。第4章は、「英語は個人そして国家の発展のための不可欠な（もしくは唯一の）ツールである」とする考えを根拠のないものとしながら、英語学習への強い期待と願望がバングラデシュの人々の間に根強くある点を指摘している。第5章は、サハラ以南アフリカ諸国において、英語が学校外のコミュニティで使われていないにもかかわらず、教育言語や公的試験の言語として使用され続けている実態に警告を発している。そして、「英語（による）教育は早いほどよい」と親に信じ込ませようとする言語政策担当者への猛省を促している。

　(5) **科学論文発表における英語の絶対的優位**に異議を投げかけているのが第10章である。日本だけでなく世界各国の研究者にとって、英語による学術論文発表と英語圏中心の査読・評価システムは、覆しようのない現実となっている。この章は、英語による発表・査読が世界標準化している実態をユネスコ等の資料を駆使して具体的に論じている。特に、自然科学系の研究者たちが英語一極集中状況を当然視しているだけでなく、英語を絶対視している実態にも触れている。

　(6) 「**英語能力と経済発展**の間には強い相関がある」とする想定に疑義をはさんでいるのが第9章と第11章である。第9章は、経済発展のために標準英語使用を奨励するシンガポール政府の方針に苦言を呈している。そのうえで、母語化した英語変種のシングリッシュを活用するほうが、アイデンティティ・エコノミーという観点から得策であると主張している。さらに第11章は、実証的データの検証を基に、「多言語使用／言語多様性のほうが、英語のみに依存するより経済成長に貢献する」と結論づけている。翻って日本の現状を見ると、「英語こそが更なる経済発展の鍵である」という想定をそのまま信じ込む風潮が強いと言わざるをえない。

　著者たちの多くは、開発に関わる英語使用や英語教育を手放しに推進すべきであると主張しているわけではないが、開発という目的のために英語をどのように使用したり教育したりしたらよいかについて追究しているといえよう。彼らは、英語帝国主義者然として英語の権威を振りかざす人々ではなく、開発現場の英語使用・英語教育を目の当たりにして苦悩する人々である。

ところが、その点にこそ私たちは注意を払わなければならないのだ。つまり、苦悩しつつとはいえ、著者たちが英語の世界的拡散に貢献していること自体が、最終的には英語の絶対的優位を支えているからである。現に序章にある以下のくだりには、編著者の本音が垣間見える。「英語という言語および英語教育事業が、受け入れ側コミュニティの言語エコロジーや言語イデオロギーに、どのような影響を及ぼすかについての実証的研究は、政策の立案において重要な役割を果たし、開発事業の成功と持続性に貢献できるであろう」(本書 p.16)。

　一例として、ウガンダの農村部の少女たちに対する英語教育の過程で、デジタル・リテラシーの育成を図り、HIV／エイズの情報をインターネットから得させた報告（第8章）について再考してみよう。おそらく、この著者は良かれと思って無意識のうちに、インターネットにおける英語の優位性を実証的に是認する報告に取り組んだのであろう。嬉々として英語のウェブサイトにアクセスする少女たちの姿を描くことによって、著者のなかに潜む英語至上主義が暴露されているのだ。

　また、英語による学術論文の発表・査読システムについて書かれた第10章にも、英語中心主義が貫徹している。著者は、この領域における英語の絶対的優位を憂慮したうえ、英語以外の言語が（地域限定ではあれ）学術論文に使用されていると報告しているのであるが、「知識の生産」にとって「英語圏／中心」への接近が不可欠であることを最終的には是認している。わが国においても、特に理系の研究者にとっては、この問題が"問題になりえない"ほど、英語の一極集中・英語の絶対視は進んでいるのである。英語という言語のもつ社会的特性、および、「母語で科学する」ことを可能にしてきた日本語の特性に対しては、ほとんど"思考停止"の状態であるといっても過言ではあるまい。

　その他の章においても、英語拡散に付随する否定的な側面に言及しているとはいえ、最終的には英語使用を前提とする論の進め方から脱していない。例えば、シンガポールにおけるシングリッシュを擁護する第9章を思い起こしていただきたい。この章の著者は、「良い英語を話す運動」を繰り広げる政府の方針を批判しているのだが、総体としての英語拡散を擁護していることには無自覚であるように思える。また、グローバル経済における地域言語の役割を認める第2章の著者も、グローバル経済を生き抜くために、旧宗主国の言語（英語）を最大限に活用すべきだと英語の有用性を再確認して締めくくっている。第1章の著者は、初等教育における現地

語と英語の相補的な関係を提唱しているとはいえ、中等教育・高等教育における媒介語としての英語の存続を譲ろうとはしていない。

さらに、地元の人たちの「声」を国際開発の現場に活かそうとしている第7章の著者も、リンガフランカとしての英語を仲介言語として使用することに、いくばくかのためらいを示しつつも、開発途上の社会に住む人々の英語使用を大前提としている。対等な立場の「参加型」国際開発を謳っていても、英語による「声」をあげないかぎり、参加できないのである。サハラ以南のアフリカ諸国を扱った第5章においても、英語を小学校の教育言語にすることから生じる弊害に言及しているのであるが、大学レベルの教育における「英語＝教育言語」の既定路線を大前提としているため、「英語以外の言語も教育媒介語として使用できるかもしれない」という提言は虚ろな響きしか残らない。バングラデシュにおける英語学習と経済的利益の関係性を批判的に探った第4章も、結論部分では「英語に対する肯定的な認識」を利用したうえで国際開発に活かす施策をするよう提言している。

さて、わが国において上記の構図が十全に理解されているかどうかは、はなはだ疑わしいと言わざるをえない。その構図とは、中村敬氏が喝破した「英語という"大言語"による一元化が持つ非倫理性・不平等性・非相互性を直視しない精神風土」と直結するものである（中村 2000「船橋洋一、志賀直哉そして森有禮――西洋の大言語と皇国言語の狭間で」『成城大学文芸学部紀要』170:1-32」）。つまり、第10章で論じられた学術論文発表・査読システムにおける英語の絶対的優位性を批判的に捉えることができなくなるほど、科学研究者だけでなく英語教育関係者も含めた多くの人々が、この言語に飲み込まれてしまっているのではないだろうか。それ以外にも、国際経済・金融システムの利権を始めとして、さまざまな領域で「英語圏／中心」に有利になる「目に見えない社会的不平等」が厳存しているにもかかわらず、声をあげることができずにいるのではないだろうか。

小学校における英語教育導入の早期化、あるいは英語の教育言語化など、日本の英語教育に絡む諸問題については、カリキュラムや教授法の改善という狭い枠組みからの検討では本質的な解決にはならない。第3章や第5章で論じられているアフリカやアジアの国々の実態を批判的に見つめることによって、さまざまな教育上の問題点だけでなく、英語という言語に絡みついている社会的不平等・不公正の構図が見えてくるはずである。そのとき初めて、英語への一極集中という自縄自縛から脱することができ、外

国語教育のあるべき姿が視界に入ってくると言えよう。

　1990年代に盛り上がった英語支配や英語帝国主義に関する論争は、21世紀になって全くといってよいほど行われなくなっている。（ちなみに、数冊の文献を掲げておきたい。中村敬（著）『英語はどんな言語か──英語の社会的特性』三省堂、ロバート・フィリップソン（著）／平田雅博・他（訳）『言語帝国主義──英語支配と英語教育』三元社、津田幸男（編著）『英語支配への異論』第三書館、大石俊一（著）『英語帝国主義論──英語支配をどうするのか』近代文芸社）。しかし、低調になったからといって、社会的不平等や格差が解消されたわけではない。むしろ当時より、不平等・格差は拡大しているかもしれない。そのような状況下、英語の社会的特性を自覚せずに英語教育や国際開発に取り組むことは、敢えて言うならば、英語帝国主義の"お先棒を担ぐ"ことになると言えよう。英語という言語の持つ"光"の部分のみに目を奪われず、"陰"の部分も直視して開発や教育に当たる必要があることを、私たちは本書から学ぶべきではないのだろうか。

　原著者たちの多くは国際開発現場で英語教育に携わる研究者である。ネオリベラリズムを批判したり、女子教育の拡充を要請したり、革新的な英語教授法を実践したりしていくなかで、開発現場における英語使用・英語教育の実態に疑義を抱き苦悩する"良心的な"人々である。その姿勢に敬意を表すとともに、背後に潜む大きな力によって彼らの良心そのものが牙(きば)になり得るという点を批判的に見つめる必要がある。各章の執筆者の意図が日本語訳によって多くの読者に伝わることを願うと同時に、アフリカ・アジアの実態に接することによって、日本の視点からだけでは見えてこない「英語の社会的特性」に読者が気づいてくださることを願う次第である。

　最後に、訳者の多くは大学で言語教育（日本語、英語、スペイン語、韓国・朝鮮語、ドイツ語）に携わる研究者であることを付記しておきたい。国際開発学、開発経済学、計量経済学、統計学に疎いため、訳文に思わぬ間違いがあるかもしれない。ご指摘・ご叱正を頂けたら幸いである。

2015年10月4日
松原 好次

索引

【あ】

アイデンティティ・エコノミー（identity economy）242-245
アウトソーシング／外部発注（outsourcing）40, 49, 71
アクション・リサーチ（action research）19, 203, 206, 209
アクティビティに焦点を置いた指導／活動重視の教授法（activity-focused teaching）
　167
足場因子（scaffolding factor）137-138
アフリカ南部開発連合（Southern Africa Development Community：SADC）39
イオクラマ熱帯雨林保全開発国際センター（Iwokrama International Centre for Rainforest
　Conservation and Development）190
意思決定プロセス（decision-making process）vi
異文化間コミュニケーション能力（intercultural communication skills）187
イマージョン・アプローチ（immersion approach）48, 56, 89
イングリッシュ・イン・アクション（English in Action：EIA）99-104, 108, 110, 120-123
インド（India）3, 6-7, 21-23, 25-26, 36, 40-41, 43, 49, 51-52, 56, 71-73, 75-77, 123, 153,
　176, 230-231, 237-238, 256, 258, 261
インパクトファクター（impact factor）262
ウエゾ（Uwezo）142-143, 145, 152
ウェブ・オブ・サイエンス（Web of Science）261
ウガンダ（Uganda）19, 23, 33, 48-49, 52, 68, 82, 92, 94, 124, 156, 174, 203-205, 208-209,
　215-216, 218-220, 222-226
英語──

　英語一直線アプローチ／英語一極集中アプローチ（Straight-for English approach）
　　65, 88
　英語教育（English Language Teaching：ELT）2-6, 9, 16, 18, 20-21, 23, 26-29, 36, 41-
　　43, 52, 67, 77, 82, 97, 99-102, 104, 108-109, 120-121, 123, 153-157, 159-164, 167-
　　168, 172-173, 175-176, 180, 201, 226
　英語教育改善プロジェクト（English Language Teaching Improvement Project：ELTIP）
　　99
　英語教育政策（English-language education policy）3
　英語・現地語ディバイド（English-Vernacular Divide）43
　英語圏（の）／アングロフォン／英語を話す（人）（Anglophone）3, 31, 38, 55-57,

60, 71, 79, 158, 246, 250, 257, 260-263, 265, 267-270, 272
　英語による教育（English-medium education）17, 26, 29-30, 32-33, 35-36, 43, 45, 49, 66, 82, 125, 142
　英語による指導／教授（English-medium instruction）34, 46, 49, 64, 84, 101, 143, 148, 154, 156-157, 162, 165-166, 171, 219, 224, 263, 265, 284
　英語による出版（English-medium publication）262
　英語熱（'English fever'）56, 78
　英語村（yeongeo maeul =English village）56
　英語を母語とする（native English speaking：NES）23, 30, 51, 53, 64, 78, 96-98, 152, 253-254, 256, 259-260, 270, 273-275
――英語
　学術（目的の）英語（English for Academic Purposes：EAP/ academic English）264, 266, 273-274
　教育言語／教育媒介語としての英語（English as a medium of education）66
　グローバル英語（global English）179
　国際開発の言語としての英語（English as a language for international development）21-23, 124, 302
　初期設定言語としての英語（English as the 'default' language）266
　世界語としての英語（English as a global language）17, 23, 52, 123, 175
　世界諸英語（World Englishes）22-23, 51, 123, 174, 247, 267
　第二言語としての英語（English as a second language：ESL）32, 50, 52, 66
　超民族的な中立言語としての英語（English as a supranational 'neutral' language）67
　抵抗の言語としての英語（English as a language of resistance）66
　ピジン英語（pidgin English）234
　標準英語（Standard English）49, 60, 67, 180, 188, 233-234, 240, 268
　リンガフランカとしての英語（English as a lingua franca：ELF）55, 177, 179-180, 187, 190, 198-199, 201, 279, 297, 301
HIV／エイズ（HIV / AIDS）19, 33, 50, 92, 203, 205-211, 213-219, 224-226
英連邦（the Commonwealth of Nations）90
エリート・クロージャー（élite closure）35, 94
エンパワーメント（empowerment）41
応用言語学者（applied linguist）8, 25, 30, 35, 45, 48, 207
オマーン（Oman）3, 153-154, 168-172, 175-176
親による抵抗（parental resistance）45

【か】

ガイアナ（Guyana）19, 178, 190, 197, 200

外円諸国（Outer Circle countries）3

〔英国〕海外開発庁（Overseas Development Administration：ODA）50, 164

海外直接投資（foreign direct investment：FDI）55-56, 78

外生的な／外因的な（exogenous）59, 279, 285, 289, 296, 298

開発――

    開発学（development studies）8, 74

    開発計画（development programme）1-4, 12, 16-18, 99, 181, 280

    開発経済学（development economics）8, 61, 175, 277, 280-281

    開発専門家（professional development worker）80, 93, 183, 185, 197

    開発途上国／発展途上国（developing countries）1, 3, 11-13, 25, 33, 50, 55, 60, 62, 66, 70-71, 178-181, 229, 249, 252-253, 259, 274

    開発プロジェクト（development project）3-4, 18, 99-100, 103, 120

科学情報機構（Institute for Scientific Information：ISI）250, 260-261, 270, 274

学習者中心の教授法（learner-centred pedagogy）176

拡張円諸国（Expanding Circle countries）3

加算的バイリンガリズム（additive bilingualism）44

カナダ社会科学・人文科学研究協会（Social Sciences and Humanities Research Council of Canada）205, 224

ガバナンス／統治（governance）25-26, 30, 63, 74, 187, 287, 292, 300

ガラスの天井効果（glass ceiling effect）146

ガンダ語／ルガンダ（Luganda）205

基礎教育（basic education）1, 14-15, 27-29, 48, 126, 146, 162, 169

北ルプヌニ・サバンナ（North Pupununi Savannahs）19, 190

ギニア・コナクリ（Guinea-Conakry）289

機能主義的アプローチ（functional approach）14

帰無仮説（null hypothesis）288, 292, 300

旧式な／流行遅れのアプローチ（Model-T approach）183

旧宗主国（former colonial powers）8, 11-12, 47, 63, 79, 289

教育言語／教育媒介語（language medium in education/medium of instruction：MOI）3, 8-9, 13-14, 17, 25-26, 29-38, 40-41, 43-48, 79, 81-82, 85-87, 89-93, 95-96, 116, 127-128, 142-144, 147-148, 153-154, 204, 210, 299

教育と学習の国際的な調査（Teaching and Learning International Survey：TALIS）155, 175

教師中心の／教師主導の（teacher-centred）156, 169
草の根型プロジェクト（grassroots project）11
草の根リテラシー〔運動〕（grassroots literacies）15
グラッドル、デイヴィッド（Graddol, David）16, 22, 26, 36, 41, 51, 70, 76, 102, 123, 154, 175
グリーンバーグ多様性指数（Greenberg index of diversity）281
グローバル──
　　グローカル化（glocalization）180
　　グローバリスト／世界主義者（globalist）182-183
　　グローバリズム／世界主義（globalism）178-179, 200
　　グローバル化／グローバリゼーション（globalization）3, 11-12, 18, 21-22, 28, 40, 60, 68-70, 74, 79, 103, 177-180, 198-200, 204, 229, 233, 235, 244, 273
　　グローバル経済（global/globalized economy）3, 6, 13, 16-18, 41, 56-57, 74-75, 102, 231, 233
　　グローバル言語（global language）グローバル言語 2-3, 17, 23, 52, 66, 70, 74, 123, 175, 180, 265
経済──
　　経済協力開発機構（Organization for Economic Co-operation and Development：OECD）76, 155-156, 175, 251, 253, 255, 259, 274
　　経済資本（economic capital）55, 93
　　経済成長（economic growth）10, 12-13, 26, 41, 63, 70, 72, 80-81, 92, 101, 145, 182, 232, 245, 249-252, 254, 279, 286-287, 291, 293, 296, 298
　　経済の言語学／経済言語学（economics of language）57
　　経済発展（economic development）5-7, 11-14, 20-22, 50, 78, 92, 96-97, 100, 102, 120-121, 153, 182-183, 251, 297-299, 301
継承語／遺産言語（heritage language）127
計量経済学（econometrics）20, 57, 279, 284, 288-289, 293-294, 296-297
ケニア Kenya 23, 26, 30, 46, 49, 51-52, 68, 88, 93, 127, 155-156, 175, 265, 269, 273
研究開発一般歳出（General Expenditure on Research and Development：GERD）255-257, 261, 263
言語──
　　言語移行期（language transitional stage）128
　　言語イデオロギー（language ideology / linguistic ideology）16, 18, 100, 120, 262
　　言語エコロジー（linguistic ecology）2, 16, 102, 123

314

言語教育政策（language education policy）7, 17, 32, 35, 41, 44, 48, 66, 81, 96

言語経済学（language economics）8, 22, 51, 57, 278

言語権（language rights）8, 57, 77

言語シフト（language shift）8

言語資本（linguistic capital）59-60, 68, 70, 120

言語社会学（sociology of language）57, 74

言語政策（language policy）1, 7, 14, 17, 19, 23, 47, 51-53, 60, 66, 68, 72, 76, 79, 81, 88-89, 91, 94-95, 98, 124, 129, 145, 147-148, 157, 229-233, 237-238, 244-245, 247, 281

言語帝国主義（linguistic imperialism）9

言語的多様性（linguistic diversity）20, 77, 148

言語能力の相互依存仮説（linguistic interdependence hypothesis）31

言語の相互乗り入れ（translanguaging）48

言語の分裂（linguistic fragmentation）279, 287-288, 291-294, 296-300

言語評価モジュール（Language Assessment module）169

現地語／地元の言語（local language / vernacular language）9, 19, 23, 30-34, 36, 38-39, 41-45, 47, 49, 62, 65, 75, 85, 88, 90, 95, 122, 124, 190, 265, 298-299

広域使用言語（language of wider communication）126, 265, 270

後期切り替え（late-exit）32

構成主義的な（constructivist）156, 176

構成要素と関係者（'parts' and 'partners'）162-163

公用語（official language）18, 39, 59-63, 65-68, 71, 90, 205, 230-231

声（voice）8, 11, 17, 19, 27, 32, 36, 38, 52, 94, 102, 107, 118-121, 154, 177-178, 184-191, 197, 199, 213, 219, 253

ゴー・チョクトン（Goh Chok Tong）232-233, 237

コードスイッチング（code-switching：CS）45-46, 78, 115, 151, 240

国語／国民語（national language）45, 63, 70, 89-90, 129, 146, 149, 155, 177, 233, 239, 246, 260, 265, 282

国際——

　　国際開発（international development）11, 18-19, 21-23, 25, 99-100, 102, 122, 124-125, 177, 180-181, 184, 187, 199, 250, 252, 254, 271, 302

　　国際開発機関（international development organization）19

　　〔英国〕国際開発省（Department for International Development：DFID）23, 25, 51-52, 75, 98-99, 122, 125, 149, 151, 201

　　国際金融統計（International Financial Statistics）286

索引　315

国際コミュニケーション（international communication）2

　　　国際社会（international community）63, 111, 224

　　　国際通貨基金（International Monetary Fund：IMF）26, 65, 68, 77, 200, 286

　　　国際的な開発プロジェクト（international development project）3-4

国内総生産（Gross Domestic Product：GDP）10, 13, 20, 92, 255, 257, 278, 280-281, 285-294, 296-300

国民国家／ネーションステート（nation state）55, 59-61, 68, 74-75, 98, 232, 235, 253

国連──

　　　国連開発計画（United Nations Development Programme：UNDP）80, 98-99, 124, 280

　　　国連教育科学文化機関／ユネスコ（United Nations Educational, Scientific and Cultural Organization：UNESCO）11-12, 14, 23, 30, 51, 53, 64, 78, 88, 96-98, 152, 253-254, 256, 259-260, 270, 272-275

　　　国連経済社会局（United Nations Department of Economic and Social Affairs）182, 187, 190

　　　国連児童の権利に関する条約／子どもの権利条約（United Nations Conventions on the Rights of the Child：UNCRC）144

　　　国連児童（緊急）基金／ユニセフ（United Nations International Children's Emergency Fund：UNICEF）80, 92, 98-99, 124

　　　〔国連〕ミレニアム開発目標（Millennium Development Goals：MDGs）1, 14, 16, 23, 27-28, 65, 97, 125, 144, 147, 152, 162

国家の発展／開発（national development）18, 21-23, 80, 96, 105, 107, 110, 120-122, 124, 148, 250, 302

コミュニカティブ・アプローチ（Communicative Approach）viii

ゴルディアス／ゴルディオンの結び目（Gordian knot）289

混成／ハイブリッド化（hybridization）180-181

コンピュータ・リテラシー（computer literacy）210

【さ】

サイエンス・サイテーション・インデックス（Science Citation Index：SCI）255, 259-260

再教育（reculturing）158-159, 162-164, 166-168, 170, 172-173

サハラ以南のアフリカ（Sub-Saharan Africa）2, 5, 12, 18, 21, 23, 25, 27-28, 30, 37, 50, 52-53, 62-63, 74-75, 97, 150, 153, 205, 207, 256, 265, 269, 279, 301

サミュエルソン、ポール（Samuelson, Paul）82, 91, 98, 280

3言語方式（Three Language Formula）72
3言語話者／トリリンガル（trilingual）iv
ザンビア（Zambia）17, 31-33, 36, 51, 64-66, 71, 75, 77, 79, 81-83, 85-86, 88-92, 96-98
支援供与機関／援助機関（donor agency）9, 28
支援者（facilitator）154-155, 157-158
ジェンダー（gender）121, 220, 222, 224
試験合格率（examination pass rate）126
自己植民地化（self-colonialism）270
持続可能性（sustainability）80
持続可能な活用区域（Sustainable Utilization Area：SUA）191-193, 196
質的分析研究（qualitative research）4, 7, 9, 20
質の高い教育（quality education）13, 72
指定カースト（Scheduled Castes）6, 73
児童の栄養不足（child malnutrition）viii
死亡率（mortality rate）27, 29, 33, 80, 91-92, 280, 286-289, 300
資本蓄積（capital accumulation）69
社会――
　　社会科学引用データベース（Social Science Citation Index：SSCI）255, 259-260
　　社会関係資本（social capital）26, 55, 74, 80, 93-95, 98, 121, 185
　　社会・経済的発展（socio-economic development）56, 120
　　社会経済的不平等（socioeconomic inequality）7, 9
　　社会経済的分類（Socio-economic classification：SEC）104-106, 108, 110
　　社会的不平等（social inequality）3, 13
　　社会的包摂（social inclusion）254
　　社会の発展（societal development）16-17, 56, 60, 70, 74-75
　　社会福祉（social well-being）145, 148
収益率（rate of return）27-29, 37, 48
周縁（部）（periphery）66, 126, 142-143, 147-148, 179-180, 185, 198, 250, 252-253, 263-266, 268-269, 271-272, 277
就学率（school enrolment）280
自由放任主義的アプローチ（laissez faire approach）246
小学校修了試験（Primary School Leaving Examination）125, 128, 147
情報――
　　情報格差（digital divide）204

情報化社会（information society）249, 252

情報技術（information technology：IT）16, 19, 28-29, 49, 52, 68-69, 71-72, 74-77, 113, 117, 151, 201, 227, 272

情報処理能力（information processing skills）70

情報通信技術（information and communication technology：ICT）16, 68, 102, 146, 204-206, 210, 218, 223, 225-226

植民地主義（colonialism）3, 77, 178, 279

初等教育（primary education）14-15, 28-29, 33, 41, 43, 48, 62, 65, 85, 92, 125, 127-129, 142, 145-147, 151, 169, 256, 298

シンガポール（Singapore）12, 19-20, 25, 48, 73, 75, 224, 229-247, 258

シンガポール観光局（Singapore Tourism Board：STB）240-241

シンガポールデイ（Singapore Day）236, 246

シングリッシュ（Singlish）20, 229-230, 233-236, 238-242, 244-247

新自由主義的（neo-liberal）26, 48, 68

人的資本（human capital）12, 27, 48, 57, 70, 76, 93, 97, 153, 285, 299

人的資本理論（human capital theory）27, 48

スワヒリ語／キスワヒリ（Kiswahili）31-32, 34, 48, 127-130, 132-142, 147, 150-151, 283

生活水準（living standard / standard of living）6, 72

政策立案者（policy maker）7, 18, 121, 142-143, 148, 157, 159-161, 163-164, 168, 172-174, 183, 229

セーフトーク（safetalk）82, 84-85

世界──

世界開発指標（World Development Indicators）286

世界銀行／世銀（World Bank）11-12, 26, 28-29, 33, 40, 49, 51-53, 65, 68, 75, 77, 97-98, 123, 125, 152, 184, 200, 251-253, 259, 272, 275, 286, 301

世界銀行グループ教育戦略（World Bank Group Education Strategy）126

世界語（world language）17

世界システム論（World Systems Theory）250

世界人権宣言（Universal Declaration of Human Rights）253

セネガル（Senegal）289

セン、アマルティア（Sen, Amartya）11, 48

センゴール、レオポール・セダール（Senghor, Leopold Sedar）289

全国学力調査／国家試験（national examination）18, 126, 128, 144

潜在能力を奪われた状態（capability deprivation）22, 48

318

先進国／先進工業国（developed countries）71, 198, 231, 233
全体論的アプローチ（holistic approach）191
選択体系機能言語学（Systemic Functional Linguistics：SFL）19, 189, 191, 199
早期切り替え（early-exit）32
操作変数法（instrumental variables approach）285, 288, 290, 294, 298, 300
想像のアイデンティティ（imagined identities）217, 220-224
想像の共同体（imagined communities）217, 220-222, 226

【た】

第一言語（first language）5, 13, 31, 89, 93, 127, 284, 298
第一世界の国々（First World countries/nations）11
体系的な学習（structured learning）155
第二言語（second language：L2）18, 31-32, 46, 48-49, 52, 89, 127, 136, 140, 142, 144, 146, 191, 282
多言語主義／多言語状況（multilingualism）26, 57, 72, 74, 76
多国籍企業（multi-national companies：MNCs）231
タスクに基づく言語指導／タスク重視の言語指導（task based language teaching）154
脱植民地化（decolonization）10, 12
タミル語（Tamil）231, 237
単一言語主義／モノリンガリズム（monolingualism）9, 297
タンザニア（Tanzania）23, 26, 31-34, 36, 39, 42, 48, 50-53, 122, 124-127, 136, 142, 145, 151-152, 176
チェインバーズ、ロバート（Chambers, Robert）51, 183-185, 201, 272-273
チェワ語／チチェワ（Chichewa）31, 81, 85-86, 90, 96
知識――
　　知識（型）経済（knowledge (based) economy）3, 249, 251-254
　　知識資本（knowledge capital）249, 273
　　知識社会／知識型社会（knowledge society）249, 273
　　知識ディバイド（knowledge divides）254
　　知識の伝達者（transmitter of knowledge）154, 158
中国（China）3, 36, 51, 55-56, 71, 76, 93, 96-97, 153, 155-156, 162, 164-165, 175-176, 225, 233, 237-239, 246, 256, 258, 260-261, 270
超国家語（transnational language）177-180, 198-200
ツワナ語／セツワナ（Setswana）31, 38, 50

ディアスポラ／国外移住（diaspora）235, 246
デジタル・リテラシー（digital literacy）203-207, 209, 212, 214, 217-218, 220-224, 226
投資利益（return on investment）5-6, 22, 256
独立変数（independent variable / right-hand-side（RHS）variable）278, 284-286, 288, 291-292, 300
都市部（urban）13, 38, 40, 43, 51, 73, 85-87, 92, 125, 127, 143, 167
土着語／固有語（indigenous language）81
トルーマン、ハリー・S・（Truman, Harry S.）181-182

【な】

ナイジェリア（Nigeria）22, 31-32, 50-51, 66, 89, 93-94, 96, 261
内生的な／内因的な（endogenous）59, 279, 291, 296, 298, 300
内容言語統合型学習／クリル（Content and Language Integrated Learning：CLIL）36, 46, 48-49
ナミビア（Namibia）14, 22, 32
二言語状況（bilingualism）iv
二言語話者（の）（bilingual）50, 57, 87, 273, 301
ニャンジャ語／チニャンジャ（Chinyanja）31, 81, 85-86, 96
乳児死亡率（infant mortality rate）91
ニューメラシー／理数系の基礎知識／基礎的な計算能力（numeracy）126, 146
人間開発指数（Human Development Index：HDI）99, 208, 280
ネットワーク外部性（Network externalities）283
農村部（rural）6, 13, 22, 33, 37-38, 42-43, 85-86, 92, 123, 125, 142-143, 151, 203-205, 208, 218-219, 224-225

【は】

パートナーシップ構築（partnership building）12
バーンステイン、バジル（Bernstein, Basil）102, 123, 187, 189-190, 197, 199, 201
排除（exclusion）16, 35, 42, 67, 188, 293, 297
ハイムズ、デル・（Hymes, Dell）187-189, 201
バイリンガリズム／二言語状況（bilingualism）44
バイリンガル教育（bilingual education）44-46, 49-50, 148
パキスタン（Pakistan）3, 22, 55, 64-66, 72, 75-77
バフチン、ミハイル（Bakhtin, Mikhail）187, 200

バングラデシュ（Bangladesh）18, 22, 99-106, 108, 110, 113-115, 117-118, 120-121, 123-124, 201

万人のための教育（Education for All：EFA）14-15, 21, 23, 53, 77, 125, 147, 152, 272

ビービーシー・ジャナラ（BBC Janala）101, 104, 122-123

非英語使用国（non-English-speaking countries）22

非現地語（exoglossic language）85, 90

非識字率（illiteracy rate）14, 63-65, 68, 99

ビジネス・プロセス・アウトソーシング（Business Process Outsourcing：BPO）49, 71-73, 76-77

1人当たりGDP／1人当たりの国内総生産（Gross Domestic Product／GDP per capita）92, 278, 280-281, 285-293, 296-297, 299-300

批判的研究／批判的分析（critical research）4, 9

費用対効果（cost benefit）5, 22

貧困――

  貧困削減／貧困撲滅（poverty reduction）14-15, 27-28, 145

  貧困ライン／貧困線（poverty line）99, 105, 125

フーコー、ミシェル（Foucault, Michel）58, 76

フェア・ディール・スピーチ（'Fair Deal' speech）181

普通話／北京語（Mandarin）231, 237-238, 246-247

福建語（Hokkien）239, 242

普遍的初等教育（Universal Primary Education：UPE）15, 33, 52, 65, 301

ブミプトラ政策（*bumiputra* policy）230

フランス語（French）3, 79, 82, 86-87, 90, 96-97, 147, 153, 260, 289

フランス語圏（の）／フランコフォン／フランス語を話す（人）（Francophone）3, 153, 289

ブリティッシュコロンビア「付加的な言語としての英語」教師連合（the British Columbia Association of English as an additional language：BCTEAL）205, 224

ブルデュー、ピエール（Bourdieu, Pierre）17, 58-59, 67, 75, 179, 191, 201

文化――

  文化資本（cultural capital）58-59, 70, 120-121, 191

  文化的アイデンティティ（cultural identity）2, 238, 242

  文化的雑食（cultural omnivores）243

分断統治（divide and rule）292

平均余命（life expectancy）viii

索引　321

ベンガル語（Bangla／Bengali）22, 101, 104, 106-107, 114, 116-117, 123-124, 201
変種／変異形（variety）20, 38, 45, 59, 86, 179, 188, 229-230, 233, 243, 246, 267-268
包摂（inclusiveness）11, 145, 188, 254
母語（mother tongue）14, 22, 51, 64, 89-90, 96, 127, 136, 165, 177, 180, 187, 198, 205, 209, 229, 231, 237-238, 245-246, 263, 268-269, 284, 301
母子の健康（child and maternal health）1
ポストコロニアル／独立後の（postcolonial）5, 17-18, 20, 52, 62-64, 88

【ま】

〔言語的〕マイノリティ（少数派）の言語権（minority language rights）57
マクロ経済学的要因（macro-economic factors）263
マライ語／マレー語（Malay）93, 230-231, 233-234, 237, 246
マラウイ（Malawi）17, 31, 33, 48-49, 77, 79, 81-82, 84-88, 90-92, 94, 96-98, 264
マルチモダリティ（multimodality）206
マルチリテラシー（multiliteracy）69, 206
マレーシア（Malaysia）71, 73, 75, 92-93, 153, 155, 230, 258
南アフリカ（South Africa）6, 22-23, 26, 36, 46, 48-52, 56, 66-67, 71, 75-77, 84, 88, 96-98, 123, 125, 127-129, 143-145, 147, 151-152, 227, 237, 256, 258, 261
民族詩学（ethnopoetics）188
メッセージ（message）161, 190-191, 197, 200, 222, 234
問題解決能力（problem solving skills）69

【や】

ユーロモニター（Euromonitor）5-6, 22
良い英語を話す運動（Speak Good English Movement：SGEM）246
ヨルバ語（Yoruba）66, 96

【ら】

リー・クワンユー（Lee Kuan Yew）230
リージョナル・センター／地域研修センター（Regional Centre）169
リージョナル・チューター／地域担当チューター（Regional Tutor）169-172
リテラシー／識字能力（literacy）14-15, 19, 28, 30, 36, 43, 46, 51, 64-66, 69-70, 96, 203-207, 209-210, 212, 214, 217-218, 220-226, 263, 266, 273
リテラシー・ブローカー（literacy broker）266, 273

量的分析研究（quantitative research）4-5, 7

リンガフランカ／共通語（lingua franca）2, 11, 55, 59, 70-71, 127, 177-179, 190, 199, 201, 231, 250, 279, 298, 301

ルワンダ（Rwanda）3, 17, 22-23, 52, 55, 79, 81-82, 85-88, 90-93, 97-98, 147, 153

ルワンダ語（Kinyarwanda）82, 86-87, 90-91

ロバスト検定（robust check）290

【わ】

ワシントン・コンセンサス（Washington consensus）26, 48

著者略歴

Elizabeth J. Erling（編者：はじめに、第 4 章）
- 現職：オープン・ユニバーシティ〔英国〕国際教員養成学部講師。English in Action（バングラデシュにおける英語教育および教員研修を目的とした、英国国際開発省 DFID が支援する開発プロジェクト）で、教材開発および教員研修の任に当たる。
- 専門：世界の諸英語（world Englishes）、言語政策、教員研修、学術を目的とした英語（EAP）
- 業績：*World Englishes, English Today, Language Policy, Innovations in Language Learning and Teaching* 等のジャーナルに研究論文を発表

Philip Seargeant（編者：はじめに、第 4 章）
- 現職：オープン・ユニバーシティ〔英国〕言語コミュニケーションセンター上級講師
- 専門：応用言語学
- 業績：*The Idea of English in Japan*（Multilingual Matters, 2009）、*Exploring World Englishes*（Routledge, 2012）、*English in Japan in the Era of Globalization*（Palgrave Macmillan, 2011）〈編著〉、*English in the World: History, Diversity, Change*（Routledge, 2012）〈Joan Swann と共編著〉

Gibson Ferguson（第 1 章）
- 現職：シェフィールド大学〔英国〕応用言語学部 MA プログラム主任。駆け出しの頃、マラウイおよびザンビアの農村部の中学・高校で 7 年間教職に就いた。それ以来、国際開発に関心を寄せている。
- 専門：開発と英語教育
- 業績：*Language Planning and Education*（Edinburgh University Press, 2006）〈モノグラフ〉。「リンガフランカとしての英語」「科学と英語」「教室におけるコードスイッチング」等のテーマで論文を執筆

Naz Rassool（第 2 章）
- 現職：レディング大学〔英国〕教育研究所に勤務。下記分野における博士課程生の指導を担当

専門：「言語と社会発展」「リテラシーと社会変化」「言語、教育、アイデンティティ形成」「教育における技術の政治学」「教育における言語に関する国家戦略」「言語、アイデンティティ、移住」「教育における社会的正義」等

業績：著書には、*Global Issues in Language, Education and Development*（Multilingual Matters, 2007）や *Literacy for Sustainable Development in the Age of Information*（Multilingual Matters, 1999）等

Eddie Williams（第 3 章）

現職：バンゴー大学〔英国〕教授。ルワンダ大学を始めとした多くの大学で客員教授を務めている。

専門：応用言語学。マルタ大学およびレディング大学応用言語学センターに勤務するかたわら、アフリカ諸国（主として、マラウイ、ザンビア、ルワンダ、ガーナ、南アフリカ）の学校における英語およびアフリカ諸語の識字に関する研究を行なっている。

業績：*Bridges and Barriers: Language in African Education and Development*（St Jerome, 2006）。教育と開発の関係についての研究もあり、その成果を多くの論文で発表

M. Obaidul Hamid（第 4 章）

現職：クィーンズランド大学〔オーストラリア〕教育学部講師として、TESOL 分野を担当。前任のダッカ大学〔バングラデシュ〕では、英語および応用言語学を担当

専門：「第二言語／外国語としての英語」「国家の発展と英語教育政策」「第二言語習得に対する社会言語学的考察」「英語学習の社会学」

業績：*Current Issues in Language Planning, TESOL Quarterly, Language Learning Journal, ELT Journal, English Today, International Journal of Research and Method in Education* などに論文を発表

Zuleikha Kombo Khamis（第 5 章）

現職：ザンジバル観光開発研究所所長。それに先立つ 7 年間は、ザンジバル州立大学〔タンザニア〕に勤務。第二言語習得の分野を中心に現職教育を担当し、ザンジバルの初等・中等教員研修、および大学における研究に幅広く関わる。また、ザンジバルの児童生徒のための学

習教材開発にも携わっている。
専門：第二言語習得
業績：2006 年から 2009 年にわたって、ESRC/DFID 研究プロジェクト（RES-167-0263）におけるザンジバル側のコーディネーターを務めた。これは、ブリストル大学〔英国〕とザンジバル州立大学の共同研究で、学業成績（学業不振も含めて）と言語の絡み合いを調査

Federica Olivero（第 5 章）
現職：ブリストル大学〔英国〕大学院教育・技術・社会研究科（理学修士）の研究科長
専門：ESRC 双方向的教育プロジェクトを通して、数学の教育・学習における新しいテクノロジーの果たす橋渡し的役割について幅広く研究。最近は、革新的研究の普及ツールとして videopaper が持つ潜在力の研究に焦点を当てている。
業績：ザンジバルにおける ESRC/DFID 研究プロジェクトにも参画し、言語が数学の成績にどのような影響を及ぼすかについて調査

Pauline Rea-Dickins（第 5 章）
現職：アガ・カーン教育開発研究所〔東アフリカ〕のガルバヌ／ピャラリ・ジャサニ所長兼ブリストル大学〔英国〕客員教授
専門：言語アセスメント、言語プログラム評価
業績：英国だけでなくサハラ以南のアフリカで精力的に研究活動を行ない、専門分野で多数の論文を発表。最近の ESRC/DFID 研究プロジェクト（RES-167-25-0263）は、ブリストル大学（11 年勤務）とザンジバル州立大学の共同研究であり、学業成績（成績不振も含めて）と言語の絡み合いを調査

Martin Wedell（第 6 章）
現職：リーズ大学〔英国〕教育学部国際教育学科主任教授
専門：30 年以上にわたって TESOL 教員養成の様々な面で国際的に活躍
業績：主たる研究は、近著 *Planning for Educational Change: Putting People and their Contexts First*（Continuum, 2009）に凝縮されている。

Tom Bartlett（第 7 章）

現職：カーディフ大学〔英国〕応用言語学研究科 MA プログラム所長。スコットランド、スペイン、ラテンアメリカ諸国で EFL（外国語としての英語）を担当

専門：言語と開発

業績：1992 年から 2002 年まで南米のガイアナに滞在し、「言語と開発」の研究に没頭し、モノグラフ *Hybrid Voices and Collaborative Change: Contextualising Positive Discourse Analysis*（Routledge, 2012）の着想を得た。その他、最近の論文では、「積極的談話分析（Positive Discourse Analysis）」や「ヨーロッパ諸国の大学におけるリンガフランカとしての英語」を扱っている。

Daniel Ahimbisibwe（第 8 章）

現職：ウガンダ殉教者大学大学院生。現在、キテンゲサ・コミュニティ図書館の主任司書兼共同研究者として活躍

専門：地方自治および人権

業績：ウガンダ・コミュニティ図書館協議会の委員として、ウガンダのみならずタンザニアやカナダで開催された国際会議で研究発表

Shelley Jones（第 8 章）

現職：ニューヨーク州立大学〔米国〕ポツダム校（教育学科）准教授

専門：国際開発におけるジェンダーと教育、グローバル教育、モダリティ研究

Bonny Norton（第 8 章）

現職：ブリティッシュ・コロンビア大学〔カナダ〕言語・リテラシー教育学部教授

専門：アイデンティティと言語学習、および、クリティカル・リテラシーと国際開発

業績：2010 年、全米教育研究連盟（AERA）第二言語研究部門の上級研究員賞・初代受賞者となり、2012 年には AERA フェローに就任。ウェブサイトは、http://edu.ubc.ca/faculty/norton/.

Lionel Wee（第9章）

現職：シンガポール国立大学・英語英文学部主任教授。*Journal of Sociolinguistics* の副編集長。*Applied Linguistics* および *English World-Wide* の編集委員

専門：言語政策

業績：*Language Policy and Modernity in Southeast Asia*（Springer, 2006）〈Antonio Rappa と共著〉、*Language Without Rights*（Oxford University Press, 2011）、*Markets of English*（Routledge, 2012）〈Joseph Park と共著〉。論文は *Applied Linguistics, Language Policy, World Englishes* に発表

Mary Jane Curry（第10章）

現職：ロチェスター大学〔米国ニューヨーク州〕マーガレット・ウォーナー大学院教育学研究科准教授。言語教員養成プログラム主任兼ライティングセンター長

専門：言語政策、第二言語習得理論

業績：*Academic Writing in a Global Context: The Politics and Practices of Publishing in English*（Routledge, 2010）〈共著〉、*Teaching Academic Writing: A Toolkit for Higher Education*（Routledge, 2003）〈共著〉。論文は、*English for Specific Purposes, Written Communication, TESOL Quarterly, International Journal of Applied Linguistics* に発表

Theresa Lillis（第10章）

現職：オープン・ユニバーシティ〔英国〕教授（言語・教育担当）

専門：アカデミック／プロフェッショナル・ライティングで、とりわけ、場への参加に内在する力関係を研究

業績：*Student Writing: Access, Regulation and Desire*（Routledge, 2001）、*Academic Writing in a Global Context*（Routledge, 2010）〈May Jane Curry と共著〉。*Language and Education, TESOL Quarterly, Written Communication, Revista Canaria de Estudios Ingleses, International Journal of Applied Linguistics* 等に論文を多数発表

François Grin（第11章）

現職：ジュネーブ大学〔スイス〕翻訳通訳学部教授（担当は経済学）、ルガノ

大学〔スイス〕客員教授
専門：言語経済学と言語政策評価
業績：*The Economics of the Multilingual Workplace*（Routledge, 2010）〈C. Sfreddo および F. Vaillancourt と共著〉。欧州評議会、欧州委員会、世界銀行、フランコフォニー国際機関等の科学研究機関や国際組織による大規模なプロジェクトに参画

Jean-Louis Arcand（第 11 章）

現職：国際開発学研究所〔ジュネーブ〕開発研究科主任教授（担当は国際経済学）。*Journal of African Economies* および *Revue d'Economie du Développement* の副編集長、*European Journal of Development Research* の共同編集長。欧州連合開発ネットワークの創設フェロー。世界銀行、国連食糧農業機関、国連開発計画、ゲーツ財団ほか数カ国の政府のコンサルタント
専門：開発のミクロ経済学
業績：現在、西アフリカやマグレブ（アンゴラ、ブルキナ・ファソ、ブルンジ、カメルーン、ガンビア、マリ、モロッコ、セネガル）における社会政策の多年度影響評価を研究中。調査テーマは、「HIV／エイズ撲滅のためのピア・メンタリング」から、「過疎地生産者団体による食糧の安全保障力向上」に至るまで幅広い

原書裏表紙の書評

(1) 本書は、個人レベル・国家レベルの発展／開発に英語という言語がどのように絡み合っているかを追究している。「英語と開発」の正の関係は、(とりわけ言語政策を通して) 世界中で称揚されているだけでなく、すでに多くの発展途上国で具現化しているとも言える。そこで本書は、開発との絡みで英語使用が増大し、英語教育が促進されることによって、負の関係も含めてどのような結果が生じているか、すなわち、教育面で他の分野にどのような影響を及ぼしているか、また、現地語の生態にどのような変化を惹き起こしているか、さらに、文化的アイデンティティの崩壊に繋がる恐れはないか等々の問題提起をしている。そして、このような問題を掘り下げていくにあたって、近年浮上してきた「言語と開発」という研究分野の牽引者たちによる独創的な調査や事例研究を全編に配置している。各章は、世界各地の様々な事例に焦点を当てているが、本書全体としては、英語が21世紀の開発における触媒として位置づけられている様子を概観し、その触媒が持つ影響力を批判的に検討している。

　『英語と開発——グローバル化時代の言語政策と教育』は、「言語と開発」という成長著しい研究分野に多大な貢献をしている。提起されている問題、たとえば「英語に対する利害関係者の意識」、「英語とアイデンティティ」、「英語の経済的役割」、「授業・試験用語としての英語」などは全て、開発という現場に置かれて個々具体的に検討されている。本書が格別の有用性を持つとするならば、各執筆者が採用している方法論の多様性にある。

　　　　　　　　　　　　　　　ハイウェル・コウルマン（Hywel Coleman）
　　　　　　　　　　　　　　　　　　　　　　　　　リーズ大学〔英国〕

(2) 本書には、多言語状況にあるアジア・アフリカの英語教育、言語政策、言語使用実態に関する多種多様で洞察力に富んだ貴重かつ有用な論考が収められている。とりわけ、政治、教育（教授法）、経済、および様々な形の社会的不平等が複雑に絡み合うなかで揺れ動く各地の実態を活写している。本書は、教育関係者、応用言語学者、社会言語学者、政策研究者に訴えかけ、英語という言語と社会の発展との間に生じる多様かつ複雑な関係についての議論を深める手助けになるであろう。

　　　　　　　　　　　　　　　マスティン・プリンスルー（Mastin Prinsloo）
　　　　　　　　　　　　　　　　　　　　　　　ケープタウン大学〔南アフリカ〕

訳者紹介

松原好次（シリーズ編者による序文・はじめに・第1章）
　　　　　　　　　　　：元電気通信大学教授
柿原武史（第2章）　　　：関西学院大学教授
福島知枝子（第3章）　　：元公立学校教諭・カウンセラー
野沢恵美子（第4章）　　：東京大学特任講師
田中富士美（第4章）　　：金沢星稜大学准教授
山本忠行（第5章）　　　：創価大学教授
中川洋子（第6章）　　　：駿河台大学講師
伊東弥香（第6章）　　　：東海大学准教授
原隆幸（第7章）　　　　：鹿児島大学准教授
杉野俊子（第7章）　　　：元工学院大学教授
井上恵子（第8章）　　　：青山学院大学講師
カレイラ松崎順子（第8章）
　　　　　　　　　　　：東京経済大学准教授
江田優子（第9章）　　　：青山学院女子短期大学・跡見学園女子大学講師
中尾正史（第10章）　　 ：青山学院大学講師
樋口謙一郎（第11章）　 ：椙山女学園大学准教授

編著者略歴

エリザベス J. アーリング（Elizabeth J. Erling）
オープン・ユニバーシティ（英国）国際教員養成学部講師。専門は世界の諸英語（world Englishes）、言語政策、教員研修、学術を目的とした英語（EAP）。Attitudes to English as a language for international development in rural Bangladesh（2012）（共著）をはじめとして、*World Englishes*、*English Today*、*Language Policy*、*Innovations in Language Learning and Teaching* などのジャーナルに研究論文を発表。

フィリップ・サージェント（Philip Seargeant）
オープン・ユニバーシティ（英国）言語コミュニケーションセンター上級講師。専門は応用言語学。著書に *The Idea of English in Japan*（Multilingual Matters, 2009）、*Exploring World Englishes*（Routledge, 2011）、*English in Japan in the Era of Globalization*（Palgrave Macmillan, 2011）〈編 著〉、*English in the World: History, Diversity, Change*（Routledge, 2012）〈Joan Swann と共編著〉などがある。

監訳者略歴

松原好次（まつばら こうじ）
元電気通信大学教授。専門は言語社会学。著書に *Indigenous Languages Revitalized?*（春風社、2000 年）、『大地にしがみつけ』（訳書、春風社、2002 年）、『ハワイ研究への招待』（共編著、関西学院大学出版会、2004 年）、『消滅の危機に瀕したハワイ語の復権をめざして』（編著、明石書店、2010 年）、『言語と貧困』（共編著、明石書店、2012 年）などがある。

英語と開発
——グローバル化時代の言語政策と教育

	2015 年 10 月 27 日　初版発行
	2016 年 4 月 5 日　二刷発行
編者	エリザベス・J・アーリング フィリップ・サージェント
監訳者	松原好次　まつばら こうじ
発行者	三浦衛
発行所	春風社 Shumpusha Publishing Co.,Ltd. 横浜市西区紅葉ヶ丘 53　横浜市教育会館 3 階 〈電話〉045-261-3168　〈FAX〉045-261-3169 〈振替〉00200-1-37524 http://www.shumpu.com　✉ info@shumpu.com
装丁	難波園子
印刷・製本	シナノ書籍印刷㈱

乱丁・落丁本は送料小社負担でお取り替えいたします。
©Koji Matsubara. All Rights Reserved. Printed in Japan.
ISBN 978-4-86110-471-8 C0036 ¥3500E